教育部推荐使用教材
省级优秀畅销图书
普通高等学校财经类核心课程教材系列

管理学

MANAGEMENT

（第六版）

孙成志　编著

东北财经大学出版社
Dongbei University of Finance & Economics Press
·大连·

图书在版编目（CIP）数据

管理学/孙成志编著．—6版．—大连：东北财经大学出版社，2017.8（2018.11重印）

（普通高等学校财经类核心课程教材系列）

ISBN 978-7-5654-2791-6

Ⅰ.管…　Ⅱ.孙…　Ⅲ.管理学-高等学校-教材　Ⅳ. C93

中国版本图书馆CIP数据核字（2017）第145407号

东北财经大学出版社出版

（大连市黑石礁尖山街217号　邮政编码　116025）

网　　址：http：//www.dufep.cn

读者信箱：dufep@dufe.edu.cn

大连图腾彩色印刷有限公司印刷　　东北财经大学出版社发行

幅面尺寸：172mm×242mm　字数：420千字　印张：19.25　插页：1

2017年8月第6版　　2018年11月第29次印刷

责任编辑：朱　艳　　责任校对：吉光片羽

封面设计：沈　冰　　版式设计：钟福建

定价：39.00元

教学支持　售后服务　联系电话：（0411）84710309

如有印装质量问题，请联系营销部：（0411）84710711

第六版前言

随着经济全球化和信息化的发展，中国经济进一步改革开放、高速增长，管理者们每时每刻都面临着挑战，这些挑战既来自组织外部种种确定的或不确定的变化，也来自组织内部形形色色的问题。管理正成为创造价值过程中日益精细而又辛苦的活动。

管理不再是简单地发布命令，运用自己的职权指挥他人工作，而是要不断地设计或寻找解决问题的方案，努力争取上级、同事以及下级的支持，组织团队来完成任务，制止损害组织利益的不良行为。在充满变化与挑战的环境中，一名合格的管理者要承担起这些任务，就需要学习管理科学的理论，在理论的指引下探索更有效的管理方法。

管理学是一门系统研究管理过程普遍规律、基本原理和一般方法的科学。普及管理学知识，对提高一个国家的整体管理水平有着重要的意义。正如德鲁克所说的：一个理解管理学而并不具备各种管理技巧和管理工具的最低能力的管理人员仍不失为一个有效管理者甚至可能是第一流的管理者，而只知道管理技巧和管理手段但并不理解管理基本原理的人却不是一个管理者，最多只能算是一个技术员。国家教育部正是站在全球战略的高度，要求在高等院校经济管理类专业中开设管理学课程，并把该课程列为主干必修课纳入教学计划。根据这一指示精神，我们在总结多年教学和研究经验的基础上，编写了《管理学》教材，为创建具有中国特色的管理科学做了有益的探索。《管理学》自问世以来受到了各方面的欢迎，经多次修订再版，发行量不断扩大，成为教育部推荐的优秀教材，这也是激发我们不断前进的动力。为适应科技进步和市场经济发展的需要，充分反映管理科学前进的步伐，适应培养目标模式的转变，我们将《管理学》再一次修订出版，让它以崭新的面貌呈现在读者面前，为推进管理科学的发展贡献一份力量。

该书可作为高等院校经济管理类专业主干课教材，也可供各级管理干部培训和自学使用。

本书在编写过程中借鉴了一些国内外相关著作等文献，不便一一列举，在此一并致谢。尽管本书多次修订，但仍难免有不足之处，恳请读者批评指正。

编著者

2017年5月

目录

第一篇　管理学概论

第二篇　计　　划

第三篇 组 织

第四篇　领　　导

第五篇　控　　制

第一篇　管理学概论

第一章　管理与管理学

学习本章的目的和要求
通过本章学习，了解管理的概念、特征、性质、职能、作用、管理者及管理研究的对象、研究方法等内容。旨在对管理及管理学有概括了解，为以后各章的学习奠一定的基础。

第一节　管理的概念与特征

一、管理的概念

“管理”起源于人类的共同劳动，自古就有。当人们开始组成集体去达到共同目标时，就必须有管理，以协调集体中每个成员的活动。缺乏管理，人类社会就无法存在，更谈不上发展。但什么是“管理”，人们从不同的角度出发，有着不同的理解。从汉语词义来看，管理一词是“管辖”“处理”的意思，但这种字面解释是不可能严格表达出管理本身所具有的完整含义的。

关于管理的概念，至今仍未有一个公认和统一的认识。多年来，西方许多管理学者从不同的研究角度，对管理的概念作出了不同解释，这里不可能对管理的各种定义一一加以评介，但介绍几位国外有代表性的学者对管理所下的定义，对我们理解管理的内涵还是有一定意义的。

科学管理的创始人F.W.泰罗，由于是从一名普通工人提升为现场管理人员的，他所关心的是如何提高生产效率，而且是在生产现场实施他的科学管理。所以他从现场管理的角度给管理下的定义是：确切知道要别人干些什么，并注意他们用最好最经济的方法去干。

与泰罗同一时期的经营管理理论创始人、法国的实业家亨利·法约尔，由于长期担任公司最高领导职务，他面临的是如何管理好一个公司的问题。所以，他给管理下的定义则是：计划、组织、指挥、协调和控制。这个定义的基本思想也反映在后来许多管理学家给管理所下的定义中。

但同样是站在高层领导角度来研究经营管理问题的美国管理学家R.C.戴维斯则把管理定义为：经理人员的领导职能。

美国管理学家西蒙认为：管理就是决策，而马丁·J.坎农则认为：管理是一种为取得、分配并使用人力和自然资源以实现某种目标而行使某些职能的活动。

美国的小詹姆斯·唐纳利等又把管理定义为：管理就是一个人或更多的人来协调他人的活动，以便收到单个人单独活动所不能收到的效果，而进行的各种活动。

美国著名经营管理顾问J.N.尼斯伯格在他主编的《最新经营管理词典》中给管理下的定义是：为企业建立目标并指导人们去实现这些目标的过程。

当代管理过程学派的代表美国管理学家哈罗德·孔茨等在其所著的《管理学》第10版中把管理定义为：管理就是设计和保持一种良好环境，使人在群体里高效率地完成既定目标。

随着管理研究范围的不断扩大，特别是由于各方面专家运用各种现代科学知识来研究管理理论，人们对管理概念的认识就更加多种多样。例如，有人从系统论角度出发，认为管理就是对整个系统运动、发展、变化的有目的的、有意义的控制行为；有人从信息论的角度出发，认为管理就是信息不断输入、输出和反馈的过程。

从以上所举出的这些定义来看，虽然观察管理的角度不同，对管理的含义表述也不同，但都从不同侧面界定了管理的内涵和外延，为我们全面理解管理的含义提供了有益的启迪，对管理理论的发展是有益的。

我们知道，形成一种管理活动，首先要有管理的主体，即谁来进行管理；其次要有管理的客体，即管理的对象；再次要有管理的目的，即为什么要进行管理。这样才具备了形成管理活动的基本条件。当然要进行管理活动，还要运用一定的管理职能和方法，即解决如何管理的问题；还必须了解管理活动是在一定的环境和条件下才能进行。

综上分析，根据国内外管理学者对“管理”这一概念的解释，本书对“管理”作如下定义，即：管理是指在一定组织中的管理者，运用一定的职能，为组织制定目标，并创造一种良好的环境，使组织成员高效率地实现既定目标的活动过程。这一定义包含以下几层意思：

1.共同目标既是组织存在的前提，又是管理活动的出发点和归宿。所以为组织制定目标是一切组织的管理者首要的管理活动，利用组织拥有的一切资源实现既定目标，则是管理者管理活动的最终目的。

2.创造一种良好的环境，是实现既定目标的条件，也是管理活动的基本内容。这里说的环境，仅指内部环境而言。它包括物质和精神两个方面：环境的物质方面，包括各种物质因素，如工作场所的照明、温湿度、通风、噪声以及设备、工具材料和工作流程的设计与维持。环境的精神方面，包括影响职工工作态度或精神状态的各种精神、心理因素，如价值观、精神状态、工作作风、风俗习惯、道德规范、行为准则以及思维方式等。良好的精神环境能激励组织成员自觉地、创造性地为实现组织目标而竭尽全力。正如物质与精神的辩证关系一样，物质环境与精神环境不是彼此孤立存在的，而是一个互相作用的统一体。管理者为了创造一种良好的环境，就要综合运用各个管理学派的管理理论以及现代科学技术的成果。

这里还要强调指出，管理者绝不是在一个孤立、封闭的组织内开展管理活动的，而是在一个开放的、与外界有千丝万缕联系的组织中进行管理活动的。同时，管理者是在外部环境的不断变化和制约下创造内部环境的。而且创造良好的内部环境，就包含有适应外部环境的变化，并能充分利用外部环境提供的各种机会，化不利因素为有利因素等内容。

3.各级管理者都要通过计划、组织、领导和控制等职能来制定组织目标，创造一种良好的环境，使组织成员高效率地实现既定目标。

4.管理者都必须把提高效益作为管理目标。营利性的组织固然要讲究效益，追求盈利；就是非营利性的组织，如事业单位、政府机关等，也必须力争完成预期目标，投入的资源（人、财、物）越少越好，或者以现有的资源完成更多的工作。而要提高效益，就必须提高工作效率。任何一个组织要想留住并诱导该组织的成员高效率地工作，首要的是使该组织成员明白实现组织目标与实现个人目标是一致的，同时要满足组织成员各种合理的物质需要和精神需要，使其感到满意，这样才会形成新的动力，变成新的投入资源，不断提高效益。所以，提高组织成员的满意感是提高效益的一个重要因素。

5.管理的基本原理适用于一切组织。不论是营利性的工商企业，或是非营利性的事业单位，如：学校、医院、科研单位、政府机关、军队，甚至大到一个国家。虽然不同组织可能需要一些具体的管理技术和管理方法，但是管理的基本原理却是相同的。

二、管理的特征

为了更全面地理解管理的概念，理解管理学研究的特点、范围和内容，需要对管理的特征作进一步的分析。

一般来说，管理具有如下特征：

（一）管理的目的性

管理是人类一种有意识、有目的的活动，因而它有明显的目的性。管理的这一特征，是我们区别自然界和人类社会中那些非管理活动的重要标志。凡是盲目的没有明确目的的活动，都不能称其为管理活动；那些纯属于由生理功能驱使，无意识的本能活动，如动物的群体活动，不能称其为管理活动。还有就是某个单个成员或管理者的目的，也不是管理的目的，因为单个成员或管理者的目的，难以形成协作意愿，因此，只有一个组织的共同目的，才是管理的目的。在实际工作中，管理的目的往往具体表现为管理的目标，所以，组织的目标，就是任何一个组织管理的出发点和归宿点，也是评价管理活动的基本依据。

（二）管理的组织性

管理的“载体”就是“组织”。因为，无论从改造自然或改造社会的任务来看，个体的能力都是有限的，个体的无序组合也是不能发挥作用的。因此，现实社会普遍存在着两个或两个以上的人组成的，为一定目标而进行协作活动的集体，这就形成了组织。显然，组织是社会生活中广泛存在的现象。同时，对任何性质、任何类型的组织都要保证组织中的各种要素合理配置，从而实现组织目标，这就需要在组织中实施管理。所以我们说，“组织”是管理的“载体”，管理是组织中必不可少的活动。

（三）管理的人本性

所谓“人本性”是指以人为根本。管理的人本性，是指在管理过程中以人为中心，把调动人的积极性放在首位。我们知道，任何活动中，人都是决定的因素，管理也不例外。从管理者来看，因为管理者是实施管理的人，所以管理者的管理能力直接影响组织管理的水平；从被管理者来看，被管理者与管理效果也有很大关系，如果被管理者的素质过低，无法如实接受和理解管理者发出的各种管理信息，或无法自我约束、自主管理，也不能保证实施有效的管理；从管理过程中人与物的关系来看，物的要素的数量与质量很大程度上受人的要素的影响，物的要素先进，也必须由人来使用和管理，否则只是一堆废物；从人与科学技术的关系来看，科学或技术的成果是人类智慧的结晶，离开人的实践与思维活动，就不会有科学技术。管理的核心是处理各种人际关系，所以，在管理过程中，只有把人的要素作为根本，才能协调好其他要素，实现高水平的管理。

（四）管理的创新性

管理的创新性，是指管理本身是一种不断变革、不断创新的社会活动。通过管理的变革，推动社会和经济的发展，在一定条件下，还可以创造新的生产力。我们知道，18、19世纪在管理没有真正完成从经验到科学的转变之前，资本主义国家的许多企业的生产都达不到在技术上的设计能力，只有到了19世纪末20世纪初，由于泰罗等人对管理制度和方法进行了变革，完成了由经验管理向科学管理的转变，才使劳动生产率大大提高。这一历史事实充分说明了管理的创新性，认识到这一点，也有助于我们克服重技术、轻管理的倾向，真正把技术和管理看作经济起飞的两个轮子。

（五）管理的科学性和艺术性

在管理学界，对于管理究竟是一门科学还是艺术，一直是有争议的。

1.管理的科学性

管理的科学性是指管理作为一个活动过程，存在着其自身运动发展的基本客观规律。人们通过各种社会实践和科学研究，不断总结经验，提出问题，验证推理，从中抽象总结出一系列反映管理活动过程中客观规律的管理理论和一般办法。人们利用这些理论和方法来指导其社会实践，又以管理活动的结果来衡量管理过程中所使用的理论和方法是否正确，使管理的科学理论和方法在实践中得到不断的验证和丰富。承认管理具有科学性是基于：

（1）管理具有系统性。管理过程中发生的各种现象不是孤立地存在和表现的，是有其活动的客观规律的，人们经过长期的经验总结和理论升华，已形成了一整套反映管理过程客观规律的、合乎逻辑的理论体系以及管理的方法与技术。管理者可以运用这些理论、方法和技术解释管理工作中过去和现有的变化，并根据其运行规律预测未来的变化。

（2）管理的基本理论和方法像其他科学领域的理论和方法一样，是可以通过课堂传授，或阅读而掌握的知识，并且是可以用来指导管理实践的。早在管理理论形成的初期，古典管理理论的创始人亨利·法约尔就指出：管理能力也应该像技术能力一样首先在学校里，然后在车间里得到。20世纪以来西方发达国家兴办各类管理学校，培养出了大批管理人才。这些人才在管理实践中，运用所学知识取得了举世公认的成绩，成为促进社会进步的一种力量。

（3）作为研究管理过程中客观规律学说的管理学已经形成了完整、独立的学科，并运用多种研究方法使管理学不断发展进步。特别是在现代，管理学的发展完善性还体现在能够系统地兼收并用其他相关学科的研究成果、理论知识和分析方法，如心理学、社会学、系统科学、哲学、经济学等。

2.管理的艺术性

管理的艺术性是指在掌握一定理论和方法的基础上，灵活运用这些知识和技能的技巧和诀窍。管理的艺术性强调的是管理人员必须在管理实践中发挥积极性、主动性和创造性，因地制宜地将管理知识与具体管理活动相结合，才能进行有效的管理。

管理之所以有艺术性，主要是因为：

（1）管理是一门艺术，任何组织的管理者在管理活动中，最主要就是围绕被管理者而开展各项工作。所以，管理的主体是人，管理对象中最重要的也是人。而人的心理素质各不相同，主要表现为每个人都有不同的个性。就管理者来说，主要表现为个人的独特管理风格；就被管理者来说，则主要表现为不同的性格。管理者是在一定的具体情景中进行管理活动的，为了进行有效的管理就必须既要考虑具体情景的特点，又要考虑执行者的个性特点，绝不能机械地生搬硬套管理理论和原则，一定要发挥创造性，充分运用自己的经验和智慧，对不同情况和不同的人采用不同的方式和方法，才能获得最佳效果。由此可见，管理艺术的核心是创造性。所以，我们可以把管理艺术概括为：管理者在具体情景中创造性地运用管理理论，求得最佳效果的“诀窍”。它包括管理者掌握管理原则的尺度，选择管理方法和用人的技巧，鼓舞人们竭尽全力为实现组织目标而工作的能力。

（2）影响管理的因素，不仅有确定的因素，还有非确定的因素；不仅有相对稳定的因素，还有突发性、偶然性的因素。这就决定了进行管理不仅要制定具有普遍意义的科学原则，运用能解决规律性问题的科学方法，而且还要有随机应变的能力和灵活发挥的艺术。如果不考虑具体情景，生搬硬套管理理论和原则，就不会有管理的最佳效果。

（3）管理的艺术性还表明，仅仅学习书本上的管理理论，能熟记管理的原理与原则是不可能成为成功的管理者的，成功的管理者必须熟悉实际情况，学会因势利导，学会总结经验，学会理论联系实际。

管理的艺术性与管理的科学性两者之间是不矛盾的。管理需要科学的理论指导，没有理论指导的实践是盲目的实践，盲目的实践是要失败的。但是，管理理论是管理实践的概括与抽象，具有较高的原则性。由于每一项具体的管理活动都是在特定条件下展开的，因此，它要求管理者结合实际进行创造性的管理，这样才能把理论变为现实。同时，也应看到，管理艺术是对管理科学理论的合理发挥，一个不懂管理理论的人很难掌握管理的艺术性。

管理的艺术性，对管理者搞好管理提出了更高的要求，它可以促使管理者既注重管理理论的学习，也要重视因地制宜地灵活运用管理理论，这是成功管理者的一项重要保证。

第二节 管理的性质与作用

一、管理的性质

管理的性质是二重的，马克思在论述资本主义企业管理时，精辟地揭示了管理的二重性，为我们全面认识管理的性质奠定了理论基础。所谓管理的二重性，是指管理一方面有与社会化大生产、生产力相联系的自然属性，另一方面又有与生产关系相联系的社会属性。

马克思指出：凡是直接生产过程具有社会结合过程的形态，而不是表现为独立生产者的孤立劳动的地方，都必然会产生监督劳动和指挥劳动，不过它具有二重性。一方面，凡是有许多人进行协作的劳动，过程的联系和统一都必然要表现在一个指挥的意志上，表现在各种与局部劳动无关而与工场全部活动有关的职能上，就像一个乐队要有一个指挥一样，这是一种生产劳动，是每一种结合的生产方式中必须进行的劳动。另一方面，完全撇开商业部门不说，凡是建立在作为直接生产劳动者和生产资料所有者之间的对立上的生产方式中，都必然会产生这种监督劳动，这种对立越严重，这种监督劳动所起的作用也就越大。与此同时，马克思还进一步分析说，资本主义的管理就其内容来说是二重的，因为它所管理的生产过程本身具有二重性：一方面是制造产品的社会劳动过程，另一方面是资本的价值增殖过程。

通常，我们把上述管理的指挥劳动与监督劳动称为管理的自然属性和社会属性。“指挥劳动”这种管理活动是同生产力直接相联系的，是由共同劳动的社会化性质决定的，是进行社会化大生产的一般要求和组织劳动协作过程的必要条件，这种必要性随着生产力的发展、生产社会化程度的提高而增加，由此产生的管理职能，即一般职能就是合理组织生产力。为了实现这种管理职能而形成的管理技术和方法是由生产力发展水平所决定的，它不会因生产关系或社会制度的改变而变化，它表现了管理的自然属性。“监督劳动”这种管理活动是同生产关系直接相联系的，是由共同劳动所采取的社会结合方式的性质决定的，是维护社会生产关系和实现社会生产目的的重要手段。也就是说，社会生产总是在一定的生产关系下进行的，管理要体现生产资料所有者的意志，维护所有者的利益，管理为巩固和发展一定的生产关系服务，从而表现管理的社会属性。

管理的自然属性，表明了凡是社会化大生产的劳动过程都需要管理，它不取决于生产关系的性质，而主要取决于生产力的发展水平和劳动社会化程度，因而它是管理的一般属性，是资本主义管理和社会主义管理的共性。管理的社会属性，主要取决于生产关系的性质，并随着生产关系性质的变化而变化，因而它是管理的特殊属性，是资本主义管理和社会主义管理不同的个性。在资本主义制度下，“社会属性”体现为剥削雇佣的关系，具有阶级的对抗性质。在社会主义制度下，剥削劳动被消灭了，但劳动仍然是谋生的手段，劳动者还缺乏应有的思想道德素质，因此，管理仍然起着某些强制的作用，但它不再体现阶级对立关系，不再体现剥削社会劳动过程的职能，而是成为巩固和加强集体劳动的条件，为满足整个社会的物质和精神的需要服务。

马克思的管理二重性原理，深刻地揭示了管理的根本属性和根本职能，是指导人们认识和掌握管理的特点和规律的有力武器。只有认识和掌握二重性原理，才能分清资本主义和社会主义管理的共性和个性，正确处理批判与继承、学习与独创、吸收外国管理经验与结合中国实际之间的关系，做到去其糟粕，取其精华，在遵循管理的自然属性的要求，充分体现社会主义生产关系的基础上，分析和研究我国的管理问题，建立起具有中国特色的管理科学体系。

二、管理的作用

（一）管理是促进人类社会进步的重要因素

人类文明的发展不仅表现在生产力的发展水平上，也表现在对人类活动的组织管理水平上。所以，一部人类的文明史，在一定意义上说，也是一部人类的管理史。

随着社会生产力的发展，科学技术的日新月异，人类社会有组织的活动规模越来越大，协作的范围越来越广，管理的作用也就更为突出和重要。现代社会出现的大科学、大工程、大企业，既是科学技术发展的结果，也为现代管理科学的发展提供了可能。而这些大科学、大工程、大企业取得的成就又大大地促进了社会的发展。因此，人们把科技和管理比作推动社会进步的两个轮子。但是这两个轮子的作用是不同的，科技固然提供动力，使历史的车轮转动得更快，但管理不仅影响甚至决定把科技成果转变为这种动力的可能性和速度，而且决定整个历史车轮转动的方向。所以管理这个轮子是起决定作用的。

（二）管理既是形成生产力的条件，又是创造生产力的源泉

任何生产活动都必须具备劳动者、劳动手段和劳动对象等生产要素。但是，离开了管理，这些要素只能是一种潜在的生产力。因为，要进行生产活动，就必须首先决定生产什么，生产多少？然后才能决定怎样使生产要素实现最佳结合，并按照什么样的流程运转。这些问题的解决过程，就是管理活动过程，所以管理是使生产要素形成现实生产力的条件。

生产力不仅有一个能否实现的问题，还有一个高低的问题。在生产要素一定的情况下，生产力的高低就直接取决于管理。马克思在论协作时指出：不仅是通过协作提高了个人生产力，而且是创造了一种生产力，这种生产力本身必然是集体力。而任何集体劳动都需要管理。所以，从这个意义上说，管理是创造这种新力量的源泉。正如拉丁美洲流行的一句话所讲的：发展中国家并不是在发展上落后，而是在管理上落后。凡是在第二次世界大战以后取得经济和社会上迅速进步的地方，都是由于系统而有目标地培养管理人员和发展管理的结果。现在有人把管理看作一种资源，并疾呼要大力开发管理资源，也就是要充分发挥管理创造生产力的作用。

（三）管理是决定人类社会组织存在和发展的重要条件

人是社会性动物，人类的生产活动当然要组织起来进行，就是文化、教育、科研、政治、军事等活动也都要组织起来才能进行。而要使组织起来的集体活动顺利进行就必须有管理。国外在分析企业破产的原因时，发现有90%以上的破产企业是由于它们管理上的无能与缺乏经验所致。在我国改革开放中，有不少大中型工商企业集

团，就是从很小的、简陋的企业发展起来的，它们兴旺发达的原因很多，但是归根到底是管理有方。

第三节 管理的职能、管理者与管理对象

一、管理的职能

管理的职能就是管理者为了有效地管理必须具备的功能，或者说管理者在执行其职务时应该做些什么。

从管理的属性上分析，管理具有两个重要的基本职能：就是由管理的自然属性决定的与生产力有联系的合理组织生产力的职能；由管理的社会属性决定的与生产关系相联系的维护和完善生产关系的职能。分成这两个职能是为了研究的方便，在实际管理过程中这两个职能是结合在一起并且通过一系列具体职能发挥作用的。

最早对管理的具体职能加以概括和系统论述的是管理过程学派的创始人法约尔。他在1916年出版的《工业管理与一般管理》一书中指出，管理就是实行计划、组织、指挥、协调和控制。法约尔对管理职能的论述，形成了自己的学派，被称为“五功能学派”。后来许多管理学者对管理职能又从不同的角度用不同的语义进行了阐述，出现了不同的学派。但从总体上看，只是繁简不同，表述不一，并没有实质上的差异（见表1-1）。

由表1-1可见，在法约尔之后，除了古利克外都没有再把协调列为一项管理职能。这是因为有些人认为协调是管理的实质，其他各项职能均有协调的作用，因而不应作为一项独立的管理职能。20世纪30年代以后，由于出现了人际关系学说，人们在管理中从重视技术转向重视人的因素，因而古利克等人把人事、激励、通信联系等作为管理职能。以后西蒙和马奇等创立了决策理论，梅西为了强调决策在管理中的作用，又把决策从计划职能中分出，列为一项管理职能。由于新技术革命浪潮的冲击，为了突出创造和革新在管理中的作用，希克斯又把创造和革新作为一项管理职能。但是，我们认为要进行有效的管理，执行各项管理职能都必须不断地进行创造和革新。所以，创造和革新也不应列为一项单独的管理职能。

通过对管理职能的划分，为研究管理问题提供了一个理论框架或理论体系。有关管理的概念、理论、原则、方法和程序都可以按照不同的管理职能而加以分类归纳并予以系统论述，从而为研究与学习管理学提供了便利的工具。但是，这并不意味着这些职能是互不相关而孤立存在的。虽然每一种管理职能侧重于整个管理工作的某一方面，但却与其他的职能密切相关。所以，不能说管理者在某一个时间是在执行计划职能，而在另一个时间里却在执行组织职能、控制职能。同时，把管理职能按一定顺序论述，绝不意味着管理者在实际工作中，也必须按这样的顺序执行管理职能。恰恰相反，管理者在某一个时间、处理某一个问题时，则可能同时执行几项、甚至全部职能。

从管理职能划分的演变看，计划、组织和控制是各管理学派公认的管理职能，而领导的作用在现代管理中日益突出，所以，本书按计划、组织、领导和控制等四个职能来组织管理学的内容。至于每一项职能的具体内容将在各篇中分别详细论述。

表1-1　**不同学者对管理职能划分一览表**

年份	管理职能的划分 代表人物	计划①	组织	指挥②	协调	控制③	激励④	人事	调集资源	通信联系⑤	决策	创造革新
1916	法约尔	○	○	○	○	○						
1934	戴维斯	○	○			○						
1937	古利克	○	○	○	○	○		○		○		
1947	布朗	○	○	○		○			○			
1947	布雷克	○			○	○	○					
1949	厄威克	○	○			○						
1951	纽曼	○	○	○	○	○			○			
1955	孔茨	○	○			○		○				
1964	艾伦	○	○			○						
1964	梅西	○	○			○		○			○	
1964	米	○	○			○	○			○	○	○
1966	希克斯	○	○			○	○			○		
1970	海曼和斯科特	○	○			○	○	○				
1972	特里	○	○			○	○					

注：○表示各代表人物所列举的各项管理职能。①计划包括计划、预测。
②指挥包括指挥、命令、指导。　③控制包括预算控制。
④激励包括鼓励、促进。　⑤通信联系包括报告。

资料来源　马洪. 现代管理百科全书［M］. 北京：中国发展出版社，1991：178.

二、管理者

管理者，在不同的组织有不同的称呼，在工商企业叫经理、学校叫校长、政府机关叫部长或厅（局）长、医院叫院长、军队叫司令员、其他机关叫主管，等等。他们的共同特点是执行管理职能并负责完成管理任务。根据我们对管理含义的理解，凡是在社会组织中执行计划、组织、领导和控制职能的人就是管理者。虽然这些人有时也要完成一些具体工作，但是他们的主要职责是制定整个组织或分支机构的目标，并创造出一种能诱导其他人参与工作的良好环境，以便通过参与者来实现组织目标。而那些只负责完成具体生产任务或业务工作的人，如：工厂的工人、学校的教师、医院的医生和护理人员、科研单位的研究人员和实验员等，都不是管理者。

（一）管理者的角色

20世纪60年代，麻省理工学院的亨利·明茨伯格对5位经理进行了一项细致的研究，以确定这些管理者在工作中都做些什么。通过对这些管理者的观察，明茨伯格得出结论：管理者扮演10种不同但高度相关的角色。这10种角色可以归纳为：人际角色、信息传递者角色以及决策角色。

人际角色：所有的管理者都要承担某些实质上是纪念性或象征性的责任，扮演头面人物的角色；所有的管理者都承担领导者的角色，这种角色所做的工作包括对员工的雇用、培训、激励和处分；第三种人际角色是联络人，这种角色与那些能给管理者提供信息的人进行接触，建立并维护一个与外部保持联系的网络，这种网络可以提供各种支持和信息。

信息传递者角色：所有的管理者都要从其他组织或机构中收集一些信息，通过浏览新闻媒介（包括互联网）和与别人交谈来了解大众消费品位的变化以及竞争者可能正在做的事情等，这是监控者角色；管理者也会像信息管道那样给组织成员传递信息，这是信息传播者角色；另外，当管理者代表组织与外界交往时，他扮演的是发言人的角色。

决策角色：最后，明茨伯格确定了4种与解决问题和作出决策有关的角色：创业者角色，管理者激发并监督那些能改善组织绩效的新方案；作为混乱处理者角色，管理者对意料之外的问题作出迅速反应并采取正确行动；作为资源分配者角色，管理者负责分配人力、物力和财力资源；最后，管理者扮演谈判者的角色，与其他部门协商或谈判，为自己的组织或部门争取利益。

（二）管理者的分类

按管理者在组织中所处的地位划分，管理者可分为：

1.高层管理者。它是指负责制订组织的发展战略和行动计划，有权分配组织中拥有的一切资源的管理人员。人数相对较少，负责组织的全面管理。在西方，企业中的高层管理者一般是指CEO，即行政首长（又译首席执行官），COO即业务首长（又译首席经营负责人）及CFO即财务首长（又译首席财务负责人）等。在我国工商企业中的经理、厂长，学校的校长，医院的院长等都属于高层管理者。组织的兴衰存亡取决于他们对环境的分析判断，以及目标的选择和资源运用的决策。他们还要代表组织协调与其他组织（或个人）的关系，并对组织所造成的社会影响负责。因此，高层管理者具备的知识要广、能力要强、素质要高。

2.中层管理者。它是指负责制订具体的计划及有关细节和程序，以贯彻执行高层管理者作出的决策和计划的人员。大公司的地区经理、分部（事业部）负责人、生产主管、车间主任等都属于中层管理人员。中层管理人员不直接指挥、协调第一线人员的活动，他们主要是将高层管理者的决策和指示传达给基层管理者，同时将基层的意见和要求反映到高层管理部门，他们是连接高层管理者与基层管理者的桥梁和纽带。中层管理者还要负责协调和控制基层生产活动，保证完成各项任务，实现组织目标。

近年来，由计算机在管理中广泛运用，为了降低成本和破除官僚主义，许多组织削减了中层管理者的人数。尽管如此，中层管理者仍然是组织上下沟通和执行高层制定的战略所不可缺少的。

3.基层管理者，又称一线管理人员，具体指工厂里的班组长、小组长等。他们的主要职责是传达上级计划、指示，直接分配每一个成员的生产任务或工作任务，随时协调下属的活动，控制工作进度，解答下属提出的问题，反映下属的要求。他们工作的好坏，直接关系到组织计划能否落实，目标能否实现，所以，基层管理者在组织中有着十分重要的作用。对基层管理者的技术操作能力要求较高，但对统筹全局的能力要求较低。

按管理者的职责任务划分，可分为：

1.决策指挥者，指在组织各层次中拥有决策指挥权的管理者。他们的基本职责是负责组织或组织内各层次的全面管理任务，拥有直接调动下级人员，安排各种资源的权力。通常指各管理层的“一把手”。

2.职能管理者，指负责组织中某一专门管理职能的管理人员，如计划管理人员、市场营销管理人员、财务管理人员、生产（业务）管理人员、人事管理人员等。通常也称为“业务管理人员”。这类管理人员的职责是负责组织或组织内某一层次中的某一专门管理职能，以他们的专业知识对组织目标的实现作出贡献。

3.决策参谋人员，指为各级决策指挥人员提供决策建议的智囊人员。这类人员没有直接的决策指挥权，但他们以自己的知识影响组织决策，有时这种影响还比较大，所以通常将他们也称之为管理人员。决策参谋人员的职责是搜集、整理、提供与决策相关的各种信息，为决策者提供合理的建议、方案。

（三）管理者的技能

管理人员由于处于不同的管理层次和不同的管理岗位，其发挥作用的大小也不相同，但一个重要的，不可忽视的影响因素是管理者是否真正具备了相应的管理技能，即技术技能、人际关系技能和概念技能。

1.技术技能

技术技能是指人熟悉和精通某种特定专业领域的技术与方法的能力、工作程序、技术和知识。例如，在企业中，工程师、会计师、广告设计师、计算机程序员等被认为是具有专业技能的人员。但在组织的管理中，是指管理者掌握或熟知某一专业领域的技能，并能运用其有效完成组织任务的能力。不同层次的管理者，对技术技能的要求程度是不同的。对于基层管理者来说，这些技能更为重要，因为管理者要根据这方面的技能来从事管理工作。

2.人际关系技能

人际关系技能是指管理者处理人与人之间、人与事之间关系的技能，即理解、激励并与他人共事与沟通的能力。人际关系技能包含内容比较多，诸如管理者的沟通能力、领导能力、协调能力等都会直接影响其人际技能的发挥。因为管理者除了领导下属人员外，还得与上级领导和同事打交道，得不断运用沟通、说服、激励等各种手段和方法调动相关人员有效开展工作，完成任务。可以说，不论是哪一管理层次的管理者，掌握良好的人际技能是十分重要的。因为各个层次的管理者都必须在与上下左右进行有效沟通的基础上，相互合作，共同完成组织的目标。

3.概念技能

概念技能是指管理者对复杂情况进行抽象和概念化的技能。特别是对组织发展的远大目标、战略方向的把握及判断力，具体地说是指洞察组织与环境相互影响因素的能力、确定和协调各方面关系的能力以及权衡不同方案优劣和内在风险的能力。具有这方面的能力要求管理者能够站在一定的组织高度，从组织的整体角度理解和促进组织的运行，能够快速敏捷地从混乱而复杂的动态情况中辨别出各种因素的相互作用，准确地把握问题的实质以及可能出现的后果等。因此，管理者所处的层次越高，其面临的问题越复杂，越需要其概念技能。

处于不同层次的管理者所应掌握和应用的技能是有一定差异的，一般讲，高层管理者主要应掌握概念技能，能很好地理解组织各部分之间的关系，对组织的战略发展方向和战略目标有清晰的把握和准确的定位，使组织更好地适应不断变化的环境。但是在组织中的基层管理者则需要有很好的技术技能，他要在基层的作业环节有效带领团队实现企业的既定目标。研究表明，不论是基层、中层还是高层管理者对他们同等重要的就是人际关系技能，如图1-1所示。

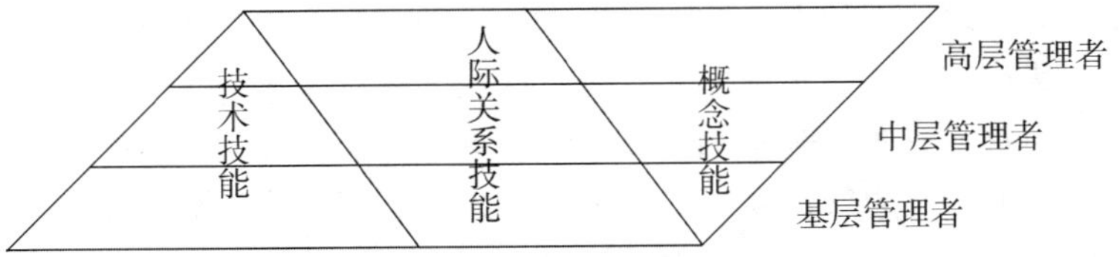

图1-1　不同层次管理者所需的技能

（四）有效的管理者与成功的管理者

美国学者和他的同事对450名管理者进行了研究，发现这些管理者都从事以下4类管理活动。传统的管理活动：决策、计划和控制；沟通：交换日常信息，处理文案工作；人力资源管理：激励、处罚、冲突管理、人员配置和培训；社交网络：社会活动、政治活动以及与外部的交往。有趣的是，不同类型的管理者花在这4种管理活动上的精力相距甚远。

一般的管理者平均把32%的时间花在传统管理活动上，29%的时间用于沟通，20%的时间用于人力资源管理活动，19%的时间用于社交网络。对于成功的管理者（根据他们在组织中的晋升速度来衡量），社交网络的时间用得最多，占48%，传统管理活动占13%，沟通占28%，人力资源管理占11%。而有效的管理者（根据他们工作绩效的数量和质量以及他们下属的满意程度和承诺程度来衡量），沟通时间所占比例最大，占44%，社交网络时间所占的比例最小，占11%，传统的管理时间占19%，人力资源管理的时间占26%。

近年来，澳大利亚、以色列、意大利、日本和美国的研究也证实了这一点，即管理者的社会交往与他们在组织中的成功有很大关联，沟通与有效管理者之间的关系也很明显。那些从同事和雇员那里收集信息（包括消极信息）并且向他人解释自己的决策的管理者，是最有效的。而社交网络和政治技能对组织内控、晋升起着重要作用。

三、管理的对象

管理是管理者作用于管理对象的特殊实践活动。因此，在明确了谁是管理者之后，还必须明确管理的对象是什么？也就是要明确管理者应该对什么实施管理活动。关于管理的对象是什么，在管理学中也存在着不同的看法。最早的看法是人、财、物三个要素。以后有人根据时间和信息在管理中的重要作用，就在三要素的基础上增加了时间和信息两个要素。但是，按照系统理论，任何组织的管理者管理的都是一个人造的社会技术系统。社会技术系统的结构是极其复杂的，从管理实践和认识的不同目的出发，可以概括出不同的结构要素。而且任何系统都不是若干要素的简单组合，而是按照特定的目的确定各种要素的结构，以及这些要素之间的联系方式，从而使其成为具有新的性质和功能的整体。同时，任何系统的性质和功能还要受到环境的影响和制约，管理者要不断地调整系统的结构和联系方式，以适应外部环境的要求。而且实现既定目标可以用不同的输入和不同的转换过程，不存在唯一、最好的方法，这正是管理者发挥创造性作用的表现。所以，不能把管理对象看成是几个孤立的要素，而是构成系统的所有要素的综合。关于系统理论，我们将在第三章详细讨论。

第四节　管理学的内容、特征及研究方法

一、管理学的研究对象与内容

管理学是一门系统地研究管理活动的基本规律和一般方法的科学。我们知道，管理活动千差万别，如一个政府的首脑和一个公司的经理要处理的问题，可能有本质差别，但他们却都要通过一定的计划、组织、领导、控制等职能来实现组织的目标。在实施这些管理职能时，其内容会有不同，但要遵循的基本原理及原则却是一样的，这就是管理的共性，也就是管理学所要研究的对象。

根据管理学研究的对象、性质和特征，管理学在研究管理的基本规律时，具体涉及了以下的一些内容：

（一）生产力方面

管理学主要研究生产力诸要素之间的关系，即合理组织生产力的问题。研究如何合理配置组织中的人、财、物等各要素，使各生产要素充分发挥作用的问题；研究如何根据组织目标、社会的需要，合理使用各种资源，以求得最佳经济效益和社会效益的问题。可见，合理组织生产力，是管理学研究的一个极其重要的内容。

（二）生产关系方面

管理学主要研究如何正确处理组织中人与人之间的相互关系，研究如何激励组织内成员，从而最大限度地调动各方面的积极性和创造性；研究如何完善组织机构与各种管理体制问题，研究组织与组织之间的关系，提供妥善处理这些关系的准则，为实现组织目标服务。

（三）上层建筑方面

管理学主要研究组织的规章制度，如何反映经济基础的要求，使其与社会的政治、经济、法律、道德的要求保持一致，从而维持正常的生产关系，促进生产力的发展。

以上三个方面的研究内容是密不可分的，它通过管理的具体工作，融合为一个管理总体，并通过管理的具体工作，表现为管理的实践活动。

二、管理学的特点

(一) 科学性

1.管理学研究的是管理活动的客观规律，形成的是只适用于管理活动的概念、理论、原则、方法和程序的系统知识。

2.管理学像其他任何学科一样，是可以通过课堂传授或自己阅读而掌握的知识，并且是可以用来指导管理实践的。早在管理理论形成的初期，古典管理理论的创始人亨利·法约尔就指出：管理能力也应该像技术能力一样首先在学校里，然后在车间里得到。20世纪以来西方发达国家兴办各类管理学校，培养出了大批管理人才。这些人才在管理实践中，运用所学知识取得了举世公认的成绩，成为促进社会进步的一种力量，管理也成为现代社会的一种新的职业。

3.管理学是一门阐述管理者为了圆满执行管理职能，必须知道些什么，或者至少了解些什么，或者说这是关于描述经理职务的知识。所以，正如德鲁克所说的，一个理解管理学而并不具备各种管理技巧和管理工具的最低能力的管理人员仍不失为一个有效管理者甚至可能是第一流的管理者；而只知道管理技巧和管理手段但并不理解管理基本原理的人却不是一个管理者，最多只能算是一个技术员。这就是说，一方面管理学中阐述的管理理论是管理活动中最普遍、最基本的知识，是从事任何组织的任何专业管理活动都必须知道的知识。从这个意义上讲，它是学习其他专业管理知识的理论基础。另一方面，更重要的是，管理学是作为一名管理者（或者经理、主管人员）必须掌握的知识。这是其他专业管理学科，如生产管理、财务管理、人事管理，以及市场营销等所不能提供的。

4.管理学所阐述的理论适用于一切组织，但管理学研究则要以工商企业管理为中心。管理理论吸收了人类一切组织的管理经验，所以，它适用于一切组织。然而，非工商企业的公共服务的机构对管理的需要并不比工商企业小。德鲁克曾指出：美国大的管理咨询公司在最近十年或十五年来的最好的主顾正是国防部、纽约市或英格兰银行这样一些政府机构。当加拿大于20世纪60年代末把海、陆、空三军联合起来组织成一支统一的军队时，加拿大的海、陆、空将领的第一次会议所讨论的不是战略问题，而是目标管理。而且，随着公共服务机构（如科研、学校等）对管理要求的提高，这些机构的管理问题很可能成为今后管理研究的一个重要内容。但是，管理研究必须以工商企业管理为中心，这是因为：

(1) 现代工商企业在发展生产、繁荣经济上取得的巨大成就，促进了文化、教育和科学技术的发展，从而促进了社会进步。所以，现代工商企业管理的好坏，对现代社会发展有着重大的意义。

(2) 现代工商企业是当经济活动达到这样一个水平，即管理上的协调比市场的协调更有效率和有利可图时，才首次在历史上出现的。因此，为了不断提高管理的效率，提高现代工商企业的经济效益，促进社会发展，就必须以现代工商企业管理中不断出现的新问题为管理研究的重点。

(3) 管理从本质上说是一种广义的经济研究，如何优化地分配和利用各种资源以获得最大的经济效益与社会效益是经济研究的重要内容。而现代工商企业中关于资源分配和利用是否达到最优化，既要接受市场的苛刻检验，又可以用比较精密的尺度加以衡量。其他组织（军队除外）在这方面的要求就相对地比较粗一些，松一些。

（4）跨国公司的发展，使现代工商企业超出了国界的范围。而跨国公司的管理，必须把来自不同国家，具有不同语言、文化传统和价值观的人统一于共同目标之下，这又给管理学的研究提出了新的问题，带来了新的发展动力。这一点是其他组织所没有的。

5.管理学是一门不太精确的学科。人们一般把在给定条件下能够得到确定结果的知识体系叫精确科学，如数学、物理学、化学等。管理学则不同，在完全相同的已知条件下，则可能出现截然不同的结果，如在数学中 1+1=2，而在管理中，可能 1+1=2，也可能 1+1>2 或者 1+1<2。这种现象在现实生活中比比皆是，往往两个生产条件、人员素质和管理水平基本相同的企业，其经营效果却可能大相径庭。一个企业经济效益甚好，另一个却可能严重亏损。也就是说投入基本相同，但产出却完全不同。这是因为，在这里产出固然可以用统一的计量单位精确计算，但对投入的衡量就只能是一个模糊概念。首先，我们只能用基本相同或大体相同这样本身就不准确的衡量标准，因为在投入的要素中最重要的要素是人，而人的素质是无法精确测量的。同时，管理水平又主要取决于管理者素质，这同样是无法精确测量的。其次，管理主要是管理者和被管理者打交道，双方都是人，那么心理因素就必然成为不可忽视的因素，但当前，对心理因素的作用还无法测量。最后，管理者对各种外部环境因素的分析和预测，尽管有许多定量的方法，但仍有不少是靠经验判断，无法做到精确化，因而，管理者作出的重要决策也无法精确化。所以，管理学只能是一门不太精确的学科。

（二）管理学是管理理论和管理艺术的统一

管理理论和管理艺术研究的都是管理实践。不同的是，管理理论研究的是管理活动中普遍的、必然的规律性；而管理艺术研究的是在具体情景中管理活动的特殊性和随机性。所以，管理理论和管理艺术都是管理学的有机组成部分，两者缺一不可。管理学就是管理理论和管理艺术系统知识的统一体。

（三）综合性

管理学是一门综合科学，其综合性表现为：在内容上看，管理学涉及的领域十分广阔，它需要从社会生活的各个领域、各个不同类型组织的管理活动中概括出具有普遍指导意义的管理思想、原理和方法；在方法上，它把自然科学和社会科学探索的成果加以改造和运用，具有社会科学与自然科学相互渗透的特点。管理活动是很复杂的活动，影响管理活动的因素，除生产力、生产关系、上层建筑这些基本因素外，还有自然因素、社会因素。因此，搞好管理工作，只有针对组织内部和组织外部的各种复杂因素，广泛应用经济学、数学、工程技术学、心理学、生理学、行为科学、运筹学、电子计算机科学及系统论、信息论、控制论等现代科学技术的研究成果，从不同角度对各种管理活动进行综合研究，才能正确认识和把握管理规律，并提出普遍适用、行之有效的管理原则和管理措施。所以说，从管理学与许多学科的相互关系看，管理学是一门介于社会科学和自然科学之间的边缘学科；从管理学综合利用上述多学科的成果上看，它又是一门综合性学科。

（四）实用性

实用性也称实践性。管理学与其他纯理论科学比较，显示出很强的实践性。管理学是为管理者提供从事管理的理论、原则和方法的实用性学科，这些共同的原理、原则和方法，只能是实践经验的总结和提炼，这充分说明管理学的基础是管理实践。同时，管理的理论只有和管理实践结合起来，才能真正发挥这门学科的作用，也就是说，管理学只有服务于实践，才具有生命力，才能不断发展。

管理学的实践性还表明，管理学的研究不能闭门造车，也不能盲目照抄照搬他国管理学理论。一个国家管理学的发展，要借鉴他国的成果，学习他国先进的经验，但更要深入到本国的管理实践之中去，总结本国管理实践的新经验、新成果。总之，实践是管理学的生命之源。

（五）社会性

管理学研究的是管理活动中的各种关系及其一般规律，而在管理活动中，人是最主要的管理主体和客体，这就决定了管理学的社会性。同时，管理学的社会性还意味着它总是带有一定的生产关系特征，没有超阶级的管理学。所以，我们在学习、借鉴他国的管理理论时，尤其要注意这一点。

三、管理学的研究方法

根据管理学研究的对象及特点，我们对管理学的研究，总的说要以马克思主义唯物辩证法为指导，从社会主义市场经济条件下的管理实际出发，同时大胆借鉴国外的先进经验，实事求是，勇于探索。在这一前提下，还要有一套科学的、具体的研究方法。这些具体研究方法主要有以下几种：

（一）历史研究的方法

历史研究方法就是运用管理理论与实践的历史文献，全面考察管理的历史演变、重要的管理思想和流派，从中找出规律性的东西，寻求对现在仍有意义的管理原则、方式和方法。任何管理现象都不是孤立的，都有它产生的历史背景及其发生、发展的过程。因此，对管理学中的某一种管理理论、某一个定义、某一个规律的研究，都应放在一定的历史条件下，从其发生和发展的过程中去考察，才能掌握它的来龙去脉，了解它的实质所在，并给予恰当的评价。

用历史的方法研究管理学要求我们全面地、发展地看待一切管理思想、管理理论，既要挖掘出它的历史渊源，又要看到它的发展变化。一方面要注意其反映的普遍性问题，另一方面也要注意其所代表的是哪种生产关系主体的利益，这样深入地研究前人留下的管理精华，才会大有收获。

（二）比较研究的方法

有比较才有鉴别。比较的方法是科学研究中通常用的一种研究方法。它把不同的或相类似的事物放在一起作比较，用以鉴别事物之间的异同，分辨出一般性和特殊性的东西，可为我借鉴的东西和不可为我借鉴的东西。从西方古典管理理论的形成到现在，出现了许多不同的管理理论和流派，观点各不相同，思想学说纷纭。如何从这种纷繁的现象中理出头绪，就需要采用比较法，以找出各学派的特色，区别其实质，真正做到兼收并蓄，丰富我国管理学的内容。

（三）案例分析法

案例分析法，是指在学习研究管理学的过程中，通过对典型案例的分析，从中总结出管理的经验、方法。实践证明，案例分析法，对于管理学的研究是行之有效的。

在西方管理理论的研究中，从古典管理理论到现代管理理论，其中许多结论都是从大量的案例分析中得出来的。例如，泰罗所提出的定额管理原理、计件工资原理、操作标准化原理等都来自于他对米德维尔钢铁厂的大量案例分析。又如，权变理论中所提出的“超Y”理论和行为科学理论中所提出的“人是社会人”的结论，也都是通过大量的实际案例分析所得出的。由此可见，案例分析法是管理理论研究的一种最基本、最常用的方法。这种方法的最大优点是能够体现理论联系实际的原则，使一般管理原理的抽象建立在大量的实际案例分析基础上。

（四）归纳演绎法

归纳和演绎是两种不同的推理和认识事物的科学方法，归纳是指由个别到一般，由事实到概括的推理方法。演绎是指由一般到个别，由一般原理到个别结论的推理方法。对管理学的研究主要是由具体的事物，经过分析上升到抽象一般，因此，必然运用归纳的推理方法。但是，归纳和演绎在实际推理过程中是密不可分、相辅相成的，因为由归纳推理所得出的结论，需要再由演绎推理来做修正和补充，只有通过归纳推理和演绎推理的反复论证，才能使所得结论全面、可靠，经得住实践的检验。否则，如果只有归纳没有演绎，那么所得出的结论可能不具有一般性，而如果只有演绎没有归纳，演绎就既没有前提，也不会得出正确的结论。

（五）观察研究法与调查研究法

观察研究法，是在管理过程中，为了掌握某一事物的特征及变化规律而采取实地观察的方法。通过观察事物的现象，透过现象运用分析、综合、抽象等科学的方法，找出事物的本质特征，总结实践经验。

调查研究法，是指通过访谈、问卷调查、座谈会等方法，了解问题，分析成因，进行诊断，提出对策。这是一种最常用的方法。

思考题

1. 关于管理的含义，你了解哪些有代表性的定义？你同意哪一种定义？为什么？
2. 何为管理的二重性？理解管理二重性有何现实意义？
3. 为什么说管理既是科学又是艺术？
4. 为什么说管理学是一门不精确的科学？
5. 管理学适用于一切组织，为什么管理研究必须以现代工商企业为中心？
6. 试举例说明管理的作用。
7. 不同层次的管理者应具备哪些技能？
8. 管理学有哪些研究方法？

第二章 管理理论的形成和发展

学习本章的目的和要求
通过本章学习，了解管理学的形成与发展，掌握主要管理先驱者对管理理论和实践的贡献以及管理活动的演变和历史。回顾中国管理思想的产生及发展。旨在认识比较完整的管理理论的形成经历了一段漫长的历史过程，以推进对现代管理理论的研究。

第一节 早期的管理思想

一、古代的管理思想

（一）国外古代的管理思想

管理思想来源于人类社会的管理实践，它是随着生产力的发展而发展起来的。原始社会的生产力水平非常低下，其管理水平是与之相适应的。随着人类社会的进步，管理思想也有很大的发展，世界上一些文明古国都对早期的管理思想作出了贡献。

在公元前5000年左右，古埃及人建造了世界七大奇迹之一的金字塔。一个大金字塔要耗用230多万块上万斤的石块，动用10万多人力，费时20年才能建成。完成这样巨大的工程，不仅需要技术方面的知识，更需要大量的组织管理工作。在公元前2000年左右，古巴比伦国王汉谟拉比曾经颁布的《汉谟拉比法典》，全文280多条。其中对人的活动做了许多规定，如个人财产要受到保护，百姓应遵守一定的规范，货物贸易应该如何进行，臣民之间的隶属关系，家庭纠纷与犯罪的处理等等，都涉及了许多管理思想。

古希腊也留下了许多宝贵的管理思想，在公元前370年，希腊学者色诺芬对制鞋过程中的分工的描述与后来泰罗的思想非常接近，尽管他们所处的时代相差2 200多年。

公元284年古罗马建立了层次分明的中央帝国，古罗马帝国在权力等级、职能分工和严格的纪律方面都表现出了相当高的管理水平。

在15世纪的意大利，有一位著名的思想家和历史学家马基雅维利，他阐述了许多管理思想，其中影响最大的是他提出的四项领导原理：领导者必须得到群众的拥护；领导者必须维持组织的内聚力；领导者必须具备坚强的生存意志力；领导者必须具有崇高的品德和非凡的能力。马基雅维利对当时出色领导人活动的概括和总结，与现代领导理论中一些原则、原理很接近。

（二）中国古代的管理思想

中国是一个历史悠久的文明古国，在社会实践中形成的管理思想源远流长，丰富多彩。翻开卷帙浩瀚的管理史料，我们发现，中国古代的管理思想主要包括两个方面：宏观治国的管理思想和微观治生的管理思想。治国的管理思想主要论述财政赋税管理、人口田制管理、货币管理、价格管理、国家行政管理等方面。治生的管理思想主要论述农副业、手工业、商业等生产和流通方面的管理思想。尽管我国古代的管理思想浩如烟海，但由于受生产力和科学技术发展的限制，这些管理思想还比较零星分散。归纳起来，中国古代的管理思想大致有以下几个方面：

1.组织方面的管理思想

周公（姓姬名旦，公元前12世纪—公元前11世纪）编的《周礼》一书，是为周朝制定的一套官僚组织和制度。这本书将周代官员分为天、地、春、夏、秋、冬六官，以天官（又称冢宰）职位最高；六官分360职，各有职掌，层次分明，职责清楚。

春秋时代孙武所著《孙子兵法》，是世界上最古老的兵书。他在其书中曾提到军、旅、卒、伍的军队编制。军为12 500人，旅为500人，卒为100人，伍为5人，层次关系明晰，编制比较完备。他在书中还说："凡治众如治寡，分数是也，斗众如斗寡，形名是也。"他认为管理人数的多与少，道理都一样，只要抓住编员额有异这个特点就行了。这种观点类似现代管理中所谈到的"要按一定的管理层次和幅度建立组织机构"的管理思想。

在劳动组织方面，中国古代有许多伟大工程，如秦代蒙恬征募30万人，修筑万里长城；隋炀帝动员近百万民工修浚运河，这些浩大工程的建成，都是古代管理思想在劳动组织上实践的范例。而战国时代，墨翟就提出过劳动过程分工的思想，他说："譬如筑墙然，能筑者筑，能实壤者实壤，能欣者欣，然后墙成。"元代董搏霄提出"百里一日运粮术"的具体做法，即"每人行十步……三千六百人可行百里，每人负米四升，以夹布囊盛之，用印封识，人不息肩，米不着地，排列成行，日行五百回，计路二十八里。轻行一十四里，重行一十四里，日可运米一百石，每运给米一升，可供二万人"。这里讲的"米不着地"，可减少不必要的停滞时间；"排列成行""人不息肩"可缩短操作过程，提高工作效率。这种办法符合现代流水作业原理。

2.经营方面的管理思想

管仲是春秋初期政治家、思想家，他编撰的《管子》一书，是我国最早的、成就最高的一部经济著作。该书中所记载的经营思想主要有：（1）经营管理要顺应事物自身的客观规律，违背它必遭失败。认为一切社会活动均有"轨"可循，"不通于轨数而欲为国，不可"，你若逆它，必"怀其凶"，"不可复振也"。（2）强调和气生财，即处理好人际关系，认为"上下不和，虽安必危"。（3）办事要守信誉。主张"不欺其民也""言而不可复者，君不言也；行而不可再者，君不行也。凡言而不可复，行而不可再者、有国者之大禁也"。（4）办事要从实际出发，量力而行。认为"动必量力，举必量技"，"不为不可成，不求不可得"。（5）主张办一切事情必须统筹谋划，提出"事无备则废"，"以备待时"的观点。《管子》中许多论点为后世政治家、理财家作为准则。

范蠡是春秋末期楚国宛人，辅佐越王勾践灭吴后，弃官经商而成巨富。他是我国古代从事经营的著名历史人物，司马迁在他的《史记·货殖列传》中专门论述了他的经营理论。计然之策就是范蠡的著名经营理论。计然之策包括待乏原则和积著之理。待乏原则提到“水则资车、旱则资舟、夏则资裘、冬则资絺”，是指市场上的货物，要根据年岁季度预测需求行情，预先收储以待时机，方有利可图。“积著之理”是指获取利润的方式，范蠡认为：“务完物，无息币。以物相贸易，腐败而食之货勿留，无敢居贵。论其有余不足，则知贵贱。贵上极则贱，贱下极则反贵。贵出如粪土，贱取如珠玉。财币欲其行如流水。”这是说经营的物品，切勿长期存储，贪图高价。要通过商品数量的多寡，预测其价格的贵贱。某商品太贵必转而下跌，太贱则又回涨。要使货币像流水一样经常流动和运行，才能得到经济效益。

白圭是战国时期周国人，他根据农业生产周期的原理进行经营，成为当时巨富。司马迁誉谓“盖天下言治生祖白圭”。白圭的经营之道表现在：（1）主张“乐观时变”，强调观察农业生产丰歉对市场动向的影响，把商情预测作为经营决策的基础；（2）采取“人弃我取，人取我与”的经营策略；（3）减少耗费，降低经营成本；（4）主张“欲长钱，取下谷”的经营之道，即薄利多销，数量上取胜；（5）主张“薄饮食，忍嗜欲，节衣服，与用事僮仆同苦乐”，即与手下人同甘苦。

西汉司马迁是西汉时期的历史学家、文学家和思想家。他写的《史记·货殖列传》是一篇有名的经济论著，它使我国古代治生的管理思想有了较为完整的理论体系。司马迁的“自然之验”论，是他经济管理的基本思想。他肯定了“农而食之，虞而出之，工而成之，商而通之”等社会生产和流通活动在历史发展中的重要作用。认为发展商品经济，满足人们的物质需要和求富要求，是社会经济发展的自身规律。这也是他的“自然之验”的基本思想。司马迁对发展商品经济的研究，已突破了传统封建经济思想的局限，表现出了他的管理思想的历史进步性和非凡的理论创造力。他还在《史记》中列出了一些生产经营原则，如重视货币资本、资金要不断运转、利润率不可过高、经营要善于掌握时机、勤俭办事、用人要善于挑选、商品要注重质量、经营人们喜爱和需要的商品等。

3.以人为本的管理思想

老子在《道德经》中讲过“域中有四大，而人居其一焉”。“四大”指道、天、地、人。可见老子十分重视人的因素。《管子》中就明确指出：“凡治国之道，必先富民。”孔子则主张“礼义治国”，希望推行以“礼”为核心的管理目标，以“义”为特征的管理方法。孟子则认为“以佚道使民，虽劳不怨；以生道杀民，虽死不怨杀者”。这些都体现着以人为本的思想。在用人方面中国素有“选贤任能”“任人唯贤”的主张，及“禅让制度”。在《尧典》这部上古文献中，就记述了尧、舜执掌政务后的禅让事迹，还记述人员任用中试用和考绩的制度，对于已经任用的“有三载考绩”的规定，经过三次考核，昏庸的降职，明智的升级。在重视人才方面，墨子主张“不辨贫富、贵贱、远近、亲疏，贤者举而尚之，不肖者抑而废之”。《吕氏春秋》中有“得贤人，国无不安；……失贤人，国无不危”的论述。在使用人才方面，《管子》提出：“毋与不可，毋强不能”，即注意因材施用，扬其所长，避其所短，不可求全责备，还认为“德以合人”“人以德使”，只有众心所归，方能群才荟萃。

4.理财方面的管理思想

孔子在理财方面主张“崇俭”，在他的《论语》中指出：“节用而爱人，使民以时。”墨子主张“俭节则昌，淫佚则亡”。荀况主张富国与富民并举，提倡“上下俱富”，为此必须“节其流，开其源，使天下必有余，而上不忧不足”。这些观点都说明，“开源节流”“崇俭抽奢”是我国历来倡导的思想。

在理财手段上，中国古代曾实行一些核算制度：（1）会计。南宋郑伯谦在《太平经国之书》中，提出会计原则：“出纳移用之权”和“纠察钩考之权”要分别由不同“官司”掌管，即主张出纳和会计分离。（2）成本核算。王莽时代（9—23年）核算酒类成本是中国史籍上见到的最早的记载。（3）统计。明代邱濬（座上宾1420—1495年）曾将元朝从至元二十年（1283年）到天历二年（1329年）共47年的海运漕运记录，按逐年起运实收和损失数量做了详细的统计，从统计分析中得出海运损耗远较河运为小的结论。这可算是中国历史上运用统计分析最早的典型。

5.管物方面的管理思想

中国古代对物管理的一个指导思想，就是“利器说”。孔子在《论语》中说：“工欲善其事，必先利其器。”《吕氏春秋》指出，使用利器可达到“其用日半，其功可使倍”的效果。另外，在定额管理、规范操作方面，宋代李诫编修的《营运法式》一书早有系统记载。对财物保管和收纳支出也早有制度，并有专门官员分类管理。

我国古代的管理思想宝库中，还有韩非法制的管理思想。北宋沈括（1031—1095年）在《梦溪笔谈》里所记载的丁渭重建被焚皇宫，从挖沟（取土）→引水入沟（运入建筑材料）→填沟（处理垃圾，修复大道）的总体施工过程，取得“一举而三役济”“省费以亿万计”的效果，阐述了系统运筹的思想。在人性的研究方面，有孟子的“性善论”与荀子的“性恶论”，主张“从人之性，顺人之情”满足人的需要。“性善论”与“性恶论”与西方行为科学中所提出的“X理论”与“Y理论”相类似，但要比西方早2 000多年。

总之，我国古代的管理思想极为丰富，有不少内容至今仍闪耀着光彩，现代管理学中的一些观点、理论和方法也都可以从我国古代思想宝库中直接或间接地找到有益的借鉴。

二、西方产业革命后的管理思想

18世纪60年代产业革命之后，工厂制度成为资本主义生产的主要方式，从而引起了对工厂如何进行管理的需要，早期的管理思想就是伴随着工厂制度的出现而形成的。

18世纪后期，英国及其他一些资本主义国家出现了产业革命。产业革命是以机器大工业代替工场手工业的革命。1769年机械师瓦特发明的蒸汽机得到广泛采用，手工业的生产转变为机器的生产，工厂这一新的组织形式代替了以家庭为单位的手工作坊。工厂制度的出现，要求对机器大工业的管理必须采用新的科学的方法，那种依靠个人的主观经验和臆断行事的做法，显然不适应工业革命后工厂制度所代表的生产力发展的要求，因此，开始了对工厂管理的探索。英国产业革命时期的理查德·阿克莱特于1769年和1771年设立的毛纺织厂可能就是世界上最早的工厂。他们在连续生产、厂址选择、工厂纪律、劳动分工、机器、材料、人员和资本之间如何协调等方面都有创造。1800年英国的索霍制造厂开始有了工作设计，按充分利用机器的要求进行劳动分工和专业化，完善的工资支付办法，完善的记录和成本核算制等管理工作。这一时期，尽管管理思想不够系统、全面，也没有形成专门的管理理论和学派，但由于工厂管理实践的结果，管理思想已得到相应的发展，这时，在西方特别在欧洲出现了一些早期管理思想家。

1.英国重商主义经济学家詹姆斯·斯图亚特在《政治经济学原理研究》一书中提出许多重要的管理思想，如实行刺激工资的思想、工作方法研究、管理人员与工人之间的分工等。

2.英国古典经济学家亚当·斯密以制针为例说明劳动分工的好处，这无疑对资本主义的经济管理具有重大意义。此外，他还提出了“经济人”的观点，指出了管理控制和计算投资回收期的必要性。

3.英国数学家和机械学家查尔斯·巴贝奇在亚当·斯密劳动分工的理论基础上，对专业化有关问题进行了系统的研究，在他1832年发表的《论机器与制造业的经济》一书中，着重论述了专业分工与机器、工具的使用、时间研究、批量生产、均衡生产、成本记录等。他还提出了以专业技能作为工资与奖金的基础，主张实行有益的建议制度，并对有益的建议给予不同的奖励。该书是管理史上的一部重要文献。

4.空想社会主义的代表人物之一，英国的罗伯特·欧文最早注意到企业内部人力资源的重要性。就人和机器而言，他认为至少要像对待无生命的机器那样重视对于有生命的人的福利。他还在自己的工厂里进行一系列改革试验，如改进工人的劳动条件、缩短工人的工作时间、提供免费的餐饮、改善工人住宅等。通过改革，他认为重视人的因素和尊重人的地位可以使工厂获取更多的利润。由于欧文率先在人事方面做了许多试验和探索，被称为“现代人事管理之父”。

5.德国军事战略理论家卡尔·冯·克劳塞维茨以军队为对象，论述了管理决策等问题。他认为企业简直就是类似于打仗的人类竞争的一种形式。他明确提出以科学而不是预感为依据来作决策，以分析而不是以直觉为依据进行管理的思想。

6.在美国，科学管理的萌芽早在18世纪就已出现。这里最突出的一个例子是发明家和企业家伊莱·惠特尼在经营为政府制造步枪的工厂时，应用了若干科学管理的方法。他采用互换零件以降低成本和提高产品质量，并且认识到管理幅度原则。美国的亨利·汤是科学管理的先驱之一。他曾任一家制造公司的总经理48年，在他担任总经理的公司中，1870年就开始系统地应用能提高效率的管理方法。他提出建立一门管理科学，以便交换和传播有关工厂管理的情报资料，使企业家从别人的经验中获益。这些早期的科学管理思想和实践，为泰罗等人倡导科学管理准备了条件。

三、中国近代的管理思想

中国近代管理思想的主要代表是民族资本主义经济中体现的经济管理思想。1840年鸦片战争爆发后，随着帝国主义列强势力的侵入，旧中国的自然经济逐渐瓦解。在帝国主义和官僚资本主义势力的挤压下，在我国沿海地区的大城市，民族资本主义工业也有了缓慢的发展。这些民族资本主义企业的管理思想和实践，对以后管理理论的形成和发展起到了一定的促进作用，主要表现在以下几方面。

1.重视生产管理和产品质量。例如，汉阳的周恒顺机器厂积极倡导“精工明料”，在生产上建立了一套严格的质量管理制度，曾因此而闻名于世。

2.制定并实施严格的规章制度。归结起来主要有：要求职工听从指挥，服从调遣；要求职工不得玩忽职守；要求职工提高工作效率和改善服务态度等。

3.加强人才培养，合理使用人才。采取的主要措施是：自办职业学校和专科学校，培养技术工人；举办脱产、半脱产训练班、补习班、夜校等培训职工；选派有发展前途的技术人员、管理人员、资本家子女到英、美、日等国家学习、进修和考察；建立研究机构，出版专业刊物，研究和宣传企业管理等。

4.注重资金积累并灵活有效地运用资金。采取的主要措施是：少发股息，少分红利，增加企业资金；投资联号企业，在资金上相互支持。

5.尽力降低成本，增强商品的竞争力。

6.注重人和。如创办申新纱厂的大企业家荣德生治厂以“《大学》之‘明德’，《中庸》之‘明诚’”对待下属，管人不严，以德服人，“使其对工作不生心，存意外”，“自治有效”。他还坚持用人“必先正心诚意，实事求是，庶几有成。若一味唯利是图，小人在位，不自勤俭，奢侈无度，用人不当，则有业等于无业也”。

以上所介绍的这些有代表性的管理实践、管理思想，虽然都主要反映在某个人、某个企业的单一管理实践和个别论述中，但它对促进生产，加强早期企业管理和以后的管理理论及学派的形成，都起着积极的影响和作用。

第二节　古典管理理论

一、古典管理理论的产生

古典管理理论是指19世纪末20世纪初在美国、法国、德国等西方国家形成的有一定科学依据的管理理论。经过产业革命后，先进资本主义国家的生产力发展已达到一定的高度，科学技术也有了较大的发展，并有了许多新发明，但是管理仍是建立在经验和主观臆断的基础上，缺乏科学的依据。由于企业管理落后，使这些国家的经济发展和企业的劳动生产率都远远落后于当时科学技术成就和国内外经济条件所提供的可能。例如，美国许多工厂的产量都远低于其额定生产能力，能达到60%的都很少。为了适应生产力发展的要求，当时在美国、法国、德国及其他一些西方国家都产生了科学管理运动，从而形成各有特点的管理理论。在美国表现为泰罗及其追随者创建的科学管理理论，即“泰罗制”；在法国表现为法约尔创建的一般管理理论；在德国表现为韦伯创建的行政组织理论等。尽管这些古典管理理论表现形式各不相同，但其实质都是采用当时所掌握的科学方法和科学手段对管理过程、职能和方法进行探讨和试验，进而确定一些以科学方法为依据的理论、原则和方法。

二、泰罗的科学管理理论

（一）泰罗对科学管理理论的探索

弗雷德里克·温斯洛·泰罗，1856年出生在美国费城一个富裕的律师家庭。他年幼时就很爱好科学研究和实验，对任何事情都想找出一种最好的办法。1881年，泰罗25岁时就开始在米德维尔钢铁厂进行劳动时间和工作方法的研究，这为他以后创建科学管理理论奠定了基础。他的著作主要有《计件工资制》《工厂管理》《科学管理的原理和方法》《科学管理》等。1912年他在美国国会众议院特别委员会对泰罗制和其他工厂管理制的听证会上的证词，也是研究科学管理理论的一篇重要文献。泰罗作为科学管理理论的主要倡导者，在管理思想的发展上起着极为重要的作用，被称为“科学管理之父”。

泰罗之所以能创造出科学管理理论，并不完全是他个人天才的结果，而是那个特定的历史时代的杰作。科学管理的产生具有深刻的时代背景。美国经过南北战争以后，资本主义经济得到较快的发展，许多工厂发展成为生产产品的大企业。可是由于企业管理落后，美国经济的发展和企业中劳动生产率的提高远远落后于当时科学技术成就和国内外经济条件所提供的可能。工人的生产率和工资都很低，每周的平均劳动时间在60小时以上。当时美国有人认为，如果改进管理，美国企业中同样的人力和设备，可以提高产量好几倍。这种情况引起了同企业管理有关又具有科学技术知识的一批工程技术人员和管理人员的注意。他们进行各种试验，努力把当时科学技术的最新成就应用于企业的生产和管理，以便大幅度地提高劳动生产率，从而形成一套科学管理的理论和方法，泰罗就是其中最突出的代表。

（二）泰罗科学管理理论的主要内容

这里所说的科学管理理论是指西方古典管理理论在美国的表现形式。泰罗等人倡导的以科学为依据的管理理论，其要点有以下八个方面：

1.科学管理的中心问题是提高劳动生产率。泰罗等人认为当时提高生产率的潜力是很大的，只是由于当时工人和企业主对工人一天应该干多少活心中无数。泰罗认为要制定出有科学依据的工人的“合理的日工作量”，就必须进行试验和研究，这就是所谓的工作定额原理。

2.为了提高劳动生产率，必须为工作挑选“第一流的工人”。泰罗所讲的第一流的工人是指适合于其工作而又有进取心的人，而不是一般所理解的体力和智力上的“超人”。在制定工作定额时，泰罗认为应当以第一流的工人“能在不损害其健康的情况下维持很长年限的速度、能使他更愉快而健壮的速度”为标准。

3.要使工人掌握标准化的操作方法，使用标准化的工具、机器和材料，并使作业环境标准化，这就是标准化原理。

4.为了鼓励工人努力工作，泰罗提出了包括三点内容的计件工资制。主要是制定出科学的定额和标准，根据完成定额而采取不同的工资率和根据工人的实际工作表现，而不是根据工作类别来支付工资。

5.工人和雇主两方面都必须认识到提高劳动生产率对两者都有利，都要来一次“心理革命”，互相协作，共同为提高劳动生产率而努力。

6.为了提高劳动生产率，泰罗主张把计划职能和执行职能分开，改变原来那种经验工作法，代之以科学的方法。

7.为了提高工效，泰罗主张实行职能管理，即将管理的工作予以细分。

8.泰罗还提出了组织机构上的管理控制原理。泰罗提出规模较大的企业不能只依据职能原则来组织和管理，而必须应用例外原则。

泰罗在谈到科学管理时指出：科学管理不是任何一种提高效率的手段，不是一种新的计算成本的制度，不是一种新的付给工人报酬的方案，不是单纯的工时研究，科学管理的实质是工人和雇主双方进行的一场心理革命。对工人来说，是他们对待工作、同伴和雇主的义务上进行的一次彻底的心理革命。对雇主来说，是他们对待工人、同事和所有日常问题的责任上进行的一次彻底的心理革命。没有这种全面的心理革命，科学管理就不能存在。在科学管理下，双方思想态度发生巨大革命。它表现在双方都将眼睛从重于一切盈余的分配转移到增加盈余上，努力增加足够的盈余，使得双方没有必要再为如何分配而争吵。还有一种观点的改变，对于科学管理的存在也是不可缺少的，这就是双方都必须从本质上认识到，要用严密的科学调查和知识代替过去按个人的判断或意见去处理与企业有关的事务。泰罗认为，双方合作创造盈余和用严密的科学知识代替个人意见、经验和个人知识，是科学管理两个绝对不可缺少的要素。

（三）泰罗的追随者对科学管理理论的贡献

对科学管理作出杰出贡献的还有吉尔布雷斯夫妇、甘特、巴思、埃默森和库克等人。

1. 吉尔布雷斯夫妇

弗兰克·吉尔布雷斯是泥瓦工出身的工程师和管理学家，莉莲·吉尔布雷斯是心理学家和管理学家，是美国第一位获得心理学博士学位的妇女，是弗兰克·吉尔布雷斯的夫人，被人称为“管理学的第一夫人”。吉尔布雷斯夫妇的研究成果主要有：

（1）提出动作研究和动作经济的原则。

（2）强调进行制度管理。

（3）探讨工作、工人和环境之间的相互影响。

（4）提出管理人员发展计划。

吉尔布雷斯夫妇不但在动作研究、疲劳研究、制度管理等方面作出了出色的贡献，而且还重视企业中人的因素。这对以后行为科学的出现产生了重要的影响。

2. 甘特

亨利·甘特是泰罗在创建和推广科学管理制度时的紧密合作者，是科学管理运动的先驱者之一，同时他又非常重视工业中人的因素，也是人际关系理论的先驱者之一。甘特在管理思想方面的贡献主要有：

（1）提出了一种“工作任务和奖金”的工资制度。

（2）制定用于生产控制的各种图表，特别是甘特图，即生产计划进度图。

（3）强调对工人进行培训，强调工业民主，重视对人的领导方式。

此外，还有卡尔·巴思、哈林顿·埃默森、莫里斯·库克等，也是科学管理的先驱，为创建和丰富科学管理作出了很大的贡献。

三、法约尔的一般管理理论

亨利·法约尔是古典管理理论在法国的最杰出代表。他所提出的一般管理理论对西方管理理论的发展具有重大的影响，成为后来管理过程学派的理论基础。法约尔长期担任公司的总经理，由于所处地位的关系，他研究的对象与泰罗有所不同，泰罗着重于车间、工场的生产管理研究，而法约尔着重于企业全面经营管理的研究。法约尔认为经营和管理是两个不同的概念。法约尔把整个企业经营活动概括为六个方面，即技术活动、商业活动、财务活动、安全活动、会计活动和管理活动。在这六项活动中，管理活动居于核心地位。法约尔还指出，管理活动包括五种职能，具体是：

1.计划，是管理的首要职能。

2.组织，包括有关组织结构、活动和相互关系的规章制度，以及职工的招募、评价和训练。

3.指挥，是指对下属活动的指导。

4.协调，是结合、统一以及调和所有企业活动与个人活动的努力，以实现共同的目标。

5.控制，是指为了保证实际工作按已定计划和命令完成的那些活动。

法约尔第一次对管理的一般职能做了明确的划分，使其形成了一个完整的管理过程，因此，他被称为管理过程学派的创始人。

法约尔还根据自己的管理经验提出了管理的14项原则：

1.劳动分工；

2.权力与责任；

3.纪律；

4.统一指挥；

5.统一领导；

6.个人利益服从集体利益；

7.人员的报酬；

8.集中化；

9.等级系列；

10.秩序；

11.公平；

12.人员的稳定；

13.首创精神；

14.团结精神。

法约尔强调指出，管理的14条原则不是一成不变的，应灵活掌握，在同样条件下，几乎从不两次使用同一原则来处理事情，应注意各种可变因素的影响。

法约尔还发现规模较大的组织实行分层后，信息只按权力等级链纵向传递，在不同权力系列的两个组织之间如果存在信息交换的要求，仍按权力等级链传递，既费时间又增加费用。为了弥补这一缺陷，法约尔提出了横向联系的跳板原则，即不同权力系列的同一层次的组织之间，在上级授权的情况下，可以横向传递信息，直接商议解决问题，再分头上报。后人把这种做法称之为“法约尔桥”或“跳板原则”。设置法约尔桥，既维护了统一指挥原则，又使得横向联系通畅，这一设想，今天仍有现实意义。

此外，法约尔还认为管理能力可以通过教育来获得，他大力提倡在大学和专科学校中讲授管理学，把管理视为一门科学。

法约尔关于管理职能、原则和过程等方面的研究，从较高层次上弥补了泰罗科学管理思想的不足，为形成一般管理学作出了巨大贡献。

四、韦伯的组织理论

马克斯·韦伯是德国社会学家、经济学家和德国古典管理理论的代表人物。他的关于新教教义和资本主义发展等论述和思想对西方社会科学具有极其重要的影响。

韦伯对管理理论的贡献主要是提出了理想的行政组织体系理论，因此被称为“组织理论之父”。所谓理想的行政组织体系理论，原意是通过职务或职位而不是通过个人或世袭地位来管理。这是一个有关集体活动理性化的社会学概念。韦伯的理想的行政组织体系理论的主要内容包括：

1.把在组织中为了实现目标所需要的全部活动都划分为各种基本作业，作为任务分配给组织中的各个成员。组织中的每一个职位都有明文规定的权利和义务。

2.各种职务和职位按职权的等级原则组织起来，形成一个指挥体系或阶层体系。每个下级接受他的上级的控制和监督，在对自己的行动负责的同时，还要对自己的下级的行动负责。为此，他必须对自己的下级拥有权力，能发出下级必须服从的命令。

3.组织中人员的任用，完全根据职务上的要求，通过正式考试或教育训练来实现，每个职位上的人员必须称职，同时，也不能随意免职。

4.除了某些按规定必须通过选举产生的公职外，管理人员是委任的。

5.这些管理人员并不是他们所管理的单位的所有者，只是其中的工作人员。

6.组织中人员之间的关系是一种不受个人感情影响的关系，完全以理性原则为指导。这种公正不倚的态度，不仅适用于组织内部，而且适用于组织同顾客之间的关系。

7.管理人员是专职的，领取固定的薪金，有明文规定的升迁制度。通过这种制度，在组织的成员中培养集体精神、鼓励他们忠于组织。

8.管理人员必须严格遵守组织中规定的规则和纪律。组织要明确规定每个成员的职权范围和协作形式，以便正确行使职权，减少摩擦和冲突。

韦伯认为，理想的行政组织体系最符合理性原则，效率最高。在精确性、稳定性、纪律性和可靠性方面优于其他组织形式，能高度精确地计算出组织的领导人和成员的成果，所以能适用于所有的各种管理工作和各种大型组织，如教会、国家机构、军队和各种团体。韦伯的管理思想，对以后的管理理论，如社会系统理论等有一定的影响。

五、对西方古典管理理论的评价

从泰罗、法约尔、韦伯等人开始从事管理的实验和理论研究算起，距今已达一个世纪之久。他们的理论不但在当时对管理理论的形成起了重要作用，对以后管理理论的发展和管理学派的形成，也有深远的影响，其中许多原理、原则和方法至今仍被人们所重视和沿用。科学管理是为了适用工厂制度和资本主义发展的客观需要而发展起来的，因而有其产生、发展的客观必然性。同时，科学管理又对西方资本主义的发展起到巨大的促进作用。列宁曾对泰罗制作过科学的评价，他认为泰罗制“一方面是资产阶级剥削的最巧妙的残酷手段，另一方面是一系列最丰富的科学成就”。应该“研究和传授泰罗制，有系统地试行这种制度”。

当然科学管理也并不是完美无缺的。德鲁克认为，泰罗制的缺点主要有以下几个方面：

1.泰罗等人认为既然要将工作分解成它所组成的各个最简单的动作，就必须将它分解为尽可能由各个工人单独执行的一系列单独的动作，这种看法是错误的和不科学的。因为它把分析的原则和行动的原则混淆起来了。用分析一件工作的方法来执行工作可以得到最大效率的看法是非常错误的。这种分解有时是不能实现的，有时虽然可以分解，但人并不是一种机械工具，人会由于这种分解，执行最简单的动作而降低工作兴趣。

2.把计划同执行分开，发现计划的重要性，并认识到计划是管理的一个独立的部分，是泰罗最有价值的贡献之一。但是计划和执行是同一件工作的不同成分，而不是不同的工作。任何工作，如果不包含这两个成分，就不可能有效地进行。没有认识到这两者的统一性，是泰罗制的最严重的缺点之一。因此，按照科学管理的原则，工人只是干活而不必了解，企业管理当局对生产过程组织中的改变，工人是不用理解的。由于这个缺点，泰罗制本来能够从每一小时中得到的最大产量，实际上却远远没有达到。特别是在新技术条件下，对工人和工作进行管理的主要问题是：如何使得工人能够做一种全面而完整的工作、作出负责的计划并执行之。正是从这种观点出发，德鲁克提出了“目标管理”的建议。

第三节　霍桑试验和人际关系学说

泰罗的科学管理理论和方法在20世纪初对提高企业的劳动生产率起了很大作用，但是，泰罗所倡导的双方都来一个彻底的心理革命是不切实际的。因为资本家为了追求最大利润，不会放弃对工人的剥削；而工人也不是纯粹的经济人，除了经济需求外，还有社会需求。工人对泰罗制的抵制，使得金钱刺激和严格控制失去了原有的作用。在这种情况下，对人的因素的研究就变得十分迫切了。许多管理学家对如何调动人的积极性展开了研究，由此产生了人际关系理论，这一理论为以后的行为科学学派奠定了基础，也推进了科学管理向现代管理的发展。

一、霍桑试验

20世纪20年代至30年代间，美国有关研究人员在美国西方电器公司霍桑工厂进行了有关工作条件、社会因素与生产效率之间关系的试验。这项试验的代表人物是美国哈佛大学教授乔治·埃尔顿·梅奥。在这项试验的基础上，梅奥创立了早期的行为科学-人际关系学说。霍桑试验分为四个阶段。

（一）工场照明试验

工场照明试验是要证明工作环境与生产率之间有无直接的因果关系。研究人员将接受试验的工人分成两组，一组采用固定照明，称为控制组，另一组采用变化的照明，称为试验组。研究人员原以为试验组的产量会由于照明的变化而发生变化。但结果是，当试验组的照明强度增加时产量提高了，控制组的产量也提高了，当照明度减弱时，试验组的产量非但没有减少，反而还有所提高，控制组的产量也相应提高。试验结果说明，照明度与生产率之间并无直接的因果关系，照明灯光仅是影响产量的一个因素，还有其他因素对工人劳动生产率产生影响。两组的产量都得到提高，是因为被测试人员对试验发生了莫大的兴趣所致。

（二）继电器装配室试验

继电器装配室试验目的是，通过试验发现各种工作条件变动对生产率的影响。研究人员将装配继电器的6名女工从原来的集体中分离出来，成立单独小组，同时改变原来的工资支付办法，以小组为单位计酬；撤销工头监督；增加工作的休息时间，实行每周5日工作；工作休息时免费供应咖啡等。采取这些措施后，女工们的日产量增加了30%以上。试验一段时间后，梅奥又取消了所有这些优待，但是生产率并没有因此而下降，反而仍在上升。这是为什么呢？梅奥等人发现，是社会条件和督导方式的改变导致了女工们工作态度的变化，因而产量仍在增加。同时也说明，各种工作条件，包括福利待遇，也不是提高工人劳动生产率的唯一因素。

（三）谈话研究

梅奥还进行了另一方面的试验，即用两年多的时间对两万多名职工进行了调查。调查涉及的问题很广泛，允许职工自己选择话题，提建议、发牢骚，结果收到很好的效果，生产量大幅度上升。通过这个试验，梅奥等人又一次发现，物质条件的变化往往对生产率的影响不大，人们的工作成绩还受其他人的因素影响，即不仅仅取决于个人自身，还取决于群体成员。

（四）观察研究

梅奥又组织了“接线板小组观察室”试验。目的是想搞清楚社会因素对激发工人积极性的重要性。研究人员选择了14名接线板工人，通过6个月的观察，发现许多行为准则会影响工人的行为。这些准则包括：工作时干多少活、与管理人员的信息交往等，如活不应干得太多，也不应干得太少；不应向上司告密同事中发生的事情等。梅奥等人由此得出结论：实际生产中，存在着一种“非正式团体”，决定着每个人的工作效率，对每个职工来说，其在群体中的融洽性和安全性比工资、奖金等物质因素有更重要的作用。

通过以上试验，梅奥等人认识到，人们的生产效率不仅要受到生理方面、物质方面等因素的影响，更要受到社会环境、心理等方面的影响。这个结论对科学管理只重视物质条件，忽视社会环境、心理因素对工人的影响来说，无疑是一个很大的进步。根据霍桑试验，梅奥于1933年出版了《工业文明中人的问题》一书，提出了与古典管理理论不同的新观点——人际关系学说。

二、人际关系学说的主要内容

1.职工是“社会人”。在人际关系学说产生以前，西方社会流行的观点是把职工看成是“经济人”，梅奥等人以霍桑试验的成果为依据，提出了与“经济人”观点不同的“社会人”的观点，强调金钱并非刺激职工积极性的唯一动力，新的激励重点必须放在社会、心理方面，以使人们之间更好地合作并提高生产率。

2.企业中存在着非正式组织。由于人是社会的高级动物，在共同工作过程中，人们必然发生相互之间的联系，共同的社会感情形成了非正式群体。在这种无形组织里，有它的特殊感情、规范和倾向，并且左右着群体里每一位成员的行为。古典管理理论仅注重正式组织的作用，忽视了非正式组织对职工行为的影响，显然是不够的。梅奥认为，在正式组织中是以效率逻辑为其行动准则的，为提高效率，组织各成员之间保持着形式上的协作。在非正式组织中是以感情逻辑为其行动准则的，这是出于某种感情而采取行动的一种逻辑。非正式组织对组织来说，有利也有弊。管理者应充分认识到非正式组织的作用，在正式组织的效率逻辑与非正式组织的感情逻辑之间搞好平衡，协调好各方面的关系，充分发挥每个人的作用，提高生产率。

3.新的领导能力在于提高职工的满足度，以提高职工的士气，从而提高劳动生产率。因为生产率的高低主要取决于职工的士气，即职工的积极性、主动性，而士气的高低则主要取决于职工的满足度，这种满足度首先表现为人群关系，如职工在工作中的社会地位，是否被上司、同事和社会承认，其次才是金钱的刺激。职工的满足度越高，士气也越高，生产效率也就越高。所以，领导的能力在于要同时具有技术-经济的技能和人际关系技能，在于如何保持正式组织的经济要求同非正式组织的社会需求之间的平衡，平衡是取得高效率的关键。人际关系学说的出现，开辟了管理和管理理论的新领域，纠正了古典管理理论忽视人的因素的不足。同时，人际关系学说为以后行为科学的发展奠定了基础。

三、对梅奥人际关系学说的分析

梅奥的人际关系学说为管理思想的发展开辟了新的领域，也为管理方法的变革指明了方向，它至少在以下几个方面对我们具有重要的借鉴意义：

1.在管理的指导思想上，人际关系学说在相当程度上反映了现代化大生产的共同要求。这集中表现在以人为中心的管理思想，重视群体的作用和把系统论、权变理论引入到管理中来的贡献上。

2.在具体理论方面，人际关系学说存在着“合理内核”的成分。它反映了大多数人的心理规律，对我们研究调动职工的积极性有一定的借鉴意义。

3.人际关系学说提供的管理措施和研究方法具有更广泛的参考价值。

人际关系学说的局限性主要表现在：

1.人际关系学说所提出的理论和措施都以承认和维护私有制为前提。

2.人际关系学说所研究的对职工的满足，都是以满足个人需要作为激励动机的根本。

3.人际关系学说离开阶级分析来研究人的行为，把人看成抽象的人。

由此可见，人际关系学说具有二重性。一方面它有符合客观规律的科学性，是当代一系列科学成果在管理中的应用；另一方面它也反映了资本主义生产关系的要求。但科学性、合理性是主要方面。只要在研究应用时注意它的局限性，不盲目推崇，生搬硬套，而是取其精华、弃其糟粕，是可以为我所用的。

第四节　现代管理理论

一、现代管理理论的丛林

第二次世界大战之后，随着现代科学技术日新月异的发展，生产社会化程度的日益提高，生产活动更呈现出大生产的特点，过去那种大量生产，以产定销的时代已一去不复返。特别是进入20世纪70年代之后，由于石油危机的影响及新技术革命的出现，使企业经营环境更为复杂多变。企业为了盈利最大化，尽量维持高速增长和减少投资风险，西方一些大公司的发展范围已不再局限在单一行业之内，跨行业投资、兼并、收购、多角化经营、实现资本的社会化、国际化在全球范围内兴盛起来，这些变化对管理也提出了一些新的要求。许多学者和管理专家都从各自不同的背景、不同的角度、用不同的方法对现代管理问题进行研究，相继出现许多管理理论和新学派，这些理论和学派，在历史渊源和内容上互相影响和联系，形成了盘根错节，争相竞荣的局面，被称为“管理理论的丛林”。

1961年12月，美国著名管理学家哈罗德·孔茨在美国《管理学杂志》上发表了《管理理论的丛林》的文章，把当时的各种管理理论划分为6个主要学派。1980年孔茨又发表了《再论管理理论的丛林》一文，指出管理理论已经发展为如下11个学派：

（一）管理过程学派

管理过程学派又叫管理职能学派、经营管理学派。这一学派是继古典管理学派和行为科学学派之后最有影响的一个管理学派。它的开山祖师就是古典管理理论的创始人之一法约尔。

管理过程学派的研究对象是管理过程和职能。这个学派试图通过对管理过程和管理职能进行分析，从理性加以概括，把应用于管理实践的概念、原则、理论和方法糅合到一起，以形成一个管理学科。他们认为，各个企业和组织以及组织中各个层次的管理环境都是不同的，但管理却是一种普遍而实际的过程，同组织的类型或组织中的层次无关。把这些经验加以概括，就成为管理的基本理论。有了管理理论，就可以通过对理论的研究、实验和传授，改进管理实践。

管理过程学派的管理理论是以以下几个基本信念为依据的。（1）管理是一个过程。可以通过分析管理人员的职能从理论上很好地对管理加以分析。（2）根据在企业中长期从事管理的经验，可以总结出一些基本管理原理，这些基本管理原理对认识和改进管理工作能起到一种说明和启示的作用。（3）可以围绕这些基本原理展开有益的研究，以确定其实际效用，增大其在实践中的作用和适用范围。（4）这些基本管理原理只要还没有被实践证明不正确或被修正，就可以为形成一种有用的管理理论提供若干要素。（5）管理是一种可以依靠原理的启发而加以改进的技能，就像医学和工程学一样。（6）管理中的一些基本原理是可靠的，就像生物学和物理学中的原理一样。（7）管理人员的环境和任务受到文化、物理、生理等方面的影响，但也吸收同管理有关的其他学科的知识。

（二）社会系统学派

社会系统学派是以组织理论为研究重点，从社会学的角度来研究组织的。这一学派的创始人是美国的管理学家切斯特·巴纳德，他的代表作是1937年出版的《经理的职能》一书。

巴纳德把组织看作是一个社会协作系统，即一种人的相互关系的协作体系。这个系统的存在取决于3个条件：（1）协作效果，即组织目标能否顺利达成。（2）协作效率，即在实现目标过程中，协作的成员损失最小而心理满足较高。（3）组织目标应和环境相适应。巴纳德还指出，在一个正式组织中要建立这种协作关系，必须满足以下3个条件：（1）共同的目标。（2）组织中每一个成员都有协作意愿。（3）组织内部有一个能够彼此沟通的信息系统。此外，巴纳德还对一个管理者提出如下的责任要求：（1）规定目标。（2）善于使组织成员为实现组织目标作出贡献。（3）建立和维持一个信息联系系统。这一学派虽然主要以组织理论为其研究的重点，但它对管理所作的贡献是巨大的。

（三）决策理论学派

该学派的代表人物是著名的诺贝尔经济学奖金获得者，美国卡内基-梅隆大学的教授西蒙。这一学派是在社会系统学派的基础上发展起来的，是当代西方影响较大的管理学派之一。西蒙认为，决策程序就是全部的管理过程。决策贯穿于管理的全过程。决策过程是从确定组织目标开始，再寻找为达到该项目标可供选择的各种方案，经过比较作出优选决定，并认真执行控制，以保证既定目标的实现。西蒙采用“令人满意的准则”代替传统决策理论的“最优化原则”。他认为，不论从个人生活经验中，还是从各类组织的决策实践中，寻找可供选择的方案都是有条件的，不是漫无限制的。他还研究了决策过程中冲突的关系以及创新的程序、时机、来源和群体处理方式等一系列有关决策程序的问题。

西蒙的决策理论是以社会系统理论为基础的，以后又吸收了行为科学、系统理论、运筹学和计算机科学等学科的内容，既重视了先进的理论方法和手段的应用，又重视了人的积极作用。

（四）系统管理学派

系统管理学派是运用系统科学的理论、范畴及一般原理，分析组织管理活动的理论。其代表人物有美国的卡斯特、罗森茨韦克等。

系统管理学派的主要理论要点是：（1）组织是一个由相互联系的若干要素所组成的人造系统。（2）组织是一个为环境所影响，并反过来影响环境的开放系统。组织不仅本身是一个系统，它同时又是一个社会系统的分系统，它在与环境的相互影响中取得动态平衡。组织同时要从外界接受能源、信息、物质等各种投入，经过转换，再向外界输出产品。系统管理和系统分析在管理中被应用，提高了管理人员对影响管理理论和实践的各种相关因素的洞察力。该理论在20世纪60年代最为盛行，虽然由于它在解决管理的具体问题时略显不足，但仍然不失为一种重要的管理理论。

（五）社会-技术系统学派

社会-技术系统学派是第二次世界大战以后在西方兴起的一个较新的管理学派。

它是社会系统学派的进一步发展。这一学派是由英国的特里斯特等人通过对英国达勃姆煤矿采煤现场的作业组织进行研究基础上形成的。他们根据对煤矿中“长壁采煤法”研究的结果认为，许多矛盾的产生是由于只把组织看成是一个社会系统，而没有看到它同时又是一个技术系统，而且技术系统对社会系统有很大的影响；只有使社会系统和技术系统两者协调起来，才能解决这些矛盾从而提高劳动生产率，而管理者的一项主要任务就是要确保这两个系统相互协调。

这一学派认为，就环境对企业的影响而言，可以发现：

1.企业产品的市场变动在多大程度上可为企业承受，而不至于引起企业组织结构上的变动，取决于企业的技术系统的灵活性。

2.一个企业对它所需的资源市场的变动能在多大程度上承受，也取决于它的技术系统的灵活性，因此，企业作为一个系统，必须是一个社会-技术系统，而不只是一个社会系统。社会-技术系统学派的研究内容和成果，有些是符合社会化大生产的发展规律的，特别是在当前新技术革命和产业革命的条件下，更有现实意义。

（六）经验主义学派

经验主义学派又称案例学派，其代表人物是美国管理学家彼得·德鲁克和欧内斯特·戴尔。这一学派的中心是强调管理的艺术性。他们认为，古典管理理论和行为科学都不能完全适应企业发展的实际需要，有关企业管理的科学应该从企业管理的实际出发，以大企业的管理经验为主要研究对象，加以概括和理论化，向企业管理人员提供实际的建议。他们主张通过案例研究经验，不必企图去确定一些原则，只要通过案例研究分析一些经理人员的成功经验和他们解决特殊问题的方法，便可以在相仿情况下进行有效的管理。

经验学派的主要观点是：

1.关于管理的性质，他们认为管理是管理人员的技巧，是一个特殊的、独立的活动和知识领域。

2.关于管理的任务，德鲁克认为，作为主要管理人员的经理，有两项别人无法替代的特殊任务：第一，必须造成一个“生产的统一体”，经理好比一个乐队的指挥，他要使企业的各种资源，特别是人力资源得到充分发挥。第二，经理在作出每一决策和采取每一行动时，要把当前利益和长远利益协调起来。

3.提倡实行目标管理。

（七）管理科学学派

管理科学学派又叫作数量学派，是泰罗“科学管理”理论的继续和发展。管理科学学派正式作为一个管理学派，是在第二次世界大战以后形成的，这一学派的特点是利用有关的数学工具，为企业寻得一个有效的数量解，着重于定量研究。

管理科学学派认为，管理就是制定和运用数学模型与程序的系统，就是用数学符号和公式来表示计划、组织、控制、决策等合乎逻辑的程序，求出最优的解答，以达到企业的目标。这个学派还提倡依靠电子计算机管理，提高管理的经济效率。管理科学学派似乎是有关管理的科学，其实它主要不是探索有关管理问题，而是设法将科学的管理原理、方法和工具应用于管理。

管理科学学派强调数量分析，主张用先进的技术成果和科学研究成果对管理学进行研究，其意义也是十分明显的。但管理活动纷繁复杂，并非所有的管理问题都能定量化，能用模型来分析，因此，过分依赖于模型，也会降低决策的可信度，所以在管理活动中，应用一分为二的态度来对待数学模型。

（八）经理角色学派

经理角色学派是20世纪70年代在西方出现的一个管理学派。它之所以被人们称作经理角色学派是由于它以经理所担任的角色的分析为中心，来考虑经理的职务和工作，以求提高管理效率。该学派的主要代表人物是加拿大麦克吉尔大学管理学院教授明茨伯格。

在经理角色方面，这一学派认为经理一般都担任十种角色，渊源于经理的正式权力和地位。可归纳为三类，组成一个相互联系的整体。第一类是人际关系方面的角色，共有三种：挂名首脑的角色、领导者角色、联络者的角色。第二类是经理作为组织信息的神经中枢，充当三种角色：信息接受者角色、信息传播者角色、发言人角色。第三类是决策方面的角色，共分四种：企业家角色、故障排除者角色、资源分配者角色、谈判者角色。经理角色理论受到了管理学派和经理们的重视，但是经理的工作并不等于全部管理工作，管理中的某些重要问题，经理角色理论也没有详细论述。

（九）人际关系学派

这一学派把社会科学中的许多理论、方法和技术应用于研究管理中人际间及个人的各种现象。这个学派中大多数学者都受过心理学方面的训练，他们强调职工是由不同的个人所组成，是群体中的一分子，他们的各种需要得由组织来加以满足。也有些人致力于研究激励和领导的问题，提出了许多对管理者很有益的见解。需要指出的是，研究人际关系对管理工作确实很有用，也很重要，但是不能说人际关系就包括了管理的一切。

（十）群体行为学派

这一学派与人际关系学派关系密切，甚至易于混同。该学派注重研究的是组织中群体的行为，包括群体的文化、行为方式和行为特点等。这个学派也常被称作组织行为学派。

（十一）权变理论学派

权变理论是20世纪70年代在经验主义学说基础上进一步发展起来的管理理论。权变理论认为，在组织管理中要根据组织所处的环境和内部条件的发展变化随机应变，没有什么一成不变、普遍适用的“最好的”管理理论和方法。权变管理就是依据环境自变数和管理思想及管理技术的因变数之间的函数关系来确定一种最有效的管理方式。它要求具体情况具体分析。

权变理论的基本观点主要有以下几个方面：

1.权变管理思想结构观点

权变管理的思想结构就是认为管理同环境之间存在着一定的函数关系，但不一定是因果关系。所谓函数关系，就是作为因变数的管理思想、管理方法和技术随环境自变数的变化而变化。这种函数关系可以解释为“如果-就要”的关系，即“如果”某种环境情况存在或发生，“就要”采用某种管理思想。

2.权变理论的组织结构观点

它是以权变思想为基础，把组织看成是一个既受外界环境影响，又对外界环境施加影响的“开式系统”。组织内部机构的设计，必须与其组织任务的要求、外在环境要求以及组织成员的需要等互相一致，组织才能有效。

3.权变的人事管理观点

在人事管理方面的权变观点也是以权变管理思想为基础，认为在不同的情况下要采取不同的管理方式，不能千篇一律。

4.权变理论的领导方式观点

权变理论学派认为并不存在一种普遍适用的“最好的”或“不好的”领导方式，一切以组织的任务、个人或小组的行为特点以及领导者和职工的关系而定。

权变理论的出现，对于管理理论有着某些新的发展和补充。主要表现在它比其他一些学派与管理实践的联系更具体一些，与客观的现实更接近一些。但是，权变理论在方法论上也存在着严重的缺陷，主要问题是仅仅限于考察各种具体的条件和情况，而没有用科学研究的一般方法来进行概括；只强调特殊性，否认普遍性；只强调个性，否认共性。这样研究，不可避免地要滑到经验主义的立场上去。

以上是孔茨提出的11个管理理论学派。在20世纪70年代后期，在美国又产生了一个新的学派，即管理文化学派，又称企业文化学派。这一学派强调管理活动的文化特征。其代表人物是威廉·大内、特里·迪尔和阿伦·肯尼迪等。代表作有威廉·大内1981年出版的比较美日管理的名著《Z理论》。在书中，威廉·大内指出，日本之所以能以咄咄逼人的架势对美国发起全面的经济挑战，是日本企业中存在着一种可称之为企业文化的价值观念体系，在这套价值观念体系中，企业职工能成为一体，主动地、充分地发挥他们的积极性和创造性。后来，特里·迪尔和阿伦·肯尼迪合著了《企业文化》一书，对企业文化进行了系统论述。企业文化学派成了20世纪80年代最有影响的管理学派之一，在一定程度上反映了当代企业管理的客观要求和发展趋势。

二、未来管理变革的十大趋势

21世纪将成为完全意义上的信息时代，信息技术高速发展，全球竞争日趋激烈，经济一体化程度大大提高，这些变化也触及管理学的一些根本问题，预示有关管理理论体系也要来一场革命。对这场管理革命的丰富内涵及深远意义，目前还难以全面准确地把握，但从现在已经掌握的信息推断，至少将出现如下管理变革的趋势：

（一）管理创新

所谓创新型管理，一是指为适应科学技术、经营环境的急剧变化，不断进行战略创新、制度创新、组织创新、观念创新和市场创新，把创新渗透于整个管理过程之中，作为经常性的主要管理职责。二是每个管理者，都将成为创新者。自动化管理信息系统的建立，将把管理者从手工劳动中解放出来，从而使管理者将大部分时间用于创造性劳动，研究新问题、新动向、新思路，成为创新型的工作者。三是每一企业要为全体员工创造才能的自由发挥建立新的机制，面对未来，需要的是能够激励人们不避风险、不怕犯错误、勇于创新探索的管理机制。四是在激烈的竞争中一味模仿别人的企业是难以生存的。实践证明，成功的企业，必将是具有个性化、活力化特征的创新型企业，是能够创造出与众不同的产品和独具特色的经营方式的企业。

（二）知识管理

信息社会是智能化、知识化的社会，知识将成为企业获取效益的主要手段。知识管理越来越受到人们的重视。知识管理，简单而言，就是管理组织内的知识，将组织内散布于个人、各部门、各地及各事业单位的知识加以管理，也就是将组织内的经验、技术及智能加以有系统的搜集、汇整，并提供给组织内的人员任意撷取或运用。首先，每一个现代企业，都必须高度重视知识资源的开发和有效运用，都应善于运用信息网络，把握世界范围内的新知识、新信息、新动向，充分利用全人类所创造的知识宝库和精神财富，加快自身的发展。其次，开发知识资源，还必须高度重视企业员工科学知识水平的提高和潜在能力的发掘。每一个现代企业，必须着力培育员工，提高员工的科学知识水平，使之成为适应时代要求的智能型劳动者，并充分发挥他们的潜在才能。再次，开发知识资源，还应高度重视“外脑”的利用。由于当代管理影响因素复杂多变，企业领导人仅凭个人的知识和能力，难以有效地解决重大战略与管理问题，因而迫切需要借助于众多专家的知识和智慧，促进企业的有效发展。

（三）“学习型组织”

未来成功的组织，将是“学习型组织”，即能够设法使各阶层人员全身心投入，并有能力不断学习的组织。这一著名论断，是当代管理大师彼得·圣吉在《第五项修炼》一书中首先提出的。在这本畅销全球且极具影响力的巨著中，不仅要求组织每一成员终身学习、不断充实新知、超越自我，而且强调系统思考与知识整合的力量，强调为实现共同的愿景，凝聚集体智慧的团队学习。但学习型组织的真谛，不仅仅是获取知识和资讯，同时也高度重视人们心灵的根本转变，让每一成员活出生命的真正意义，从而大大增强组织革新与创造的能力，去不断创造未来。

（四）提高快速的应变力

围绕着提高快速反应力这一管理课题，要求各种组织要大大提高管理工作的效率，改革管理工作程序、工作方法和工作作风，突破常规，把效率作为衡量组织功能的首要标准。必须以敏锐的洞察力，时刻面对未来，观测和预见未来，密切注视未来的变化趋势和新动向，以超前的意识、领先的经营理念和开拓创新精神，抓住时机，果敢决断，力求适应未来的发展要求。与此同时，必须建立效率高、适应性强的生产体系，把由工业时代大机器推动的大批量、单一型生产，转变为由市场驱动的灵活生产，以适应多样化的市场需求。在目前条件下，尽管人们努力提高预见能力，但也难以完全预见未来的一切变化，难免会受到某些意想不到的事件的冲击，因而每一组织的结构，都应设有因应处理意外变化的机能。

（五）权力结构转换

过去的组织，多是典型的正金字塔形组织。金字塔的顶端，是企业的总裁，其次是中间管理层，金字塔的底层，则是从事生产制造、销售服务的广大员工。这种组织结构，已难以适应时代的要求。

将正金字塔形组织变为倒金字塔形，首先意味着由于员工的知识、能力、技术持续性的提升，获得了独立处理问题的管理才干；其次意味着组织的分权，把权力从领导者手中分散到组织成员手中，使他们可以直接处理自己职责范围内的事物，不必再层层请示；再次倒金字塔的上端是与用户直接接触的员工，意味着真正的顶层是广大用户。员工直接承担为用户服务的责任，领导者则支持、指导员工的工作，激发员工的智慧，并为员工服务。

（六）弹性系统

适应经营环境的快速变化，要求组织具有更大的弹性，并大大提高组织整体的综合效能。过去以分工为基础的职能部门制，提高了管理工作的专业水平，但也带来部门间互相割裂、难以协调配合的弊端。由于各项管理活动相互交织以及经营环境日益复杂化，那种就生产抓生产，就销售抓销售的分割式组织，已远远不能适应社会的发展。任何重要环节的活动，都需要各类专业人员的配合与协作。例如技术开发或产品设计，需要了解市场、了解生产状况，需要综合汇集市场调研、生产、产品质量控制、营销、财务、环保等多方面人才的智慧。为此，必须突破部门分工的严格界限，为实现某一特定目标和任务，实现功能的重新组合，建立跨功能的机动团队，增强企业的活力、效能与系统整体合力。

（七）全球战略

国际市场的竞争十分激烈，最突出的，一是产品竞争，在当今时代，只有创造出高品位、高质量、独具特色的国际名牌产品，才能牢牢占领国际市场。二是高技术的竞争，拥有高新技术，才能不断创造出技术含量高、档次高、附加价值高的新产品。三是规模实力的竞争，正以排山倒海之势向前发展的跨国公司，以其经济、技术的强大实力，成为国际市场的主力军，将对世界经济产生巨大而深远的影响。面对如此激烈的全球化竞争，每一企业都应以强烈的竞争意识和危机感，认真思考自己的全球竞争战略。一方面，从世界水平的高度，努力创造达到国际标准的一流产品、一流服务和一流管理；另一方面，则应努力发掘自身的优势和特点，集中力量创造相对优势，寻求自己应有的位置和发展空间。

（八）跨文化管理

管理活动与不同的文化相结合，形成不同的管理哲学和管理风格。例如：美国式管理强调个人价值、严格的制度、理性决策技术，追求最大限度的利润等等；而日本式管理则强调和谐的人际关系、上下协商的决策制度、员工对组织的忠诚与企业的社会责任等。显然，这种不同管理模式的特色，源于不同的文化。值得注意的是，美国通过对日本管理模式的研究和反思，企业经营观念正在不断变化之中，如重视企业的社会效益，人力资源的开发和员工队伍的稳定等。日本也在检讨原有管理模式的不足，正在强化人事竞争机制，摒弃论资排辈，让员工相信，只要有能力，就能够出头，强调异质化、活力化、效率化经营等。同在一个“地球村”，在管理文化上取长补短，相互融合是必然的趋势。需要强调的是，跨文化的管理，绝不是文化的同一化，而是在保持本土文化基础上兼收并蓄，不断创新，建立既有自己特色又充分吸纳人类先进文化成果的管理模式。

（九）“四满意”目标

所谓“四满意”目标，简称“四意”目标，是指顾客满意、员工满意、投资者满意和社会满意。“为顾客服务”，早已被许多企业奉为信条。其后又概括出TSM——全方位满意管理，提出方方面面达到顾客满意。著名的IBM公司根据其价值观，提炼出“为员工利益、为顾客利益、为股东利益”的三原则，也取得了显著成效。“四意”目标，则是在三原则基础上的扩展，从而更全面地体现了文明时代现代企业的经营宗旨，必将成为新世纪所有企业的管理目标。作为现代企业，不仅要能创造出一流的产品、一流的服务、一流的营销，同时还要塑造企业良好的形象、很高的信誉和优秀的企业文化；不仅要创造出经济效益，同时也要创造社会效益——为人们生活质量、环境质量的提高和社会科学、教育、文化等事业的发展作出应有的贡献。

（十）“没有管理的管理”

所谓“没有管理的管理”，并非取消管理，而是使管理进入更高的层次和更高的境界。其一，全员管理将管理提到新的高度，人人都是经理人，都是重大决策的参与者，也都是决策的执行者。其二，以人为本，顺应人性，尊重人格，将会大大激发员工的主动精神，员工不再被动地在管制束缚下工作而是主动自觉地完成自己应当做的事情。其三，通过管理文化，创造一种高度和谐、友善、亲切、融洽的氛围。其四，顺应形势、顺应社会经济运行的自然法则，塑造更为科学有效的管理机制，只有将管理达到如此境界，才能使管理者摆脱日常管理事务，才能面对未来，纵观世界，审时度势，筹谋企业发展的根本大计。

思考题

1. 管理思想产生的背景是什么？
2. 西方古典管理理论包括哪些内容？如何评价西方古典管理理论？
3. 人际关系学说的主要内容是什么？如何对它进行评价？
4. 现代管理理论包括哪些学派？你对各学派是如何评价的？
5. 如何认识现代管理发展的新趋势？

第三章　现代管理的理论基础

学习本章的目的和要求
通过本章学习，了解系统理论的产生和发展过程，掌握系统理论的基本概念和思想，系统理论对管理理论的贡献；掌握现代管理的基本原理及内容，以期能在管理中灵活地运用这些原理解决实际问题。

第一节　系统理论与管理

系统理论最初是20世纪40年代由美籍奥地利生物学家贝塔朗菲提出的，后经过许多科学家发展形成的一门科学，它包括贝塔朗菲提出的一般系统论，维纳提出的控制论，申农提出的信息论，普里高津提出的耗散结构理论，哈肯提出的协同学，托姆提出的突变论等。

一、系统理论的产生和发展

（一）系统论的产生

系统论又称普通系统论，或一般系统论（GST）。它是把事物当成一个整体或系统来研究，并用数学模型去描述和确立系统的结构和行为的理论。系统论意在确立适用于系统的一般原则，探索适用于一切综合系统或子系统结构的功能优化的模式、原则和系统运动规律。贝塔朗菲指出：存在着适用于综合系统或子系统的模式、原则和规律，而不论其具体种类、组成部分的性质和它们之间的关系或"力"的情况如何。这说明他要采用一种系统的"舍象"法，即撇开系统的具体特征和具体运动形态，重在探求系统的共同本质和一般运动规律，结合数学和逻辑方法加以定量化研究。这就为系统论渗透到各个领域、各个学科奠定了科学方法论的基石。

马克思、恩格斯曾说过，任何一种科学理论的诞生，都离不开世界文明的大道。系统论也不例外，贝塔朗菲本人也指出，不能把现代系统论看作时髦一时的产物，而应把它看作与人类思想史交织发展的一种现象。系统论的产生轨迹是：古典系统观→近代系统观→机体系统论→一般系统论→系统自组织理论。从理论生物学发端的机体系统论可以说是系统论产生的直接前提。与此相适应，系统论是对从理论生物学、非平衡态热力学及控制器的具体规律的研究，上升到对复杂系统的一般规律的研究，再上升到对一切系统的共同规律的研究。

现代系统论虽然产生于欧美，但中国古代劳动人民和思想家却最早实践了系统思想，产生了古代系统观。如历史上记载的田忌与齐威王赛马、四川都江堰的修建、北宋丁渭重修皇宫等事例，都体现了古代卓越的系统观。类似这样体现了系统观的例子和思想，在古代是举不胜举的。例如，中国古代的"五行说"、"八卦说"、《黄帝内经》、《孙子兵法》、纵横家思想、《太极图说》、中医学说，以及古希腊赫拉克利特的

《论自然界》、德谟克利特的《世界大系统》、亚里士多德的生物整体论等都体现了古典系统观的丰富内容。近代系统观则以布莱尼兹的“单子论”、康德的范畴系统和整体美思想、黑格尔的系统思想等为标志。

系统论产生的直接原因，是人类科学认识必须适应进入有机界的需要。它的产生有两条主线：一是生物学，一是社会科学。后者表现为新兴管理科学、社会学、经济学等学科对系统理论的需要；前者则表现为“机体系统理论”的产生。系统论的产生与20世纪30年代前后生物学中的机体概念以及对活的有机体研究有关。在生物学的研究中，长期以来存在着机械论和活力论的影响，这两种理论显然没有科学地揭示出生命的本质。后来，英国的怀德海主张用机体论代替机械论和活力论，接着美国的劳特卡、德国的柯靳等科学家也提出了类似的思想。在他们的启发和影响之下，贝塔朗菲提出了创立“机体生物学”的大胆设想，强调要把生物机体看作一种开放性的系统；必须从生物与环境的系统联系中加以考察；指出生物科学的主要目标就在于发现不同层次上的组织原理等等。针对机械论的简单相加观点、“人即机器”观点和被动反应观点，贝塔朗菲提出了生命现象的有组织性、有序性、目的性以及系统观点、动态观点和等级观点。这就是贝塔朗菲所提倡的“机体系统理论”，而他提出的“系统方案”就成为普通系统论的生长点。

贝塔朗菲没有停留在生物机体系统论的水平上，他敏锐地觉察到“寻找理论生物学基础的尝试会从根本上改变世界的面貌”，生物学中“有机革命”孕育着难以估量的前景。经过酝酿和概括，他终于提出了系统论的一般原则。从思想渊源上说，系统论并不是源于某一单个思想家或某一单门理论的思想。在贝塔朗菲看来，系统论是用现代科学术语对亚里士多德的整体论、Д.阿列奥帕基特的等级结构说、莱布尼茨的单子等级论、库萨·尼古拉的对立协合学说、黑格尔和马克思的辩证结构学说、G.弗里希纳和贝塔朗菲本人超个体组织理论的一次新综合。

系统论产生以后，又出现了许多把对象作为“系统”加以考察的新学科，如管理学、科学学、系统工程学、运筹学等。同时用系统观点考察复杂系统从无序到有序，从较低有序到高度有序的转变过程和规律，逐渐形成了一般系统研究的另一个新领域，这就是20世纪60年代末发展起来的系统自组织理论或非平衡系统理论。几十年来，由于研究的出发点不同，建立理论的目的和方法不同，解决问题的角度不同，已形成了四种一般系统理论，这就是贝塔朗菲的类比型系统理论、普里高津的耗散结构理论、哈肯的协同学和乌也莫夫的参量型系统论。

（二）信息论的面世

信息论是用概率论和数理统计的方法，从量的方面来研究系统的信息如何获取、加工、处理、传输和控制的科学。众所公认的信息论创始人是美国贝尔电话研究所的数学家申农。1948年《贝尔系统技术杂志》发表了申农的《通讯的数理统计》，1949年又发表了另一篇论文《在噪声中的通讯》。这两篇文章首次从理论上阐明了通讯的基本问题，提出了通讯系统的模型，即：

消息　　信号　　信号+噪声　　消息

信源——→编码——→信道————→译码——→信宿

他还提出了度量信息量的数学公式，初步解决了如何从信息接收端提取由信息源发来的消息的技术性问题；提出了如何充分利用信道的信息容量，如何在有限的信道中以最大的速率传递最大信息量的基本途径；初步解决了如何编码、译码才能使信源的信息被充分表达、信道的容量被充分利用的问题，从而奠定了信息论的基础。

20世纪50年代至60年代，信息论发展很快，并由美国神经生物学家艾什比把信息论推广应用于生物学、神经生理学之中，出现了狭义信息论、一般信息论和广义信息论。20世纪70年代以来，信息论进一步扩展，它向信息科学发展的趋势亦愈明显。

（三）控制论的产生

概括起来说，控制论的产生、发展大体上经过了三个阶段：1942年以前是酝酿阶段；1943—1948年是形成阶段；1948年以后是发展阶段。今天，控制论基本上沿着三个方向发展：一是向人类知识的最高层次渗透，形成理论控制论并丰富哲学和哲学方法；二是在科学方法论层次上的发展，大体经历了经典控制论、现代控制论、大系统控制论三个阶段；三是向各门具体学科渗透，与其结合形成具体科学方法（具体内容将在控制篇中介绍）。

（四）“新三论”的产生

耗散结构论是一种关于非平衡系统的自组织理论。这一理论的代表人物是比利时布鲁塞尔自由大学教授普里高津。1969年，在一次理论物理学和生物学国际会议上，普里高津发表了《结构、耗散和生命》的论文，宣告了耗散结构理论的诞生，被誉为20世纪70年代最辉煌的科学成就之一。普里高津也因此获得1977年度的诺贝尔化学奖。

协同论是由德国著名物理学家哈肯教授在对激光发射研究中逐步形成的一个新概念。哈肯在1977年出版了《协同学导论》一书，宣告了这门科学的诞生。协同论是研究各种开放系统的子系统如何动作而形成宏观尺度上的空间结构、时间结构和功能结构，特别是研究这种有序结构是如何通过自组织的方式形成的。也就是说，协同论是研究开放系统内部子系统之间协同作用的性质及其规律的科学。

突变论是由法国数学家托姆创立的，1968年，托姆发表了第一篇关于突变论的论文，1972年又出版了《结构稳定性和形态发生学》一书，全面系统地阐述了突变理论，宣告这一新学科的诞生。突变论是一门新兴的数学分支，它从现代数学分析的角度，运用拓扑学、奇点理论和结构稳定性等数学工具，着重研究那些连续作用所导致的不连续的变化问题，即各种形态、结构的非连续突变问题，并通过建立数学模型对突变现象进行精确描述。由于突变论运用数学工具揭示了系统“原因连续的作用可能导致结果的突然变化”的一般机理，开辟了运用数学研究系统演化的新领域，因而被看作是现代系统科学的最重要的理论分支。

20世纪60年代末70年代初相继诞生的耗散结构论、协同论、突变论（相对于系统论、控制论、信息论“老三论”来说，被称为系统科学的“新三论”），从不同的角度研究复杂系统的演化规律和自组织现象，在研究系统演化过程中的可逆与不可逆、有序与无序、平衡与非平衡、协同与竞争、突变与渐变等基本问题中，以令人信服的丰硕成果和比较严密的理论体系，丰富和发展了“老三论”的思想，成为系统科学中的重要理论分支。“新三论”所阐述的新概念、新思想、新观点和方法，以崭新的科学的自然观和方法论，极大地促进了自然科学和社会科学的发展，对人类科技进步起到了巨大的推动作用。作为现代系统科学的最新理论的“新三论”，在人们追求管理现代化的过程中，也将起到深化认识、启迪思维、开阔视野和追踪前沿的作用。

二、系统理论的基本概念

（一）系统

所谓系统，是指由若干个可以相互区别、相互联系而又相互作用的要素所组成，处于一定的环境之中，为达到整体目的而存在的有机集合体。其中的“要素”是系统内相互联系、相互作用的各组成部分。系统是普遍存在的。由于系统构成要素不同以及要素之间相互联系、相互作用的方式不同，世界上存在着各种各样的千差万别的系统。

1.系统的分类

（1）按系统的自然属性分，可分为自然系统和人造系统两大类。自然系统是自然界客观存在的系统，如宇宙系统、生态系统、生物系统等；人造系统是指经过人改造或由人创造的系统，也叫有人系统，如国民经济系统、企业系统等等。

（2）按系统的运动属性分，可分为动态系统和静态系统两大类，动态系统是指系统状态在一段时间内持续发生变化的系统；静态系统是指系统状态不随时间的变化而变化。这里的静态是相对的。

（3）按系统的物质属性分，可分为实体系统和概念系统两大类。实体系统是由客观物质组成的系统，如自然系统、行政系统、神经系统等；概念系统是由主观概念和逻辑关系等非物质组成的系统，如学科体系系统、制度体系系统等。

（4）按系统与环境的关系分，可分为开放系统和封闭系统。开放系统是指系统与环境经常进行物质、能量和信息等交换的系统，如自然界存在的系统都是开放系统；封闭系统是指那些不与环境进行物质、能量和信息交换的系统。

（5）按系统的反馈属性分，可分为开环系统和闭环系统。开环系统是指系统内不存在反馈线路和机制；闭环系统则存在反馈线路和机制。

2.人造系统的特征

一个人造系统具有以下五个特征：

（1）集合性。系统至少是由两个或两个以上的要素组成的。这个特征告诉我们系统是可以分解的。

（2）相关性。组成系统的要素是相互联系、相互作用的，彼此不发生联系的要素构成不了一个系统。

（3）目的性。任何一个人造系统都是为了一定的目的而建立起来的。没有目的的系统是没有存在的价值的。

（4）整体性。有独立功能的系统要素及要素之间的相互联系只能逻辑地协调和统一于系统的整体之中。不能离开系统的整体独立地研究系统的要素，对系统某一个要素的研究，不能得出关于系统整体的结论。

（5）环境适应性。任何一个系统都是存在于一定物质环境（更大的系统）之中的，它要和外部环境发生物质、能量和信息的交换，必须适应外部环境的变化。不适应环境变化的系统是没有生命力的。

集合性分析解决系统组成的合理性；相关性分析建立组成系统的要素间的合理关系，以扫除要素间的盲目联系和无效行动；目的性分析解决系统有无存在价值的问题；整体性分析解决整体与局部、局部与局部间的关系及系统内部的协调的问题；环境适应性是解决系统与外部协调的问题，从而使系统具有生命力。

（二）系统理论的基本思想

系统理论从唯物辩证法原理出发，结合现代科学技术成果，提出了有关系统的基本思想，反映了各类系统的共同特征。

1.整体性思想。这是系统中最基本的思想。首先，它要求在建立系统目标时，必须谋求系统的整体的最优化；其次，它要求系统的规律应该反映整体的规律，即系统的性质和运动规律只有从整体上才能反映出来，组成系统的要素间的联系和作用应从整体的协调中加以研究；再次，它要求系统要素的功能必须服从系统的整体功能，系统的功能不等于系统要素功能的简单相加；最后，它还要求系统整体功能必须大于要素部分功能之和，这是因为要素之间的联系能产生质的变化，产生出每一个要素所不具备的新功能。

整体性思想对于管理的意义在于：在我们对任何一个对象进行管理时，都应当把这个对象当成一个系统去看待，从整体上去观察问题、考虑问题；在注意局部的同时，还要注意各局部之间的有机联系。此外，在一定的人力、物力、财力条件下，只要能合理地进行组织、协调，就能发挥出更大的效益。

2.相关性思想。这是整体性思想的延续。它揭示了系统内各要素间的联系表现为相互影响、相互作用和相互制约的关系；每个要素的存在依赖于其他要素的存在；当某个要素发生变化时，其他要素也会随之变化，从而引起整个系统的变化。

相关性思想的意义在于：在我们研究某一个事物时，必须对它的内部诸要素间的联系以及它们与其他事物之间的联系，加以全面的考察和分析，才能揭示出事物之间的本质联系和规律。

3.有序性思想。有序性思想揭示了系统结构的有序性和系统发展有序性的现象，其主要观点是：

（1）有序的含义，一是指系统要素在空间排列上是有序的，二是指在时间运行上有序，充分发挥系统的整体功能主要在于合理安排系统要素的秩序。

（2）各要素在系统中的位置以及它们之间的联系有一定的秩序，能够使系统产生一定的功能。

（3）系统的变化、发展不是随意的，而是受系统内外部各种因素的影响、限制，依据一定的规律变化发展的。

有序性思想的意义在于：在对某一对象进行管理时，要合理安排系统中各部门、各单位的秩序，使它们密切而协调地配合，形成统一的功能，从而减少由于内部矛盾而产生的内耗。同时根据各部门各单位的具体情况，正确安排它们在系统中的位置，以利于发挥它们的作用，从而提高系统的功能。

4.动态性思想。这一思想表明，一切系统都处于不断变化、发展之中，绝对静止的系统是不存在的；任何系统的正常运转，不但受系统本身条件的限制和制约，还受相关系统的影响和制约。所以，随着系统内外条件的变化，就加快了系统内外因素的重新组合，更加激化了系统运动的动态性。

动态性思想的意义在于：在我们处理问题时，应该经常想到系统的历史、现状和未来，既要看到系统在发展变化，又要分析系统的变化趋势，这样才能制定出工作中的正确措施；我们还可以通过加强动态性预测，以减少或杜绝因思考不周所带来的损失；此外，应重视搜集信息，经常注意反馈，随时进行调节，保持充分弹性，及时适应客观事物各种可能的变化，就能有效地实现动态管理。

三、系统理论对管理学的贡献

系统理论不仅作为一般世界观和方法论，充实和发展了当代哲学，而且对管理学，以至整个科学技术的发展都有直接而巨大的贡献。系统理论对管理学的发展至少有以下三个方面的贡献：

（一）推动了管理观念的更新

人们从系统的整体性及相互制约性得到启发，加强了管理工作中统筹兼顾、综合优化的意识，使人们在决策时能考虑有关的方方面面，克服传统思维容易造成的片面性。任何一个系统均从属于更大的系统，这个概念帮助人们正确认识企业及其他组织的地位、使命及社会责任，有助于克服本位主义和目光短浅的行为。

开放系统及组织效应理论、耗散结构理论，有力地支持和推动了企业间、国家间、各种组织间的联合与合作。系统理论把信息提高到与物质能量同等重要的地位，使人们重新认识资源的含义，把信息作为战略资源之一，有意识地加强了信息管理工作。系统理论关于结构、联系决定系统功能的观点，使人们更加重视对系统机制的分析研究，从而为人们提供了通过调整结构、改善联系以增强系统功能这一有效途径。系统理论提出的系统层次、反馈、控制等概念，为人们改进管理工作提供了新的思路。

（二）提供了解决复杂问题的分析工具

系统论揭示的宇宙中各系统具有相似性这一真理，使人们一下子开阔了视野，变得聪明和灵活起来。管理人员在自然科学及工程技术领域找到了许多有力的工具，如控制论、运筹学、数理统计、可靠性方法、模糊数学等，它们构成了管理系统工程的主体内容。

随着人类实践的深化，科学技术的发展，生产社会化程度的提高，管理领域的扩大，人们要处理的系统设计与系统控制问题也日益复杂起来。首先，系统的规模越来越大，如世界上出现了许多跨国公司，有的企业有几十万职工，有的产品有成千上万个零部件等等，对这些大系统如何组织才能保证其效能和质量。其次，组织或多数工程项目都有多元目标，如企业要盈利、保持市场地位、维护国家利益、谋求自身发展、满足职工需要，对此如何处理并寻求一个令人满意的方案。再次，对一个处于不断变化状态的组织系统如何进行预测和控制等等。对于这样一些用传统思维难以解决的课题，系统理论及其工程方法提供了有效的思维工具。例如，运用系统层次概念及递阶控制原理，有助于解决大系统的控制问题；利用系统整体相关概念及多目标规划方法，可以较好地处理多元目标系统优化问题；利用模型模拟和马尔可夫方法、系统动力学方法可帮助解决动态系统的预测和控制问题。

系统观是本书的基本概念框架，我们所研究的管理对象（组织），是一个系统，这个系统存在于一个更大的社会系统之中（这个更大的系统称为环境超系统）。在组织内部可以看作是由几个主要的分系统所组成的，具体包括：

1.目标与价值分系统，是组织中各分系统中最为重要的分系统之一，组织一方面从其广泛的社会文化环境中取得许多价值观，另一方面也对社会的价值观产生影响。

2.技术分系统，指的是完成工作任务所需要的知识，包括在将投入转换为产出时所运用的各种技术，它取决于组织任务的要求，而且随特殊活动的变化而变化。

3.社会心理分系统，它是由相互作用的个人和群体所组成。它包括个人行为与动机、地位与作用的关系、群体动力学和影响系统。它也受组织中人们的感情、价值观、态度、期待和愿望的影响。

4.结构分系统，主要是确定组织工作任务的分工和协作的方式方法。它是通过组织图、职位与工作说明、规划与程序等表示出来的。组织的结构确定了构成技术分系统与社会心理分系统之间的各种关系。

5.管理分系统，主要是确立目标，进行计划工作、组织设计和控制，把系统和外部环境连接起来，并协调其他分系统的活动，如图3-1所示。

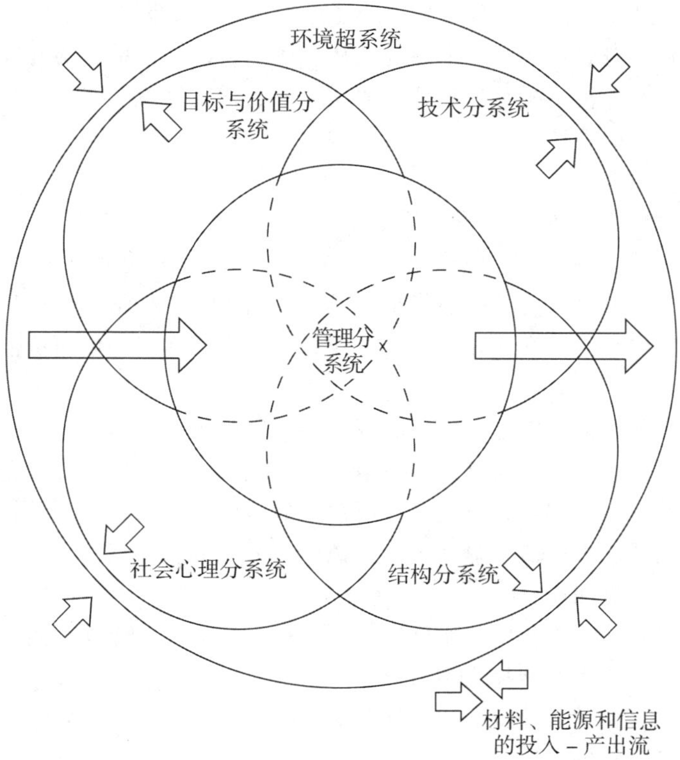

图3-1　组织系统图

（三）促成了管理新模式的出现

对管理的历史考察表明，现代管理中广为采用的全面质量管理、全面设备管理、目标管理等新模式的出现，与系统论的应用直接有关。

基于上述分析，就不难理解本书把系统概念作为主要框架的原因了。

第二节 现代管理的基本原理

现代管理的基本要素包括人、财、物、信息、时间、机构和章法，前五项要素是管理的内容，后两项是管理的手段，其中人是最重要和最活跃的因素。现代管理的基本目标是建立一个充满创造活力的自适应系统，以便在不断急剧变化的社会环境面前，能够持续、高效、低耗地输出高功能。现代管理的基本原理，就是研究如何正确而有效地处理上述要素及其相互关系，以达到管理的基本目标。现代管理的基本原理包括：系统原理、整分合原理、反馈原理、封闭原理、能级原理、弹性原理和动力原理。

一、系统原理

现代管理的每一个基本要素，都不是孤立的，它既在自己的系统之内，又与其他各系统发生各种形式的联系。因此，为了达到现代管理的优化目标，必须运用系统理论对管理进行充分的系统分析，这就是管理的系统原理。系统原理就是把系统理论运用到管理中来，这也是区别现代管理与小生产管理的重要标志。系统原理要求在进行管理时，要把管理对象看成是一个系统，从整体出发，分析系统的构成要素以及要素之间的结构关系，分析系统与外部环境的联系，在系统分析的基础上，为达到管理的目标而制定出合理的管理决策。

二、整分合原理

现代高效率的管理必须在整体规划下明确分工，在分工的基础上进行有效的综合，这就是整分合原理。马克思曾指出，由协作和分工产生的生产力，不费资本分文，这是社会劳动的自然力。他还指出，协作可以产生一种结合工作日，与同样数量的单干的个人工作日的总和比较，结合工作日可以生产更多的使用价值和节约非生产费用。

这个原理中的整体观点是大前提，不充分了解整体及其运动规律，分工必然是盲目的。但分工是关键，没有分工的整体是混沌的原始物，构成不了现代有序的系统；没有分工的协作是吃大锅饭，只能是每况愈下的低效率。马克思和恩格斯指出：一个民族生产力发展的水平，最明显地表现在该民族分工的发展程度上。

现代社会大致有四类分工：

1.按社会功能进行专业化功能分工。现代社会打破了封建社会的一统壁垒，按照事物的社会功能及其固有规律来进行分工与组织。政治和经济、立法和司法、工农兵学商等各成体系，科学实验也成为一项独立的社会实践了。同时各个体系内部结构也有分工，并且日益精细。

2.按自然资源特点进行专业化区域分工。自然资源是劳动对象，是生产力的重要构成。自然资源的分布是不随人愿的，现代管理只能也必须顺从自然规律，才能充分有效地利用自然资源，创造更大的生产力。如美国农业就是根据自然条件不同实行专业化区域分工，建立自己的农业结构，全国划分了十四个农业垦区。瑞士选定手表和精密机床这类产品价值高而消耗能源材料少的工业作为全国的主要工业。新加坡则根据自己的地理条件发展了修船、炼油工业和旅游业。这些国家都开辟出了自己的现代化之路。

3.按产品及其构成进行专业化生产分工。随着科学技术的迅猛发展，工农业产品以惊人的速度增长。这么多的产品不可能由一个企业、一个部门甚至一个国家来研究和生产，必须实行专业化，以达到技术上的精益求精。这也正是19世纪末曾兴起的从原材料到最后产品的生产都控制起来的垄断企业，在20世纪初已开始衰落的原因。在科学技术的发展上也是如此。

4.按照作业程序进行专业化作业分工。这类分工在生产和科研的不同层次内日益深入进行。以生产作业而言，毛坯、铸造、锻制、机械加工和装配，日益实行专业化分工。在科学研究方面，有纯粹基础研究、应用基础研究、工程技术研究、产品研究、推广研究等分工。此外在管理业务方面也进行了严密的分工。

上述四类分工有机地排列组合，构成了现代社会生产和科研繁荣绚烂的景象。不同层次的分工还在继续进行，新学科、新行业正在不断涌现。分工可以先在一个系统内进行，当壮大到一定程度时，就分化出去作为一个独立的社会功能单位而存在。因此，没有永恒不变的分工，优秀的管理者就是要善于抓住时机进行必要的合理的分工。

应该指出，分工并不是管理的终结。分工也不是万能的，它也会带来许多新的问题，分工的各个环节，特别容易在时间和空间上产生脱节。因此，必须进行强有力的组织管理，使各个环节同步协调、有计划按比例综合平衡地发展，才能创造出真正高水平的生产力。这就是有分有合，分而后合。如果只有分工而不进行强有力的组织管理，其效能可能还不如一个自给自足的“大而全”“小而全”的组织。例如，现在有些工厂将一些零部件分解出去，进行专业化生产，由于有些地方和部门设置了重重障碍，工厂的行政权力达不到生产零部件的单位，又无有效的经济手段加以制约，结果零部件供应的时间、数量和质量反而得不到保证。

现代管理强调分工，但是管理本身的功能是不能分解的。列宁曾说过，管理的基本原则是一定的人对所管理的一定的工作完全负责。每个独立功能单位实行分工以后，它必须具有完全的管理功能。因此，它所管理的内容（人、财、物）是不能分解的，必须在一条管理线上，集中于它这个独立功能单位内。在整个系统转换过程中，如果这个管理功能单位对自己的人、财、物没有足够的管理权，那么，管理就只剩下了形式的外壳，而失去了调节运筹的力量，也就不能构成有活力的运动了。因此，确保基层独立功能单位在管理人、财、物方面有必要的自主权，是现代管理所要求的。

三、反馈原理

面对着永远不断变化的客观实际，管理是否有效，其关键在于是否有灵敏、正确、有力的反馈系统，其灵敏、正确、有力的程度，是一个管理功能单位是否有生命力的标志。这就是现代管理的反馈原理。

管理目标的实现离不开有效的控制，因而必然存在着反馈问题。所谓反馈，就是由控制系统把信息输送出去，又把其作用结果返送回来，并对信息的再输出发生影响，起到控制的作用，以达到预定的目标。原因产生结果，结果构成新的原因，就这样，反馈在原因和结果之间架起了桥梁。这种因果关系的相互作用，是为了完成一个共同的目的，所以，反馈又在因果性和目的性之间建立了紧密的联系。同时，反馈还使本体与环境统一在动态之中，构成新陈代谢的活力运动。

反馈是自然界的一种普遍现象。如果反馈使系统的输入对输出的影响增大，导致系统的运动加剧发散，这种反馈叫正反馈；反之，如果使系统的输入对输出的影响减小，使系统偏离目标的运动收敛，趋向于稳定状态，则叫作负反馈。一般当系统的稳定性受到外界因素的干扰，负反馈就担负起重新建立该系统的稳定性的功能。而正反馈则把外界干扰所引起的偏差予以放大。因此，在控制系统中，人们常用负反馈来调节和控制系统作合乎目的的运动。现代管理是一项非常复杂的活动，因此反馈的意义也就更为突出。现代管理有许多地方需要正反馈，两个企业、两个生产单位开展竞赛就是一例，你追我赶，相互竞争。但是大量需要的还是为了缩小和消灭同既定目标的差距的负反馈。

反馈的最终目的就是要求对客观变化作出应有的反应。实际上，反馈原理也就是一切从实际出发、实践是检验真理的唯一标准这一马克思主义基本原理在现代管理中的贯彻和体现。

在现代管理中，不管哪一种类型的控制，要使系统符合人们的理想，就必须贯彻反馈原理。同时，为了保持系统稳定的有序性，必须使系统的结构具有不断自我调节的能力。尽管任何一次调整、改革都不那么完善，但只要系统具有反馈结构，总可以在不断调节的过程中，逐渐趋于完善，直至达到优化的目标。

反馈包括三个过程：感受、分析和决断。在小生产时代这三个过程由一个指挥中心即可完成。现代社会的组织规模越来越大，管理活动已是纵横交错、瞬息万变的网络，即使是天才的领导者也无法观察一切、包揽一切，靠自己掌握的一切信息来构思一切政策、计划和措施。这就有必要从指挥中心中分化出反馈机构。在现代管理中，没有一个指挥中心可以不建立自己的反馈系统而能有效地、正确地进行指挥。领导者的本质只是善于在反馈系统提供的信息和可供选择的方案中作出正确的决断。

总之，小生产的管理习惯于“平安无事”“以不变应万变”。现代管理恰恰相反，它的信条是“善于找事”“积小变为大变，不断完善”。事物发展无止境，始终存在改进的余地。因此，有效的管理要善于捕捉信息，及时反馈，及时作出相应的变革，把矛盾和问题解决在萌芽之中。决策、执行、反馈，再决策、再执行、再反馈……如此无穷地螺旋上升，使管理不断进步和完善。

四、封闭原理

封闭原理是指任何一个系统内的管理手段必须构成一个连续封闭的回路，才能形成有效的管理运动，才能自如地吸收、加工和运作。不封闭的管理等于不成回路的输电线，线再粗也输不出电流；不封闭的管理等于数学上没有解的联立方程式，再多也没用。管理系统的封闭回路如图3-2所示。

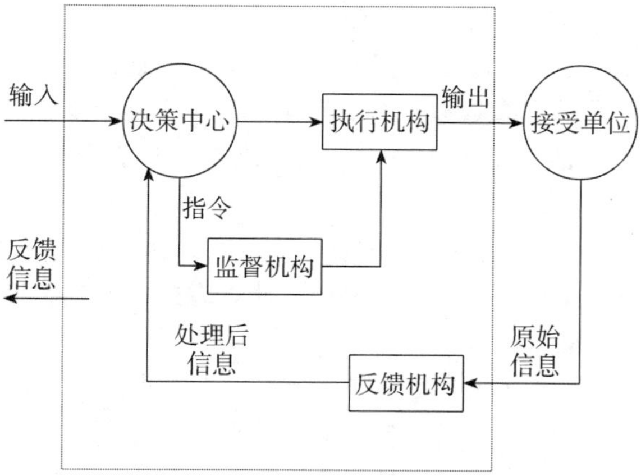

图3-2 管理系统的基本封闭回路图

作为管理手段的机构来说，执行机构必须正确无误地贯彻指挥中心的指令，为了保证这一点，应设有监督机构。没有准确的执行，就没有正确的输出，也就没有正确的反馈，反馈原理也就无法实现，管理就失去了活力。反馈机构根据执行实践的结果，提出修正指令的可供选择的方案。

管理法也应该符合这个回路加以封闭。不仅要有一个尽可能全面的执行法，而且应有对执行的监督法，它包括对执行过程中产生矛盾的仲裁法，对执行发生错误的处理法等等。法不封闭等于无法，因为有空子可钻，有法也无法真正执行。只有构成一个封闭的法网，法网恢恢，才能疏而不漏。法不成网，纵密亦漏。

立法应该通过反馈系统进行，必须充分发扬民主；执法由执行机构贯彻，必须集中，执法如山。因此作为一个决策中心，要允许反馈系统与自己唱反调，做到兼听则明；但不能允许执行系统和自己唱反调，否则无从管理。执行机构自己立法自己执行是不封闭的管理。

不封闭的管理害处极多。例如，如果管理系统缺少反馈机构，那么它的职能由执行机构代为行使，变成自己执行自己反馈，这会带来很多弊病：第一，执行者往往忙于日常事务，无暇顾及深入的调查研究和分析评价，因此反馈的信息会不完整、不准确。第二，执行者自己反馈，由于同切身利害有关，容易报喜不报忧。第三，执行机构的功能不同于反馈机构，它要求坚决地、不折不扣地贯彻决策中心的指令，才能使管理按预定的目标进行。而反馈机构却需要根据调查情况提出自己的不同看法，供决策者参考。

要实现封闭，就要从后果评估出发，从各种后果中循踪追迹，找出管理手段各环节中产生后果的原因，加以封闭，或者只对后果进行封闭。也要注意到管理中的封闭只是相对的，绝不能把它僵化凝固。这是因为：从空间上讲，封闭系统不是孤立系统，它要受到系统原理的作用，它与上下左右各系统都有着输入和输出的关系，一环扣着一环，是无穷的。从时间上讲，首先在后果评估中，有许多后果是事先没有预测到的。只有通过时间的检验才能显现出来。即使有所预测，但预测正确与否，采取的封闭措施有效与否，也要通过长期的实践检验。所以，对新发现的后果或经实践检验证明不正确的措施，都必须进行新的封闭。总之，一劳永逸的封闭是没有的，有效的管理要求动态地不断地进行封闭。我们的管理改革可以有各式各样的方案，但都应该是考虑了各种可能涉及的因素，权衡各种可能预见的利弊后果的“封闭模式”。当然任何封闭的模式都不可能是十全十美、天衣无缝的，这就要依靠反馈原理，不断反馈，使之日益完善。

五、能级原理

现代管理的任务是建立一个合理的能级，使管理的内容动态地处于相应的能级中去，这就是现代管理的能级原理。

“能级”是现代物理学中最重要的概念之一，它是指围绕原子核旋转的各层电子只能处于一系列不连续的、分立的稳定状态，这些状态分别具有一定的能量，它们的数值各不相等。把分立状态的电子按能量大小排列，犹如梯级，所以叫能级。由此给予现代管理理论以启示：稳定的结构并不是均匀而连续的一团混沌，而是具有不同层次、不同能级的复杂系统，在这样的系统中，每一个单元根据本身能量的大小处于不同的地位，以此来保证结构的稳定性和有效性。

现代化大生产与传统的小生产的区别，不仅在于生产规模的大小，而且在于后者关心的只是个体的能量，而前者则着眼于具有不同能量的个体的有机组合。在小生产活动中，任务是由个人去完成的，一个能挑25千克的人，碰到50千克的任务，要么挑不起，要么硬挑就有可能被压垮；而挑50千克的人也并不总是满负荷的，低效率是经常的事。但是在社会化大生产的条件下就不同了，能级具有更重要的意义。大生产是大量的任务由集体去完成，从而就有可能将任务和承担任务的人都按其能量加以分级搭配，既可避免被压垮，又可防止低效率。所以，一个总能量虽低而能有效分级组织的集体，完全可以比一个总能量虽高，但组织混乱的集体作出更大的贡献来。

管理能级是不以人们意志为转移的客观存在，而且正是它构成了不同的管理层，使管理得以有规律的运动，以获得最佳的管理效率和效益。

运用能级原理必须做到：

1.能级的确定必须保证管理结构具有最大的稳定性。理论和实践都证明，稳定的管理结构应该是正立的三角形，上面尖，下面宽，而倒立的三角形、菱形之类结构是不稳定的状态。那么，如果是一条横着的直线，岂不是更稳定吗？但是这种最稳定的管理形态不过是平均主义，没有能级，也就没有运动的“势”，是管理的灭亡。

应该指出，对一个管理系统而言，管理的三角形一般可分为四个层次。最高层次是经营层，它是确定这个系统的大政方针的。第二层是管理层，它是利用各种管理技术来实现经营方针的。第三层是执行层，它是贯彻执行管理指令，直接调动和组织人、财、物等管理内容的。最低层是操作层，是从事操作和完成各项具体任务的。四个层次不仅使命不同，而且标志着四大能级的差异，不可混淆。

2.对不同能级应给予不同的权力、物质利益和精神荣誉。为了充分发挥一个管理系统的效率，除了合理划分和组织能级以外，还必须使系统的各个不同能级与相应的权力、物质利益和精神荣誉相对应。这不仅是因为权力、物质利益和精神荣誉是能量的外在体现，而且因为只有这样，才符合封闭原理。总之能级原理要求管理系统中的每一个元素都能在其位、谋其政、行其权、尽其责、取其酬、获其荣、惩其误。

显然，现代管理的能级原理与小生产的绝对平均主义是相对立的。绝对平均主义不讲效率，不讲进步，不讲发展变化，缺乏系统观念，这与通过组织良好的能级结构获取高效率的现代管理原则是完全不同的。有效的现代管理不是拉平或消灭权力、物质利益和精神荣誉的差别，而是根据不同的能级相应地给予适当的权力、物质利益和精神荣誉，其最终目的是为了实现系统的目标。

3.各类能级必须动态地对应。各种管理岗位有不同的能级，人也有各种不同的才能。现代管理要求具有相应才能的人处于相应的能级岗位上去。也就是人尽其才，各尽其能。例如，指挥人才应具有高瞻远瞩的战略眼光，有出众的组织才能，善于识人用人，善于判断决断，有永不枯竭的进取心；反馈人才必须思想活跃敏锐，知识兴趣广泛，吸收新鲜事物快，综合分析能力强，敢于直言不讳，只有求实精神，没有权力欲望；监督人才必须公道正派铁面无私，同时要熟悉业务，联系群众；执行人员必须忠实坚决，埋头苦干，任劳任怨，善于领会领导意图等等。现代管理必须善于将不同才能的人，放在合理的能级上使用。

六、弹性原理

弹性原理即管理必须保持充分的弹性，及时适应客观事物可能发生的变化，有效地实现动态管理。要理解弹性原理的重要性，必须首先理解管理的四大特性：

1.管理所碰的问题，从来不是单因素的也不是少量因素的，总是众多因素有机地联系在一起对管理发生作用的。

2.管理永远处于活生生的普遍联系之中，正面反面都要看到，“左邻右舍”不可忘记，它不像研究自然科学那样，只抓住主要因素，可以忽略细节，科学的管理必须考虑尽可能多的因素，在综合平衡中求得最佳的经济效益。

3.管理在运动中带有更大的不确定性。

4.管理是行动的科学，它有后果问题。

正是由于这四个特性，就要求现代管理必须十分重视保持弹性。

管理的弹性有两类：一是局部弹性，它是指任何一类管理必须在一系列管理环节上保持可调节的弹性，特别是在重要的关键环节上要保持足够的余地。二是整体弹性，它是指每个层次的管理系统的整体弹性，它标志着系统的可塑性和适应能力。应该强调指出，在应用弹性原理时要严格区别两类弹性，即消极弹性和积极弹性。消极弹性的根本特点是把留有余地当作留一手。这种消极弹性在特定条件下也可有限地运用，但现代管理主要着眼于积极弹性。它不是遇事留一手，而是遇事多一手，充分发挥人的智慧，进行科学预测，不仅在关键环节保持可调节的弹性，而且事先预备好了可供运用的调节方案。我们应该加强管理的积极弹性。生产是今天，科学是明天，教育是后天，我们应该积极地考虑明天、后天的事。“临渴掘井”的管理是小生产的管理，是十分脆弱的，是绝对经不起现代社会化大生产掀起的科学技术的巨大风浪的。现代管理必须具有整体弹性。

七、动力原理

所谓动力原理，就是管理必须有强大的动力，只有正确地运用动力，才能使管理的运动持续而有效地进行下去。此处的动力是广义的概念，不仅是管理的能源，而且是一种制约因素。没有它，管理就不能有序地运动。

（一）三类基本动力

按照辩证唯物主义观点分析人们或组织机构的行为，可以看出，在现代管理中有三类基本动力：

1.物质动力。对现代管理来说，物质动力不仅是指对个人的物质鼓励，而且也包括社会和组织的经济效益，必须使两者有机地结合起来。

2.精神动力。精神动力既包括信仰（革命理想、爱国主义等）、精神鼓励（奖状、先进称号等），也包括日常的思想政治工作。精神动力是客观存在的。因为管理是人的活动，人有精神，必然有精神动力，与物质利益的正确结合，精神动力就具有巨大的威力。

3.信息动力。通过获得信息，使人发现差距，明确努力方向进而付诸行动，这就是信息动力的作用。在现代社会中信息动力占有十分重要的地位。

（二）动力的正确运用

动力得不到正确运用，不仅会使其效能降低，而且还会起到截然相反的作用。为此应做到以下几点：

1.三种动力要综合、协调运用。就某一个管理系统而言，不论是对于机构、法规、还是对人，三种动力都是客观存在的。但是在不同的管理系统中，三种动力的作用不会绝对平均，必然存在着差异，甚至是很大的差异。即使在同一系统内，随着时间、地点、条件的变化，三种动力的比重也会随之变化。现代管理就是要掌握这种差异和变化，才能取得成绩。

2.要正确认识和处理个体动力和集体动力、眼前动力和长远动力的辩证关系。管理是社会活动，现代管理更是与社会化大生产融合一体的，它必然以一个集体目标为管理的前提。然而集体是由个体组成的，这就形成一个矛盾：个体和集体都各有其自己的动力，相互之间并不总是完全一致的。辩证法告诉我们，在能量的转换中百分之百的效率是不存在的。现代管理必须正确处理个体与集体之间的矛盾，因势利导，综合平衡，以取得任何情况下的最佳效率。一种比较理想的模式是让个体在大方向基本一致的前提下充分地、自由地发展。

另外，眼前动力与长远动力的关系，也大致类似。个体一般总是着眼于眼前动力，而集体动力与长远动力又总是紧密相连的。眼前动力与长远动力是“标”和“本”的关系，现代管理不可忘记中医“急则治标，缓须治本”的原则。

3.在运用各种动力时，要注意“刺激量”这个概念。按照控制论的原理，为了获得动力，可以利用外部刺激的作用。当行为改进时用正刺激，即加以鼓励；当行为退化时用负刺激，即加以惩罚。正负刺激量的比例称为动力结构，它决定了人的行为最终能够达到的状态，而达到这种状态的速度则取决于正负刺激量之和。刺激量不足或刺激量过大，都不能有效地发挥动力的作用。因此，各种动力的量要适中，才能更好地激发人的积极性。

思考题

1. 什么是系统？人造系统有哪些特征？
2. 简述系统理论的基本思想。
3. 系统理论对管理学有哪些贡献？
4. 试述现代管理原理的内容和应用？

第四章　组织的外部环境与社会责任

学习本章的目的和要求
通过本章学习，了解组织与外部环境的关系，掌握组织外部环境的特点与内容，组织社会责任的特点、内容及组织承担社会责任的模式。

第一节　组织的外部环境

一、组织与环境

世间万物，无不有其环境。所谓环境，是指事物存在发展的周围条件和状况。环境既有其静态结构，也包括结构要素间的动态运行。在社会生活中，我们把与个人和组织生存和发展有关的环境分为自然环境和社会环境两大类别。

自然环境，有时也被称为地理环境。它所强调的是外在物质要素的条件、状况对人类活动的制约和影响。对于组织，它往往是指作为生产资料和劳动条件的各种自然条件，常常表现为组织经营地域内的能源供应情况，自然资源的种类、品位、储量、分布和开采利用的程度，铁路、公路、水运、客运的条件等等；对于医院，它则包括医院在服务区域中的位置、交通情况、药品及设备情况、病人的数量 等。

社会环境，与自然环境相区别，在于它通常是指人们在一定物质生产活动基础上建立起来的各种相互联系、相互作用的状况的总体。它强调的是反映与一定生产力发展水平相适应的生产关系及在生产关系基础上建立、衍生出的各种社会关系。例如对于一个人或一个组织，除了他所从事的职业关系之外，他还有政治关系、法律关系、技术关系、文化关系等多方面的社会关系。这些关系不是各自孤立开来发生作用，而是有机结合，从不同方面以不同角度发生影响与制约作用的，人与人、组织与组织间的经济关系，就同时反映着政治、法律、技术、文化方面社会制度的规定性。

所有的主管人员，不论他们是在一家工商企业、一所政府机构或是一所大学中主持工作，都必须在不同程度上考虑到外部环境的各种因素和力量，因为任何一个组织都不是孤立存在的。我们生活在一个充满各种组织的社会中，家庭、学校、医院、工厂、商店、军队、政府、国家、各种国际组织……几乎没有任何人能脱离“组织”而单独存在。人类从走出原始境地发展至今，取得现代科技、经济、政治、法律、文化等各方面的巨大成就，无不和组织紧密关联。获得这些成就的原因是多方面的，其中一个主要因素，在于我们为达到各种目的而建立和发展各种社会组织的能力。而这种能力的形成、提高与发挥使我们生息其间的社会高度组织化了。

高度组织化社会的形成与发展，当然应当从我们的经济活动中寻找原因。现代商品经济社会是建立在发达的社会化大生产基础上的。高度的社会化专业分工与协作把社会经济活动各部门、各行业、各环节以及各工序形成一个有机的整体。人们以各种不同的形式、不同的劳动内容和方式、方法结合在一起来具体承担社会分工与协作，以在实现组织目标的同时，实现他们各自的期望和理想，物质产品的生产、精神产品的生产，都体现着这种社会化分工与协作。在这个组织化的社会里，任何个人志向、利益都是通过参与一定组织的活动来实现的。同样，任何组织，无论是企业、学校、医院还是其他类型的机构，其组织目标的实现又依赖于参加更大规模、范围的组织系列或集团，以至整个国家的社会生产生活中去。

组织化的社会具有系统复合的特征。任何系统都可以定义为“既是部分又是整体”，现代社会中出现了许多规模巨大的社会集团、政府、政党、大公司、跨国公司、宗教团体……这种宏观组织结构是由许多微观组织结构按若干层次联结而成。任何层次的微观结构自己是个系统，同时又是宏观整体的一部分。在整体和部分的关系上，体现出其组织复合的特征。

组织的系统复合特征还表现在不同性质、职能、内容的组织之间。如企业是个经济组织，但政治组织以及思想、文化、教育等组织各以不同形式，经由不同渠道渗透到企业中来，影响企业承担的社会角色。其他类型的社会组织也是如此，整个社会由此也就成了各种不同类型社会组织的复合体。

社会组织的复合性特征不仅体现在组织结构的纵向，即宏观与微观组织结构的关系上；也体现在组织结构的横向上，即不同类型的社会组织关系上；而且作为组织成员的个人，也体现着这种复合性。一个工人，他是某组织（经济组织）的成员，又是家庭的成员；他若是共产党员或共青团员，他便同时又是政治组织的成员；他如果还在业余大学读书，就又成为教育组织的成员。这就是复合的社会组织在个人身上的体现。

现代社会的经济活动，社会化大生产和市场的发达，不但使得一国之内生产、分配、流通、消费形成一个紧密结合的有机整体，而且还跨出国界。世界范围的各国经济联系日趋紧密，不但出现了全国性的公司，还出现了跨国公司等社会经济组织。这些经济组织由相当复杂而又严谨精致的分支机构网络构成，在广阔地域多个国度、多样性社会环境中活动。经济联系的普遍和愈益紧密，又导致在科技、政治、文化等方面，使国家、地区甚至世界各国的相互沟通与合作日益普遍。如建立国际性科研机构研究重大科研课题，建立国际性环境保护机构以控制环境污染，建立国际性体育机构来组织世界范围的体育比赛，通过国际文化机构促进国与国间的文化交流等等。这些机构的活动，不但在其专业性范围内，还涉及国际间政治、法律、经济、教育等各个方面，形成国际社会生活的复合化。

因此，正是当代世界所呈现出的社会组织化、组织复合化的态势引出了组织与环境的问题。

二、组织外部环境的特征

组织外部环境可以理解为对组织各项活动具有直接或间接作用的各种条件和因素的总和。如果把组织各项活动的内部条件与外部环境相比较，就不难发现组织外部环境至少有以下几个方面的基本特征：

（一）复杂性

构成组织外部环境的因素是多方面的、复杂的，既有经济因素，技术、文化方面的因素，又有政治、社会方面的因素。这些因素中，有的对组织直接发生影响，有的则是间接发生影响，有时是一种因素起重要影响作用，有时则是多种因素综合发生作用。因此，组织必须全面分析各种因素的影响，特别是着重分析那些对组织影响重大的环境因素，并及时作出正确的反应，才能掌握各种活动的主动权。

（二）变动性

组织的各项活动是在外部环境处于不断变化的过程中进行的。组织外部环境变化有的是渐进的，变化比较缓慢，不易察觉和把握；有的是突变的，很快就会对组织的活动发生直接的影响。如经济因素，特别是市场因素给组织带来的影响。正如任何事物的发展变化是一个过程一样，组织外部环境的变化是可以预测的。因此，组织应当注重组织外部环境的研究，及时掌握和分析有关的信息和情报，把握环境因素变化的趋势，制定正确的应对策略，来适应组织外部环境变化的需要。

（三）交叉性

构成组织外部环境的各种因素之间客观上存在着相互依存、相互制约的关系。某一种环境因素发生变化，都会直接地或间接地引发其他因素相应的变化。例如，社会因素的变化引起市场需求的变化，市场需求的变化会影响生产及其资源的分配，从而引起经济环境、科技环境的变化等等。

三、组织与外部环境的关系

组织外部环境是组织从事各种活动所直接或间接涉及的各种社会关系的总和。任何组织要实现自身生存与发展的目的，都需要从外部环境取得必要的能量、资源、信息，例如人力、财力、物力和有关信息等，并对这些输入进行加工、处理，然后将生产出的产品与劳务输出给外部环境。这种“输入—转换—输出”是组织连续不断、循环往复的行为过程。要存在与发展，组织就得与自身外部环境进行交换，而且只有组织的输出被外部环境所接受，它才能得到自己维系生存及发展所必需的新资源。组织的健康稳定，组织的繁荣兴旺，还取决于它对外部环境的适应程度。组织与外部环境间的关系表现为两个方面：其一，是社会环境对组织的作用；其二，是组织对外部环境的适应。

（一）社会外部环境对组织的作用

1.社会环境对组织的决定性作用。这种作用首先表现为社会外部环境是组织存在的前提，没有以社会化大生产为技术前提的商品经济运行，就无组织可言。从组织的工作环境来看，没有消费需求及各种生产要素的市场供给，组织就不可能生存；从一般环境的角度来看，组织与其具体工作环境关系的确立与运行，又毕竟是以一定物质生产关系为基础为核心，各方面社会关系有机结合、交互作用的结果。我们知道，具体的要素环境直接地决定组织的生存与发展，而任何具体工作环境又总是一般社会外部环境的组成部分。因此说社会外部环境对组织具有决定性作用。

2.社会环境对组织的制约作用。制约作用，主要是指社会外部环境作为外在条件对组织生存发展的限制与约束。这里仅以法律环境为例说明外部社会环境对组织的制约。在市场经济条件下，国家调整组织内部、组织与组织之间、组织与消费者及社会各界、组织与政府之间以及涉外经济活动的利益关系和商务纠纷，主要是通过法律手段和经济手段。这样，组织的生产经营活动就必然面临大量的国内和国际法律环境。国内与组织经营管理直接关联的基本框架，大体上包括关于组织营销与竞争行为的法律、组织社会责任的法律、组织内部关系的法律等等。此外，还有涉外经济活动的法律规范、国际惯例等。可以这么说，组织生活在庞大而复杂的法律环境之中。这些法律规范体系以一定的标准衡量组织进入市场运行的资格；衡量组织在市场中动作的合法性，制止和惩罚“犯规动作”。由此可见，法律规范对规范和控制组织行为具有重要制约作用。

3.社会环境对组织的影响作用。影响作用，主要是指某一事物行为对他事物或周围的人或社会行为的波及作用。如习俗观念，甚至迷信对组织经营也有重要影响。不同的民族文化或同一文化区域人们的不同观念，都对组织经营产生重要影响。

一般社会环境和具体工作环境对组织的三种不同作用，各有其不同的特点。社会环境对组织的决定性作用，往往是刚性的、不可逆转的。制约性作用以一定的条件、标准、规范来限制、约束组织的经济活动。影响性作用则是环境本身的发展变化对组织发展的波及，是以潜在的形式，看似无形但却有形地发挥作用。

（二）组织对环境的适应

这主要是指组织对其社会环境的觉察和反应。

1.消极、被动的适应，是指组织用其自身条件去适应现实的环境，按照环境的限制来组织生产经营活动。这种适应形态，在现实的组织经营中是存在的。但是，这种适应形态的本质是组织对外界环境的依附。实际上，组织对外部环境并不是完全无能为力的。虽然这种能力是有限的，其后果也不一定理想。

2.积极、主动的适应，是指组织尽可能多地掌握环境变化的信息、情报，科学地分析预测环境因素变化的趋势，并采取有效、主动的措施，顺应环境变化的需要。改造环境、征服环境、创新环境，随后用组织自身条件去适应已被改造、创新了的环境。比如，为社会提供新产品、新服务，以改变人们的生产方式和生活方式，等等。

四、组织外部环境的内容

（一）政治环境

政治环境，是指制约或影响组织的各种政治要素及其运行所形成的环境系统。构成政治环境的要素具有层次性，大体上可以分为四个层次：一是稳定性环境要素，主要是指作为国体和政体的根本政治制度，它处于系统的最高位置，控制着整个系统的运行和方向，一般不发生变化，因而是最稳定的环境因素。二是相对稳定的环境要素，包括政党、政治团体及相关的政治制度，这些要素是政治环境的基本要素部分，属于政治环境的结构性要素，它们一般不做大的调整和变化。三是动态性环境要素，主要是指政治方针和政策，这类要素是大量的、广泛的，也是富于变化性的，因而是政治环境最重要的部分。四是附属性政治环境要素，主要是由上述三类环境要素共同决定的政治气氛，这也是一个不可忽视的政治环境要素，它虽然由其他要素决定，但却反过来影响上述要素的作用状况及政治环境。

政治要素的具体内容包括：国体和政体、政治体制、政党和政党制度、政治性团体、政治方针和政策、政治气氛等。其中，政治气氛是指政治要素的配置及运行形成的政治局势和人们的政治情绪，它是各种政治要素乃至社会其他因素综合作用的结果。政治气氛包括国家政治气氛和政治生活气氛，国家政治气氛是阶级、政党的政治主张和力量对比在政权上反映所形成的国家政治局势，政治生活气氛是指基层组织和群众的政治情绪。系统，它与政治要素有关，但不等于政治要素，而是由政治要素有机联结并相互作用所形成的运行系统。它首先是由基本的政治要素组成，这些基本的政治要素在运行中又不断产生新的要素和指令，从而形成一定的政治氛围。从组织的角度来观察这个氛围，即为组织的政治环境。无论是政权处于动乱、更替、稳定还是变革情况下，政治对组织的影响都是非常明显的，都具有直接性和不可逆转性的特点。同时，政治条件的不同和变化对组织或组织面临的其他各种外部环境，也会产生重要的影响。

（二）法律环境

组织的法律环境是指与组织相关的社会法制系统及其运行状态。组织的法律环境包括多种环境要素，主要有法律规范、国家司法和执法机关、法律意识等，其中，法律规范是最基本、最重要的要素，是一个完整的体系。由社会法律体系中与组织及其活动相关的一系列法律规范所组成。组织的法律环境是以经济法律规范为核心的。

法律环境对组织的影响具有硬性约束和刚性约束的特征，这是由法律的强制性决定的。法律环境对组织的影响表现在法律环境自身所表现出的不同性质和状态，不仅为组织提供完全不同的生存发展条件，而且可以对组织行为产生导向和规范作用。例如，良好的法律环境对组织的成长、发育有着积极的促进作用。

（三）经济环境

经济环境是指影响组织生存与发展的社会经济状况及国家经济政策。社会经济状况包括经济要素的性质、水平、结构、变动趋势等多方面的内容。国家经济政策是国家履行宏观经济管理职能，控制调整宏观经济水平、结构、实施经济发展战略的指导方针等。

组织经济环境是一个多元的、动态的系统，它由诸多元素组成，如社会经济水平、产业结构、购买力、消费水平、消费结构、价格、财政税收制度以及国家管理体制等等。而且各经济要素常常处于发展变化之中，一种经济要素的变化，也会引起一系列连锁反应，造成诸多经济因素程度不同的变化，甚至出现整个经济形势的发展成逆转。事实上，构成经济要素的许多要素时刻都在发生变动，只是在一个较短的时期内，其变化程度可能很小，一般不易察觉，因而呈现相对稳定的状态。当然，经济政策和经济体制则具有较长时期的稳定性。

构成组织经济环境的各种经济要素按照它们各自在经济环境中的作用和对组织经营的影响方式及与组织关系的“远近”程度，通常把经济环境划分为两种类型：即一般经济环境和具体经济环境。一般经济环境主要由社会经济结构、经济发展水平、经济体制和宏观经济政策四个要素组成。具体经济环境随组织所处的行业、地域、规模、经营方式等因素的不同而不同，它反映组织受其直接影响与制约的那个特定的经济氛围。由于具体经济环境同组织经营活动相关程度比较密切，组织经营状况直接取决于它对具体经济环境诸要素的反应方式和适应程度。这使组织对具体经济环境往往给予过多的关注，而忽略一般环境的研究。事实上一般环境作为组织生存与发展的大背景，它对具体经济环境的诸要素，均存在着不同程度的牵动作用，一般环境往往通过具体经济对组织发生作用。一般经济环境作用方式的这一基本特征，导致了组织对它在感觉和认识上的差异。因此，有必要研究社会经济结构、经济发展水平、经济体制和经济政策对组织的影响。

经济结构是指国民经济中不同经济成分、不同产业部门以及社会再生产各个方面在组成国民经济整体时相互间的适应性、量的比例关系和排列状况。经济结构实质上反映经济部门、行业等质的联系和量的比例。一般来说，经济结构主要包括产业结构、分配结构、交换结构、消费结构、技术结构等，其中重点是产业结构。组织作为这个结构中的细胞，经济结构的变化，必然给相当范围与数量的组织带来发展的机会，同时，也给组织的生存与发展带来威胁，直接影响着组织的兴衰。

经济发展水平简单地说是一个国家经济发展的规模、速度和所达到的水准。反映一个国家经济发展水平的重要指标有国民生产总值、国民收入、人均收入、经济发展速度、经济增长速度等。这些综合性指标和一些专门性指标实际上给出了宏观经济发展为组织提供的空间位置、条件水平和趋向动态的重要信息。经济发展的水平和状态对组织的影响主要体现在：第一，经济发展水平高、状态好，就会给组织提供宽松的经营环境和较多的发展机会；第二，社会经济结构与经济发展水平的交互作用又为组织在宏观经济发展格局中的位置、组织的发展目标作出限定与制约。

经济体制，简单地说是指国家组织经济的形式。它反映着一定社会制度的质的规定性，又以具体的形态表现为社会经济关系的基本框架和行为准则。经济体制规定了国家与组织、组织与组织、组织与各经济部门的关系，并通过一定的管理手段与方法，从根本上调节、控制或影响社会经济活动的范围、内容及方式等。经济体制作为经济环境的重要组成部分，显然对组织的生存与发展的形式、内容、途径都提出了系统的基本规则和条件。经济体制不同，组织与国家及社会经济组织的关系就不同，组织的行为准则也就不同。

经济政策，是国家在一定时期内为了实现经济发展目标而制定的战略策略。它包括综合性的全国经济发展战略和产业政策、国民收入分配政策、价格政策、金融货币政策、对外贸易政策等。经济政策是国家管理经济的重要手段，它规定组织活动的范围，引导组织经营活动的方向，协调组织与其他经济组织和社会组织的关系。任何组织的经营活动都会受到经济政策的影响与制约。

应当指出的是，组织经济环境中的这四个主要因素对组织经营活动的影响，并不是单方面发生作用，而是相互交叉结合在一起影响和制约组织的经营活动，以环境的整体影响组织的生存与发展。

（四）科技环境

科技环境，或者说是科学技术环境，主要是指组织所处的社会环境中的科技要素及与该要素直接相关的各种社会现象的总和。首先，科技环境针对不同组织和组织的不同感受而有所区别。企业和学校所处的科技环境就不同，即使都是组织，不同的组织其具体的科技环境和它们所能感受到的科技环境，也会有所差异。这主要是由于它们各自的技术素质和所处的地域等的差异所致。其次，科技环境是社会环境的组成部分，而不是自然环境的组成部分。再次，科技环境不仅具有空间性，而且还存在着时间性，具有明显的时代性。当然，科技环境的各个构成要素的变化速率和周期并不完全相同。也正是因为这个原因，科技环境能在变化的过程中，在一定时期内保持相对稳定的状态。

科技环境大体上包括社会科技发展水平，新技术、新设备、新材料、新工艺的开发和采用，科技体制、国家科技政策以及科技立法等四个基本要素，其中社会科学技术发展水平是构成科技环境的首要因素。

科技环境对组织的影响具有复合多元的性质，对组织生产、经营、管理活动都有重要影响。科技环境对生产的影响，集中体现在职工技术水平、设备、工艺、生产条件、检测、劳动保护等方面。科学技术是组织生产经营和各项管理活动的基本要素，组织的一切生产、经营、管理活动、都离不开科学技术。

（五）文化环境

文化环境，是指社会环境中由文化诸要素及与文化要素直接相关联的各种社会现象而构成的实际状态。文化环境涉及的范围十分广泛，大体上包括文化的基本要素系列、文化的价值系统和文化教育事业状况。文化的基本要素系列包括哲学、宗教、语言与文字、文学等。价值系统主要是指存在于文化之中的普遍的价值观，也称文化价值观。文化教育事业是提高社会文化水平的决定性因素。

置身于一定的文化环境中的组织，必然要受到文化环境的影响和制约。因此，组织应当充分认识文化的作用及作用方式，强化组织的文化环境意识，建设具有自己特色的组织文化。

第二节　组织的社会责任

一、问题的由来

组织作为社会环境的一个子系统，既要适应环境的发展和变化，又要对环境的发展和变化作出自己的贡献，即要承担一定的社会责任。企业这种组织的运行，对人类社会的发展有着举足轻重的意义，所以，对企业承担社会责任的研究便成了这个问题的核心。

企业的社会责任问题是伴随着西方国家工业化进程中出现的问题而提出来的。工业革命使得“工厂制度”作为一种社会生产方式诞生了。在工业革命的初期，新的工业管理者对他们尚没有经验的组织活动会产生的副产品，并没有明确的意识和政策。早期工业体系中的“成本”只包括极有限的内容，即只是包括资本家不得不支付的费用，如原材料、工资、设备折旧等。至于其他费用，却置之不理。于是，工业废水随意排放，流入江河；不加处理的炼铁炉渣，小山似地堆积在矿场或铁场附近；工厂排放的令人窒息的废气在天空中弥漫。但是空气的污染，废水、废渣的排放，当时并没有引起人们的注意。这是由于工业化规模和消费品产量还不够大，空气和江河湖海还能够净化工厂所排放的污物。

工业革命的发展和市场的不断扩大，加速了城市化的进程，一批工业城市出现了。城市的扩大，使企业开始懂得了人口的大量集中能够给生产经营带来巨大的利益。大量的劳动力，迅速的原材料供应，便于交易的市场，所有这一切都能够降低生产成本。于是，企业纷纷涌向城市。在新兴的工业城市中，由于人口的过分集中，生产和生活的垃圾造成的祸患成倍地增加，烟尘、迷雾、噪声，恶劣的劳动条件，高强度的体力劳动，再加上工人收入低，贫民窟肮脏破烂的居住环境，各种疾病流行，诸多社会问题纷至沓来。在这一历史时期，尽管一些国家对企业所引发的社会问题采取了立法及政策管制措施，但企业社会责任问题还远没有引起社会的重视。

进入20世纪，特别是20世纪40年代以来，世界各国经济普遍发展。现代科学技术在能源、电子、化学合成及交通运输等方面的广泛应用，更使人类的生产与消费水平迅速提高，企业对物资资源的需求量和废物的排出量都达到了空前的程度。1952年，有毒的烟雾降临伦敦，3 000多人死于呼吸道疾病。20世纪70年代的能源危机，给许多国家和人民生活带来重大影响。80年代中期的美国联合碳化公司的毒气泄漏和苏联切尔诺贝利核电站爆炸，酿成人间两大悲剧。现代社会中企业的经营管理与环境问题、社会问题、政治问题乃至国际间关系都融合到一起，而且许多问题都直接关系到一个国家、一个地区的经济发展、社会安定、人民的健康幸福，乃至整个人类社会的生存与发展。因此，企业活动的社会后果越来越受到普遍的重视。H.R.鲍恩的《工商业家的社会责任》一书的出版，大大地推动了有关社会责任的研究。

二、企业社会责任的含义和内容

（一）企业社会责任的含义

对企业社会责任的定义，人们目前还没有取得一致的看法。西方国家在这方面的代表人物——美国的基思·戴维斯对此是这样定义的：企业的社会责任就是指企业决策者在追求自身利益发展的同时，所必须承担的一种义务，即保护和改善公众利益的义务。而据《哈佛商业评论》杂志的一项调查表明，大多数人认为企业社会责任是企业合法的和可实现的目标，此外还必须考虑企业的使命。而据对439名主管的调查后的答案来看，其中68%的主管人员都同意下述定义：公司的责任就是认真地考虑公司的一举一动对社会的影响。尽管对企业或公司的社会责任的定义有所不同，但是这里应当明确的是所谓的“责任”不应当理解为法律或法学意义上的法律责任，它不完全具有强制性的特征，而是一种社会规范，属于广义社会学的范畴。

由于企业所在的行业及所在的区域不同，所处时代的政治、经济、文化背景不同，其特定条件下的具体社会责任也不尽相同。因此，想要列出一个包罗万象的企业社会责任的一览表是不大可能的。但是我们可以从企业所处的纷杂的社会关系中抽象出一些共同面临的主要社会问题，这些问题既可能是由于企业行为所导致的，也可能是由于社会本身机能失调而作用于组织的。这样我们就可以找到企业所要承担社会责任的两个领域：一个领域是企业对社会的影响，另一个领域是社会对企业的影响。第一个领域涉及企业对社会做了些什么，第二个领域是说企业能为社会做些什么。但不管是企业影响社会，还是社会影响企业，这些问题都涉及企业与社会、国家的利益问题，甚至涉及整个人类生存发展的根本利益。

1.企业对社会的影响

企业的社会责任，来源于企业所处的社会环境中必须协调的各种复杂社会关系的客观要求。一般来说，企业与社会的关系集中体现在两个方面：其一是企业生产经营活动中直接发生的各种社会关系，其二是企业生产经营活动中间接发生的关系。企业总是以向社会提供商品或劳务而求得生存与发展的。因此，企业在生产经营活动中直接发生的那些社会关系是组织最基本的社会关系，它包括企业与职工的关系，企业与供应商的关系，企业与销售组织的关系，企业与消费者的关系，以及竞争企业间的关系，等等。企业作为利益主体，它为利润目标所驱使，其生产经营活动必然以实现其利润最大化为准则。同时，在其生产过程中又不可避免地产生副产品，企业在实现其经营目的的过程中必然要同其他社会组织与个人发生关系。这就要求企业在实现其生产经营活动目标的过程中，不能以损害其他社会组织和个人的利益为前提，社会不希望企业在对人们作出贡献的同时，又损害人们的共同利益。

2.社会对企业的影响

社会对企业的影响在于某些社会机能的失调，即在于某些社会矛盾、问题对企业的影响。企业生存于社会环境中，是社会的一个器官，社会问题、社会弊端就不可避免地会影响企业。尽管社会问题的影响不要求企业承担责任，但企业对社会问题也不能采取袖手旁观的态度，即使当某些还未被社区甚至社会所认识，或者社会还未对问题动手解决。因为一个健全的组织，不能存在于一个病态的社会之中。即使社会的问题不是由企业引起的，但从企业本身利益而言，作为社会的成员，其生存与发展需要一个健全的社会。因此，企业必须为此承担社会责任。

（二）企业社会责任的内容

企业社会责任的内容与范围是十分丰富和广泛的。除了企业经营绩效之外，至少还可以列举出被称为企业“永恒的社会责任”的四大类问题，即企业与职工的关系、企业与消费者的关系、企业与社区的关系和企业与生态环境的关系。

1.企业对职工的社会责任

企业与职工的关系在企业生产经营成本中仅仅表现为工资和若干福利费用。然而在实际社会生活中，企业与职工的关系就要复杂得多。从企业和职工的关系建立来看，聘用或雇用的原则和标准乃至程序就反映着企业的社会责任观念。例如，对性别、民族、肤色、年龄、文化水平、技术才能、社会背景等的考虑，就涉及男女平等、民族平等、未成年人保护等一系列社会的、政治的问题。在企业内部，职工对工作的满意程度、工作环境对职工安全与健康的保障、职工劳动素质的培养和提高，以及职工参与企业管理等，都涉及劳动者法定权益是否受到企业的尊重与切实保证。企业与职工间劳动关系的解除，无论是企业经营中出现了问题还是企业解聘职工，或是职工自我选择的结果，都存在着企业对劳动者应承担的责任。企业不能只关心职工在生产经营中的使用，还必须重视政治、文化、科技等多方面素质的培养与提高。从这个意义上说，好的企业也是一所好的学校。

2. 企业对消费者的社会责任

企业是通过提供商品和劳务而与社会发生直接关系的。在企业所处的各种社会关系中，又主要是由于企业与消费者的关系而建立起来的各种社会关系。因此，商品和劳务便成为联结企业与消费者的中介和纽带，从而引出企业对社会多方面的影响。企业承担保护消费者利益的社会责任，是一个涉及多方面的复杂问题，表现形式也多种多样，如一般人们是从商品的规格、品种、质量、价格及服务等方面来评价。实际上，远远不止这些。社会责任还进一步从公平、守信、合法，尤其是从道义上要求企业。例如，鞋子坚固耐穿，并不一定符合消费者利益，假如鞋底的寿命是10年，鞋帮的寿命只有2年，费于鞋底的多余的劳动计入成本，就在一定程度上侵犯了消费者利益。因为鞋帮坏了，虽然鞋底完好，但这双鞋还是不能穿了，除非能提供修补如初的服务。即使鞋帮鞋底同样寿命，都能穿10~20年，但却因此而提高了鞋的价格，这在无形中就侵犯了人们追求消费不断变化的利益要求。因此，从社会责任的角度看，企业应当努力实现功能与成本的最佳配合。

企业对消费者的社会责任核心是保护消费者权益。自西方发达国家倡导“消费者利益主义”以来，保护消费者权益运动已风靡世界。消费者权益包括消费者的权利和利益两层含义。消费者权利，是指经法律确认并由法律保护的、消费者在实现其消费目的活动过程中的行为尺度；而消费者利益则是消费者通过权利的履行而实现的消费需求的满足。消费者的权利和利益互相依赖，前者是基础，后者是目的，两者合起来称为“消费者权益”。

消费者权益的实质内容是消费者消费需求的满足。因此，企业有责任使消费者从消费其商品和劳务的过程中获得最大的效用和满足。但在现实生活中，损害消费者权益的问题大部分都是企业造成的。因此，企业必须端正经营道德，承担起所应当承担的社会责任。

3. 企业对生态环境的社会责任

20世纪以来，特别是20世纪40年代以来，世界各国普遍面临着生态环境恶化的严重问题。在人类以全球范围的规模、以前所未有的速度与深度改造大自然的同时，大自然面临破坏甚至被毁灭的危险。企业经营中存在着人类对大自然的征服与损害的尖锐矛盾。企业对维护生态平衡、保护环境有着不可推卸的责任。维护生态平衡，主要是指保护自然环境和控制工业污染。企业在维护生态平衡方面，首先，要严格遵守一切有关维护生态平衡的法规，在减轻噪声和减少“三废”排放量上不断采取措施，尽可能减轻对生态环境的污染；其次，要重视物质资源的开发利用，提高原材料、燃料的利用率；再次，要以积极的态度与政府相配合，承担起保护环境的社会责任。

4. 企业对社区的社会责任

企业是生活在具体的社会环境之中的，这就产生了企业与社区的关系问题。对工商企业来说，其员工的大部分来自所在的社区；对商店来说，其员工大部分来自所在社区，其顾客也主要是社区居民。因此，重视社区利益也是企业永恒的社会责任。美国通用电器公司曾一度忽视自己的社区责任，遇到了来自社区的各种各样的阻力和麻烦。后来，它的公共关系部受命发起了“改善社区环境”、向市民提供职业教育的机会、积极参与当地社会团体发起的各种活动、向社区提供商店和医院等服务，创造良好的社会气氛、文化气氛等活动，公司很快成了当地受人尊敬、当地人引以为骄傲的好邻居。

企业作为社区的居民，在社区内从事生产经营活动，凭借社区实现其经济目标，自然也应当尽社区的社会责任。这包括响应社区政府的号召、为公益事业做力所能及的贡献、为社区居民承担义务等。

企业社会责任的内容涉及广泛，内容具体复杂。以上列举四个方面企业的社会责任主要是从企业角度来认识的。当然，企业的社会责任还有相当部分来自社会问题的影响、来自社会对企业的要求。例如，当物价涨势过猛、通货膨胀严重时，企业如何参与通货膨胀的治理，就成为企业社会责任的重要内容。总之，对企业的社会责任问题要从企业对社会和社会对企业两个方面去认识和把握，才能得出正确的结论。

三、企业社会责任的特征

（一）变动性

企业社会责任具有变动性的特点。从历史上看，在工业革命初期，雇用童工、恶劣的劳动条件是当时尖锐的、突出的社会问题。因此，企业的社会责任也就集中在童工雇用、企业内部劳动条件等方面。而在当今时代，人口过剩、资源短缺和环境污染已成为全球性的共同问题。企业的社会责任也就围绕这三大基本问题而展开。

企业社会责任之所以具有变动性，其主要原因有：

1. 由于企业的社会影响是在具体的社会环境条件下产生的，总是与一定历史时期的社会经济、政治、科技、文化发展相适应的。企业承担社会责任的现实状态，就是这些因素的综合反映。因此，当这些历史条件发生重大变化，企业社会责任的内容就会随之发生变化。

2. 人们评价企业社会责任的标准发生了变化。在20世纪40年代以前，人们评价企业承担社会责任主要是利润最大化标准。而今天人们评价企业承担社会责任的标准已经不再是单一的经济绩效指标。即便是可以被称为企业的“永恒的社会责任”的四大类问题，即企业与职工的关系、企业与消费者的关系、企业与社区的关系和企业与生态环境的关系也由于时期不同、背景不同、标准不同而有不同的评价标准。

因此说，企业承担社会责任是一个发展的、变化的概念。

（二）有限性

企业以其产品或服务而获得尽可能多的利润，既是企业存在于社会的根本条件，也是社会对企业的根本要求。如果企业完成这个特殊使命的能力受到减弱或损害，社会也就必定因此而遭受更大的损失。因此，企业首要的社会责任在于其履行企业的基本职能。一个经营不善而濒临破产的企业，维持自己的生存都面临着危机，还谈得上履行什么社会责任呢？问题还不仅如此，经营不善、濒临破产的企业还会给社会造成负担和损失。因此，企业承担社会责任是有一定的前提和限度的，这种限度或有限性是由企业所取得的经济成就的能力所决定的。企业在承担社会责任的过程中，除非它能够转化成取得经济成就的盈利机会，否则就会造成成本的增加。这种增加的成本如果转嫁到消费者身上，那就必然损害消费者的利益；如果由企业内部消化，势必减少利润，影响到企业所有者、管理者、债权人和企业职工的利益和一系列由此产生的经济关系和社会关系。企业在任何时候，只要忽略了在经济上取得成就的限制，承担了它在经济上无力支持的社会责任，就会很快陷入困境。为了承担社会责任而作出某些经济上不合理和难以支持的事情，永远不能说是承担了社会责任，而只能说是感情用事。

企业社会责任的有限性，说明了企业承担社会责任的限度在于企业所取得的经济成就的能力的限制。社会对企业的评价标准也应当是看它是否重视经济效益与社会效益的结合，在于它实现经济目标时所采取的方式是否损害了其他社会企业和个人的利益，在于它是否出色地完成了社会所赋予它的职责和使命。

（三）相关性

一个发达的社会需要有各种特殊的分工、特殊目标的机构。这些机构，包括政府和大多数部门。他们所能作出的最大贡献、最大的社会责任，就在于在他们的职责范围内取得的成就。而对社会最大的不负责任，也就在于承担超出其范围的职责或滥用权力，以致损害这些机构或企业的成就能力。企业作为一种社会经济组织，在实现其经营目标的活动中，对其产生的副产品，即对人、物质环境和社会环境的影响，必须要承担责任。但企业社会责任不等于企业办社会。社会并不是要求企业超越自身的职责和能力去参与一切社会问题的解决，只是要求企业作为社会的一个组成部分而与社会整体保持协调一致。这样，才能使社会各组成部分各司其职而又和谐运转。企业办社会，或者称社会的社会责任企业化，实质上是社会机能失调的产物。如果企业能够解决一切社会问题、承担一切社会责任，那么政府和社会公用福利部门就没有存在的必要了。因此，必须把企业的社会责任与社会的社会责任区别开来。企业必须能够对超出其成就能力的责任要求予以拒绝。

企业社会责任的相关性，实质上还有另一种含义。企业行为的“外溢因素”或称“社会影响”总是具有一定的相互联系，而不是各自单一独立地发挥作用。例如，企业排放“三废”不仅会影响到企业附近的生产经营、居民生活，还会影响到周围相当范围的区域；不仅在经济领域，而且还会引发社会问题和政治问题；有时还涉及国际间的纠纷；而且问题也不是单个企业或部分企业所能解决的。企业必须和有关的社会、社区、政府等诸方面共同合作，尤其是与各级政府的积极合作，才能有益于社会问题的解决。这就由此产生了企业对某方面承担社会责任而发生的企业与政府合作的新的职责。处理好企业与政府的关系也是工商企业管理人员的一项极为重要的社会责任。企业与政府的关系也是企业的社会影响的一个领域，它在很大程度上是由于企业做了什么或没有做什么而产生的。

（四）延续性

工业革命初期，企业在向社会提供商品和劳务的同时，也把废气、废渣大量丢弃在地面上。但对这些工业废物的处理费用却未计入成本。延续至今，现代企业也仍然未把这笔费用计入自己的成本。这样，就把这些隐蔽而沉重的费用转嫁给了社会。其后果或是提高了公共赋税和公共支出，或是破坏了环境。

早期企业存在的社会影响问题，在今天的企业活动中不但仍然存在，而且随着社会化大生产的发展更为严重了。企业的发展产生了越来越多的“外溢因素”，经济学家称之为“外部成本”。而今天的企业却要代前人受过，但同时也在对后人制造新的影响。新出现的经济部门、行业的企业所产生的“外溢因素”的影响，往往需要一段时间才能被人们所感受到和认识到。在现实中，人们普遍感知和认识到的企业的社会影响，一般已经是持续了很长的时间。而制止这种影响，挽回影响所造成的损失，则要付出巨大的费用和漫长的时间代价。

四、企业承担社会责任的模式

企业承担和履行社会责任有两方面的因素：一是对企业提出的期望和要求；二是企业对待这些期望和要求的态度和行为模式。以企业这种组织为例，从历史上看，企业承担社会责任有两种基本模式，即传统经济模式和社会责任模式。

（一）传统经济模式

传统经济模式假设企业决策过程完全是理性的。而厂商最主要的目标就是利润最大化。企业管理当局的任务就是设法以最有效率的方法来组合各项生产资料，使用生产资源的成本最低，同时把产品卖给愿意支付最高价格的顾客，以创造最大的利润。

传统模式认为企业乃是拥有该企业所有权的股东的私产。企业管理当局只应对股东负责，不必承担社会责任。企业只要以“经济人”的观念努力为股东赚取利润就可以了，因为利润越大，表示企业运用社会资源的效率越高，对社会的贡献也就越大。这种观点的理论渊源是亚当·斯密的企业利润最大化理论。亚当·斯密认为，企业的社会责任就是向社会提供产品和劳务，并且通过这种提供使企业利润最大化。主张自由主义经济学的弗里德曼是这种观点的主要辩护者。他在《资本主义与自由》一书中曾说：几乎没有什么事情能够像企业主管接受社会责任观点，而非尽力去为股东赚钱这件事那样彻底破坏我们自由社会的根基。

传统经济模式认为企业的功能是经济性的，而且经济价值是度量企业成功的唯一标准。传统经济模式的主要论点包括：

1.企业主管无权慷他人之慨，擅自将企业的资金用于社会。此种论点认为企业的资金并非企业主管人员私有，而是股东所有，企业主管只是接受股东委托经营而已，因此无权擅自将企业的资金和利润用于社会行动，从而损害股东、员工和顾客的利益。弗里德曼说：“在私人财产体系中的自由企业的一个公司主管是企业所有者的一位员工，他对他的雇主负有直接的责任，这个责任就是依照他们的欲望通常是尽可能赚取更多的钱，并遵守那些由法律规定和由道德习惯规定的社会基本准则……只要他的行动与他的‘社会责任相一致’因而减少了股东的报酬，他就是在花股东的钱；只要提高了售价，他就是在花顾客的钱；只要他的行动降低了员工的薪金，他就是在花员工的钱。”

2.企业无法承担大量的社会责任。从经济的观点来看，许多社会目标未能自行支付费用，因此某些人必须代为支付。企业拥有庞大的经济资源，但它必须明智地使用其资源。因为这些资源如果不能自行补充的话，它们将很快减少以至在经济上无能为力。虽然企业可以像过去那样把少量的钱花在承担社会责任上面。但企业不能为承担社会责任而投入重要的经济资源，除非这些资源可在承担社会责任的期间内获得补充。事实上如果企业被迫去承担社会义务，则新增的成本将把各种产业中新入该行业的厂商赶出企业的行列。此外，则可能失去与同业竞争的能力和机会、甚至被淘汰。这是不公平的，也是不经济的。厂商如果将社会参与成本转嫁到消费者身上，从提高产品售价中得到补偿，则无疑是向消费者课征一种租税，然后再决定如何去使用这笔税收，这也是不恰当的。

3.参与社会目标会冲淡企业的主要目标。企业的基本目标是赚取利润，社会责任是政府部门的事。假使企业参与社会目标，就可能冲淡企业目标，分割企业主管的兴趣，减弱企业在市场中的地位，其结果是使企业的经济和社会这两个角色上都没有好的表现，不仅使企业的社会责任落空，而且还可能丧失其在社会上原有的经济性角色。

4.企业已经拥有够多的权力，不应再给予更多的权力。企业是目前最有权力的社会机构之一，企业影响无所不在，在教育、在政府、在家中和在市场上处处可以感受到企业的影响。如将社会活动和企业已有的经济活动结合起来的话，将使企业获得过度集中的权力，这种权力的集中将威胁目前各机构之间多元的权力分配，而且可能降低自由社会的生存能力。只要还有其他的机构可以解决我们的社会问题，就不应该再采取任何给予企业更大权力的活动。

5.企业社会行动有可能减弱国际收支平衡。企业社会行动计划增加了社会成本，而成本必须得到补偿，通常这些成本加到产品价格上。同样，如果社会活动冲淡了国际市场上和其他不必承担这些成本的厂商竞争，将无疑处于不利的竞争地位，减少在国际市场上的销售，因而削弱本国的国际收支平衡。

（二）社会责任模式

社会责任模式认为企业被各种利益集团，包括股东、社团、顾客、劳工和员工、各级政府、供应者、资金提供者和其他利益集团所环绕。企业的管理当局好像轮轴一样将其智慧和企业的资源公平地分配给各种利益群体。企业除了要为股东赚取合理的利润之外，也应为各有关利益群体履行其应负的社会责任。社会责任模式的主要论点是：

1.社会大众期望企业承担社会责任。支持社会责任模式论点之一是根据“社会契约”的观点。社会契约的观点是美国的一个民间团体“经济发展委员会”在1971年提出的。它的基本含义是：企业的运营须由社会大众同意，企业基本目的是要满足社会的需要，要令社会满意。这种观点认为一旦企业不能满足社会需要，不能履行其服务社会的角色，社会就可能采取私人所有权以外的其他机构安排方式来满足它的需要。

在以前，企业只要是以有效的方法生产产品和劳务就算已经是履行了其社会契约，但现在不行了，因为大众的期望已经扩大了。美国经济委员会曾用三个同心圆的圆圈来说明企业的社会责任。内圈包括有效率地执行企业的经济职能——产品、工作和经济增长，这是最明确的基本责任，也是企业的历史角色；中圈包括在履行其经济功能的责任时应顾及改变中的社会价值和优先秩序，中圈等于是社会的代理人——政府加在企业身上的成本；外圈代表新兴而尚未定型的责任，企业应承担这些责任，以积极改善社会环境。

企业只有提供对社会有价值的服务才能存在，社会才会给予企业存在的特许权。而在企业未能符合社会的预期时，社会可随时修改或撤销它给企业的特许权。因此，企业如果想要保留它现有的社会角色和社会权力，它必须对社会的需要有所反应，并把社会想要的事物供给社会。

2.企业承担社会责任是一种长期的自利。企业承担社会责任，从长期来看，实质上是一种自利行为。对其社区需要敏感的厂商，将会有一个较好的社区可供它在其中运营。招募劳工将比较容易，劳工的品质也将较高；由于社会改良的结果，犯罪将减少，从而可以节省花在保护财产上的支出，也将缴纳较少的税去支援警力；企业社会行动可使大众对企业产生良好的印象，提高商誉等等。较好的社会可以产生较好的企业环境。

3.企业拥有解决社会问题的资源与能力。企业拥有可使用于社会问题的宝贵资源，应该加以利用。企业拥有大量的管理人才，也拥有庞大的资金，因此可比其他机构更能有效率地执行社会行动。

4.企业应对社会问题负责。社会问题有些是企业的营运造成的，有些是社会自发性的问题。对于企业所造成的问题，不论是有意的还是无意的，企业都应对其行为负责；至于自发性的问题，虽非企业造成的，但对企业而言，也是一项挑战、一个机会。企业应动员其创新的力量，将社会问题转变为企业进一步成长的机会，帮助解决各种社会问题。

那么如何评价两种模式呢？我们认为企业的经营目标应该是多元的，既有经济性目标，又有非经济性目标。不能否认企业获取利润的原始冲动，利润原则是企业经营的基本原则。但传统的以短期利润极大化为核心的利润原则显然已经不能适应新的多样化的经营环境，而现代企业家的崛起，更促成了短期利润极大化转向长期利润极大化和销售额极大化的目标。一些著名管理学家甚至对追求利润最大化也提出了质疑，如迪安和德鲁克分别提出了“适当利润”和“必要的最低利润”以及从有限理论的研究中提出的“满意利润”等新的利润概念。利润原则的变化标志着企业经营进入了新的时代。

进入20世纪60年代以后，人们评价企业的标准也发生了变化，由单纯注重技术转向同时注重人的因素、由企业优先转到是否受消费者拥护、由地区社会的开发转到消除公害追究公害的社会责任等。在公众心目中，企业如同一头唯利是图而为所欲为的经济动物，公众对企业的信任下降，社会对企业的批评越来越严厉，企业的公共关系十分紧张，企业形象更是江河日下。为了适应变化了的环境，企业不仅应把解决“追求利润”和“社会责任”之间的矛盾作为指导思想，而且还应通过具体的经营政策使两者结合起来，这是企业经营管理体制适应生存的一个先决条件，企业承担社会责任不仅作为企业追求经济性目标的制约条件，还是企业进一步“向社会开放”的标志，也是现代企业与传统企业的分野。

五、企业承担社会责任的行为规范

在我们这个由各种各样的企业组成的社会中，企业保持纯粹的经济立场是不可能的。那么如何使企业承担社会责任呢?

使企业承担社会责任显然超出了自发的“市场选择”所能提供的作用范围，纯粹的市场功能无力客观评价企业活动对于社会的不经济性，也无力公正地评价企业单独承担社会责任为自身带来的经济负担。例如，企业成本中没有能够包括消除水污染、大气污染、废物丢弃、社区生活干扰、消费者权益侵犯等诸方面的因素，而将消除这些公害的责任与负担转嫁给国家与社会。自发“市场选择”对此采取默认的态度。然而某个企业试图单独承担其社会责任时，由于行业内的其他企业依然我行我素，这就必然导致承担社会责任的企业为此付出的生产成本无法转化为可以取回的市场价值，企业就要因此而蒙受不应有的经济损失，此时的“市场选择”或称“市场评价”竟无丝毫宽容和公正而言。企业作为利益主体，它为利益所驱动，有背离社会利益的倾向；企业作为法人企业，企业的行为又必须严格遵守各项法律条款和规章，自觉维护社会利益；企业作为道德主体，其行为要受特定社会条件下的道德观的约束，应该具备道德行为的特征，虽然道德约束不具有强制性。企业社会责任问题，无论表现在能源或资源的利用、环境污染、社区关系、消费者权益方面或其他任何方面，都直接关系到社会公共利益、国家利益乃至人类的根本利益。因此，国家以及社会协同起来，利用法律的、行政的、道德的规范力量，辅之以必要的经济手段，就成为督促企业自觉承担其社会责任的主要途径。

（一）法律规范

企业社会责任的法律规范包括两大部分内容。其一，企业社会地位、职责范围的法律规定。它一般体现为宪法、民法、劳动法、企业法、刑法以及一般行政管理法规和经济行政法规中具体表现在企业与社会、与社区、与职工、与消费者的社会关系方面，是对企业社会责任行为基本权利义务的法律规范。其二，是对企业社会责任行为的具体法律，其中相当部分表现为企业行为的技术性规范。它们一般是对企业生产经营涉及的消费者权益、自然资源的运用、社会安全等方面的行为的技术规范，这些规范具体体现在如标准法、计量法、有关商品质量的法规、法律规范，同时也有对企业营销与竞争行为的规范，如反不正当竞争法等。法律规范以国家强制力为实施保证，为企业承担社会责任订立了行为标准，给企业经营活动的社会影响划定了严格范围和界线。

（二）政策规范

国家根据不同时期、不同背景条件下企业社会责任的履行情况，通过政策的制定与贯彻，约束企业行为的社会影响，要求企业按社会总的规划方向推进其经营。例如，对于环境污染的治理，政府根据治理环境的规划，向企业下达阶段性具体任务，这就使企业可以对其行为的社会影响有计划有步骤地进行调整。行政管理系统运用政策的方式规范企业的社会责任行为。行之有效的政策及时上升为法律，从而丰富法律规范内容。法律又以自己的稳定性、强制性、规范性支持政策的推行。

（三）道德规范

企业行为产生的不良社会影响，毕竟不能完全靠外界压力去排除或尽量减少，也要靠企业对自身行为有严格的道德自律。例如，对于一个新技术，人们往往首先感到的是新技术带来的好处，但随着科学技术的进步和人们认识水平的提高，会逐渐认识到这种技术带来的许多危害。但由于企业社会责任具有变动性和预测困难的特点，致使在责任的承担上，企业认识与行动往往滞后，但有时企业在产品设计、生产和经营中对可能出现的问题是会有所预见的，或者对进入消费的商品存在的问题已有所认识而消费者仍未觉察。这时，其责任的承担就处于一种缺少社会压力的状态。企业承担对消费者、社会、国家的责任和义务，就完全依靠道德的自我约束力量。道德的规范力量是通过社会舆论和内心情感信念两方面，以善恶好坏为标准去评价和规范人们的行为，它对人们行为的调整比法律方法更为广泛和及时。

在企业承担社会责任的问题上，虽然西方各国政府通过立法等手段迫使企业作出妥协，但企业实际承担的社会责任在内容上是极为有限的。尽管传统的公司利润理论面临着挑战，但还没有一种全新的理论被普遍接受。因为它涉及公司目标的重新确定和对公司性质的全新理解。而这在短时期内又是不可能完成的。

思考题

1. 组织的外部环境有哪些特征？
2. 组织与外部环境有哪些关系？
3. 试述组织外部环境的内容。
4. 试分析企业社会责任的内容和特点。
5. 试比较企业承担社会责任的模式。

第二篇　计　　划

第五章　计划工作

学习本章的目的和要求

通过本章学习，从管理职能的角度了解计划工作的含义及重要性；掌握计划工作的特征、计划体系、计划的工作程序，灵活运用计划的各种方法；掌握目标管理的基本内容和活动过程，以期在各专业管理工作实践中提高制订计划的能力和贯彻执行计划的自觉性。

第一节　计划工作概述

一、计划与计划工作的含义

在日常的工作和生活中，我们经常会听到或看到“计划”这个词。大到美国政府的火星探测计划，小到我们身边的假期旅行计划，计划几乎无所不在。我们经常会有这样的体会，如果行动前能对整个事情有一个周密的计划，对要做什么以及如何去做都能了然在胸，那么我们能以更大的信心和把握投入到事情中去，而结果的成功率也会高得多。当我们把进行个人计划时的考虑扩展到整个组织的范畴中去，则计划工作是全部管理职能中最基本的一项职能，它与其他三个职能有着密切的联系，主管人员围绕着计划制定的目标，去从事组织工作、领导以及控制工作等活动，以达到预定的目标。为使组织中的各种活动能够有节奏地进行，必须有严密的统一的计划。从提高组织的经济效益来说，计划工作是十分重要的。

计划与计划工作是两个不同的概念。计划（plan）是一种结果，它是在计划工作所包含的一系列活动完成之后产生的。计划工作（planning）有广义和狭义之分。广义的计划工作是指制订计划、执行计划和检查计划的执行情况三个紧密衔接的工作过程。狭义的计划工作是指制订计划，即根据实际情况，通过科学的预测，权衡客观需要和主观可能，设立组织的未来目标，确定达到目标的一系列政策和方法，其目的就是使组织在将来获得最大的绩效。

本章中主要使用狭义的计划工作概念，它的内容常用“5W1H”来表示：

做什么（What to do it）？即明确所要进行的活动内容及要求。

为什么做（Why to do it）？即明确计划工作的原因和目的，并论证可行性。只有把“要我做”变为“我要做”，才能充分发挥下属的主动性和创造性，实现预期目标。

何时做（When to do it）？规定计划中各项工作的开始和完成时间，以便进行有效的控制和对能力及资源进行平衡。

何地做（Where to do it）？规定计划的实施地点或场所，了解计划实施的环境条件和限制，以便合理安排计划实施的空间。

谁去做（Who to do it）？规定由哪些部门和人员负责实施计划。

怎么做（How to do it）？制订计划的措施以及相应的政策和规则，对资源进行合理分配和集中使用，对生产能力进行平衡，对各种派生计划进行综合平衡等。

实际上，一个完整的计划还应包括控制标准和考核指标的制定，也就是告诉实施计划的部门和人员，做成什么样，达到什么标准才算完成计划。

二、计划工作的作用

计划工作的重要性表现在其结果对组织的工作既能起积极作用，也可产生消极影响甚至使组织陷入严重的困境。计划工作的积极意义应当体现在以下几方面：

（一）指明方向，协调活动

未来的不确定性和环境的变化使行动犹如大海航行，应明确现在的位置和处境，时刻把注意力集中在正确的航向上。良好的计划可以明确组织目标，通过科学的计划体系使组织各部门的工作能统一协调地、井井有条地展开，使主管人员能超脱于日常事务，集中精力关注于对未来的不肯定性和变化的把握，随机应变地制定相应的对策，实现组织与环境的动态协调。

（二）预测变化，减少冲击

计划是面向未来的，而未来无论是组织生存的环境还是组织自身都具有一定的不确定性和变化性。比如，由于一场火灾，一个主要客户可能取消一项订货单。而计划工作可以让组织通过周密细致的预测，尽可能地变“意料之外的变化”为“意料之内的变化”，制定相应的补救措施，并在需要的时候对计划做必要的修正，变被动为主动，变不利为有利，减少变化带来的冲击。

（三）减少重复和浪费

计划工作的一项重要任务就是要使未来的组织活动均衡发展。预先对此进行认真的研究能够消除不必要的重复的活动所带来的浪费，能够避免在今后的活动中由于缺乏依据而进行轻率判断所造成的损失。计划工作还有助于用最短的时间完成工作，减少迟滞和等待时间，减少误工损失，促使各项工作能够均衡稳定地发展。

（四）有利于有效地进行控制

组织在实现目标的过程中离不开控制，而计划则是控制的基础，控制中几乎所有的标准都来自于计划。如果没有既定的目标和规划作为衡量的尺度，管理人员就无法检查组织目标的实现情况，也就无法实施控制。

三、影响计划工作重点的权变因素

计划要根据组织自身以及环境特点来制订，组织及其所处环境特点的不同，计划工作的重点也不相同。影响计划工作重点的权变因素有：

（一）组织层次

在通常情况下，高层管理者主要制订具有全局性、方向性、长期性的计划，计划工作的重点是战略计划，基层管理者主要制订局部的、具体的、短期的计划，其计划工作的重点在可操作性上。中层管理者制订的计划内容介于高层与基层管理者制订的计划之间。

（二） 组织的生命周期

任何组织都要经历一个从形成、成长、成熟到衰退的生命周期。在组织生命周期的各个阶段上，计划工作的重点也不一样。组织处于形成期时，各类不确定因素很多，目标是尝试性的，要求组织具有很高的灵活性，要求计划也能随时按需要进行调整。所以，计划工作的重点应放在其方向性、指导性上，计划的期限宜短。在成长阶段，随着目标更确定，不确定因素减少（如资源更容易获取、顾客忠诚度的提高），因此，计划的重点可放在具体的操作性上，但为了保持灵活性，仍应侧重于短期计划。当组织进入成熟期，这时组织面临的不确定性和波动性最少，计划工作的重点可放在长期性、具体的可操作性计划上。当组织进入衰退期时，此时组织面临的变化和波动又将增多：如目标要重新考虑，资源要重新分配，计划工作的重点又重新放在短期的、指导性的内容上。

（三）组织文化

组织文化有强弱之分。强文化一般与仪式、表征、故事、英雄人物和口号等形式的经常使用相关联，这些因素可以增加员工对公司价值观和战略的认同。在强文化中，组织的核心价值观得到强烈的认可和广泛的认同。接受这种核心价值观的组织成员越多，他们对这种价值观的信仰越坚定，组织文化就越强。相应地，组织文化越强，就会对员工的行为产生越大的影响，因为高度的价值观共事和强度在组织内部创造了一种很强的行为控制氛围。这一点也说明组织文化产生的作用是一个正反馈的关系。公司建立了一种强有力的组织文化，公司员工对自己应该干什么、怎样干都十分清楚，公司文化对他们的影响相当深远。

强有力的组织文化的一个特定效果是降低组织员工的流动率。在强有力的组织文化中，组织成员对于组织的立场有着高度一致的看法。这种目标的一致导致了内聚力、忠诚感和组织承诺。而这些特征反过来又使员工离开组织的倾向降低。

当组织文化强有力时，它会对组织战略和战略的实施施加强力影响，但并不一定总是正面的影响。组织文化的力量指组织成员间关于特定价值观重要性的意见的一致程度。如果对某些价值观的重要性存在普遍的一致性意见，那么该文化就是具有内聚力的且是强有力的组织文化。如果很少存在一致意见，那么这种文化就是弱势的文化。

在强文化背景下，组织成员所共有的价值体系也会对计划工作的重点产生影响。在手段倾向型的组织文化中，组织的计划更侧重于具体的操作性内容；而在结果倾向型的组织文化中，组织的计划则会倾向于目标性和指导性内容。

（四）环境的波动性

一方面，若环境波动的频率高，即变化较多，则组织的计划重点应放在短期计划内容上，反之，计划的重点则可偏向于长远的规划上；另一方面，若环境变化的幅度大，计划的内容重点则应放在指导性的内容上，反之，组织的计划则可侧重于操作性的具体内容方面。

第二节 计划工作的特征与类型

一、计划工作的特征

计划工作的特征可以概括为五个方面，即目的性、首位性、普遍性、效率性和创新性。

（一）目的性

任何组织或个人制订计划都是为了有效地达到某种目标。当然，在计划工作开始之前，这种目标可能还不十分具体，计划工作就是起始于这种不具体的目标。在计划工作过程的最初阶段，制定具体的明确的目标是其首要任务，其后的所有工作都是围绕目标进行的。这种具体的明确的目标不是单凭主观愿望就能确定的，它要符合实际情况，要以许多预测和分析工作为基础。计划工作要使今后的行动集中于目标，要预测并确定哪些行动有利于达到目标，哪些行动不利于达到目标或与目标无关，从而指导今后的行动朝着目标的方向迈进。可以说，没有计划的行动或多或少是一种盲目的行动。

（二）首位性

计划工作在管理职能中处于首要地位。计划工作首位性的一个原因是，在有些情况下，计划职能是唯一需要完成的管理工作。计划工作的最终结果可能导致一种结论，即没有必要采取进一步的行动。比如，原打算在某地建立一个新的钢铁厂，首要的工作是进行可行性分析，如果分析的结果表明在此地建立钢铁厂是不合适的，那么所有工作也就告一段落，无须实行其他的管理职能。

计划工作首位性的另一个原因是管理过程中的其他职能都是为了支持、保证目标的实现。因此，这些职能只能在计划工作确定了目标之后才能进行。一位主管人员只有在明确目标之后才能确定合适的组织结构、下级的任务和权利与责任，以及怎样控制组织和个人的行为不偏离计划等等。所有这些组织、领导、控制职能都是依计划而转移的。

计划工作对组织工作的影响，可能是需要在局部和整体上改变一个组织的结构，设立新的职能部门和改变原有的职权关系，需要委任新的部门主管，调整和充实关键部门的人员以及培训员工等。而组织结构和员工构成的变化，必然会影响到领导方式和激励方式。

计划工作和控制工作是分不开的，它们是管理的一对双生子。未经计划的活动是无法控制的，因为控制就是纠正脱离计划的偏差，以保持活动的既定方向。没有计划指导的控制是毫无意义的，计划是为控制工作提供标准的。此外，控制职能的有效行使，往往需要根据情况的变化拟订新的计划或修改原定计划，而新的计划和修改过的计划又被作为连续进行的控制工作的基础。计划工作与控制工作的这种连续不断的关系，通常被称为计划–控制–计划循环。

（三）普遍性

任何管理者或多或少都有某些制订计划的权利和责任。高层管理者不可能也不必要对组织内的一切活动作出确切的说明，这也是有效的管理者所必须遵循的一条原则。最常见的情况是高层管理人员仅对组织活动制订结构性的计划。换句话说，高层管理人员只负责制订战略性的计划，而那些具体的计划由下级完成。这种情况的出现主要是由于人的精力是有限的，对现代组织中的如此繁杂的计划工作，即使是最聪明最能干的领导人，也不可能完全包揽全部计划工作。此外，授予下级某些制订计划的权利，有助于调动下级的积极性，挖掘下级的潜在能力，使下级有提供自身存在价值的感觉，这无疑对贯彻执行计划、高效地完成组织目标是大有好处的。

（四）效率性

计划工作的任务，不仅是要确保实现目标，而且是要从众多方案中选择最优的资源配置方案，以求得合理利用资源和提高效率。也就是既要“做正确的事”，又要“正确地做事”。所谓计划的效率是指实现目标所获得的利益与执行计划过程中所有消耗之和的比率，换句话说，计划效率是指制订计划与执行计划时所有的产出与所有的投入之比。如果一个计划能够达到目标，但它需要的代价太大，这个计划的效率就很低，因此不是一份好的计划。只有能够实现收入大于支出，并且顾及国家、集体和个人三者利益的计划才是一个完美的计划，才能真正体现出计划的效率。例如，某位劳动集约化企业的经理，一上任就制订出使企业在短期内实现技术集约化的转变，这样的计划不一定是一个高效率的计划。因为，在我国劳动力的成本很低，而技术和设备相对就比较昂贵，在执行计划时，肯定要花费巨额资金，而且还会导致许多职工无事可做，对人们的心理也会造成巨大的压力。所以，在制订计划时，要时时考虑计划的效率，不但要考虑经济方面的利益和损耗，还要考虑非经济方面的利益以及对职工心理所造成的影响。

（五）创新性

计划工作总是针对需要解决的新问题和可能发生的新变化、新机会而作出决定的，因而它是一个创新性的管理过程。计划类似于一项产品或工程的设计，它是对管理活动的设计。正如一种新产品的成功在于创新一样，成功的计划也依赖于创新。

二、计划的类型

计划的种类很多，依据不同的标志，可将计划分为不同的类型，各种类型的计划不是彼此割裂的，而是由分别适用于不同条件的计划组成的计划体系。

（一）按计划的广度分类

按计划的广度，计划可分为战略计划和作业计划。战略计划是应用于整个组织，为组织设立总体的较为长期的目标，寻求组织在环境中的地位的计划。战略计划的特点是长期性，决定在相当长的时期内大量资源的运动方向；它具有较大的弹性，涉及面广，相关因素较多，且这些因素的关系既复杂又不明确；它考虑的非定量化因素很多，必须借助于非确定性分析和推理判断才能对它们有所认识。此外，战略计划通常具有单值性，仅使用一次。作业计划是规定总体目标如何实现的细节计划。它的计划期限较短，其与战略计划的最大区别在于：战略计划的一个重要任务是设立目标，而作业计划则是假设目标已经存在，而提供一种实现目标的方案。

（二）按计划的明确程度分类

按明确程度，计划可分为指导性计划和具体计划。指导性计划只规定一般的方针或指出重点，不把管理者限定在具体的目标上或特定的行动方案上。这种计划可为组织指明方向，统一认识，但并不提供实际的操作指南。具体计划则恰恰相反，要求必须具有明确的可衡量的目标以及一套可操作的行动方案。例如，指导性计划提出在未来的6个月中使利润增加5%～10%；而一个增加利润的具体计划可能规定在未来的6个月中，成本要降低4%，销售额要增加6%，并制订特定的程序、预算分配方案以及实现目标的各项活动进度表。显然，指导性计划具有灵活性。组织通常根据面临环境的不确定性和可预见性程度的不同，选择制订这两种不同类型的计划。

（三）按组织层次分类

按组织层次，计划可分为高层管理计划、中层管理计划和基层管理计划。高层管理计划着眼于组织整体的、长远的安排，注重组织在环境中的定位，确定与环境的能量互换关系，一般属于战略计划。中层管理计划一般着眼于组织内部的各个组成部分的定位及相互关系的确定，它既可能包含部门的分目标等战略性的内容，也可能有各部门的工作方案等作业性的内容。基层管理计划着眼于每个岗位、每个员工、每个工作时间的工作安排和协调，基本是作业性的内容。

（四）按组织职能分类

按组织职能，计划可分为生产计划、营销计划、财务计划等。这些职能计划通常就是企业相应职能部门编制和执行的计划，因此，按职能分类的计划体系一般是与组织中按职能划分管理部门的组织体系并行的。

按组织职能进行分类，有助于人们更加精确地确定主要作业领域之间的相互依赖和相互影响关系，有助于估计某个职能计划执行过程中可能出现的变化以及对全部计划的影响，并有助于将有限的资源更合理地在各职能计划之间进行分配。

（五）按计划的内容分类

按计划内容可分为专项计划和综合计划。专项计划又称专题计划，是指为完成某一特定任务而拟订的计划，如基本建设计划、新产品试制计划等。综合计划是指对组织活动所作出的整体安排。综合计划与专题计划之间的关系是整体与局部的关系。专项计划是综合计划中某些重要项目的特殊安排，专项计划必须以综合计划为指导，避免同综合计划相脱节。

（六）按计划的期限分类

可分为长期计划、中期计划和短期计划。长期计划往往是战略性计划，它规定组织较长时期的目标以及实现目标的总的方法。对一个工商企业来说，长期计划包括经营目标、战略、方针、远期的产品发展计划、革新等。短期计划通常是指年度计划，是根据中长期计划确定的目标和当前的实际情况，对各种活动作出的详细的说明和规定，它具有较强的可操作性。短期计划在执行的过程中灵活选择的范围较小，有效的执行是其最基本也是最重要的要求。中期计划介于长期、短期计划之间，起到衔接长期计划和短期计划的作用。长期计划以问题为中心，而中期计划以时间为中心，将长期计划的内容细化为每个时段的目标。可以说，中期计划既赋予了长期计划的具体内容，又为短期计划指明了方向。

长期计划为组织指明方向，中期计划为组织指明路径，而短期计划则为组织规定行进的步伐，因此将长、中、短期计划结合起来有着极为重要的意义。一些组织往往由于特殊情况的发生，需要应付紧急问题，而忽略了长远计划。例如，一家小企业为了一张临时得到的大额订单而改变了资金和人力、物力的投向，结果订单是完成了，却使真正符合公司发展战略的项目得不到正常的人、财、物供给。这样的短期计划不仅无助于中、长期计划的实现，而且阻碍了中、长期计划的实现。所以，长、中、短期计划应达成整体的协调配合，并有一定程度的伸缩性，以便未来情况变化时，还有调整的余地。但有的时候，由于某些特别情况的变化，也需要修改短期计划或补救长期计划。

（七）按计划的表现形式分类

计划的不同表现形式是计划多样性的重要方面，确定计划形式对发挥计划职能有着重大意义。计划形式可被描述为一个等级层次，如图5-1所示。

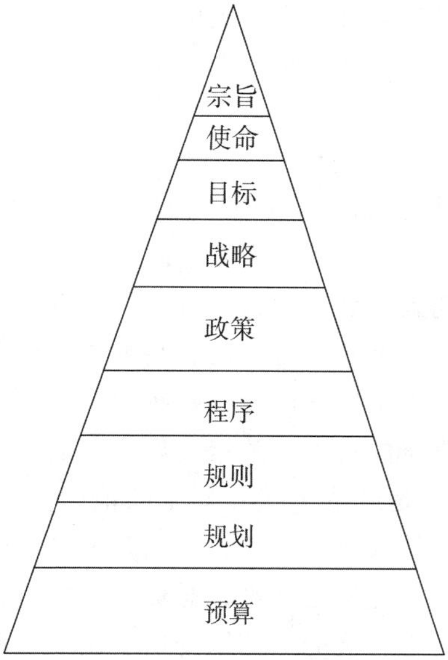

图5-1　计划的表现形式

1.宗旨

一个组织的宗旨可以看作它最基本的目标，也是一个组织存在的基本理由。一个组织的宗旨可概括为两类：或者是寻求贡献于组织以外的自然、社会；或者是寻求贡献于组织内部的成员的生存和发展。这两类宗旨是彼此相连、相辅相成的，组织是为其宗旨而存在的。

2.使命

在明确了组织的宗旨以后，管理者自然就要选择能最好地实现这一宗旨的服务领域或事业。被选定的服务领域或事业就是组织的使命。例如，一家旅行社和一家电子企业，同样为了创造利润，一个选择了提供旅游服务，一个却选择了提供电子产品；

一所学校和一家法院同样服务于社会，前者的使命是教书育人，后者的使命是解释和执行法律。这里应该强调的是，使命只是组织实现宗旨的手段，而不是宗旨存在的理由。组织为了自己的宗旨，可以选择这种事业，也可以选择那种事业。

3.目标

组织的使命说明了组织要从事的事业，而组织的目标则更加具体地说明了组织从事这项事业的预期结果。组织的目标包括了组织在一定时期内的目标以及组织各个部门的具体目标等两个方面的内容。目标不仅是计划工作的终点，也是组织工作、人事工作、领导工作和控制活动所要达到的结果。

4.战略

组织的使命和目标只是指明了组织的服务领域和预期结果，要实现组织的使命和目标必须创造或具备各方面的基础条件，如资源条件、技术条件、市场条件、人员条件等等。这些基础条件正是组织战略实施的结果。战略是为实现组织长远和全局的重大问题进行的谋划。战略一词来源于军事用语，引用到管理学中来它仍然含有对抗的含义。所以组织在制定战略时不可能是“闭门造车”，而是要仔细研究其他相关组织，特别是竞争对手的情况，以取得优势地位为目标制定出自身的战略。例如，百年竞争中的两个主角——可口可乐公司和百事可乐公司，它们在制定各自的战略时必定要研究对方的战略。

5.政策

政策是组织在决策时或处理问题时用来指导和沟通思想与行动方针的明文规定。它指明组织活动的方向和范围、鼓励什么和限制什么，以保证行动同目标一致。作为明文规定的政策，通常被列入计划之中，而对于一项重大的政策，则往往单独发布。

政策的种类很多，例如：企业销售部门鼓励客户用现金支付货款的政策；国家对经济特区实行的吸引外资和进出口方面的特殊政策等。由于政策是决策时考虑问题的指南，所以它必须有斟酌决定的自由。政策要规定范围和界限，但其目的不是要约束下级使之不敢擅自决策，而是鼓励下级在规定的范围内自由处置问题，主动承担责任，是要将一定范围内的决策权授予下级，这是政策与规则的主要区别。

政策有助于将一些问题事先确定下来，避免重复分析，并给其他的派生计划以一个全局性的概貌，从而使主管人员能够控制全局。制定政策还有助于主管人员把职权授予下级，使下级在不违反政策的前提下，尽可能发挥自己的判断潜力，作出更符合实际的决定。为了有助于组织目标的实现，政策必须保持一贯性和完整性。

6.程序

程序规定了如何处理那些重复发生的例行问题的标准方法，所以也是一种计划。通俗地讲，程序就是办事手续，是真正的行动指南而不是思想指南，即对所要进行的行动规定时间顺序。因此，程序也是一种工作步骤。管理者一般把反复出现的业务编制成程序，一旦该项业务再次出现，执行人员只要按照以前编好的程序去做就能得到较好的效果。因此，可将程序看作一种经过优化的计划，它是对大量日常工作过程及工作方法的提炼和规范。制定程序的目的是减轻主管人员的决策负担，明确各个工作岗位的职责，提高管理活动的效率和质量。

管理的程序化水平是管理水平高低的重要标志，制定和贯彻各项管理工作的程序是组织的一项基础工作。

7.规则

规则是对具体场合和具体情况下，允许或不允许采取某种特定行动的规定。规则像其他计划一样是从若干可供选择方案中选出的必要行动，因此，也是一种计划，只不过是一种最简单的计划。规则常常与政策和程序相混淆，所以，要特别注意区分。规则与政策的区别在于规则在应用中不具有自由处置权，而政策在决策时有一定的自由处置权（虽然这种自由处置权在多数情况下往往是狭窄的）；规则与程序的区别在于规则不规定时间顺序，可以把程序看成一系列规则的总和。规则与程序，就其实质而言，旨在抑制思考。所以，有些组织只是在不希望它的员工运用自由处置权的情况下才加以采用。

8.规划

规划是为实施既定方针所必需的目标、政策、程序、规则、任务分配、执行步骤、使用的资源以及其他要素的复合体。规划有大有小，如为实现我国社会经济发展的大目标，国家制定了一个个五年规划，而一个大学校园里的小零售店为实现向小型超市发展的目标，也可以制定一个改变货架的规划。组织的规划是一份综合性的、粗线条的、纲要性的计划。大的规划往往派生出许多小的规划，而每个小的派生规划都会给总规划带来影响，它们相互依赖、相互影响。因此，规划工作的各个部分彼此协调需要有严格的技能，以及系统思考和行动的方法。

9.预算

预算作为一种计划，是以数字表示预期结果的一种报告书，也可称之为“数字化”的计划。例如企业中的财务收支预算，勾勒出未来一段时期的现金流量、费用收入、资本支出等的具体安排。预算可以帮助组织各级管理部门的主管人员，从资金和现金收支的角度，全面、细致地了解组织经营管理活动的规模、重点和预期成果。预算还是一种主要的控制手段，是计划和控制工作的连接点——计划的数字化产生预算，而预算又将作为控制的衡量基准。

第三节　计划工作的程序

虽然计划的类型和表现形式各式各样，但科学地编制计划所遵循的步骤具有普遍性。管理者在编制各类计划时，可遵循以下步骤：确定目标、确定前提条件、确定备择方案、评价备择方案、选择方案、制订派生计划以及编制预算。

一、确定目标

计划工作的第一个步骤就是为整个计划确立目标，也就是计划的预期成果。

在确定计划目标之前，管理者应该对环境中的机会做一个扫描，确定能够取得成功的机会。管理者应该考虑的内容包括：组织期望的结果，存在的问题，成功的机会，把握这些机会所需的资源和能力，自己的长处、短处和所处的地位等。例如，一家食品公司通过市场调查和分析，发现儿童营养食品具有非常广阔的市场，该食品公司又有能力研究开发和生产此类产品，这就是一种市场机会。估量机会的工作就是要根据现实的情况，对可能存在的机会作出现实主义的判断。

如上述所说的食品公司根据市场机会确立生产儿童营养食品的目标后，就要确定具体生产何种产品，每年生产多少，需要投入多少人力、物力和财力，各部门具体应做哪些工作等。

确立目标时要注意解决以下三个问题：

（一）确立目标的内容和顺序

某一个组织在一定的时间内到底要取得哪些成果是首先要确定的。此外，这些成果不可能是等量齐观的，在一定的时间和一定的条件之下，某一目标可能比其他目标更为重要。不同的目标内容和顺序将导致不同的政策和行动，也会有不同的资源分配顺序。

（二）选择适当的目标时间

这是指要用多长的时间来达到目标。一般来说，人们往往习惯于按日历的相等间隔确定计划时间，从而确定目标时间，但这种做法有时与实际工作中所需时间不一致。最好的办法是按承诺原则确定目标时间。我们做了某项选择就是对未来将采取的某一串行动做了“承诺”，合理的目标时间应当与合理承诺所包括的时间相同。

（三）目标要有明确的科学指标和价值

目标不能含糊其辞，应尽可能数量化，以便度量和控制，而且应反映出事物的本质并确切地反映目标。不仅要有数量指标，而且要有质量指标；不仅要有绝对指标，而且要有相对指标，如利润与利润率、单位流动资金所创造的利润、单位总投资所创造的利润、企业评估的分数和名次等。

二、确定前提条件

这是计划工作的一个重要内容。选定目标即确定计划的预期成果，而确定前提条件则是要确定整个计划活动所处的未来环境。计划是对未来条件的一种“情景模拟”，计划的整个工作步骤就是要确定这种“情景”所处的状态和环境。例如，食品公司确定生产儿童营养食品，应分析当时消费者的消费水平、公司制造儿童营养食品的能力、生产什么产品、什么价格、需要何种设备和原材料、原材料的供应情况和价格情况、产品成本多少、市场的潜力有多大、竞争者的情况等，同时也应考虑计划参与者对计划的看法是否一样，具有哪些限制条件和困难。这种“情景模拟”能够在多大程度上贴近现实，取决于对它将要处在的环境和状态的预测能够多大程度地贴近未来的现实，也就是取决于计划的这一步骤的工作质量。

由于计划的未来环境是如此的复杂，所以，要想对它的每一细节都提出假设是不现实的，也是不经济的。因此，所要确定的计划前提实际上只能限于那些对计划来说是关键性的、有战略意义的前提，也就是对计划的贯彻实施影响最大的那些前提。一般来说，对以下几个方面的环境因素的预测是必不可少的：

1.宏观的社会经济环境，包括其总体环境以及与计划内容密切相关的那部分环境因素。

2.政府政策，包括政府的税收、价格、信贷、能源、进出口、技术、教育等与计划的内容密切相关的政策。

3.组织面临的市场，包括市场环境的变化、供货商、批发商、零售商及消费者的变化。

4.组织的竞争者，包括国内外的竞争者、潜在的竞争者等。

5.组织的资源，包括未来为完成计划目标而向外部获取所需的各项资源，如资金、原料、设备、人员、技术、管理等。上述这些环境因素，有完全可以控制的，有不能控制的，也有在相当范围内可以控制的。

三、确定备择方案

计划工作的第三步是探讨和制订可供选择的行为过程，即可行方案。任何事物只有一种可行的方案是极少见的，完成某一项任务总是有许多方法，即每一项行动均有异途存在，这叫作异途原理。有些异途是潜藏着的，只有发掘了各种可行的方案才有可能从中抉择出最佳方案。如果只有一种方案，就无所谓抉择。管理界有个说法："若某一事物只有一个方法，则此方法大半会是错误的方法。"在管理的实践中，管理者发掘方案的才能与正确抉择的才能同样重要。然而，要发掘多种可行方案，必须具有民主气氛，既要群策群力、集思广益，又要思路开阔、大胆创新。

四、评价备择方案

在找出了各种备择方案并考察了它们各自的优缺点后，计划工作的第四步就是按前提和目标来权衡各种因素，并以此对各个备择方案进行评价。评价备择方案的尺度有两个方面：一是评价的标准；二是各个标准的相对重要性，即权数。在评价时要考虑以下几点：

1.特别注意发现每一个方案的制约因素或隐患。所谓制约因素是指那些妨碍目标达成的因素，在评价各种可行方案时，对制约因素认识得越深刻，选择方案时的效率就越高。

2.在评估时，即将一个方案的预测结果和原有目标进行比较时，既要考虑到许多有形的可以用数量表示的因素，也要考虑到许多无形的不能用数量表示的因素，如一个人或一个企业的声誉和人际关系等。

3.要用总体的效益观点来衡量方案。这是因为对某一部门有利的不一定对全局有利，对某项目标有利的不一定对总体目标有利。

五、选择方案

选择方案就是选择行为的过程，正式通过方案。选择方案是决策的关键。为了保持计划的灵活性，选择的结果往往可能会选择两个方案，并且决定首先采取哪个方案，并将另一个方案也进行细化和完善，作为后备方案。

六、制订派生计划

完成选择之后，计划工作并没有结束，还必须帮助涉及计划内容的各个下属部门制订支持总计划的派生计划。基本计划要靠派生计划来扶持，派生计划是主计划的基础；只有派生计划完成了，主计划才有保证。

七、编制预算

完成以上几步之后，最后一项便是把决策和计划转化为预算，使之数字化，通过数字来反映整个计划。这主要有两个目的：第一，计划必然涉及资源的分配，只有将其数字化后才能汇总和平衡各类计划，分配好各类资源；第二，预算可以成为衡量计划是否完成的标准。通过各项预算来反映计划执行后收入与支出总额、利润的数额以及现金流动情况、资产与负债情况等。

第四节　目标管理

一、目标管理的概念

目标管理是20世纪50年代在美国出现的一种新的管理制度。目标管理的基本概念是由美国企业管理专家德鲁克首先提出来的，1954年德鲁克在《管理的实践》一书中用通用汽车公司联邦分权制的实例对目标管理进行了具体的介绍。任何一种管理制度的产生都不是偶然的。目标管理的出现，是现代管理理论不断发展并适应现代化大工业生产的结果。目标管理的迅速普及和发展也证明了这一点。

目标管理是依据外部环境和内部条件的综合平衡，确定在一定时期内预期达到的成果，制定出目标，并为实现该目标而进行的组织、激励、控制和检查工作的管理方法。目标管理包含了以下几个方面的含义：

（一）目标管理追求工作效果

在管理工作中，有两种管理方式：一种是注意怎么干而忽视工作目的；另一种则是注意从达到一定的目的出发而采取措施，保证实现目的成果。两种工作方式，必然有不同的工作结果。前者容易造成工作中按章办事，墨守成规，缺乏创造精神，或者成为上传下达的文牍主义的工作方式。而后者则可以调动各方面的积极性，为达到目的而采取各种办法、途径，成为主动的工作者，这就是目标管理的工作方式。

目标管理建立在追求工作目的的基础上，充分发挥工作者的主观能动性，明确工作范围，自己制定出某时期内完成的工作成果。所确定的工作成果，即是目标。目标管理是调动人们努力工作的积极性从而达到目的的科学管理方法。

（二）目标管理是一种综合的科学管理方法

目标管理把以作业为中心和以人性为中心的管理理论和方法综合起来，使人们认识自己工作的价值，产生工作兴趣，自我控制从而实现目标，取得成果后能享受工作欲望的满足感。同时分目标的实现也保证了总体目标的完成，这种全面的管理使“作业”和“人性”两个方面得到较好的统一和综合。

（三）目标管理是一种立体的多维的管理体制

目标管理以预定优化的最终成果为目标，通过横向协调和综合平衡，把目标层层展开，逐级落实。它使各级组织、每个职工都明确其在实现组织目标的总体活动中，在每一阶段担负何种任务、何时完成，它使职责在时间上、空间上明确化和具体化。它还体现了“责、权、利”的密切结合，从而形成了一种立体的多维的新的经济责任制度体系，使企业的各项活动都围绕目标的实现而统筹运动。

二、目标管理的过程

目标管理的过程包括以下三个阶段：

（一）目标体系的制定

目标体系的制定是目标管理的第一个阶段，具体又可分为总目标的制定和总目标的展开两个步骤。在实行目标管理中，目标的制定是一项工作量繁重的重要工作，它要求建立一个以组织总目标为中心的一贯到底的目标体系。目标的制定需要建立在对外部环境和内部条件充分分析研究的基础上，要从组织外部和内部两个方面寻找确定目标的依据。组织应根据特定的外部环境和内部条件，通过领导意图和职工意图的上下沟通，对目标项和目标值反复商讨、评议、修改，取得统一的看法，最终形成组织目标。制定的目标既要保证提高组织的业绩，又要能激励和提高广大职工的积极性和创造性。

组织的总目标制定以后，就要把它分解落实到下属各部门、各单位直至职工个人，即目标展开。目标展开的方法是自上而下层层展开，自下而上层层保证，从而构成企业目标连锁体系，如图5-2所示。

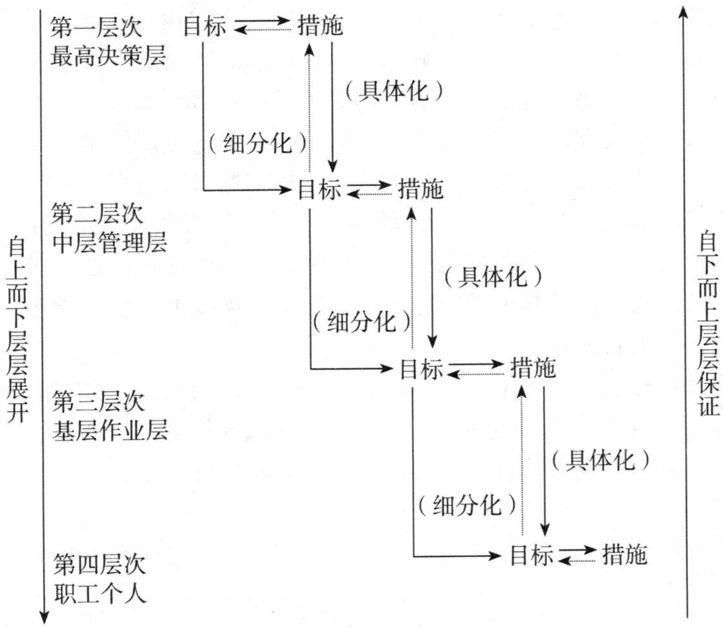

图5-2 组织目标展开图

在目标展开过程中，上级的基本态度不应是强迫下级去做，而应促使下级自觉自愿地去做。一般可由上级向下级提出工作方针，让下级制订各自的目标实施方案，通过协商为下级创造参与规划的条件，充分调动下级的积极性。在目标纵向展开过程中，要注意协调好目标横向之间和斜向之间的关系，以保证上下左右之间目标的系统性和一致性。在目标展开过程中，应编写好目标展开图和目标管理卡，作为目标展开具体内容的书面记录，并寻找目标展开的问题点，提出相应的目标对策。

（二）目标的实施

目标的实施是目标管理的第二个阶段。这个阶段的工作包括以下一些内容：

1.权限下放和自我控制。目标管理强调重视成果的思想和权限与目标一致的原则。在目标制定过程中，上级必须明确提出达到目标所必需的方针；而在目标实施过程中，上级关心的应是下级是否根据方针达到目标，取得最终成果，至于下级采用什么方法和手段，通过什么途径来达到目标，则完全可由下级自主选择决定。因此，在实施过程中，上级尽可能要下放权限，给下级以自由处理的余地。上下级之间需达成谅解，允许个人按照自己的意志自由地作出判断和采取行动。在权限下放的同时，也要强调下级的执行责任和报告义务。下级在实施过程中，一方面要对照自己的目标检查行动；另一方面要依靠自己的判断充分行使下放给自己的权限，努力达到目标，这就是自我控制。实行权限下放为下级在自我控制下独立进行工作创造了条件。有了目标和权限，下级就会产生强烈的责任感，就能发挥自己的判断能力、决断能力和创造能力，就能针对自己的不足之处主动积极地进行自我提高，进而力争达到自己的目标。

2.实施过程的检查和控制。目标的实施如果没有检查，就会变成放任自流，检查可以促进各部门和个人认真地实现目标。目标实施过程的检查一般实行下级自查报告和上级巡视指导相结合。要使下级明确报告工作的义务，定期自查并向上级报告。报告内容包括目标实施进展状况、自己所做的主要工作、遇到的问题、希望得到的帮助等等。自查报告要制度化。上级必须经常掌握下级业务的进展情况。除接受下级报告外，还需经常与下级进行意见交流，以加强对目标实施过程的管理。

上级可在巡视检查中向下级就工作的进行方法等进行实质性的询问，提出问题，鼓励下级主动地、创造性地钻研问题，以积极进取的态度解决问题。对于下级在工作中无权处理而请求上级给予帮助的问题则应及时给予必要的启发和指示。上级的检查应尽量不干扰下级的自我控制。

在对实施过程检查的基础上，将目标实施的各项进展状况、存在的问题等用一定的图表和文字反映出来，对目标值和实际值进行比较分析，实行目标实施的动态控制。通过检查，对需要调整的目标，要经过规定的程序进行调整。

（三）目标成果的评价

目标管理过程的第三阶段，是进行目标成果评价，以确认成果和考核业绩，并与个人的利益和待遇结合起来。目标成果的评价一般实行自我评价和上级评价相结合，共同协商确认成果。目标管理重视自我评价，并将它作为自我控制的一种手段。每个人通过自我评价，对完成某项任务感到满意，就会激起对力争达到下一个目标的热情；若对完成情况感到不满意，就更能激起自我提高的愿望，力求提高自己的能力。对目标成果的评价，也是上级发挥领导能力的最好时机。上级可利用进行成果评价的有利机会，与下级进行意见交流，针对每个部门及每个人的情况进行具体细微的指导和帮助。

目标成果的具体评价一般采用综合评价法，即对每一项目标按目标的达到程度、目标的复杂困难程度和完成目标的努力程度三个要素来评定。首先确定各要素的等级分，再加上修正值，得出单项目标的系数值；其次考虑单项目标在全部目标中的权数，计算出综合目标成果值；最后根据目标成果值确定目标成果的等级。综合评价法的具体步骤如下：

1.评定“达到程度”。一般采用实际成绩值与目标值之比，根据达到率定为A、B、C三个等级。通常A级为100%～110%，B级为90%～100%，C级为80%～90%。如果目标是无法量化的，则可按事先规定的成果评定要点，确定A、B、C三个等级。

2.评定“复杂困难程度”。由于各人的实际能力和条件不同，因而确定的目标复杂困难程度亦各不相同。如果评定时仅着眼于“达到程度”，就无法衡量每个人的成绩大小，因此只有把目标的复杂困难程度考虑在内，才能对每个人的成绩作出比较。“复杂困难程度”通过协调确认，也分为A、B、C三个等级。

3.评定“努力程度”。对于达标过程中属于个人职责范围内应当克服的不利条件，经过本人的努力，情况有了多大改变？据此对个人的努力程度进行评价，可区别是经过努力没有获得成果，还是没有努力或努力不够而没有获得成果。根据对达标过程中种种条件的分析，将“努力程度”确定为A、B、C三个等级。

4.规定三个评价要素在目标项内的比重，作出单项目标的初步评定值。三个要素的比重一般可定为“达到程度”50%，“复杂困难程度”30%，“努力程度”20%。由于部门的不同，所处管理层次的不同，三个要素的比重可以适当调整。

5.对达标过程中出现的非本人责任和努力所能排除的不利条件，酌情采用一定的修正值进行修正，得出各单项目标评定值。

6.将各单项目标评定值分别乘以其在全部目标中的权数，得出单项目标的比重值，然后加总，便得出该个人的目标成果综合评定值，然后按A、B、C三等，评定目标成果的等级。各部门的目标成果也可用同样的方法进行评价。

三、目标管理的特点

目标管理与其他的管理方法相比较，具有以下几个方面的特点：

（一）具有目标体系，是一种总体的管理

实行目标管理，通过发动群众自下而上、自上而下地制定目标，在组织内部建立起一个纵横交错、相互联系的目标体系，并用目标层层展开的方法和目标卡片的形式，把目标明确固定下来。这和以往的管理方法相比，有着鲜明的科学性、系统性和完整性。目标体系把全体职工有机地组织起来，使人们产生整体观念和团结欲望，有利于发挥集体的力量。因而目标管理能够发挥企业各部门和全体职工的积极性，是一种总体管理，可以取得全面的管理效果。

（二）实行参与管理，是一种民主的管理

目标管理实际上也是一种参与管理制度。在目标管理的实施过程中，它让全体职工参与管理，实行组织管理民主化。例如，个人目标的制定主要依靠执行者本人，这和以往的管理由上而下摊派工作任务的做法截然不同。在制定目标时，尽量尊重目标制定者的愿望，使人们增强责任感和提高工作兴趣。这是一个很重要的特色。目标管理重视协商、讨论和意见交流，而不是命令、指示和独断专行，是一种民主的管理。这使职工在思想上感到自己受到尊重，因而能在一定程度上缓和上下级之间的某些矛盾，密切关系，有利于调动职工的积极性和创造性。

（三）实行自我控制，是一种自觉的管理

目标管理是一种“主动”的管理方式，自觉地努力追求目标的实现，以积极的行动代替空洞的言论，以自我要求代替被动从属，以自我控制代替被人把持，这也是目标管理的特征之一。目标管理注重人性，以目标激励人们，使人们把隐藏的潜力尽量地发挥无遗，并以自我控制实现组织和个人的目标。这种主动自觉的管理比以往管理方法更能适应现代化社会的发展，更能使组织在激烈竞争的环境中立于不败之地。

（四）注重管理实效，是一种成果管理

目标管理非常强调成果，注重目标的实现。重视成果的评定，因此也叫作根据成果进行管理的方法。这是目标管理的又一个重要特点。目标管理对目标的实现和成果的评定方法，都规定得具体、明确、易行、客观而又公平。根据成果评定的结果，不仅给予相应的奖励和表彰，还把个人成果反映到人事考核上，作为晋级、提升的依据，这种把组织的业绩提高和职工个人晋升等个人利益结合起来的做法，必然会成为激励职工积极争取更好的成果的推动力。而优异成果的取得，主要靠个人的能力、知识和努力。因此目标管理注重成果，才能够促进职工的勤学向上和能力开发，从而大大提高生产率。

（五）重视职工培训，是一种“管理中的管理”

目标管理十分重视职工培训工作，提倡能力主义。与其他管理方法相比，目标管理在制定目标时，应针对个人能力，具有挑战性，使职工通过努力实现目标，并提高能力。在目标管理的过程中，注重职工的自我教育、自我实践和自我提高。在成果评价时，也注重对于不同职别的人员对能力的提高有不同的比重要求。尤其对下级职工，更注意能力的培养和提高。对于各级管理人员，目标管理对他们的要求更高了，要求他们的管理工作合理化、科学化，学会运用人力、物力、财力和时间等宝贵的资源，尤其是人力资源，以实现“社会目标”、“组织目标”和“个人目标”的一致。目标管理被认为特别适用于对管理人员的管理，是一种“管理中的管理”。

四、目标管理的缺陷

1. 目标制定有难度。许多岗位工作难以使目标定量化和具体化。一个组织的目标好制定，作业的目标也好制定。但是真正让每一个管理人员和工人都制定数量化目标，有时也是很困难的。并不是任何岗位的工作都能将目标数量化，有些只能作定性说明。

2. 目标管理的哲学假设不一定都存在，这里不仅指基层员工而且包括管理者。目标管理对人类的动机做了过分乐观的假设：认为多数人都有发挥潜力、承担责任、实行自治和富有成就感的需求，都有事业心和上进心，而且只要有机会，他们就会通过努力工作来满足这些需求，把工作取得成就看得比金钱更重要。而现实并不完全是这样，特别是目标的考核和奖励搞在一起以后，往往是指标要低、出力要少、奖励要多。因此在商定目标时，如果没有科学的管理、齐全的资料数据和缺乏全局观点，很容易产生打埋伏、讨价还价等等做法，从而破坏信任和承诺氛围。当然，这种破坏也可能是由上级引起的。上级管理指导思想虽未改变，仅是变换花样，通过某种形式让下级接受自己设定的高目标，以达成控制的目的，但失去了信任的氛围，不能形成承诺、自觉、自治与愉快的感觉。

3. 目标的商定很费时间。目标的商定要经过几上几下，单向沟通与双向沟通相比、命令与协调相比，后者则需要更长的时间。而且，建议与协议以书面形式表示，就更为费时。此外，目标管理要把很多时间用在统一思想上。因为目标管理很容易滋长本位主义、临时观点和急功近利，每个人都追求自身最大利益，反而忽略了个人目标和组织目标的配合。因此领导人对个人和对部门提出来的目标不但要仔细引导、修正，而且要处理恰当，否则又与目标管理的基本哲学思想相矛盾。

4.有时奖惩不一定都能和目标成果相配合，也不一定是公正的，从而削弱了目标管理的效果。从理论上说，应当根据下级的报告和绩效的数据进行论功行赏，但往往完成目标的结果是一回事，奖惩又是一回事。产生这种情况的原因可能是领导者没有将目标管理贯彻始终，有头无尾；或为了回避矛盾，不准备将目标的完成和奖励联系在一起，例如，由于目标制定的偏低，如果按目标完成情况给予奖励将引起他人或其他部门的不满，挫伤群众的积极性；如果不按原定目标进行奖励，不仅会挫伤本人的积极性，而且会由于言而无信使领导丧失信誉；有些个人或部门的目标在中途曾有修订，从而引起矛盾或不满，等等。此外还可能因为领导者受到职权的制约不能兑现原定的奖励等。

第五节　计划的方法

计划工作效率的高低和质量的好坏，在很大程度上取决于所采用的计划方法。以往人们通常采用定额换算、系数推导以及经验平衡等方法制订计划。但是，这些方法已不能满足现代计划工作的要求。现代组织面对更加复杂和动荡的外部环境，要保证组织能够稳定地、持续地、高速地发展，就要更加准确地预测环境的变化，制订出可靠的计划指标，同时要做好各方面的综合平衡。此外，还要考虑当前利益与长远利益的一致性，既能确保眼前的繁荣，又能顾及将来的发展。要做好这些工作，首要的一步就是要有切实可行的计划，而现代计划方法为制订这种切实可行的计划提供了手段。在计划的质量方面，现代计划方法可以确定各种复杂的经济关系，提高综合平衡的准确性，能够在众多的方案中选择最优方案，还能够进行因果分析，科学地进行预测；在效率方面，由于采用了现代数学工具并以计算机技术作为基础，大大加快了计划工作速度，这就使得管理者从繁杂的计划工作中解脱出来，能够集中精力考虑更重要的问题。下面介绍几种主要的计划方法。

一、滚动计划法

滚动计划法是一种定期修订未来计划的方法。这种方法是根据计划的执行情况和环境变化情况定期修订未来计划，并逐期向前推移，使短期计划、中期计划和长期计划有机地结合起来。对于长期计划，由于很难准确地预测将来影响经济发展的各种变化因素，而且，随着计划期的延长，这种不确定性越来越大。所以，如果硬性地按几年以前的计划实施，可能导致巨大的错误和损失，滚动计划法可以避免这种不确定性带来的不良后果。由于这种方法在每次编制和修订时，都要根据前期计划执行情况和客观条件的变化，将计划期向前延伸一段时间，使计划不断向前滚动、延伸，故称滚动计划。这种计划方法的特点是：

1.计划期分为若干个执行期，近期计划内容制订得详细、具体，是计划的具体实施部分，具有指令性；远期的内容较粗略笼统，是计划的准备实施部分，具有指导性。

2.计划执行一段时期，就要根据实际情况和客观条件的变化对以后各期的计划内容进行适当的修改、调整，并向前延伸一个新的执行期。

例如，某公司在2009年年底制订了2010—2014年的五年计划。采用滚动计划法，到2010年年底，就要根据2010年计划的实际完成情况和客观条件的变化，对原定的五年计划进行必要的调整和修订，在此基础上编制2011—2015年的五年计划，其后以此类推，如图5-3所示。

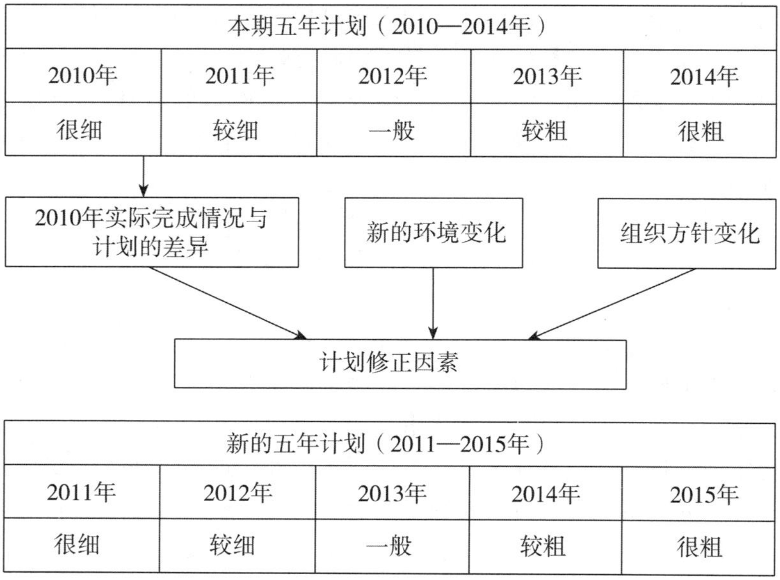

图5-3 滚动计划法示意图

滚动计划法具有明显的优越性。首先，可使计划更加切合实际，极大地提高了计划的准确性，更好地保证了计划的指导作用，提高计划的质量。其次，使长期计划、中期计划与短期计划相互衔接，短期计划内部各阶段相互衔接，这就保证了当环境变化出现某些不平衡时，能及时进行调整，使各期计划基本保持一致。最后，滚动计划大大增加了计划的弹性，这在环境剧烈变化的时代尤为重要，它可以提高组织的应变能力。

二、甘特图

甘特图是20世纪初由亨利·L.甘特发明的。它是一种线条图，横轴表示已经过去的时间，纵轴表示要安排的工作，线条表示在整个期间内计划和实际任务完成情况。甘特图直观地表明计划任务的起始时间，以及实际进度与计划要求的对比。它既简单又实用，它使管理者对计划任务的完成情况可以一目了然，以便对计划工作进行正确的评估。

图5-4绘出了一个图书出版的甘特图。从图中可以发现，除打印长条校样活动

外，其他各项活动都是按计划完成，而长条校样比计划进度落后了2周。给出这些信息，项目的管理者就可以采取纠正行动，或是赶出落后的2周时间，或是保证不再有延迟发生。因此，甘特图可以作为一种控制工具，帮助管理者掌握实际进度偏离计划的情况。

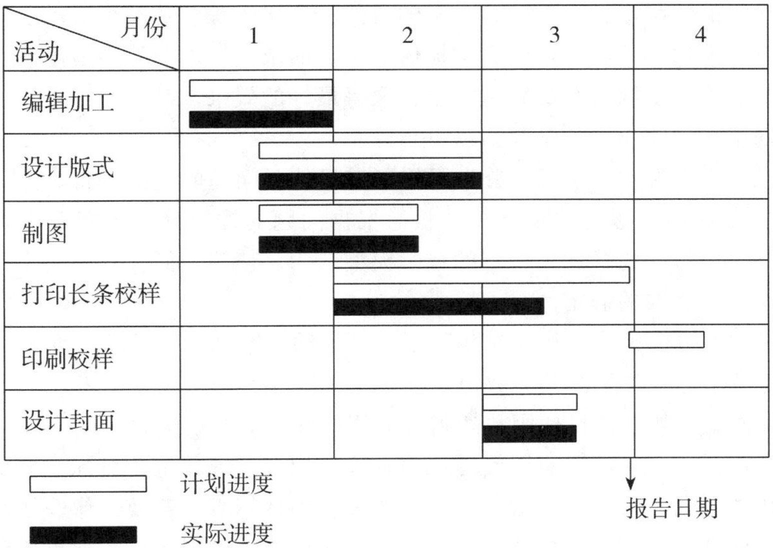

图5-4　图书出版的甘特图

三、排队论

排队论，即通常所谓的等候理论。当涉及权衡开设一条等候线的成本与维持等候线的服务成本的决策时，应用排队论能够有助于问题的解决。排队问题是一种常见的情况，像决定加油站需要安装几台抽油泵，银行需设多少位窗口出纳员，航空公司需设几个办理登机手续的柜台等，都属于排队问题。排队论要求的数学知识超出了本书的范围。下面通过一个简单的例子说明排队论的应用。假定你是一位银行主管，你的职责之一是分派出纳员，你有5个出纳窗口，但是你想知道在上午平均只开放1个窗口是否合适，你认为12分钟是顾客能够在队列中耐心等待的最长时间。如果每位顾客的服务时间平均为4分钟，则等候队列的平均长度不应当超过3位顾客（12/4=3）。如果从过去的经验中得知，上午平均每8分钟有一位顾客到达，则可以按下式计算等候队列长度超过n位顾客的概率：

$$P_n=\left(1-\frac{\text{到达率}}{\text{服务率}}\right)\times\left(\frac{\text{到达率}}{\text{服务率}}\right)^n$$

在这里，n=3位顾客，到达率为1/8（顾客/分钟），服务率为1/4（顾客/分钟）。将这些数字代入上式可得：

$$P_3=\left(1-\frac{4}{8}\right)\times\left(\frac{4}{8}\right)^3=0.0625$$

概率P_3等于0.0625的含义是什么呢？它表明在上午等候队列中超过3位顾客的可能性为1/16。你是否希望在约6%的时间里队列中有4位或更多的顾客在等候？如果是这样的话，只需开放一个出纳窗口；如果不是这样的话，则需要增加窗口和出纳员。

四、运筹学的方法

运筹学是计划工作最全面的分析方法之一，是“管理科学”理论的基础。就内容讲，运筹学又是一种分析的、实验的和定量的科学方法，用于研究在物质条件（人、财、物）已定的情况下，为了达到一定的目的，如何统筹兼顾整个活动所有各个环节之间的关系，为选择一个最好的方案提供数量上的依据，以便能为最经济、最有效地使用人、财、物作出综合性的合理安排，取得最好的效果。

在计划工作中应用运筹学包括以下步骤：

1.把问题转化为数学模型。首先根据研究目的对问题的范围进行界定，确定描述问题的主要变量和问题的约束条件，然后根据问题的性质确定采用哪一类运筹学方法，并按此方法将问题描述为一定的数学模型。为了使问题简化和突出主要的影响因素，需要作各种必要的假定。

2.规定一个目标函数，作为对各种可能的运动方案进行比较的尺度。

3.确定模型中各参量的具体数值。

4.求解模型，找出使目标函数达到最大值或最小值的最优解。

运筹学广泛地用于解决有限资源如何合理运用以实现既定的目标。典型的运筹学方法当推线性规划。另外，随着计算技术的进步和计算机的普及，像非线性规划、动态规划、整数规划、图论、排队论、对策论、库存论、模拟等一系列重要分支也逐步发展和完善起来。

五、投入产出方法

投入产出方法是由美籍俄国经济学家沃西里·里昂惕夫在1936年首先提出来的，到目前已有100多个国家采用投入产出法进行经济方面的研究。

投入产出法是利用高等数学的方法对物质生产部门之间或产品与产品之间的数量依存关系进行科学分析，并对再生产进行综合平衡的一种现代的科学方法。它以最终产品为经济活动的目标，从整个经济系统出发确定达到平衡的条件。它的基本原理是，任何系统的经济活动都包括投入和产出两大部分，投入是指在生产活动中的消耗，产出是指生产活动的结果。在生产活动中投入和产出之间具有一定的数量关系，投入产出法就是利用这种数量关系求出各部门之间的一定比例，编制投入产出表，然后计算各部门的直接消耗系数和间接消耗系数（合计便是完全消耗系数），进一步根据某些部门最终产品的要求（供居民消费、政府使用和出口的最终消耗），算出各部门应达到的状况，用来进行综合计划。

投入产出分析的特点是：

1.反映了各部门（或各类产品）的技术经济结构，可用以合理安排各种比例关系，特别是在综合平衡方面是一种有力的手段。

2.在编表过程中不仅能充分利用现有统计资料，而且能建立各种统计指标之间的内在关系，使统计资料系统化，编出的投入产出表则是一个比较全面反映经济过程的数据库，可以用来做多种经济分析和经济预测。

3.由于通过表格形式反映经济现象，涉及的数学不难，因而便于广大计划工作者理解和接受。

4.适用面广。不仅可以在全国、地区、部门中使用，而且适用于企业，可以提高现代化管理水平。

六、计量经济学方法

计量经济学的奠基人是挪威经济学家弗瑞希（Frisch Ragnar）。计量经济学是运用现代数学和各种统计的方法来描述和分析各种经济关系。这种方法对于管理者调节经济活动，加强市场预测，以及合理地安排生产计划，改善经营管理等都有很大的实用价值。严格地说，所谓计量经济学，就是把经济学中关于种种经济关系的学说作为假设，运用数理统计的方法，根据实际统计资料，对经济关系进行计量，然后把计量的结果和实际情况进行对照。

用计量经济学方法解决实际问题的程序如下：

1.因素分析。按照问题的实际情况分析影响它们的因素种类、因素之间的相互关系，以及各因素对问题的影响程度。

2.建立模型。根据分析的结果，把影响问题的主要因素列为自变量，所有次要因素都会用一个随机误差项表示。而把问题本身作为因变量，然后建立起含有一些未知参数的数学模型。

3.参数估计。由于模型有许多参数需要确定，这就要用计量经济方法、利用统计资料加以确定。参数估算出来以后就要计算相关系数，以检查自变量对因变量的影响程度。此外，还要对参数进行理论检验和统计检验，如果这两项结果不好就要分析原因，修改模型，重新进行第三步骤，直至模型满意为止。

4.实际应用。计量经济模型主要有三种用途：第一为经济预测，即预测因变量在将来的数值。第二为评价方案，即对计划工作或决策工作中的各种方案进行评价以选择出最优方案。第三为结构分析，即用模型对经济系统进行更深入的分析，深化认识。计量经济模型的这三种用途都可以应用于计划工作，它能够使计划更加完善，更加科学。

思考题

1.什么是计划与计划工作？计划工作有何作用？
2.试分析影响计划工作重点的权变因素。
3.计划工作有何特征？
4.试述计划工作的程序。
5.什么是目标管理？目标管理有何特点？
6.试述目标管理的步骤。
7.什么是滚动计划？其有何特点？

第六章 预测与决策

学习本章的目的和要求
通过本章学习，重点掌握预测概念和方法，掌握预测的程序，了解如何提高预测的准确度；重点掌握决策科学化、决策的原则和步骤，掌握决策的方法，了解决策的类型。

第一节 预 测

一、预测的含义与特征

（一）预测的含义

预测是面向未来的，是对未来环境发展变化趋势所做的估计。预测是以过去为基础推测未来，以昨天为依据估计今后，以已知预计未知。预测是一个完整的管理活动过程，预测不是凭空的幻想和臆测，预测的结果是在对所预测的事物进行一系列科学的分析后作出的。未来等于过去和现在的函数，预测是联系过去和未来的桥梁。

计划是对未来行动的部署，预测是对未来事件的陈述，是计划工作的一个环节，是确定计划的前提条件的一项重要工作。对一个组织来说，无论是制订计划还是作出决策，都必须对未来的状况作出估计，并以这种估计作为计划和决策的依据。如果缺乏必要的预测，将会给组织的生存和发展带来严重的后果。

（二）预测的特征

1.不确定性。预测是面向未来的，而未来是未知的，作为预测基础的过去或现在的事物也可能是未知的，具有不确定性或随机性。未来的不确定性是不可能完全消除的。预测的目的是尽量减少不确定性的影响，以求得对未来情况的了解，把握其发展趋势。

2.科学性。预测是在揭示事物发展的内在规律性的基础上推断未来的，是有科学根据的。同时，预测是依赖于科学的预测方法，并经过一定的科学步骤对未来发展状况作出判断的，它是一个有根据、有论证、有结果、有建议的一系列活动。

3.近似性。一方面，预测是在事物发生之前，根据事物过去和现在的发展规律作出的推断；另一方面，预测的结果与将来的实际情况存在着或大或小、或多或少、或前或后的偏差，不可能完全重合，只能大致接近。随着科学技术的高度发展和人们运用预测技术的日益熟练，这个偏差会逐渐缩小，但很难完全消除。

4.局限性。预测对象的许多因素，因受各种条件的影响具有随机性，从而对预测对象的方向和强度的影响出现随机性，加上人们认识上的限制，或者因为资料不齐全、不准确，或者因为预测所涉及的因素过于复杂，在建立预测模型时，不得不舍去一些因素和条件，并拟定某种假设，以致预测不能表达事物发展的全貌，使其结果具有一定的局限性。

二、预测的作用

预测的作用表现在以下方面：

（一）预测既是计划工作的前提条件，又是计划工作的结果

预测是对未来环境的变化进行科学的定量和定性分析，揭示和描述环境的变化规律、发展趋势，从而为选定计划目标、编制计划提供可靠的信息资料。同时，可以预测在计划执行中可能出现的各种因素的影响及计划执行后对未来可能产生的各种影响，为及时修改计划提供科学依据。预测所揭示的发展趋势，也是计划要达到的结果。

（二）预测为科学决策提供可靠保证

决策中方案的制订、评价和选择的基础和依据是预测的结果，所以，预测为科学决策提供了可靠保证。

（三）预测可以促进统计工作的有效开展

一方面，预测特别是定量预测是以历史数据为依据进行的，统计是收集事物变量或指标的历史数据的主要途径，要提高预测的准确性，必须保证用于预测的历史资料的质量，从而在客观上要求统计工作应该提供准确的数据资料；另一方面，要使统计成为科学管理的有力助手，就不能局限于对环境变化过程的简单描述和数据的收集汇总，还要进一步运用这些数据预测未来。所以，预测可以促进统计工作的有效开展。

三、预测的步骤

不论是什么类型的预测，还是采用什么方法，它的基本步骤是：

1.提出预测的课题，确定预测目标。根据社会和组织的要求，运用创造性思维，提出预测的课题，即预测要解决什么问题，达到什么要求。根据预测课题确定预测的目标、任务、对象、预测范围、时间和假定条件以及研究方法等。

2.调查、收集和整理资料。一方面要广泛地、齐全地收集与预测对象有关的过去和现在的资料（包括计划、记录材料、调查报告、表格以及其他资料等）。另一方面还要大量地收集预测的背景材料，即该预测所涉及的科学技术、经济、社会、文化和政治等方面的材料。在调查、收集好资料的基础上，对资料加以分析、整理，剔除由于偶然因素所造成的不正常影响，为获得满意的预测成果提供科学的依据。

3.选择预测方法，建立预测模型。预测方法的选择要以预测目标、资料的数量和可靠程度加以确定。一般应同时采用两种以上方法，以保证预测的准确性。对于计量经济模式分析，要依据有关经济理论，利用数理统计技术，以数学为工具，建立表示因果关系的模型或时间序列关系的模型。

4.估计预测误差，评定预测结果。预测误差是不可避免的。这就需要对预测值进一步进行分析，估计预测误差大小，并进行必要纠正。然后，将预测结果进一步征询专家意见，以检验预测结果，并检验预测模型。

5.提出预测报告交付决策。首先，在预测结果的基础上提出预测报告；然后，将预测报告交付决策机构。

四、预测的准确度

预测的准确度关系到预测的作用能否充分发挥的问题。预测是对未来的一种估计，所以它不可能百分之百的准确，总会有一定的误差。

（一）影响预测准确度的因素

影响预测准确度的因素有许多，主要有：

1.客观情况在不断迅速地变化，而人们的认识总是滞后的。这是影响预测不准确的主要原因。

2.客观事物发展有渐变，也有突变。在突变的情况下预测是难以准确的。

3.预测研究是一门年轻的科学，它还很不成熟。无论是人员、资料和方法都需要在实践中不断完善。

4.限制预测实现的因素太多等。

总之，客观事物的发展瞬息万变，而人的认识是有限的，是不完全的，所以从根本上讲，完全准确的预测是不现实的。

（二）怎样提高预测的准确度

1.从预测资料的来源看。资料是否完全、正确，直接影响着预测结果的准确性。因此，每次预测工作，必须经过核实，保证资料、数据和情报准确可靠。要求在收集资料时注意资料的来源、时间，逐步积累，建立常用的数据库。

2.从预测的方式上看。要善于利用各方面的预测成果的报告；要发挥集体力量，集思广益，统一思想，统一行动；要广泛地吸收不同意见，最后由集体评定。

3.从预测的方法看。要注意研究预测的方法，不断改进预测技术；要针对不同的问题，选择不同的预测方法，以保证预测的准确性。

五、预测的方法

（一）定性预测方法

定性预测方法是靠决策人员的知识、经验和综合分析能力，对未来预测对象的发展状况作出推断和描述的预测方法。定性预测方法主要有以下几种：

1.用户意见法

用户意见法是预测人员通过对用户进行调查和征求意见，来进行预测的方法。这种方法的优点是调查结果较切合实际。但运用此法能否成功，主要取决于用户是否真正与预测人员合作。

2.专家会议法

专家会议法是根据市场竞争决策的目的和要求，邀请有关方面的专家，通过会议形式，提出有关问题，展开讨论分析，作出判断，最后综合专家们的意见，作出决定。

这种方法的优点是：通过座谈讨论，能互相启发，集思广益，取长补短，能较快全面地集中各方面的意见得出决策结论。但也有缺点。由于参加人数有限，代表往往很不充分，容易受到技术权威或政治权威的影响，与会者不能真正畅所欲言，往往形成“一边倒”，即使权威者的意见不正确，也能左右其他人的意见。由于受到个人自尊心的影响，往往不能及时修正原来的意见。因此，专家会议的方式，有时也会作出错误的市场竞争决策。

因此，采用这种方法时一定要注意：①参加的人数不宜太多；②要召开讨论式的会议，让大家各抒己见；③决策者要虚心听取专家意见。

3.德尔菲法

德尔菲法（Delphi technique）是由美国兰德公司于20世纪50年代初发明的，最早用于预测，后来被推广应用到决策中来。德尔菲是古希腊传说中的神谕之地，城中有座阿波罗神殿可以预卜未来，因而借用其名。

德尔菲法是专家会议法的一种发展，是一种向专家进行调查研究的专家集体判断。它是以匿名方式通过几轮函询征求专家们的意见，组织决策小组对每一轮的意见都进行汇总整理，作为参考资料再发给每一个专家，供他们分析判断，提出新的意见。如此反复，专家的意见日趋一致，最后作出最终结论。德尔菲法具备以下三个特点：①匿名性。就是应邀参加决策的专家，彼此不知是谁。这就消除了“权威者”的影响，同时参加的成员可以参考第一轮的决策结果。②有价值性。由于不同领域的专家参加决策，各有专长，考虑问题的出发点不同，会提出很多事先没有考虑到的问题和有价值的意见。③决策结果的统计性。为了对决策进行定量估价，采用统计方法对决策结果进行处理，最后得到的是综合的统计的评定结果。

但是，德尔菲法也存在缺点：①受专家组的主观制约，决策的准确程度取决于专家们的观点、学识和对决策对象的兴趣程度。②专家们的评价主要依靠直观判断，缺乏严格的论证。

（二）定量预测方法

定量预测是将一组数学规则用于过去一系列的数据以预言未来的结果。当管理者掌握足够的可靠数据时，更适合应用定量预测。定量预测方法是通过对事物量的方面的分析，来揭示事物的变化规律或发展趋势，并在定性分析基础上，对未来事物发展的程度和数量关系进行预测的一种方法。定量预测方法与定性预测方法相比更完善、更成熟，预测结果更详尽、更精确。它适用于经常性的预测。

常用的定量预测方法主要有：时间序列平均数预测法、指数平滑法和回归预测法。下面主要介绍常用的指数平滑法和回归预测法。

1.指数平滑法

它是采用一个平滑系数来调整实际数，反映数据近期性影响，对下一期进行预测的一种方法。其公式为：

$$\hat{Y}_t=\hat{Y}_{t-1}+\alpha(Y_{t-1}-\hat{Y}_{t-1})=\alpha Y_{t-1}+(1-\alpha)\hat{Y}_{t-1}$$

式中：$\hat{Y}_t$——本期预测值；

$\hat{Y}_{t-1}$——前期预测值；

Y_{t-1}——前期实际值；

α——平滑系数（$0\leqslant\alpha\leqslant1$）。

例：某企业本年8月份的销售额为123万元，对该月的预测数为115万元。若取α为0.7，则9月份的预测值为：

$\hat{Y}_t=0.7\times123+（1-0.7）\times115=120.6$（万元）

预测中，平滑系数α的取值可根据实际情况凭经验来确定。当前期预测值与实际值误差较大时，则α要大一些；当误差较小时，说明前期预测值比较准确，则α可小一些；α的作用就是平滑修正误差，使预测值更接近实际值。如当α=0.3时，表示30%的误差需要修正；α=0.9时，表示90%的误差要修正。α取值越大，考虑前期实际值占的比重大，前期预测值占的比重小。若α=1，则 $\hat{Y}_t=Y_{t-1}$；若α=0，则 $\hat{Y}_t=\hat{Y}_{t-1}$。

指数平滑法的优点是：计算方便，只需要少数数据即可求出预测值，而且可以灵活选择α值进行平滑修匀。不足之处是只能向前预测一期的数值。它只适用于短期预测。

2. 回归预测法

回归预测法是在研究经济变量之间因果关系的基础上，以一个或数个自变量的变化来推测另一个因变量变化的预测方法。回归预测法又分为一元回归预测法和多元回归预测法。一元回归预测法又分为一元线性回归预测法和非线性回归预测法两种。这里主要介绍一元线性回归预测法。

一元线性回归预测法又称直线回归预测法。它是对两个互为因果并呈线性关系的变量数列，建立直线回归方程，并通过自变量的取值来预测因变量发展趋势的预测方法。主要步骤是：

（1）建立预测模型

一元线性回归预测法的自变量（主要因数）只有一个，而且与因变量（预测目标）之间具有线性关系，故可用一元线性回归方程来模拟，其数学模型为：

$$\hat{Y}=a+bX$$

式中：$\hat{Y}$——预测值；

X——影响因素；

a、b——回归系数。

回归系数a、b可用最小二乘法求得的公式计算而得：

$$a=\overline{Y}_i-b\overline{X}_i \qquad b=\frac{\sum X_iY_i-\overline{X}_i\sum Y_i}{\sum X_i^2-\overline{X}_i\sum X_i}$$

（2）模型检验

模型检验即对预测数学模型的合理性和影响因素对预测值的影响进行显著性检验，可用相关系数γ来进行。γ的计算公式为：

$$\gamma=\frac{\sum X_iY_i-\overline{X}\sum Y_i}{\sqrt{\left[\sum X_i^2-\overline{X}\sum X_i\right]\left[\sum Y_i^2-\overline{Y}\sum Y_i\right]}}$$

当 $|\gamma|\to1$ 时，说明影响因素X与预测值 $\hat{Y}$ 之间具有线性关系，可用一元线性回归预测法来进行预测。当 $\gamma^2\to1$ 时，说明X对 $\hat{Y}$ 影响显著，X是预测值 $\hat{Y}$ 的主要影响因素。

（3）求 $\hat{Y}=a+bX$ 回归直线方程

根据已知数据资料，求出回归系数a、b值，将a、b值代入 $\hat{Y}=a+bX$ 回归直线方程，即得反映自变量与因变量变化的回归方程。

（4）确定预测值

将自变量X值代入回归直线方程 $\hat{Y}=a+bX$ 中，即得预测值 $\hat{Y}$。

例1：某市2012—2016年实施安居工程中，新建住宅面积与装饰材料销售额资料见表6-1，该市2017年住宅面积投入使用预计1 300万平方米，试用一元线性回归分析法预测2017年装饰材料销售额。

表6-1　**某市建筑住宅面积与装饰材料销售额**

项目＼年份	2012	2013	2014	2015	2016
住宅面积（万平方米）	481	654	791	824	1 013
装饰材料销售额（万元）	1 474	1 847	2 056	1 893	2 260

解：（1）根据一元线性回归方程 $\hat{Y}=a+bX$，列表计算（见表6-2）。

表6-2　**计算表**

年份	住宅面积 X_i（万平方米）	销售额 Y_i（万元）	X_i^2	X_iY_i
2012	481	1 474	231 361	708 994
2013	654	1 847	427 716	1 207 938
2014	791	2 056	625 681	1 626 296
2015	824	1 893	678 976	1 559 832
2016	1 013	2 260	1 026 169	2 289 380
合计	3 763	9 530	2 989 903	7 392 440
平均值	$\overline{X}_i=752.6$	$\overline{Y}_i=1\ 906$		

（2）根据表6-2数据计算回归系数a、b值：

$$b=\frac{\sum X_iY_i-\overline{X}_i\sum Y_i}{\sum X_i^2-\overline{X}_i\sum X_i}=\frac{7\ 392\ 440-752.6\times 9\ 530}{2\ 989\ 903-752.6\times 3\ 763}=1.28$$

$a=\overline{Y}-b\overline{X}=1\ 906-1.28\times752.6=963.3$

故一元线性回归方程为：

$\hat{Y}=a+bX=963.3+1.28X$

当X=1 300时，$\hat{Y}=963.3+1.28\times1\ 300=2\ 627.3$（万元）。

即2017年该市装饰材料销售额为2 627.3万元。

当自变量是时间序列（如年份和月份）时，为简化计算，可设定假定的时间值X，令 $\sum X=0$，即自变量的个数是奇数时，时间序列为：…，-3，-2，-1，0，1，

2，3，…。自变量的个数是偶数时，时间序列为：…，-5，-3，-1，1，3，5，…。如果 $\sum X=0$，则 $\overline{X}=0$，这样回归系数a、b的值就简化了，即：

$$a=\overline{Y}$$

$$b=\frac{\sum X_iY_i}{\sum X_i^2}$$

例2：某商业企业2009—2016年销售额见表6-3。

表6-3 **某商业企业2009—2016年销售额** 单位：万元

年份	2009	2010	2011	2012	2013	2014	2015	2016
销售额	121	130	138	140	140	143	145	150

预测2017年的销售额。

解：列方程 $\hat{Y}=a+bX$，画出计算表6-4。

表6-4 **计算表**

年 份	X_i	Y_i	X_i^2	X_iY_i
2009	-7	121	49	-847
2010	-5	130	25	-650
2011	-3	138	9	-414
2012	-1	140	1	-140
2013	1	140	1	140
2014	3	143	9	429
2015	5	145	25	725
2016	7	150	49	1 050
Σ	0	1 107	168	293

$$a=\frac{1\,107}{8}=138.38 \qquad b=\frac{\sum X_iY_i}{\sum X_i^2}=\frac{293}{168}=1.74$$

$\hat{Y}=138.38+1.74\times9=154.04$（万元）

即2017年的销售额为154.04万元。

第二节　决策的含义与类型

一、决策的概念与特征

决策，通俗地说就是做决定、拍板的意思。确切地说，决策是指在一定的环境条件下，决策者为了实现特定目标，遵循决策的原理和原则，借助于一定的科学方法和手段，从若干个可行方案中选择一个满意方案并组织实施的全过程。它既包括制订各种可行方案、选择满意方案的过程，又包括实施决策方案的全过程。决策具有以下几个特征：

1.决策总是为了要达到一个目标。决策目标就是决策所要解决的问题，只有在存在问题的情况下，而且决策者认为这些问题必须解决的时候才会有决策。决策就是通过解决某个问题来达到某个目标，没有目标就无从决策。

2.决策必须从两个以上的备选方案中，通过比较评价来进行选择。如果备选方案只有一个，就没有选择的余地，也就无须决策。

3.决策总是在确定的条件下寻找优化目标或优化地达到目标。不追求优化，决策是没有意义的。

4.决策总是要付诸实施的，不准备实施的决策是多余的。

二、决策在管理中的作用

随着社会化大生产的日益发展，决策在现代组织中的作用越来越大。一个组织的决策水平高低对其生存和发展起着决定作用。其主要表现在以下几方面：

1.决策是决定组织管理工作成败的关键。组织的管理工作成效的大小，首先取决于决策的正确与否。决策正确，可以使组织兴旺发达，可以提高组织的管理效率和经济效益；决策失误，则一切工作都会徒劳无益，会给组织造成灾难性的损失。

2.决策是实施各项管理职能的根本保证。决策贯穿于组织各项管理职能中，在组织管理过程中，每个管理职能要发挥作用，都离不开决策。在计划职能实行过程中，选择什么样的目标，为实现这个目标如何分配人力、物力和财力，采用什么样的方法和步骤，都要作出决策；在行使组织职能时，如何建立管理机构，怎样划分各管理机构的职权范围以及如何选配各机构的管理人员等，也都需要作出决策；在行使领导和控制职能时也不例外。总之，计划、组织、领导和控制各管理职能的实现过程都需要决策，可见决策是各个管理职能实现的根本保证。

三、决策的类型

决策所要解决的问题是多方面的，不同类型的决策，采用不同的决策方法。为了进行正确决策，必须对决策进行科学分类。一般来说，决策是按照以下标志进行分类的：

（一）按决策的作用范围分类

1.战略决策。战略决策是指为了组织全局的长期的发展和大政方针方面作出的决策。战略决策一般涉及组织全局，而且期限也长。一般说来战略决策又分为总体战略决策和职能战略决策。战略决策主要是为了适应外部环境的变化采取的对策，以谋求长期发展。战略决策影响的时间长，所以风险性也很大。

2.战术决策。战术决策又称管理决策或策略决策。它是指为了实现战略目标，而作出的带有局部性的具体决策。战术决策直接关系着为实现战略决策所需要的资源的合理组织和利用。

3.业务决策。业务决策又称日常管理决策。它是指组织为了提高日常业务活动而作出的决策。它直接关系到组织工作效率的提高。业务决策是针对短期目标，考虑当前条件而作出的决定，业务决策有很大的灵活性。

（二）按照决策的时间长短分类

1.中长期决策。中长期决策是指在较长时期内才能实现的决策。它一般需要一定数量的投资，具有实现时间长和风险较大的特点，属于战略性决策。

2.短期决策。短期决策是指在一年以内或更短时间内实现的决策，一般属于战术或业务决策。具有不需要投资和时间短的特点。

（三）按照拟定决策的层次分类

1.高层决策。高层决策是指组织中最高管理人员所作出的决策。它所要解决的是组织全局性的，以及与外界环境相关的重大决策问题，大部分属于战略决策、战术决策，极少数属于日常业务决策。

2.中层决策。中层决策是指由组织中层管理人员所进行的决策。它所涉及的问题多属于安排组织一定时期的工作任务，或者是为了解决一些重要问题而采取一些必要措施的决策。一般属于战术决策和部分业务决策，也参与制定某些战略决策。

3.基层决策。基层决策是指组织内基层管理人员所进行的决策。它主要解决作业任务中的问题，包括两方面内容：一方面是经常性的工作安排；另一方面是日常活动中偶然要解决的问题。这类决策问题技术性较强，要求及时解决，不能拖延时间。上述三个层次所进行的决策如图6-1所示。

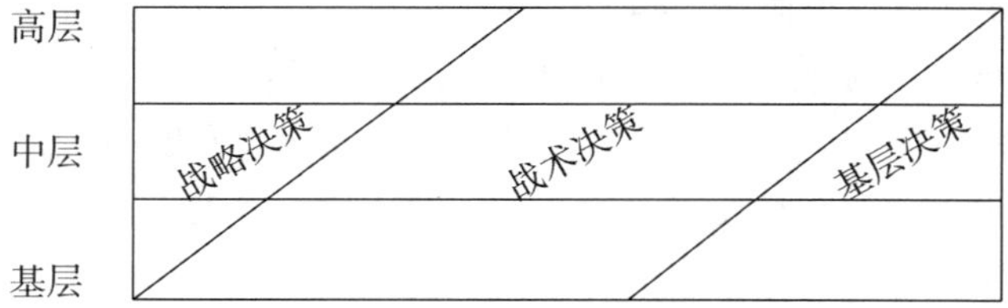

图6-1 不同层次的决策

（四）按照决策的重复程度分类

1.程序化决策。程序化决策又称规范化决策或重复性决策。它是指经常重复发生，能按原来规定的程序、处理方法和标准进行的决策，多属于业务决策，如签订购销合同等。由于这类问题是重复出现的，因而可以规定出一定的程序，建立决策模式，可以用电子计算机进行处理。

2.非程序化决策。非程序化决策又称一次性决策。它是指没有常规可循，对不经常重复发生的业务工作和管理工作所做的决策，如新产品开发决策等。这种决策不是经常发生的，缺乏准确可靠的统计数据和资料，而且解决这类问题的经验也不足。这种决策在很大程度上依赖于决策者的知识、经验、洞察力和逻辑思维能力。

（五）按照决策的时态分类

1.静态决策。静态决策又称单项决策或一级决策。它是指对所处理的问题，一次就可以把决策问题确定，只作出一个决策，没有再规定随事物发展进程和可能发生的变化进一步采取对策。例如，采用新工艺的决策，只作出是否采用，而不管新工艺是否成功。

2.动态决策。动态决策又称序贯决策或多级决策。它是指所处理的问题，不是作出一个，也不是只做一次的决策，是随着事物的发展进程，针对可能出现的情况再规定出一系列对应的决策。例如，采用新工艺如果不成功又怎么办？假如不成功就转回采用旧工艺，或者转向外购零件进行补救等。

（六）按照决策问题具备的条件和后果分类

1.确定型决策。确定型决策是指各种方案只有一种确定的结果，确定型决策各种可行方案的条件都是已知的，问题的各种未来的自然状态非常明确，只要比较各种方案的结果，就可以选择出最优方案。

2.风险型决策。风险型决策是指决策者对未来的情况无法作出肯定的判断，无论选择哪个方案都有一定风险的决策。风险型决策具有五个重要特征：（1）存在决策者想要达到的目标。（2）有两个以上可供选择的方案。（3）各种方案都存在着两种以上不以人的意志为转移的自然状态。（4）每种自然状态下各方案的损益值是已知的。（5）每种自然状态出现的概率也是已知的。对执行结果决策人虽然预先不能完全肯定，但可以根据概率进行计算作出决策。

3.不确定型决策。不确定型决策是指在决策中存在着许多不可控制的因素，和风险型决策比，不具备最后一个条件，即每种自然状态的概率是未知的，每个方案的执行后果，决策人不能肯定，主要凭决策人的经验和估计作出的决策。

（七）按照决策目标与使用方法分类

1.定量决策。定量决策又称计量决策。它是指能够应用数学方法和数学模型，借用电子计算机进行决策的一种方法。

2.定性决策。定性决策又称非计量决策。它是指在决策过程中，充分发挥专家集体的智慧、能力和经验，在系统调查研究分析的基础上，根据掌握的具体情况与资料，进行决策的方法。

第三节　决策的体制与程序

一、决策科学化

社会化大生产的发展和科学技术的进步，使社会活动发生了巨大的变革，变得越来越复杂了。自20世纪30年代以来，相继出现了“大科学”“大工程”“大企业”。大科学、大工程、大企业具有许多共同的特点，它们规模庞大、结构复杂、功能综合、因素众多。对它们进行决策时，就要从战略到战术，从宏观到微观，从全局到局部，从经济价值到社会效果等进行周密的方案论证工作。这一切都不是任何个人的经验和智慧所能胜任的。另外，社会活动的变化越来越大，具体表现在：从一项科学发现、发明到转化为社会生产力的周期越来越短；机器设备和产品的更新速度大大加快；科学技术日新月异等等。社会活动的变化多端，使领导者不断面对层出不穷的新问题，这就要求他们审时度势，统观全局，于千头万绪中找出关键所在，权衡利弊，及时作出可行有效的决断。这些单靠个人的经验是无法做到的。再有，社会活动的影响越来越大，这不仅因为大生产在人、财、物等方面的投资规模是空前的，而且任何一个大企业和整个社会的方方面面都有千丝万缕的联系，牵一发而动全身，一个措施往往会引起一连串连锁反应。因此，一个决策的失误必然引起严重的后果。现代社会的上述三个特点，要求领导者必须实现从经验决策到科学决策的转变。虽然有时领导者凭个人的知识、经验、智慧和胆略，也可能作出正确的决策，并取得成功，但失误的可能性很大。而且一旦失误，其危害将是巨大和深远的。因此，决策科学化势在必行。

科学决策包括以下三个方面的内容：

1.严格实行科学的决策程序。

2.依靠专家运用科学的决策技术进行科学的论证。

3.领导者用科学的思维方法进行决断。

二、决策的体制

随着市场经济和科学技术的迅猛发展，决策活动规模越来越大，决策的复杂性越来越高，传统的家长式决策体制与专家个人决策体制已被逐步淘汰，现代决策体制逐步建立。现代决策体制由情报信息系统、参谋咨询系统、决断系统、决策执行系统、监督系统、反馈系统、评价与奖惩系统七个部分所构成。

1.情报信息系统。在任何一项决策中，信息都是必不可少的要素之一。在科学的决策体制中，首先必须建立起有效的情报信息系统，即在各级决策机构周围设立一系列专门搜集、统计、存储、检索、传播、显示有关情报信息的机构。充分利用电子计算机和现代通信手段，形成信息网络，对来自各方面的信息进行综合处理与分析。信息系统的重要性在于及时为各级参谋咨询系统和决策系统提供综合性的、可靠的情报信息，为正确决策奠定坚实的基础。

2.参谋咨询系统。参谋咨询系统是决策者的“外脑系统”。它设置在各级决策机构内，是专门为决策服务的咨询机构，亦即“智囊团”“思想库”。参谋咨询系统由各种不同专业的自然科学家和社会科学家所组成。在接受决策咨询的委托任务后，研究人员采用科学的预测方法，利用情报信息系统提供的数据资料，对决策问题进行系统研究，从不同角度、不同侧面分析决策的形态、结构、后果及各方面的反应，摸清各种影响因素间的有机联系，寻找平衡这些因素的逻辑方法。通过专家集团内部反复的信息交流与思想共振，最终提出高水平的、可供决策者选择的备选方案。参谋咨询系统的建立要充分注意系统的智力构成，要使参谋咨询机构有充分的独立性和研究工作的自由性，以充分发挥研究人员的独创性和保证决策方案的客观性。

3.决断系统。决断系统是科学化决策体制的核心，它是由若干名多谋善断的决策者所组成的。该系统主要以大量可靠的情报信息为依据，充分运用决策者长期积累的丰富经验和所掌握的科学知识，对由参谋咨询系统提供的各种选择方案进行系统的验证与逻辑推理，采用辨别、比较、分析、平衡等手段，反复权衡和对比各种方案的利弊得失，从中选择出一项最为满意的方案。最后的“拍板”是决断系统最重要的职责。决断人才应具有高瞻远瞩的战略眼光，具有出色的组织才能，善于识人用人，善于判断决策，有永不枯竭的进取心。

4.决策执行系统。决策执行系统的根本任务就是准确无误地贯彻决策中心的指令，实施由决策中心确定的决策方案。决策执行系统的人员应具有忠实、坚决、埋头苦干、任劳任怨、善于领会上级的意图等素质。

5.监督系统。监督系统的职责是监督执行系统贯彻实施决策方案的全部情况，它应独立于执行系统之外。监督人员应公道正派、熟悉业务、铁面无私、联系群众。

6.反馈系统。反馈系统的任务是要根据执行系统的执行结果搜集原始信息，进行分析处理，及时提出修正决策的正确意见，为决断系统调整决策提供依据。反馈人才应思想活跃、综合分析能力强、敢于直言，具有追求和坚持真理的精神，没有权力欲望。

7.评价与奖惩系统。该系统的职责是根据反馈系统的信息，对所有参与决策制定、执行的各方面人员进行评估，区别情况给予奖惩，以进行有效激励。

以上七个部分构成了一个环环相扣的决策体制的封闭系统，缺一不可。

三、决策的合理性标准

什么是有效的决策？有效决策的判别标准是什么？除了根据决策的实施效果来对决策进行事后的评判外，在方案的抉择阶段还有没有更直接的判断标准呢？

对这个问题的回答有三种有代表性的思想和观点：

第一种是由科学管理的创始人泰罗首先提出的，并为运筹学家和管理学家们一贯坚持的“最优”标准。在泰罗看来，任何一项管理工作，都存在着一种最佳的工作方式。他认为：“管理这门学问注定会具有更富于技术的性质。那些现在还被认为是在精密知识领域以外的基本因素，很快都会像其他工程的基本因素那样标准化，制成表格，被接受和利用。”泰罗对管理技术所下的定义是“确切知道要别人干什么，并注意他们用最好最经济的方法去干”。

应该肯定，追求最佳是决策者的一种优良的心理品质。但并非所有的管理问题和管理工作都能够数字模型化，从而求出其最优解来。管理既是科学，也是艺术，决策也是如此。所谓“最优”只能是有条件的，只能在极为严格的条件下才能达到。

第二种有代表性的观点是西蒙提出的“满意”标准。西蒙对运筹学家们提出的“最优”决策标准提出了尖锐的批评。他指出：“所谓‘最优’是针对数学模型范围内的最优决策而言的。……热衷于‘运筹学’的人很容易低估这种方法的适用条件的严格性。这可导致一种名为‘数学家失语症’的病，病人将原始问题加以抽象直到数学难点或计算难点被抽象掉为止（并失去了全部真实的外观），并且将这一简化了的新问题加以求解，然后假装着认为这就是他一直想要解决的问题。”西蒙也因此提出了他的“满意”标准。他认为：“对于使用‘运筹学’方法来说，不需要什么精确性，只要能给出一个近似的比不用数学而单靠常识得出的那种结果要更好的结果即可。而这样的标准是不难达到的。”然而西蒙在提出他的“满意”决策标准之后，也注意到了这个概念的模糊性，容易使人们对决策产生某种误解，他于是补充说：“如果认为某事物在本质上就是定性的，在应用数学家作出尝试之前不能简化为数学形式，否则这将是危险的。”

第三种有代表性的观点是美国管理学家哈罗德·孔茨提出的“合理性”决策标准。他对合理性的决策标准的解释是：“首先，他们必须力图达到如无积极的行动就不可能达到的某些目标。其次，他们必须对现有环境和限定条件下依循什么方针去达到目标有清楚的了解。再次，他们必须有情报资料的依据，并有能力根据所要达到的目标去分析和抉择方案。最后，他们必须有以最好的办法解决问题的强烈愿望，并选出能达到最满意目标的方案。”由于决策的未来环境包含的不确定性因素，要做到完全合理是很难的，孔茨认为，主管人员必须确定的是有一定限度的合理性，是“有界合理性”。尽管如此，主管人员还是应在合理性的限度内，根据各种变化的性质和风险大小而尽其所能地作出最好的决策。孔茨的合理性决策标准的实质，是强调决策过程各个阶段的工作质量最终决定了决策的正确性和有效性，而不仅仅在于进行方案抉择时采用“最优”还是“满意”的标准。这种观点是很有指导意义的。

四、决策的程序

决策是一个发现问题、分析问题和解决问题的系统分析判断的动态过程。为了保证决策正确，一般应按以下程序进行。

（一）确定决策目标

确定决策目标是决策的前提。决策目标是根据所要解决的问题来确定。因此，必须把需要解决问题的性质以及产生的原因分析清楚，目标才能确定。有了目标后，才能拟订出各种达到目标的方案，并根据目标的价值标准仔细衡量，从中选择最好的方案，作出决策。

决策目标一般分为两类：一类是必须达到的目标；另一类是希望达到的目标。必须达到的目标，在资源限制方面，要定一个最高限度，尽可能放开。在必须获得的成果方面，要有一个最低限度的标准，即边界条件。对希望达到的目标，只要表示出相对的需要就行了。区别两类目标有助于从一开始就认清和淘汰那些不可能采纳的方案，并对所有达不到目标的方案，不予考虑。另外，保证在决策时不忘记基本要求。一般说来，边界条件说明越具体，划分越清楚，据此作出的决策就越有效。

（二）拟订备选方案

在目标确定之后，就要探索和拟订一定数量有质量的备选方案。备选方案的好坏在很大程度上影响着决策的质量。

（三）评价与选择决策方案

要选择满意方案，首先要对各备选方案进行比较评价，即采用一定的方式、方法，对已经拟订的可行方案进行效益、危害、敏感度和风险度等评估，以进一步判断方案的利弊及可行性。方案评估的任务主要由参谋咨询系统来承担。

选择决策方案就是进行决断，即由决断系统根据参谋咨询系统的评估结果，从各种可行方案中选择一个满意的方案的过程。选择方案的方法有三种：

1.经验判断法。它是一种依靠决策者的实践经验和判断能力来选择方案的一种方法。对于比较复杂的方案，可用起码满意程度或关键评价标准淘汰一些方案。但是，这种方法不适用于那些比较复杂、目标多、方案多、难以直接看出方案的优劣的决策问题。

2.数学分析法。它是一种用数学模型进行科学计算后进行选择方案的一种方法。对于一些无法靠人的经验来选择方案的决策问题，要用数学分析方法来选择。

3.试验法。它是在选择重大方案时，如果缺乏经验、难以判断，又无法采用数学模型，可以选择几个少数单位作为试点，以取得经验和数据，作为选择方案依据的方法。

（四）实施决策方案并进行追踪决策

选择好决策方案之后，就要实施决策方案。实施决策方案，一方面要对决策方案进行真正考验，另一方面还要在实施中发现是否有与原来目标偏离的情况，如有，则进行适当的调整或进行追踪决策。

第四节 决策的方法

一、定性决策方法

定性决策方法又称决策的“软”方法。它是指在系统调查研究分析的基础上，根据掌握的情况与资料，充分发挥专家集体的智慧、能力和经验进行决策的方法。常用的定性决策方法有：

（一）畅谈会法

畅谈会法，又称头脑风暴法。它是一种邀请专家、内行人，针对组织内某一个问题，敞开思想，畅所欲言发表个人的看法，经过相互启发，产生连锁反应，集思广益后进行决策的方法。这种方法的关键是开好畅谈会。一般说来，为了达到与会者都能畅所欲言，充分发挥自己的创造性的目的，会议有四条规矩：

1.鼓励每个人独立思考，开阔思路，不要重复别人的意见；

2.意见和建议越多越好，不要限制，也不怕矛盾；

3.对别人的意见不要反驳，不要批评，也不要做结论；

4.可以补充和发表相同的意见等。

这种方法的主要目的是集思广益、鼓励创新。

（二）电子会议

最新的定性决策方法是将专家会议法与尖端的计算机技术相结合的电子会议（electronic meeting）。

多达50人围坐在一张马蹄形的桌子旁。这张桌子上除了一系列的计算机终端外别无他物。将问题显示给决策参与者，他们把自己的回答打在计算机屏幕上。个人评论和票数统计都投影在会议室的屏幕上。

电子会议的主要优点是匿名、诚实和快速。决策参与者能不透露姓名地打出自己所要表达的任何信息，一敲键盘即显示在屏幕上，使所有人都能看到。它使人们充分地表达他们的想法而不会受到惩罚，它消除了闲聊和讨论偏题，且不必担心打断别人的“讲话”。专家们声称电子会议比传统的面对面会议快一半以上。例如，菲尔普斯·道奇矿业公司采用此方法将原来需要几天的年计划会议缩短到12小时。

但是，电子会议也有缺点。那些打字快的人使得那些口才好但打字慢的人相形见绌；再有，这一过程缺乏面对面的口头交流所传递的丰富信息。

（三）哥顿法

哥顿法又称提喻法。它的特点是不讨论决策问题本身，而用类比的方法提出类似问题，或者把决策问题分解为几个局部小问题。会议主持者不讲明讨论的主题，而是围绕主题提出一些相关问题，以启示专家发表见解。运用提喻法的目的仍在于决策问题本身，只不过是通过绕圈子不直接讨论决策问题本身的方式，避开与会者之间的个人利害冲突，让大家充分发表意见。

（四）方案前提分析法

方案前提分析法的出发点是每个方案都有几个前提假设作为依据，方案是否正确，关键在于它的前提假设是否成立。因此，这种方法是让与会者只分析讨论方案的前提能否成立，而不涉及决策方案的内容。

哥顿法和方案前提分析法既防止了当事人的偏见，使他们能够客观地分析问题，又避免了当事人之间的利害冲突，保证了决策方案的正确选择。

此外，还可以用德尔菲法等。

定性决策方法具有灵活简便、费用较少的特点，特别适用非规范化的综合决策问题；还有利于调动专家、职工的积极性，提高他们的创造力；此外，吸收他们参与决策，便于统一思想为决策的实施创造有利条件。但是，这种方法由于是建立在个人主观意见基础上，缺乏严格论证，主观成分强，有时还会因参加者的知识类型使决策意见有很大倾向性，甚至会造成传统观念占优势，使决策趋于保守。

二、定量决策方法

定量决策方法又称决策的“硬”方法。它是指应用数学模型，借助电子计算机进行决策的一种方法。

（一）确定型决策的方法

确定型决策常用的方法有：

1.直观法

它是从已有的定量分析资料中就可以直观明确地选出最优决策方案的方法。例如，某企业经销某种产品，有甲、乙、丙三种方案，各自的经销费用分别为260万元、240万元和230万元，从中选择最优方案。通过对比，选择经销费用最少的丙方案。

2.量本利分析法

量本利分析法又称盈亏分析法。它是根据对业务量（产量、销售量、销售额、工作量）、成本（费用）、利润三者之间的依存关系进行综合分析，用以进行企业经营决策、利润预测、成本控制、生产规划的一种简便可行的方法，其中心内容是盈亏平衡点的分析。所谓盈亏平衡点是指产品销售收入等于产品总成本时的销售量或销售额。其中，产品成本分为固定成本和变动成本，固定成本是指在一定范围内不随产量变动而变动的成本，变动成本是指随产量变动而变动的成本。确定盈亏平衡点的方法举例如下：

例：某企业生产某种产品，单位售价为300元，单位产品变动成本为200元，生产该产品的固定成本为4 000元，试确定盈亏平衡点。

盈亏平衡点是产品销售收入与总成本相等时的销售量与销售额。现设总成本为Y，则：

$$Y=F+C_vX$$

销售收入为S，则：

$S=WX$

式中：F——固定总成本；

C_v——单位产品变动成本；

W——单位产品销价；

X——销售量。

在盈亏平衡时有：$Y=S$

即：$F+C_vX_0=WX_0$

式中：X_0——盈亏平衡点销售量。

则：$X_0=\frac{F}{W-C_v}$

即：X_0=4 000÷（300−200）=40（件），盈亏平衡点的销售量为40件。

盈亏平衡点确定下来以后，即可以根据市场销售前景合理安排目标产量，或知道了目标产量，即可以计算出目标利润。可用以下公式：

目标产量：

$$X=\frac{F+P}{W-C_v}$$

$$P=X(W-C_v)-F$$

式中：P——目标利润；

X——目标产量。

（二）风险型决策的方法

分析风险型决策常用的方法是决策树分析法，具体图形如图6-2所示。

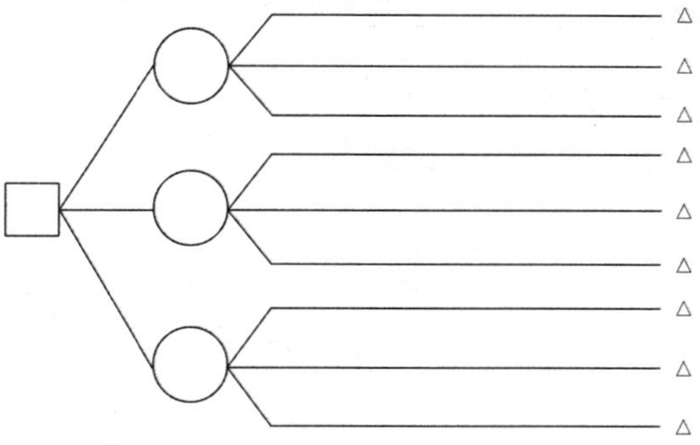

图6-2　决策树示意图

图6-2中：□表示决策点，从决策点引出的分枝称方案枝，每一条方案枝代表一个方案，并在该方案枝上标明该方案的内容。○ 表示自然状态点，从它引出的分枝称概率枝，每个概率枝代表一种随机的自然状态，并在概率枝的上面标出自然状态的名称和概率。每条概率枝的末端的△符号称结果点，在该点上标出该自然状态下的损益值。在方案枝上 ‖ 为剪枝符号，表示对该方案的舍弃。

运用决策树法，首先要画出决策树形图，画决策树应从左向右，即先在左边画出决策点，从决策点出发引出若干方案枝，方案枝末端画出自然状态点，从自然状态点引出概率枝，概率枝末端标出损益值。然后进行计算和分析。计算和分析是由右向左的，即按右端结束点后的损益值与相对应的概率值，计算出各方案在不同自然状态下的损益期望值，并注明在各方案状态点上，再比较其大小后进行优选。

1.单级决策举例

例：某企业准备今后五年生产某种产品，需要确定产品批量。根据预测估计，这种产品的市场状况的概率是畅销为0.3，一般为0.5，滞销为0.2。产品生产提出大、中、小三种批量的生产方案，怎样决策才能取得最大经济效益？有关数据如表6-5所示。

表6-5 **各方案损益值表** 单位：万元

方案 \ 损益值 \ 自然状态 概率	畅销 0.3	一般 0.5	滞销 0.2
大批量（Ⅰ）	30	25	12
中批量（Ⅱ）	25	20	14
小批量（Ⅲ）	18	16	15

（1）从左向右画决策树形图（如图6-3所示）。

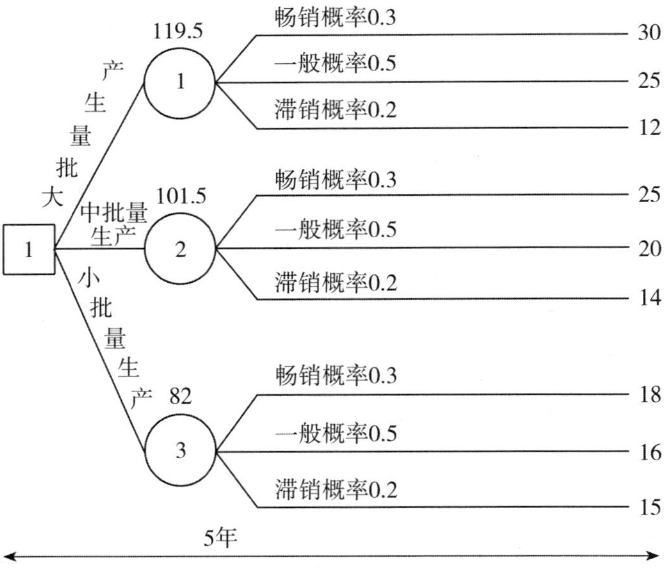

图6-3 决策树图

（2）计算各方案的损益期望值，其公式是：

某方案损益期望值 = $\sum$（各方案某种自然状态的概率 × 该自然状态下的损益值）

大批量生产①的期望值=（30×0.3+25×0.5+12×0.2）×5=119.5（万元）

中批量生产②的期望值=（25×0.3+20×0.5+14×0.2）×5=101.5（万元）

小批量生产③的期望值=（18×0.3+16×0.5+15×0.2）×5=82（万元）

（3）选择最佳决策方案。把以上计算结果注明在各个方案结点上，然后在各个方案之间比较期望值，从中选出期望值最大的作为最佳方案，并把此最佳方案的期望值写到决策结点方框的上面，以表示决策的结果。根据比较，剪去中批量和小批量方案枝，选择大批量方案。

2.多级决策举例

例：某地为适应市场对某产品的需求，提出三个方案：第一方案建大厂，需投资800万元，销路好时年可获利300万元，销路差时年亏损100万元。第二方案建小厂，需投资300万元，销路好时年可获利100万元，销路差时仍可获年利30万元。大小厂经营期均为10年，估计未来销路好、销路差的概率分别是0.7、0.3。第三方案是先建小厂，三年后销路肯定好时再扩建，追加投资500万元，经营期7年，估计每年获利350万元。应如何决策？

解：（1）绘决策树形图（见图6-4）。

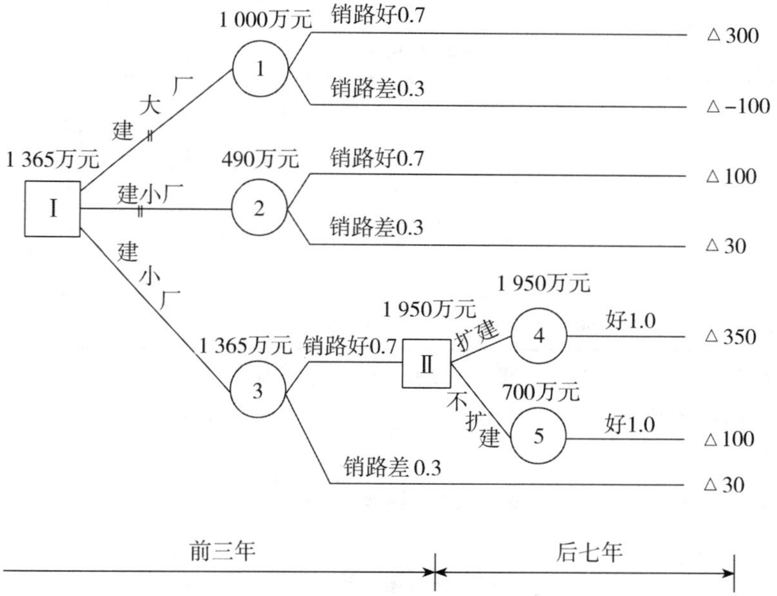

图6-4　多级决策树图

（2）由右向左计算各种状态下的损益值。

点④的期望值=350×1.0×7-500=1 950（万元）

点⑤的期望值=100×1.0×7=700（万元）

（3）第一次决策：经比较④>⑤，即$E_4>E_5$，剪去三年后不扩建方案，选用扩建方案。这是第一次决策。决策点Ⅱ的期望值应为1 950万元。

（4）计算点③的期望值，它包括两部分：第一，前三年是建小厂，销路好时的期望值=0.7×100×3=210（万元），后七年扩建后，期望值为1 950万元。第二，前三年销路差时，办小厂则持续十年，其收益期望值=0.3×30×10=90（万元），则点③的期望值E_3=（0.7×100×3）+（0.7×1 950）+（0.3×30×10）-300=1 365（万元）。

点①的期望值E_1=［0.7×300+0.3×（-100）］×10-800=1 000（万元）

点②的期望值E_2=（0.7×100+0.3×30）×10-300=490（万元）

（5）第二次决策：经过比较，先建小厂，后建大厂的期望值最大，应为优化方案，其他两个方案剪去，这是第二次决策，其决策点Ⅰ的期望值为1 365万元。

（三）不确定型决策的方法

不确定型决策是在客观自然状态的概率完全不能确定的情况下进行的决策。这种决策主要取决于决策者的经验和智慧。由于决策者各具特点，便有不同的评价标准，因而产生了多种具体的决策方法。下面用实例说明不确定型决策的方法。

例：某企业准备生产一种新产品，估计这种产品在市场上的需求量（自然状态）大体有四种情况：需求量较高、需求量一般、需求量较低、需求量很低，对每种情况出现的概率无法预测。为了生产这种产品，企业考虑了三种方案：A方案是自己动手，改进原有设备；B方案是淘汰原有设备，购进新设备；C方案是购进一部分关键设备，其余自己制造。该产品准备生产5年，据测算，各个方案在各种自然状态下5年内的损益值如表6-6所示。

表6-6 **各种方案损益值表**

方案 \ 损益值 \ 自然状态	需求量较高	需求量一般	需求量较低	需求量很低
A方案	95	60	-12	-15
B方案	70	45	10	-5
C方案	80	40	15	5

1.悲观法（小中取大法）。这种方法决策的程序是：

（1）从每个方案中选择一个最小的收益值，A方案-15万元，B方案-5万元，C方案5万元；

（2）从这些最小收益值中选取数值最大的方案（C方案5万元）作为决策方案，如表6-7所示。

表6-7 **悲观法方案选择程序表**

方案 \ 损益值 \ 自然状态	需求量较高	需求量一般	需求量较低	需求量很低	最小收益值
A方案	95	60	-12	-15	-15
B方案	70	45	10	-5	-5
C方案	80	40	15	5	5△

这种决策方法的主要特点是依据悲观的原则，总是从最坏的结果着想，但又想从最坏的结果中选择最好的结果。

2.乐观法（大中取大法）。这种方法决策的程序是：

（1）从每个方案中选择一个最大的收益值，即A方案95万元，B方案70万元，C方案80万元；

（2）从这些方案的最大收益值中再选择一个最大值（A方案95万元）作为决策方案，如表6-8所示。

表6-8　**乐观法方案选择程序表**

损益值＼自然状态 方案	需求量较高	需求量一般	需求量较低	需求量很低	最小收益值
A方案	95	60	-12	-15	95△
B方案	70	45	10	-5	70
C方案	80	40	15	5	80

这种决策方法的主要特点是依据乐观原则，不放弃任何一个获得最好结果的机会，争取好中取好。

3.平均法（又称等概率法）。这种方法决策的程序是：

（1）将每个方案在各种自然状态下的收益值相加后，除以自然状态的个数，求得每个方案的平均收益值，A方案32万元，B方案30万元，C方案35万元；

（2）从中选择平均收益值最大的方案（C方案35万元）作为决策方案。

这种决策方法的特点是以平均收益值作为评价方案的标准，依据的是平均原则，这是一种折中的、平稳的决策方法，如表6-9所示。

表6-9　**平均法方案选择程序表**

损益值＼自然状态 方案	需求量较高	需求量一般	需求量较低	需求量很低	平均收益值
A方案	95	60	-12	-15	32
B方案	70	45	10	-5	30
C方案	80	40	15	5	35

4.后悔值法（大中取小法）。这种方法的基本思想是如何使选定决策方案后可能出现的后悔达到最小，蒙受的损失也较小。因为当出现某个自然状态时，决策者本应选择较好的方案，但已经选择了其他方案而后悔，后悔的程度可用后悔值来表示。后悔值即是在某种自然状态下，各方案收益值与最大收益值相比较的差额。这种决策方法的程序是：

（1）找出每种自然状态下的最大收益值（见表6-10，用※表示）；

（2）计算最大收益值与各方案收益值的差，即为各方案的后悔值（见表6-11）；

（3）找出每个方案的最大后悔值；

（4）从各方案的最大后悔值中找出一个最小的后悔值，后悔值最小的那个方案就是被选中的方案。本例C方案的后悔值最小，为20万元，最后选择C方案为决策方案。这种方法是立足于后悔程度能轻些。

表6-10　**最大收益值表**

损益值 自然状态 / 方案	需求量较高	需求量一般	需求量较低	需求量很低
A方案	95※	60※	-12	-15
B方案	70	45	10	-5
C方案	80	40	15※	5※

表6-11　**最大后悔值比较表**

损益值 自然状态 / 方案	需求量较高	需求量一般	需求量较低	需求量很低	最大后悔值
A方案	0	0	27	20	27
B方案	25	15	5	10	25
C方案	15	20	0	0	20△

上述四种不同决策方法，分别以不同标准和原则作为评选方案的依据，因而同一问题会得到不同的决策结果。在实际工作中，解决不确定型决策问题时，首先同时运用以上四种方法进行分析对比；然后将其中被认定为最佳方案次数最多的方案，作为最后选定的决策方案。如上例中C方案被选中3次，因而C方案可以作为该企业生产某新产品的决策方案。

定量决策方法的发展，是与电子计算机在组织管理中的应用分不开的。因为有了电子计算机，才能大大缩短运算和逻辑判断的时间。定量决策方法的运用可以提高决策的准确性、时效性和可靠性，并且能大大地节省决策者花费在常规决策上的时间和精力。但它也存在一定的局限性，对于许多复杂的决策问题很难用数学模型表示出来，某些变量根本不可能定量化，因此，数学模型所反映的只是影响决策的主要因素而不是全部因素，它只能是近似地、有条件地反映现实。另外，建立数学模型往往要耗费大量人力和资金，使用电子计算机的成本也比较高。

思考题

1. 什么是预测？预测有何作用？
2. 如何提高预测的准确度？
3. 决策有哪些类型？
4. 举例说明决策的步骤。
5. 怎样进行确定型、风险型及不确定型决策？

第七章 战略管理

学习本章的目的和要求
通过本章学习，了解战略及战略管理的概念、特征、意义，掌握战略构成的要素及战略类型，了解组织战略理论的演变过程，掌握组织发展战略的三种思维模式及战略管理过程。

第一节 战略的概念、特征和类型

一、战略的概念

不同的学者给战略赋予不同含义，有的是从广义的角度研究战略，有的则从狭义的角度界定战略。

（一）安德鲁斯的定义

美国哈佛商学院教授安德鲁斯认为企业总体战略是一种决策模式，决定和揭示企业的目的和目标，提出实现目的的重大方针与计划，确定企业应该从事的经营业务，明确企业的经济类型与人文组织类型，以及决定企业应对职工、顾客和社会作出的经济与非经济的贡献。

因此，安德鲁斯的战略定义从本质上讲，是要通过一种模式，把企业的目的、方针政策和经营活动有机地结合起来，使企业形成自己的特殊战略属性和竞争优势，将不确定的环境具体化，以便较容易地着手解决这些问题。

（二）魁因的定义

美国达梯茅斯学院的管理学教授魁因认为，战略是一种模式或计划，它将一个组织的主要目的、政策与活动按照一定的顺序结合成一个紧密的整体。制定完善的战略有助于企业组织根据自己的内部能力与弱点，环境中的预期变化，以及竞争对手可能采取的行动而合理地配置自己的资源。

魁因的定义与安德鲁斯的定义有类似之处，都属于广义的定义。

（三）安索夫的定义

美国著名战略学家安索夫与安德鲁斯一样，都是战略管理第一次浪潮的代表人物。他认为经营战略主要是关心企业外部胜于企业内部，特别是关系到企业生产的产品构成和销售市场，决定企业干什么事业，以及是否要干等问题时。他对战略管理的最大贡献是自从他的战略定义提出以后，西方战略管理文献一般便将战略分为两大类，企业总体战略和经营战略。企业总体战略考虑的是企业应该选择进入哪种类型的经营业务，经营战略考虑的则是企业一旦选定了某种类型的经营业务，则应该如何在这一领域里进行竞争或运行。

安索夫的战略定义与安德鲁斯和魁因的不同，是一种狭义的战略定义。

（四）明茨伯格的定义

加拿大麦吉尔大学管理学教授明茨伯格对于战略的定义有着他自己的特殊认识。他指出，生产经营活动中，人们在不同的场合以不同的方式，赋予战略不同的内涵，说明人们可以根据需要接受各种不同的战略定义。只不过在正式使用战略的定义时，人们只引用其中的一个罢了。在这种观点的基础上，他提出了战略是由5种规范的定义阐明的，即计划（plan）、计策（ploy）、模式（pattern）、定位（position）和观念（perspective）构成了战略的5P。值得强调的是，企业战略仍只有一个，这5个定义只不过是从不同角度对战略加以充分阐述。

1.战略是一种计划

明茨伯格指出，大多数人把战略看成一种计划，即它是一种有意识的有预计的行动程序，一种处理某种局势的方针。根据这个定义，战略有两个基本特征：一是战略在企业发生经营活动之前制定，以备人们使用；二是战略是有意识有目的地开发的。在实践中，战略通常是公开明确的，作为一种计划写进企业正式文件之中，当然不排除有些不公开的、只为少数人了解的战略。

2.战略是一种计策

这是指在特定的环境下，企业把战略作为威胁和战胜竞争对手的一种具体的“手段”。例如，一个企业自得知竞争对手想要扩大生产能力时，便提出自己的战略是扩大厂房面积和生产能力。由于该企业资金雄厚、产品质量优异，竞争对手无力竞争下去，便放弃扩大能力的设想。一旦竞争对手采取了放弃的态度，该企业并没有将扩大能力的战略付诸实施。因此，这种战略只能称为一种计策，目的是对竞争对手构成威胁。

3.战略是一种模式

明茨伯格认为，仅把战略定义为企业采取经营活动之前的一种计划是不充分的。在现实中，人们仍需要有一种定义说明战略执行结果的行为，即战略体现为一系列的行为。因此，明茨伯格提出第三种定义，即战略是一种模式，它反映企业的一系列行动。根据这个定义，当年福特汽车公司的总裁亨利·福特要求T型福特汽车只漆成黑色的行为，就可以理解为是一种战略。这就是说，无论企业是否事先对战略有所考虑，只要有具体的经营行为，就有战略。这种战略与企业的行为相一致。行为的最终结果说明了战略的执行情况，使之有水到渠成的效果。

战略作为一种计划与战略作为一种模式，两种定义是相互独立的。在实践中，计划往往可能在最后没有得到实施，模式却可能事先并没有一种具体计划，但最后形成了。也就是说，战略可能是人类行为的结果，而不是人类设计的结果。

战略实际上是一种从计划向现实流动的结果。那些不能实现的战略在战略设计结束之后，通过一个单独的渠道消失，脱离准备实施的战略渠道。此外，准备实施的战略与自发的战略则通过各自的渠道，流向已实现的战略。这是一种动态的战略观点，它将整个战略看成一种“行为流”的运动过程。

4.战略是一种定位

前三种定义虽各有千秋，但仍旧没有准确回答一个基本问题，即战略到底是什么。简单地说，它可以包括产品及过程、顾客与市场、企业的社会责任与自我利益等任何经营活动和行为。不过，最重要的是，战略应是一种定位，是一个组织在自身环境中所处位置。对企业来讲，就是确定自己在市场中的位置。这第四种定义的战略，实际上成为企业与环境之间的一种中间力量，使得企业的内部条件与外部的环境更加融洽。借用管理学的术语来讲，这一定义就是要把企业的重要资源集中到相应的地方，形成一个产品和市场的“生长圈”。

通常，在军事学或博弈论中，战略的概念多指“两方（军）对垒”，引申到企业经营中，这种概念多指经营双方的正面冲突。在这种情况下，企业通常把战略看成是一种计策。然而，战略是一种定位，引进了“多方竞争”以及超越竞争的含义。换句话说，企业在生产经营中既可以考虑与单个竞争对手在面对面的竞争中处于何种位置，也可以考虑在若干个竞争对手面前自己在市场中所处的地位，甚至企业还可以在市场中确定一种特殊的地位，使得对手们无法与自己竞争。例如，企业凭借专利或产品特殊质量，形成其他企业无法与之竞争的细分市场，并给以充分的资源保证，造成以小胜大并生存下去的态势。

总之，把战略看成一种定位的概念是通过正确地配置企业的资源，使企业形成有力的竞争优势。

5.战略是一种观念

第四种定义是要确定企业在外部环境中的位置，而这一定义是眼睛向内，把注意力放在战略家的思维上。就是说，这里是把战略看成一种观念，它体现组织中人们对客观世界固有的认识方式。例如，有些企业是进取型的，创造出新的技术，开拓了新的市场；而有的企业则一成不变，固守在早已建立的市场上。凡此种种，企业的经营者对客观世界的不同认识会产生不同的经营效果。

由上可以看出，战略是一种观念的定义，强调了战略是一种概念的内涵，即所有的战略都是一种抽象的概念，只存在于需要战略的人的头脑之中，没有人亲眼见过战略，或触摸过。可以说，每一种战略都是人们思维的创造物，是一种精神的产物。战略是一种观念的实质在于，同世界观、文化和理想等精神内容为组织成员所共享一样，战略的观念要通过组织成员的期望和行为而形成共享。在这个定义里，还须强调的是集体的意识。个人的期望和行为是通过集体的期望和行为反映出来的。因此，研究一个组织的战略，要了解和掌握该组织的期望如何在成员间分享，以及如何在共同一致的基础上采取行动。

在我国战略一词自古就有，先是“战”与“略”分别使用，“战”指战斗、交通和战争。“略”指筹略、策略、计划。明代军事家茅充仪编有《武备志》，其中第二部分为“二十一史战略考”。战略的含义大致指对战事的谋划。到了清代末年，北洋陆军督练处于1906年编出我国第一部《军语》，把“战略”解释为“筹划军国之方略也”。一般认为战略是指军事统帅指导战争全局的韬略。在《辞海》中把战略定义为“泛指重大的，带有全局性或决定全局的谋划”。

综上所述，战略是为了组织的生存和发展，利用内部优势，把握外部机会，对组织全局的长远的重大问题进行的谋划。

把战略的含义用于政治、经济领域，就形成政治战略和经济发展战略，运用于企业领域就形成企业战略。

二、企业战略的构成要素

对企业战略的研究，是战略研究的重要方面。从规定经营战略共同经营主线的因素划分，可把企业经营战略的构成要素分为：产品与市场范围，增长向量（成长方向），竞争优势，协同作用。这四种要素可以产生合力，成为企业的共同经营主线。有了这条经营主线，企业内外的人员都可以充分了解企业的发展方向和产生作用的力量，从而扬长避短，发挥优势。

1.产品与市场范围。它说明企业的事业属于什么特定行为和寻求新机会的领域。它指企业在所处行业中产品与市场的地位是否具有优势。为了清楚地表述一个共同的经营主线，常常需要按照分行业来描述产品与市场范围。分行业是指那种具有相同特征的产品与市场、使命和技术的小行业，如机械行业里的机床行业。

2.增长向量。它是指企业经营运行的方向，成长的方向，从企业现有产品与市场组合向未来产品与市场组合移动的方向。下面通过表7-1来说明增长向量。

表7-1 **增长向量要素**

产品 使命	现有	新
现有	市场渗透	产品开发
新	市场开发	多种经营

市场渗透是通过现有的产品与市场的份额增长，来表现一种增长方向。市场开发是为企业现有产品寻找新的市场（使命）。产品开发是利用现有市场，创造新的产品。多种经营则独具特色，产品和使命都是新的。

在前三种选择中，其共同经营主线，或是开发新的市场营销技能，或是开发新技术，或是两者都进行。它们的共同经营主线是清楚的。但是在多种经营中，共同经营主线就显得不够清晰了。

增长向量既指明了企业在行业不变时的方向，又指明了企业跨越行业界线的方向。

3.竞争优势。竞争优势是指企业所寻求的、表明企业某一产品与市场组合的特殊属性，以给企业带来强有力的竞争地位。如一个企业要获得竞争优势，或寻求兼并，谋求在新行业或原行业中获得重要地位；或选择具有专利保护地位的某经营领域；或进行产品开发生产出具有突破性的新产品，以代替旧产品。

4.协同作用。协同作用是一种联合作用的效果。协同作用涉及企业与其新产品和市场项目相配合，企业内部各经营单位联合起来所产生的效益大于各个经营单位各自努力所创造的效益的总和，也就是联合效应。在管理文献中，协同作用常常被描述为具有2+2=5的效果。安索夫把协同作用划分成销售协同作用（即企业产品使用共同的销售渠道、仓库）和管理协同作用等。

前三种要素阐明了企业在外部环境里产品与市场组合的前进道路，而第四个要素是从企业内部的协调考虑的。

共同经营除上述意义外，还有更深层含义，即企业如何考虑寻求获利能力。产品与市场范围指出寻求获利能力的范围；增长向量指出范围的方向；竞争优势指出企业最佳机会特征；协同作用则发挥企业总体获利能力的潜力，提高了企业获得成功的能力。这四个要素是相辅相成的，不是相互排斥的。

三、战略类型

战略的内容十分丰富，形式多种多样。按照不同的标志，可将战略分为不同类型。

1.按战略的范围和重要性划分，可分为总体战略、一般战略、附属战略。总体战略是涉及整个组织基本使命、目标的战略。一般战略指为实现组织目标而制定的特定资源开发与竞争战略。附属战略指为实施总战略和一般战略而制定的更具体的战略。

2.按经营层次划分，分为总体战略、事业部战略和职能战略。总体战略是涉及组织总体方面，起着统帅全局的作用的战略。事业部战略（或分公司战略），指由事业部制定的，一般发生在事业部层次，重点是改善组织产品和服务在其所处的具体行业或细分市场中的竞争地位。职能战略指由职能部门制定的，它是总体战略按专门职能的落实和具体化，如市场、产品发展、技术、人才开发等职能领域的战略。

3.按企业经营职能划分，分为市场、产品、技术、人才和信息等职能战略。市场战略是指一个企业为创造、建立和保持与目标市场彼此有利的交换关系所作的长远性谋划。产品战略是一个企业对自己的产品进行的全局性谋划，包括整顿老产品和开发新产品。技术战略是指对技术进步的总体筹划。人才战略是指对人才的开发、培养和使用方面的谋划。信息战略是关于信息的接收、处理、传递和使用方面的谋划。

4.按战略的时间跨度划分，可分为长期、中期、短期和因地制宜战略。长期战略是涉及公司长远发展方向和发展目标的战略，多属公司总体性战略，时间为5年以上，比如5年、10年、15年等战略。中期战略是根据企业长远战略，在评估未来市场机会与环境变革基础上，由企业最高管理人员制定的投资战略、研究与开发战略、资金筹集战略和设备更新战略等，时间为3～5年。短期战略指在长期、中期战略指导下，根据目前的环境变化，由事业部和分公司经理制定的各种经营战略和职能战略，时间一般为3年。因地制宜战略，指企业根据环境突变所制定的战略对策和权宜战略，如快速成长、进攻、迅速撤退等战略。

5.按偏离战略起点的程度划分，可分为紧缩战略、稳定战略和成长战略（发展战略）。紧缩战略是指企业在原战略中处于不利的竞争地位，又无法改变这种状况，采取逐渐收缩它在该领域中的规模，从企业现有战略基础起点往后倒退的战略。稳定战略是企业在原来经营领域中逐渐取得优势地位，内部条件和外部环境又没有发生重大变化的一种巩固成果、维持现状的战略。这种战略只能保持在现有战略基础水平上，也可称为防御型战略，有积极防御和消极防御战略。成长战略也叫发展战略，是指在现有基础水平上向更高一级的方向，由小到大，由弱到强，不断成长发展的战略。可供选择的成长战略有三种，即密集性成长、一体化成长和多样化成长战略。

第二节 战略管理的概念和地位

一、战略管理的概念

战略管理一词最初是由美国企业家兼学者安索夫在其1976年出版的《从战略规划到战略管理》一书中提出的。安索夫在1979年出版的《战略管理论》一书中，指出企业的战略管理是指把企业的日常业务决策同长期计划决策相结合而形成的一系列经营管理业务。而斯坦纳在他1982年出版的《企业政策与战略》一书中则认为，企业战略管理是确定企业使命，根据企业外部环境和内部经营要素确定企业目标，保证目标的正确落实并使企业使命最终得以实现的一个动态过程。

战略管理的实质不是战略而是动态的管理，它是一种崭新的管理思想和管理方式。它是经过经验管理、科学管理、现代管理发展而来的，是现代管理中一种总体性管理方式。这种管理方式的特点是指导组织全部活动的组织战略，全部活动的重点是制定战略和实施战略。而制定战略和实施战略的关键在于对组织外部环境的变化进行分析，对组织的内部条件审核，并以此为前提确定组织的战略目标，使三者达成动态平衡。战略管理的任务，就在于通过战略制定、战略实施、战略控制、战略评价，实现组织的战略目标。

战略管理有广义与狭义两种概念。广义的战略管理是指运用战略对整个组织进行管理，其主要代表是安索夫。狭义的战略管理是指对企业战略的制定、实施、控制和评价等进行的管理，其主要代表是斯坦纳。目前主张狭义战略管理者占主流。本书是指狭义概念。

综上所述，战略管理是对组织活动实行的总体性管理，是组织制定、实施、控制和评价战略的一系列管理决策与行动，其核心问题是使组织自身条件与环境相适应，求得组织的生存与发展。

二、战略管理的特征

战略管理是组织最重要的最高层次的管理，它属于现代管理的高级阶段。其特征如下：

1.全局性，又称总体性。战略管理是以组织的全局发展规律为研究对象，为指导整个组织总体发展全过程的需要而制定的。它所管理的是组织总体活动，追求的是组织总体效果，着眼点是组织全局的发展，覆盖着组织工作的全局。这种管理尽管包括企业的局部活动，但是这些活动是作为总体活动的有机组成部分在战略管理中出现的。

2.长远性。战略管理的长远性指考虑组织长期的总体生存和发展的问题。它着眼于未来，在科学预测的基础上，谋求组织的长远发展，关注的主要是组织的长远利益。制定的战略目标一般为5年以上，其措施也要从长计议。在国外认为，“为了今天而工作的时代已经过去，是为了明天而工作”，作为一个高层领导人要高瞻远瞩，深谋远虑，面向未来，要为了实现长远的战略目标，搞好当前的工作。

3.纲领性。战略管理所制定的战略目标、战略重点、战略对策等属于方向性、原则性的。它是组织发展的纲领，对于组织一切活动具有权威性的指导作用。它必须通过分解落实等过程，才能变为具体的行动计划。战略管理也是各门管理科学的总纲，各种管理理论的集成。战略管理的主体是组织的最高层管理人员。

4.适应性。战略管理的适应性指所制定的战略要与外部环境和内部条件相适应；在实施战略过程中，要根据环境、条件变化，适时地加以调整，使战略适应变化的情况。同时，利用可能发生的变化和新的发展机会，制定新战略，达到组织的目的。

战略要与外部环境相适应，就必须考虑外部环境中的诸多因素，比如竞争者、顾客、资金供给者、政府等，以使组织的行为适应不断变化的外部力量，使组织能够继续生存下去。

5.竞争性。战略管理的竞争性指要树立竞争意识，要承认竞争的必然性、合理性、敢于竞争和善于竞争；制定的战略要具有在激烈的竞争中与竞争对手抗衡，迎接来自各方面的许多冲击、压力、威胁和困难的挑战的特性。战略管理谋求的是改变组织在竞争中的力量，在未来竞争中占据有利地位，不断扩大组织的实力，战胜对手，保证组织的生存和发展。

三、战略管理的地位和作用

战略具有方向性、整体性的意义，因而制约着管理功能的发挥，决定着整个管理活动的成败。战略的正确制定和实施在全部管理工作中起着十分重要的作用。战略管理在整个管理体系中占有不可替代的地位，发挥着重要的作用。

（一）有助于实现组织的生存发展与外部环境的动态平衡

与外部环境取得动态平衡是组织生存和发展的重要保证，战略管理的价值之一就是审时度势，即审查时机，忖度形势，明悉时代的发展趋势，把握环境的变化，为组织的发展指明方向。从国际上看，第二次世界大战以后，特别是20世纪50年代中期以后至今，资本主义的企业管理已进入现代化管理阶段。其特点之一，就是突出经营战略。进入80年代以后，世界经济更加动荡不安，贸易摩擦，能源短缺，债务危机，股票下跌，新技术、新产品层出不穷，社会价值观急剧转变，国际竞争日趋激化。在这样震荡的环境下推行经营战略，便成为美国企业适应形势，突破困难，维持生存和发展的重要保证。据调查，到20世纪80年代中期，95%以上的美国大企业都积极推行了经营战略，经营成功的中小企业也结合自己特点实行了经营战略管理。

国际战略管理研究的趋势是强调从实践中学习，整体分析和个别经验方法相结合，重视“物质”和“精神”因素，进行“优秀战略”的研究。特别值得借鉴的是后两点。西方国家企业的经营战略，对人们精神因素很重视，它们把价值观和信念作为战略的基础，认为企业能否成功主要取决于集体的精神与行为，而不取决于外部环境与行为。日本学者伊丹敬之强调对“优秀战略”（即“适应战略”）的研究。“适应战略”要求战略具有“三个适应”和“七个战略思想”。“三个适应”即要求战略与环境、资源和组织三个因素相适应。“七个战略思想”概括地说是“差别化”“集中”“时机”“利用已有成果”“要有不平衡”“组织士气”“巧妙组合”的思想。

我国正在向现代化管理迈进。但是，与国际惯例比，无论是现代化管理，还是战略管理都存在差距。只有审时度势，强化战略管理，才能使我国尽快跟上世界经济一体化的进程，促进经济的快速发展。

（二）有助于组织扬长避短发挥优势

实行战略管理，有助于组织（企业）扬长避短，以己之长，克敌制胜，这也是战略的指导思想。它贯穿于组织活动的全过程。一切战略管理的最终归宿，都是扬长避短，趋利避害，使自己在竞争中取胜。

（三）有助于组织优化资源配置

战略管理，能够促进组织资源合理分配，将资源分配给那些能够建立和充分发挥竞争优势的关键领域，并注重其他领域的协同配合，适时地采取战略行动。

（四）有助于组织目标的实现

战略管理从总体上为组织发展进行导向，使组织的具体工作与实现组织的宏大目标结合起来，克服"只顾眼前""得过且过"的短期行为，保证了组织目标的实现。

第三节　战略管理理论的演变

一、战略管理理论的沿革与发展

（一）战略管理理论的沿革

一般认为，20世纪50年代以前是企业战略管理理论发展的萌芽阶段。自20世纪五六十年代以后，企业战略管理理论获得了很大的发展。其中，20世纪60年代有钱德勒的"结构跟随战略"假设和安东尼–安索夫–安德斯范式。进入20世纪70年代以后，战略管理研究的核心问题逐渐转向实际操作，其主流为20世纪70年代的经营组合管理理论和迈克尔·波特的竞争定位理论。

20世纪80年代以后，世界经济格局发生了深刻的变化，企业经营环境的变化日益明显，从外部环境看，技术创新加剧，国际竞争激烈，顾客需求日益多样化，不确定性对企业管理的挑战越来越大；从内部环境看，员工素质普遍提高、自我发展意识日渐增强，组织趋向扁平化和弹性化。战略管理研究转向重视企业中人的因素、文化因素、知识因素以及研究方法的方向性和有效性，那时，圣吉、柯思林和珀斯提出了企业愿景驱动型管理，另外一些学者在波特的竞争理论上进行发展，提出了竞争优势观和核心竞争力等一系列新的理论与模型。

进入20世纪90年代，企业面临的不确定性大大增加，战略管理理论无论是在理论上还是在实践上都遇到了一定的阻碍。传统的战略规划难以适应现实环境的剧烈变动是一个方面的原因，其根本原因是指导企业战略实践缺乏一个统一的理论基础。企业战略理论研究各种流派竞相发展，但是由于研究的角度不同，各家学说对于同样的战略现象往往会得出不同的研究结论，使得企业战略理论研究类似于"盲人摸象"，只及部分，未及整体。

有鉴于此，20世纪90年代以来，企业战略理论的研究出现了一种综合分析以往各个流派观点，同时用统一的理论基础来解释、分析战略问题的研究趋势。在此背景下，超越竞争成为战略管理理论发展的一个新热点，有较大影响和代表性的如德·博诺提出的超越竞争理论、莫尔提出的企业生态系统使用演化理论、达韦尼提出的超越竞争模型等。另外还有一些学者，敏锐地感受到知识经济条件下知识在价值创造过程中的作用，如，瑞克认为在知识经济的条件下，企业已经越来越把知识看成自己最有价值的战略资源，并据此提出了以知识为本的战略观。

（二）战略管理理论的新发展

自20世纪90年代以来，企业战略管理理论的发展在经过短暂的调整阶段后，开始主动适应外部环境的剧烈变化，在研究范式和重点上出现调整和转移，从而使企业战略理论获得全新的发展，为我们重新思考组织发展的战略理论提供了新的思路。

1.企业战略理论的研究重心出现了由外向内然后内外并重的转移趋势，理论研究获得新的发展，其标志性事件是普拉哈拉德和哈默与1990年在《哈佛商业评论》上发表了《公司的核心竞争力》一文，提出了“核心竞争力”的概念。这种观念强调了企业竞争优势来源于企业组织内部。在核心竞争力这个概念的基础上先后出现了基于资源的战略观和基于能力的战略观。两者的观点大体上是相通的，区别在于，同资源观相比，能力观更为强调无形的知识和能力方面，一般将其统称为基于核心能力的企业能力理论。核心能力的提出是对企业异质性假设在效率差异的基础上的进一步深化，这一思想认为企业超额利润的源泉是企业内在差异性，而不是产业之间吸引力的大小。这个问题是波特的战略产业分析所无法解释的。

2.虽然企业能力理论的着眼点是企业内部的资源和能力，战略规划局限于单一的企业发展，并没有明确提出对产业内企业间组织能力问题的关注，但是从企业能力的发展过程中可以明显地看到对产业内企业间组织能力存在一个由提出到逐步重视的过程。

在企业能力理论的萌芽阶段，彭罗斯首先强调了企业内部的知识创造是企业增长的源泉。受彭罗斯启发，理查森第一个提出了企业能力的概念。他认为，工业开展着无限多的活动，这些活动需要由具备适当能力的组织来展开。他进一步区分了活动的种类，即相似活动和互补活动。他认为最关键的要点在于，由于许多需要协调的非相似活动，即互补活动必须通过企业之间的能力互补来进行，所以互补活动的协调既不可能全部由一个企业承担，也不可能完全通过市场来调节，于是理查森把企业之间的合作概念化为在企业之外（市场）和企业之内（科层）这两种协调机制之外的第三种协调机制。这一点应该说是对战略联盟及网络组织研究的最初的理论基础。

企业能力理论与演化经济学相结合，促进了“动态能力”战略观的出现和发展。提斯、皮萨诺和肖恩明确提出了“动态能力”的战略观，并指出：第一，“动态”是指为适应不断变化的市场环境，企业必须具有不断更新自身核心竞争力的能力；第二，“能力”是指战略管理在更新核心竞争力以满足环境变化的要求方面具有关键的作用。这种能力不仅包括整合、重构内部组织技能、资源，还包括整合、重组外部组织技能、资源。在“动态能力”战略观中已经明确了企业之间的组织能力与企业内部的组织能力一样也是企业竞争力的来源，必须从企业内部组织和企业外部组织两个方面同时营造核心能力才能维持企业持续的竞争优势。从企业内部来看，主要是由过去的职能部门制、事业部制、矩阵制等科层组织向学习型组织等非科层组织转变。从企业之间的关系和组织形态来看，由过去的价格勾结、产品联盟等单一、低层次的企业联盟向产品、事业、公司联盟等多层次、多形态的联盟转变。企业之间的竞争思维由过去的你死我活的战争思维向创造价值、实现双赢的价值思维转变。同时，战略联盟的形成使得传统企业之间的竞争逐渐转向以集团为基本单位的市场竞争形式，即联盟集团与联盟集团之间的竞争。

二、组织发展战略的三种思维模式

组织发展战略考虑的是如何利用自身有效的资源或资产，在充满竞争的环境下去满足顾客的需求，从而实现价值创造。这样，资源、竞争和顾客三者就构成了组织发展战略的思维出发点。纵观各种战略理论，无不是从这三者出发来考虑企业的战略制定，因此，形成了三种截然不同的战略思维，即以资源为本的战略思维、以竞争为本的战略思维和以顾客为本的战略思维。

（一）以资源为本的战略思维

以资源为本的战略思维认为企业是一系列独特资源的组合，企业可以获得超出行业平均利润的原因在于它能够比竞争对手更好地掌握和利用某些核心资源或能力，在于它能够比竞争对手更好地把这些能力与在行业中取胜所需的能力结合起来。

许多企业由于种种原因而具备了某种资源，如专利技术、自然资源、法律垄断、人力资源、知识学习、治理结构等，这种资源可以通过企业所提供的产品或服务而体现出来，从而在竞争中具备竞争优势，如美国高通公司在CDMA市场上的成功即是技术使然。

（二）以竞争为本的战略思维

过去的20多年以来，以竞争为本的战略思维一直占据着主导地位。以竞争为本的战略思维认为在决定企业盈利性的因素中，市场结构起着最重要的作用，企业如何在五种竞争力量中确定合适的定位是取得优良业绩的关键，毕竟企业需要比竞争对手拥有某些优势才能在市场竞争中生存和发展。因此，如何打败竞争对手、如何在竞争中获得竞争优势就成为这种战略思维的主要焦点。

根据波特的竞争模型，企业战略的制定基本过程如下：首先是利用五种竞争力量模型来分析行业吸引力；其次是识别、评价和选择适合所选定行业的竞争战略；最后是实施所选定的战略。一般认为企业可以通过规模经济、范围经济和垂直整合获得竞争优势。企业一旦实现规模经济，规模经济带来的低成本就可以成为企业竞争取胜的法宝，在这种情况下，企业把市场份额作为经营的重要目标，因为高市场份额往往代表着高利润。

（三）以顾客为本的战略思维

随着实物经济向服务经济的转变，企业与顾客之间不仅仅是一种交易，而是转变成了一种关系，这样，维系顾客远比吸引顾客更重要。

以顾客为本的战略思维认为顾客是企业经营的中心，研究顾客需求和满足顾客需要是企业战略的出发点。这种战略把顾客视为企业的一部分，它把顾客与企业存在的关系过程中给企业带来的利润作为顾客价值的度量，亦作为企业盈利能力的度量，因此，发现/引导（甚至是创造）顾客需求、满足顾客需求、维系顾客关系便成为这种战略的重点。企业根据顾客来调整各种资源组合和经营行为，以便为顾客提供更多的价值。比如惠普公司把公司的组织结构从以产品线为中心改为以现有顾客和潜在顾客为中心，它首创地设立了客户业务经理岗位，由客户业务经理向顾客提供服务。客户业务经理的绩效不仅仅与销售收入挂钩，还与顾客的满意程度挂钩。因此，他们能真正做到以顾客为中心来开展工作。

第四节　战略管理过程

战略管理是指组织高级管理层，对组织战略的制定、执行和控制进行的管理过程。

一、战略制定的管理

战略制定的管理工作主要是如何组织力量按必要的程序和方法把战略制定出来。它包括如下几个方面：

（一）确定组织的使命或宗旨

组织使命或宗旨是指组织存在的目的或原因，它说明组织应该从事何种经营事业，满足用户何种需求。一个组织，无论它所在的行业如何，都应有自己特殊的使命，如设计和制造某一类型的产品，为社会提供服务，出售自己的咨询意见等。任何一个组织，无论它有多大，处于哪个领域，无论用何种纽带使之连接在一起，事业使命的一致性是它们连接在一起的基本要求。因此明确组织的使命是进行战略管理的起点。

组织的存在往往是为了要在一个较大的环境中完成某些事情，其特定的使命或目的开始时都非常清晰，但经过一段时间之后，使命虽然是很清晰，可能有些管理者已失去兴趣；或者也许使命仍然清晰，但随着一些新的情况加入环境中，而使得使命与其脱节；或者也许随着组织的成长和加入一些新的产品与市场，使得使命变得模糊不清。根据德鲁克的说法，这正是组织该探讨根本问题的时候。如我们是什么样的事业？谁是我们的顾客？我们能对顾客提供什么样的价值？我们的事业将何去何从？我们的事业将来应变成怎样？等等。这些问题听起来简单，但对某些组织来说是相当难以回答的。成功的组织就是因为能不断地提出这些问题，并且深思而寻求透彻的解答。

组织重视经营使命，是为了使其经理人员、职工、甚至消费者与社会大众都能共享这一使命。一份好的使命报告书，能提供组织许多员工共享机会、方向、宗旨与成就感。组织的使命好像一只“看不见的手”，指引着分布广泛且独立工作的员工，为达到整个组织目标而努力。

一份好的使命报告书具有如下的一些特征：它们应该着重在某些有限的目标上，而非每件事都想尝试。例如，如果报告书这样写：“我们要生产最高品质的产品，提供最好的服务，建立最广的配销网，且以最低的价格销售。”这看起来不错，但是追求的目标未免太多了。这样的使命书，在必须作重大的经营决策时，无法提供管理阶层作指引方针。

组织使命具有长期性、指导性和激励性的特点。长期性指组织使命要指出企业未来5年、10年或20年的经营方针与远景；指导性指组织使命应强调组织引以为荣的重要政策。政策的内容应能明确指导职工如何对待顾客、供应商、竞争者以及政府和其他重要的群体；激励性指组织使命要使全体职工感到其工作的重要性，并对人类生活有贡献。

（二）战略事业单位的确定

大多数的组织都同时经营数种事业，但这些事业彼此间的差异或许不见得都很明显。如一家企业也许经营12个事业部，但这并不意味着它经营12种事业。也有些企业的2个事业部，由于彼此间具有很大的相关性，因此这2个事业部可合并起来构成单一的事业。由此可知，组织有必要先确认其事业单位，分别进行管理。

一个战略事业单位应该具备下列特征：要成为一项业务或几项相关业务的集合；要有一个明确的事业定义；要有自己的竞争对手；要有专门负责的经理；要由一个或更多的计划单位和职能单位组成；要能从战略计划中获得利益；要能够独立于其他事业单位，自主制订计划。

明确的事业定义是区分和确定战略事业单位的关键。以企业为例，通常企业都以产品来界定其事业，例如，“汽车制造事业”或“计算机制造事业”等。但是，实践证明，以市场界定事业的方式优于以产品界定事业的方式。一个事业必须着眼于顾客满意程度，而非产品制造程序。产品的寿命是短暂的，而基本需要与顾客群体则是永恒的。经营马车的公司在汽车发明之后，很快就会被淘汰。但是，如果这家公司能将其经营使命界定为“提供运输服务”，则很可能从马车生产转入汽车生产。

（三）战略管理职责的划分

组织在确定好战略事业单位后，就可以进一步划分战略管理的职责了。组织战略，一般地说有三个层次，即组织总体战略、事业部战略和职能战略。总体战略是组织最高层次的战略，由组织的最高领导层或最高领导者亲自负责，并把它作为组织的首要任务来抓。事业部战略，由战略事业单位的主要负责人来抓，在大的组织中，如果该战略事业单位由几个事业部组成，就必须由负责这几个事业部的副总经理连同这几个事业部经理负责。如果某一事业是该组织的最大最关键事业，就要由企业总经理或第一副总经理来负责，我国目前大部分企业就是处于这种情况。职能战略，由战略事业单位下的一些职能部门来负责。

（四）选择战略制定的方式

1.自上而下的方式。自上而下的方式是指由组织高层管理者讨论并授意秘书或有关专业人员草拟整个企业的战略，而后，逐级根据自己的实际情况以及上级的要求发展这一战略。

2.领导层挂帅与专门业务部门合作进行制定。这一方式是由领导层挂帅，由设在企业的、具有一定业务权威的、赋予平衡各业务部门权力的“企业最高参谋部门”负责制定，或由企业的规划部门负责制定。

3.以战略事业单位为核心制定战略。这一方式是指高层管理对各战略事业单位先不给予任何指导，而要求各事业单位提交战略计划，高层领导只加以检查与平衡，然后给予确认。采用这一方式，要求战略事业单位的负责人有较高的战略管理水平和整体观念。

4.委托具有一定条件的单位制定。被委托的单位应是能负法律责任的、能严守组织机密的、具有权威的组织外部咨询单位或规划部门，受委托单位向组织领导人提供一个以上的可供选择的战略方案。

5.组织与咨询单位合作进行。这种方式可以弥补上一种办法的不足，以取长补短。采用这一方法的关键是组织好、配合好。

（五）制订和选择战略方案

一般来说制订战略方案的内容，包括战略思想、战略目标、战略重点、战略阶段和战略对策等，具体内容见前述。

在制定不同层次战略时，还必须突出其主要内容，并各有侧重点。在备选方案的基础上选择满意方案。

二、战略执行的管理

战略执行就是把战略付诸实施。为了确保战略的实施，要了解战略执行的制约因素，选择战略实施模型，搞好资源分配，加强组织领导和激励，制订具体的行动计划等。

（一）了解战略执行的制约因素

战略执行的制约要素，有人员系统、组织结构系统和组织文化系统。组织中的人员是战略管理过程的主体。这些人员具有各自不同的目标、价值观、行为方式和技能。他们既是执行战略的人，又是战略实施过程中需要改变行为的人。要使战略执行得到预期效果，必须做好以下两项工作：一是选择或培训能胜任新战略实施的领导人；二是改变组织中所有人员的行为与习惯，使他们易于接受新战略。其中选择能胜任新战略实施的领导者是战略执行的关键。美国著名的管理学家卡斯特说过：平庸的战略，可能会因为具有驾驭能力，有才华、干劲足的领导的引导有方而获得成功；完美的战略却会因缺乏好的领导人以至组织内各个成员仅仅是消极地行动而遭失败。组织是实施战略的一种工具，一个好的战略需要通过相应的组织机构去执行。组织结构应当根据组织战略目标进行调整。美国管理学家托马斯·J.彼得斯和小罗伯特·H.沃特曼对各种组织结构进行分析后，提出了能适应战略时代新型组织结构的三大要求：一是履行基本职能的效率要求；二是不断创新的要求；三是确保面临重大威胁时能作出起码程度的反应，以避免僵化的要求。只有这样的组织结构，才能保证战略的顺利进行。组织文化系统，是实施战略的保证。组织文化，简单地说是组织成员共同的观念形态和行为准则。它的本质是在价值观念上对全体组织成员提出的一种理性的韧性约束。在战略执行过程中，积极的组织文化起支持作用。

（二）选择战略实施模式

对于组织高层领导来说，选择好战略实施的模式是实施战略的重要工作。一般地说，战略的实施有五种模式，即指令型、转化型、合作型、文化型和增长型。指令型模式是指具有极为正式的集中指导的倾向，战略实施靠的是满意战略和有权威的日常指导。转化型模式是从指令型转变来的。这种模式十分重视运用组织结构、激励手段和控制系统来促进战略实施。合作型模式是指把战略决策范围扩大到企业高层管理集体之中，调动了高层管理人员的积极性和创造性。因此，协调高层管理人员的活动成为总经理的工作重点。文化型模式是指把合作型的参与成分扩大到了企业的较低层次，力图使整个企业人员都支持企业的目标和战略。在该模式中最高领导者起指导者的作用，通过灌输一种适当的组织文化，使战略得以实施。增长型模式指组织的战略是从基层单位自下而上地产生。它的关键是激励管理人员的创造性去制定与实施完善的战略，使组织的能量得以发挥，并使组织实力得到增长。

从实践来看，上述的五种模式并不是互相排斥的。在某种意义上讲，它们可能只是形式上有所区别。一个稳定的组织可能对各种模式都感兴趣，只不过各有不同的侧重。不过，这些模式中的任何一种都不可能适用于所有的组织。运用这些模型的条件主要取决于组织发展变化的速度以及目前的文化状态。

（三）搞好资源分配

执行战略计划还要搞好资源分配。资源分配是根据总体战略和职能战略的目标和要求分配所需的资源，包括人力、物力和财力的分配，其中主要是资金即财力分配，通过预算来分配和调控所利用的资源。因为有了资金，可以通过生产资料市场、劳务市场、技术市场等途径取得所需的物资、人才和技术，即使是组织内部调配也需要相应的经费开支，而预算是资源分配的主要形式。预算的内容，一般包括资本支出、生产材料、收支、现金流量、资产、负债、损益预算等。此外，对组织内部资源，如劳动力、技术力量、存货甚至技术装备等，可用内部计划进行分配。

（四）加强组织领导

加强组织领导和激励，制订具体的行动计划，把战略的内容和要求具体化，安排实施战略和行动计划的具体工作程序等，把企业战略落到实处。

三、战略控制的管理

战略控制是指把战略执行过程中所产生的实际效果与预定的目标和评价标准进行比较，评价工作业绩，发现偏差，采取措施，以达到预期的战略目标，实现战略规划。它是战略实施中保证战略实现的一个重要阶段。搞好战略控制，要做好以下工作。

1.确定控制层次。实施新战略需要在战略、管理、操作三个层次上进行控制，每一层次控制的目的都不一样，需要的信息也不相同。例如，实施一项海外投资战略需要在战略层次上控制总预算，在管理层次上控制日常花费并进行职工管理，在操作层次上保证例行业务正确无误地完成。战略实施要想成功，这些不同层次的控制也必须加以考虑。操作控制一般需要详细的信息资料，应由有关分工的经理来执行，而战略控制需要的是少量的总量数据，应由高层经理来监测。

2.建立责任中心。战略变化的复杂性往往需要组织内部对战略控制责任进行划分。这样形成的一些小单位可称为责任中心。它们是整个组织中可以确认的一个部分并对组织的某些方面负责。其绩效主要从相应职责的角度进行考核。这些责任可从不同的角度划分，如按销售、成本、利润和投资等划分责任中心。其中收入中心或成本中心把有限的责任下放，有利于高级管理人员仍然保持对各部门的财务人事等的控制，但这样对相应部门的积极性的调动可能是有限的。反之像利润中心或投资中心等会激发起较高的积极性和自主精神，但在组织内部可能会激起难以控制的紧张关系。

3.明确关键因素和关键信息。要搞好战略控制，必须抓住决定战略是否成功的关键因素。这些关键因素在资源规划的时候就应该确定，然后还要保证及时得到反映这些关键因素的绩效指标和有关信息。例如，如果忽视了组织的总体目标而只监测某一单个指标如产量，则会把组织引入歧途。这在引入新战略而原来的衡量的标尺不适宜的时候会出现很严重的问题。如果一个习惯经营量大利薄产品的企业引入一种量小却高利润的产品，而继续用销售量来衡量销售人员的功绩势必带来严重问题。

4.实现控制的多样性。战略决策的长期影响特性及战略决策制定条件的不确定性决定了控制系统必须有较大的自由活动空间。战略的不断演化也决定了控制的多样性，最明显的例子是新产品在刚上市时总是利润极低的。明星产品和金牛产品的利润率不能希望是相同的，因为两种产品的战略目标是不相同的，它们对公司的贡献也必须用不同的方法来测量和控制。

5.明确控制程序和方法。控制程序一般由评价标准、工作业绩和反馈三个要素构成。组织的战略目标，包括总体战略和职能战略的长期和短期目标都是战略控制的评价标准，在较低层次上，预算本身也是一项重要的评价标准。此外，还可以按照一般的准则和实际需要制定其他评价标准，如职工的流动情况和不满，顾客对产品和服务的意见等。确定衡量工作成果的标准，这是工作成果的规范，是从一个完整的战略方案中所选出的对工作成员进行计量的一些关键点。它用来确定企业各级是否达到战略目标和怎样达到战略目标。评价标准应该包括定性的和定量的。定性评价标准有战略内部的一致性、战略与环境的一致性、战略与可供资源的一致性、战略风险的可容忍性、战略时间结构的适宜性、战略的可行性等。定量评价是指对执行中所获得的效果，用各种指标予以核算和评价。这就要对这些定量指标制定一个可供比较的评价标准。定量评价标准有三种类型：一是以历史数据为基础拟定的标准；二是以同行的平均水平、先进水平，或竞争对手所达到的水平作为标准；三是按照一定的准则，将大家所公认的标准作为评价的标准。评价标准是实行战略管理的基础。评价工作业绩是把战略执行中的实际效果与评价标准相比较，进行分析的全过程。它的主要目的是发现战略执行中存在的问题，找出偏差，从而确定和采取纠正的措施。反馈就是找出发生偏差的原因，拟定和执行纠正的措施，改进组织活动。反馈过程首先是把工作业绩的评价反馈到有关部门和管理人员，这是重要的第一步。信息如果不及时提供给需要这种信息的使用者，就是无用的信息。管理者通过对这些信息的分析，找出发生偏差的现象和原因，这是关键的第二步，需要一定时间进行调查研究。原因找准了，才能对症下药。采取措施，这是行动的第三步。当然采取什么措施，实现措施还需要一段或长或短的时间。如果没有反馈，控制就没有效果。因此，反馈是一个过程，上述三个步骤是相互联系的。

控制的方法主要有跟踪型控制、开关型控制和事后控制。跟踪型控制是指不断地搜集战略方案执行过程中的各种信息，自始至终地控制战略方案的实施，它非常近似于在航天器的飞行中，人们自始至终对它进行控制，使其按预定轨道运行。开关型控制，指按照某一标准来检查决策实施，以确定是否继续进行。事后控制指把结果与期望的标准相比较，分析成效高低的原因，采取相应的行动，同时得到经验教训，指导今后的战略行动。跟踪型控制是为了战略运行保持某一确定的方向；开关型控制则还具备终止战略运行的功能；事后控制的任务则更多地强调为以后提供经验教训。三种控制中通常采用的是跟踪型控制。

由于战略具有长期稳定性，是对企业未来的一套总体设想，因此带有主观性，而企业外部环境具有多变性，加上人们的素质和科学水平的局限，不可能对今后几年的发展作出非常准确的预计；再加上战略在执行过程中，由于指挥上的错误而错过战机，遭受巨大损失或由于指挥得力，使战略提前完成等情况，都需要重新修订战略。

思考题

1. 试述战略、战略管理的含义及特征。
2. 增长始终是一个组织追求的最佳战略吗？试说明。
3. 企业战略是由哪些要素构成的？
4. 战略管理有何价值？
5. 组织发展战略的制定有哪些思路可以遵循？
6. 战略制定的过程可分哪几个阶段？

第三篇　组　　织

第八章　组织设计

学习本章的目的和要求
通过本章学习，明确组织的概念；掌握组织工作的原则；领会各种类型组织的特点及适用范围；熟悉组织设计的程序；掌握组织结构设计方法。

第一节　组织的含义

组织是人类社会最常见、最普遍的现象。工厂、机关、学校、医院、各级政府部门、各个党派和政治团体，这些都是组织。现代社会就是由这样的组织组成的。社会上每个人几乎都至少在一个组织中工作和生活。人们利用组织把资源集中起来，从事经济、政治、文化等社会活动。而各种组织，尤其是无数个企业似乎在永无休止地改革、重组和再造。

两个以上的群体共同工作，就得互相协作。为了卓有成效地协作，人们必须了解各自的任务目标、责任与权限，这就需要一个能确定种种关系，便于传达各项决定的正式机构，这就是通常所讲的组织。当然，为了使这样的机构具有效率，还必须以最少的费用，充分发挥集体的力量，有效地运用组织中每个人的才智，来圆满实现组织的目标。因此，组织又是发挥管理功能、达到管理目标的工具。

组织可以从不同角度去解释和理解。从实体角度看，组织是为实现某一共同目标而由若干个人组合形成的一个系统。公司、企业、学校、医院及政府机构等都是组织。在管理过程中，组织又是管理的一项基本职能，是指为达到某一目标而协调人群活动的一切工作的总称。两者具有不同的含义。

一、实体组织

实体组织是为实现某一共同目标，经由分工与合作及不同层次的权力和责任制度，而构成的人的集合。这个概念具有三层含义：

1.组织必须具有共同目标。任何组织都是为实现某些特定目标而存在的，不论这种目标是明确的，还是隐含的，目标是组织存在的前提和基础。大学的目标是传授知识，培养高级人才；而一些非正式组织，它们隐含的目的就是使组织成员受到保护，满足成员在某些方面的特殊要求。

2.组织内必须有明确的分工与协作。分工与协作关系是由组织目标限定的。企业为了达到经营目标要有采购、生产、销售、财务和人事等许多部门，这是一种分工，每个部门都专门从事一种特定的工作。各个部门又要相互配合，采购要根据生产的需要进行，生产要“以销定产”，这就是一种合作。只有把分工和合作结合起来，才能提高效率。电影院的观众具有相同的目的，但他们彼此没有分工与合作，不能称其为组织，而电影院的全体工作人员则在工作中相互配合，构成了一个实体组织。

3.组织要有不同层次的权力与责任制度。这是由于分工之后，就要赋予各部门及每个人相应的权力，以便于实现目标。但同时必须明确各部门或各人的责任，只有权力而不负责任，可能导致滥用职权，同样影响组织目标的实现。所以，职权和责任是达成组织目标的必要保证。

二、组织职能

组织职能是指为了有效地实现共同目标和任务，合理地确定组织成员、任务及各项活动之间关系，并对组织资源进行合理配置的过程，即组织工作的全过程。组织职能的主要内容包括：

1.组织结构的设计。它包括组织内横向管理部门的设置和纵向管理层次的划分。当组织目标确定以后，管理者首先应对为实现组织目标的各种杂乱无章的工作内容进行划分和归类，把性质相近或联系紧密的工作进行归并，成立相应的职能部门进行专业化管理，并根据适当的管理幅度来确定组织的纵向管理层次，最后形成一个完整的系统。

2.适度分权和正确授权。在确定了组织结构的形式后，要进行适度的分权和正确的授权。分权表示组织内管理的权力由高层管理者委派给各层次和各部门的程度，分权要讲求适度；授权则体现职权委任给各个管理层和各个部门的过程。分权适度，授权成功有利于组织内各层次各部门为实现组织目标而协同工作。

3.组织内各职务人员的选择和配备。它包括人员的招聘和定岗、训练和考核、奖惩制度，以及对人的行为的激励等。

4.组织文化的培育和建设。为创造良好的组织气氛而进行团体精神的培育和组织文化的建设。

5.组织运作和组织变革。组织运作是指管理者怎样使已设计好的组织系统围绕目标而有效地运转起来。这包括制定和落实各种规章制度和建立组织内部的信息沟通模式。组织变革是指不断适应实现目标的需要，对组织工作进行必要的调整、改革与再设计。

6.组织与外部环境的关系。组织存在于特定的社会环境之中，组织的形态、功能、结构、管理活动都受环境影响，如何使组织行为与外部环境保持一致是组织职能的重要内容。

三、组织工作的原则

组织根据其特定的目标和所处的环境，形成各自不同的结构形式和内部关系。但不管管理者如何行使组织职能，都必须遵循组织工作的基本原则。

（一）统一指挥原则

统一指挥原则最早由法约尔提出。它是组织活动有秩序、高效率开展的重要保证。按照这一原则，组织中每位员工只需服从一名上级的命令并只对一个上级负责，不能出现“一仆二主”的现象。如果需要两个或两个以上的管理者同时指挥，则必须在下达命令前，管理者先相互沟通，达成一致意见后再行下达。

（二）分工协作原则

分工与协作是社会化大生产的客观要求。分工就是按照提高管理的专业化程度和工作效率的要求，把组织的目标和任务分成各个层次、各部门及每个人的任务和目标，明确它们应做的工作以及完成工作的手段、方式和方法。通过分工，人们可以专心从事某一层次、某一部门或某一职权的工作，能够提高工作效率。随着生产力和科学技术的发展以及管理工作的日益复杂，分工越来越细，这正是现代社会和现代组织的一个主要特征。协作是与分工相联系的一个概念，它是指明确部门之间、部门内部以及各项职权的协调关系与配合方法。分工与协作是相辅相成的，只有分工没有协作，分工就失去意义；而没有分工就谈不上协作。因此，在进行组织设计时，要同时考虑这两方面问题。

（三）权责一致原则

权力是指在规定的职位上具有指挥和行事的能力。责任就是在接受职位、职务时所应尽的义务。有多大权力必须承担多大责任，这是理所当然的。职权与职责相对应，权责对等虽然很难从数量上画等号，但从逻辑上来说，这是必然的结果。

（四）集权与分权相结合原则

集权管理是社会化大生产保持统一性和协调性的内在需要。但是集权又有其致命的弱点，弹性差，适应性弱，特别是在社会化大生产的复杂性和多样性面前，过度的集权甚至可以造成组织的窒息。因此，又要实行局部管理权限的分散。处理好集权与分权的关系，要求对组织中的重大决策及全局性的管理问题实行集权，对局部的日常管理问题实行分权。

（五）有效管理幅度原则

有效管理幅度是指一个管理者能够直接有效管理下属的人数。由于管理者的时间和精力是有限的，他的管理能力也因知识、经验、个性、年龄等的不同而不同，所以，不同的管理者有不同的管理幅度。因此，应根据不同管理者的具体情况，结合工作的性质以及被管理者的素质特征来确定适用于本组织和特定管理者的管理幅度，做到既能够保证统一指挥，又要便于组织内信息的沟通。

（六）弹性结构原则

所谓弹性结构，是指一个组织的部门结构、人员职责和工作职位都是可以变动的，要适应组织内外环境的变化。根据这一原则，首先，应使部门结构富有弹性，企业可以根据组织外界环境的变化和生产经营活动的需要及时地扩充或收缩某些职能部门，各部门在经营管理上有较多的自主权和灵活性。此外，还可设置临时工作小组，以适应组织环境和不同工作性质的要求。其次，组织内工作职位的设置也应富有弹性，在划分机构或职位的权责范围时，既要明确但又不易过细、过死，这样有助于在非正常状态下实现部门和人员之间的协调配合；要按任务和目标需要设立岗位和职位，不按人设岗，报酬应与贡献相联系，而不应与职位等同起来，从而鼓励人们去追求贡献，而不是片面追求职位。

（七）经济原则

组织工作不但要围绕企业目标或任务来进行，还要讲究工作效率，这就要求机构设置及人员配备应该尽量做到精简。

第二节　组织结构

一、组织结构的演进

随着生产经营活动的日益复杂与企业规模的不断扩大，企业组织机构也经历了从无到有、从低级到高级、从简单的职能分工到严密的系统管理的发展过程。其典型阶段有以下几方面：

1.从无专职管理者到有专职管理者

在工业生产的“手工作坊”阶段，管理职能和劳动职能集于一身，是当时作坊老板的共同特征。老板既是管理者又是劳动者，这种“兼职管理”是因为当时的手工业生产组织规模很小，业务简单，加上本小利微，也不可能养起一个完全脱产的管理者。

随着手工作坊雇用人数的增加和产量的扩大，从需要和可能两方面对作坊老板的脱产管理提供了条件。当作坊老板的管理活动同直接生产劳动完全分离时，从企业管理的角度来看，便由无专职管理者过渡到专职管理者阶段。

2.从“一人管理”到管理组织

工场的老板成为专门管理者之后，却仍没有产生管理组织机构。随着企业简单协作规模的扩大，使得管理活动的内容和范围也扩大起来，原来的工厂主“个人管理”方式渐渐不能适应。工场主对更多雇佣工人的剥削压榨，加剧了工厂主和工人之间的矛盾，工人的消极怠工，导致了必须对工人加强管理和监督。这是监工阶层作为专职管理者出现的直接原因。另外，随着市场的扩展和企业规模的扩大，工场主需要把主要精力集中在经营上，而日常生产监督管理活动就交给监工，因而需要增加一个能够代表工场主的管理层，于是产生了工厂主同监工的直线分工。

工场主同监工的分工，是企业管理组织的第一次历史性分工。

工场主雇用一人监工，只是管理组织的起点。随着企业规模的扩大，监工数量也会增多，而当监工增加到一定数量之后，又增加一个新的管理层次，于是管理组织由两个层次发展为三个层次，管理组织进一步复杂化了。

3.从直线管理组织到职能管理组织

管理组织的直线分工虽然形成了等级分明的“指挥链”，但此时的各级监工都只不过按块块分担原来工场主一人承担的管理和监督工作，而在业务方面仍没有什么分工，每个监工仍然在自己管辖的区域内进行包揽一切的“个人管理”。随着工场手工业向机器大工业的过渡，管理的内容和业务越来越复杂，不仅对会计管理、劳动管理提出了更高的要求，而且设备管理和工艺管理也被提到议事日程上。这就要求资本家不仅要寻求层次管理的代理人，还要寻求职能管理的代理人，即雇用职能人员，于是就出现了管理组织的第二次历史性分工，直线管理和职能管理间的分工。分工的结果，是职能管理人员的产生和职能管理机构的出现。

4.从工厂管理组织到公司管理组织

从手工作坊到手工业工场、再到产业革命初期的机器工厂，一般都归一个资本家所有。当产业革命完成后，机器体系广泛采用，工厂规模不断扩大，资本有机构成空前提高，大工厂的建立与运行需要集中大量资金，个别资本一般难以胜任，需要在更大范围从全社会集中大额资本，于是导致了以有效集资和有效运营为特长的公司组织的出现。

公司的出现，使所有权和经营权得到了彻底的分离，也使管理组织的最高层呈现出决策、指挥、监督三权分立的新格局。股东大会、董事会、监事会和经理人员各自的地位、功能和作用不同，他们分享着不同权能，承担着相应的责任，从而形成既相互独立又相互作用、相互制衡的关系。随着现代公司在规模、产品、地区和实力的空前扩大，公司管理组织也出现一些新特点和趋势：在决策方面，由个人决策倾向于集体决策；在权力的运用方面，由集权制倾向于分权制；在组织结构方面，向事业部制和跨地区、跨国的多维立体组织结构发展。

5.从有边界组织到无边界的网络组织

虽然自有组织之日起，组织之间就存在普遍的、广泛的合作关系，但网络组织成为一种重要的组织现象，应该开始于20世纪60年代。在这个时期，整个世界市场逐步由供小于求向供大于求的方向转变，企业对市场的预见和控制能力变弱。企业面临的新挑战是：在控制成本的基础上如何更好地满足顾客定制化的、多变的需求。为此，企业作出了以下几方面的努力：

（1）借助全球化，将其不具备竞争优势的生产环节，如制造环节，向发展中国家转移。这种转移，从企业层面看：一方面，是其继续保持在成本方面的竞争优势；另一方面，凝练了其在产品设计和市场营销等方面的核心竞争力。从企业间关系来看，企业与企业之间在全球范围内形成了基于纵向分工的产业合作关系。

（2）在分工纵向延展和细化的同时，企业在横向上也寻求相互之间的合作，出现了诸如虚拟企业、技术研发战略联盟等新的网络组织形态，基于这种横向合作，企业在分担市场和研发风险的同时，获得了技术和产品上的多样性。

（3）出现模块化组织，通过模块化内的规模优势控制成本，通过模块间的多变组合达到量身定制，并将企业之间的分工合作关系向产品内的层次推进。企业之间正式或非正式关系的日益普遍和深化，使得企业在生产模式上逐步由大规模生产转向大规模定制；在组织模式上，由有利于分工和控制的金字塔型的组织结构向有利于合作和协调的扁平化的组织结构转变，以维系网络组织的形态。与此同时，新技术尤其是信息技术的飞速发展，大大节约了形成和维持这种关系的成本。可以看出，网络组织能够成为一种重要的组织现象，固然是组织所面临的外部市场环境的变化使然，但同时也是组织主动适应和技术进步的结果。

二、组织结构的类型

组织结构是表明组织内各部分的排列顺序、空间位置、聚散状态、联系方式以及各要素之间相互关系的一种模式，组织结构是组织的“框架”。组织结构是随着生产力和社会的发展而不断发展的。常见的组织结构的类型有：直线制、职能制、直线职能制、事业部制、模拟分权式结构、超事业部制、矩阵制结构、多维立体组织结构等。

（一）直线制组织结构

直线制是最早使用也是最为简单的一种结构，又称单线制结构，或军队式结构。其主要特点是组织中各种职位是按垂直系统直线排列的，各级主管负责人执行统一指挥和管理职能，不设专门的职能机构。其结构如图 8-1 所示。

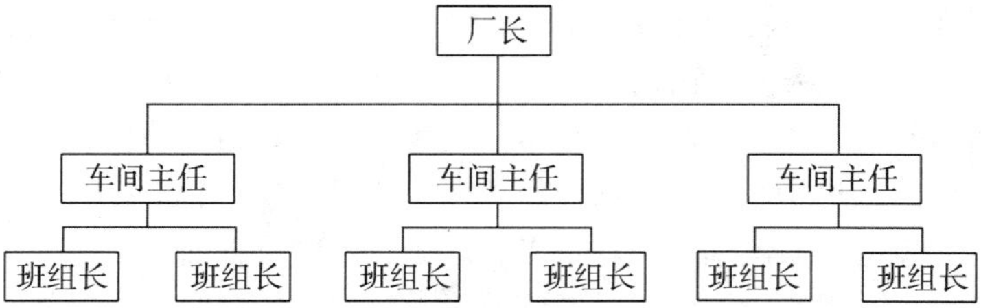

图 8-1　直线制组织结构示意图

直线制组织结构设置简单、权责分明，便于统一指挥、集中管理。缺点是没有职能机构当领导的助手，易于忙乱。所以，一旦企业规模扩大，管理工作复杂化，领导者势必因经验、精力不及而顾此失彼，难以进行有效的管理。这种组织结构只有在企业规模不大，职工人数不多，生产和管理工作都比较简单的情况下才适用。

（二）职能制组织结构

职能制又称多线制组织结构，其特点是在各级主管负责人之下，按专业分工设置相应的职能机构，这些职能机构在各自的业务范围内有权向下级下达命令和指示，如图 8-2 所示。

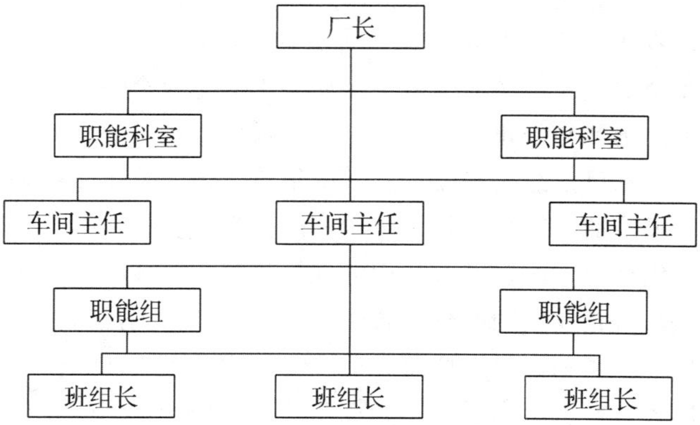

图 8-2　职能制组织结构示意图

职能制适应现代生产技术比较复杂和管理分工较细的特点，提高了管理的专业化程度，减轻了各级主管负责人的工作负担。其缺点也非常明显，由于每个职能人员都有指挥权，多头领导容易造成管理上的混乱。这种组织结构最早是泰罗提出来的，但由于上述缺点，事实上不存在纯粹的职能制组织结构。

（三）直线职能制组织结构

直线职能制是把军队式的直线制和泰罗的职能制结合起来形成的。其特点是以直线为基础，在各级主要负责人之下设置相应的职能部门，分别从事专业管理，作为该级领导者的参谋。职能部门拟订的计划、方案统一由直线领导批准下达，职能部门无权直接进行指挥，只起业务指导作用，实行主管人统一指挥与职能部门参谋、指导相结合，如图8-3所示。

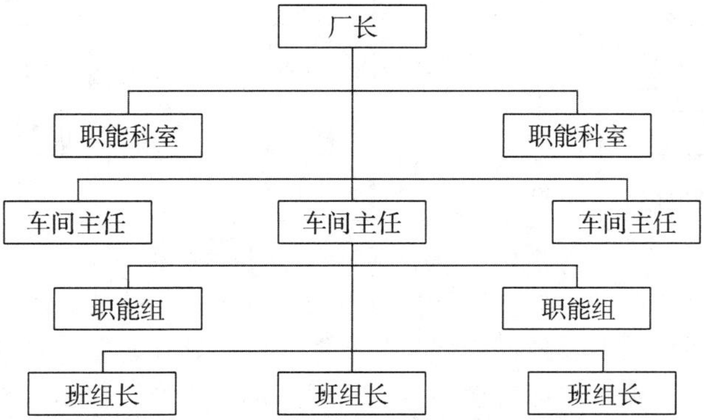

图8-3　直线职能制组织结构示意图

直线职能制综合了直线制和职能制的优点，是在摒弃两者缺点的基础上形成的。因此，它既保持了直线制的集中统一指挥的优点，又吸取了职能制发挥专业管理的长处，从而提高了管理工作的效率。直线职能制在管理实践中也有不足方面：权力集中于最高管理层，下级部门主动性和积极性的发挥受到限制；信息传递路线较长，反馈较慢，适应环境变化较难。实际上是典型的“集权式”管理组织结构。

（四）事业部制组织结构

事业部制是西方经济从自由资本主义过渡到垄断资本主义以后，在企业规模大型化、企业经营多样化、市场竞争激烈化的条件下，出现的一种分权式的组织形式。事业部制的主要特点是在总公司的领导下，按产品或地区分别设立若干事业部，每个事业部在经营管理上拥有很大的自主权，总公司只保留预算、人事任免和重大问题的决策等权力，并运用利润等指标对事业部进行控制，如图8-4所示。

事业部制的管理原则是“集中政策，分散经营”，即在集权领导下实行分权管理。由于各事业部具有独立经营的自主权，这样既有利于调动各事业部的积极性和主动性，又提高了管理的灵活性和适应性，还能为管理人才的成长创造良好的机会。因此，它成为欧美、日本等国各大企业所采用的典型的组织形式。但是，事业部制也加剧了高层管理者对各事业部管理的难度，容易产生以各自为中心，不顾全局的本位主义。

（五）矩阵制组织结构

矩阵制是为了适应在一个组织内同时有几个项目需要完成，每一个项目又需要具有不同专长的人在一起工作才能完成这一特殊需要而形成的组织形式。其特点是：既有按管理职能设置的纵向组织系统，又有按产品、项目、任务等划分的横向组织系统。

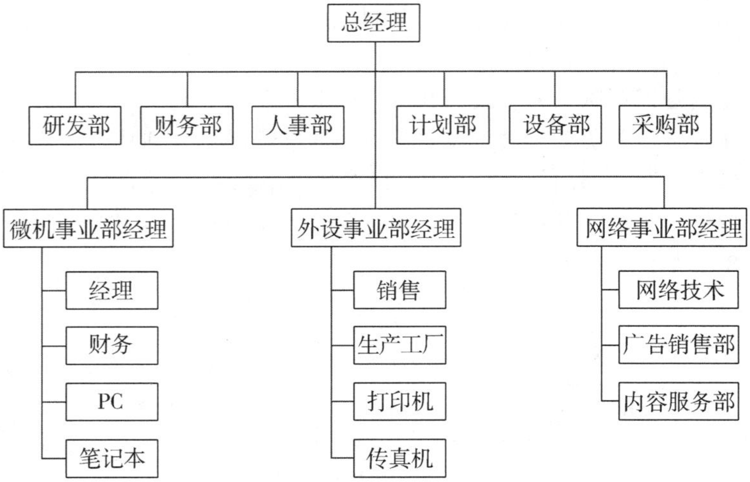

图 8-4 事业部制组织结构示意图

横向系统的项目组所需的人员，一般是由不同背景、不同技能、不同知识、分别选自不同部门的人员所组成的。他们既接受本职能部门的领导，又接受项目组的领导。一旦某一项目完成，该项目组即行撤销，人员回原部门工作，如图 8-5 所示。

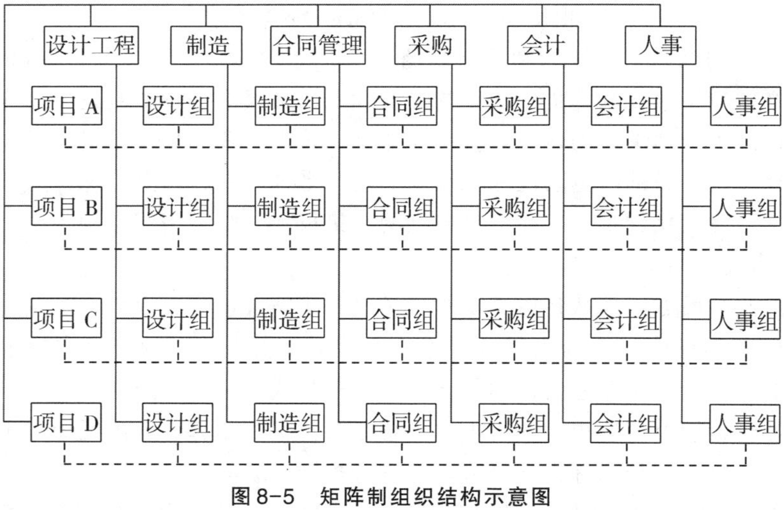

图 8-5 矩阵制组织结构示意图

矩阵制有利于加强各部门间的配合和信息交流，便于集中各种专门的知识和技能，加速完成某一特定项目；可避免各部门的重复劳动，加强组织的整体性；可随项目的开始与结束进行组织或给予解散，增加了组织的机动性和灵活性。这种组织形式的缺点是：由于各成员隶属于不同的部门，容易产生临时观点，不安心工作，因而组织的稳定性较差；矩阵制实行纵向和横向双重领导，由于每个成员都要接受两个以上的上级领导，可能产生权责不清，互相扯皮，造成管理秩序混乱。矩阵制一般适用于创新性任务较多、生产经营复杂多变的组织。

（六）网络型结构

现代企业的经营已经超越了企业边界的范围，开始在企业与企业之间结成比较密切的长期联系。这种联系在组织结构上的表现就是形成了超越企业法律边界范围的中间性组织形态。网络型和控股型结构就是其中两种典型的组织形式。

1. 网络组织的定义

网络型结构是一种只有很精干的中心机构，以契约关系的建立和维持为基础，依靠外部机构进行制造、销售或其他重要业务经营活动的组织结构形式，如图8-6所示。被联结在这一结构中的两个或两个以上的单位之间并没有正式的资本所有关系和行政隶属关系，但通过相对松散的契约纽带，透过一种互惠互利、相互协作、相互信任和支持的机制来进行密切的合作。

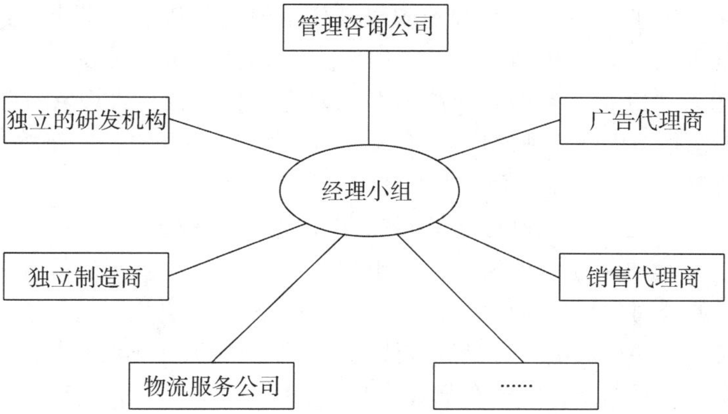

图8-6　网络型结构

网络型结构是小型组织的一种可行的选择，也是大型企业在联结集团松散层单位时通常采用的组织结构形式。采用网络型结构的组织，它们所做的就是创设一个“关系”的网络，与独立的制造商、销售代理商及其他机构达成长期协作协议，使它们按照契约要求执行相应的生产经营功能。由于网络型组织的大部分活动都是外包、外协的，因此，公司的管理机构就只是一个精干的经理班子，负责监管公司内部的活动，同时协调和控制与外部协作机构之间的关系。

2. 网络组织的类型

（1）基于分包而形成的网络组织

分包是指核心企业的生产业务在企业间层层分包或转包的生产活动协调方式。在这种组织形式中，核心企业把生产活动中的非核心业务通过契约形式交由其他企业生产，而这部分直接承包核心业务的企业也可以把部分业务再发包给其他企业，由此形成围绕核心企业的层层分包网络。核心企业作为分包制的“协调中心”，控制着从产品设计到营销的所有经营活动。它通过与其他企业的协调，形成与其产品生产紧密相关的配套协作网络。与大规模的垂直一体化企业相反，分包制充分利用网络组织来进行生产活动，以网络来应对市场需求的变化。核心企业与配套企业实行纵向集成，企业之间在生产中既相互合作又相互竞争，形成一种高效而灵活的弹性生产系统。

（2）企业集团

企业集团是一个多法人的企业联合体，它以一个或几个大企业为核心，通过企业之间的持股、控股和参股等手段形成一种比较严密的网络组织形态。企业集团协调生产活动是以集团公司为轴心分层次有序进行的。集团公司（核心层）通过控股、持股所赋予的控制权，在股权、人事、财务和发展战略等方面对集团成员企业施加不同程度的控制和影响，以协调和维护集团的正常运行。集团控股的子公司是集团运行的依靠力量；集团对参股的关联公司只能施加有限影响；对于不存在产权关系的外围企业，集团公司通过生产协作契约建立比较稳定的生产协作关系。在集团公司的协调下，企业集团组织生产活动既充分发挥了规模经济和范围经济的优势，又避免了一体化组织高昂的组织成本。

（3）虚拟企业

虚拟企业代表了在21世纪构建组织以及使组织重获新生的企业模式。不同的作者会以不同的形式来定义虚拟企业：1991年，美国艾科卡（Iacocca）研究所为国会提交了一份题为“21世纪制造企业战略”的研究报告，在报告中富有创造性地提出了虚拟企业的构想，即在企业之间以市场为导向建立动态联盟，以便能够充分利用整个社会的制造资源，在激烈的竞争中取胜。

大多数人认为是达维多和马隆于1992年在《虚拟公司》一书中首次对虚拟企业的思想进行了系统的阐述。他们认为，虚拟企业是由一些独立公司组成的临时性网络，这些独立的公司包括供应商、客户，甚至竞争对手，它们通过信息技术组成一个整体，共享技术，共担成本并可以进入彼此的市场。虚拟企业没有办公中心，也没有组织章程；没有等级制度，也没有垂直体系。

伯恩认为，虚拟企业是一个利用内部和外部的协作来配置超出它自身所拥有的资源的企业。它需要运用信息技术来实现一个大范围的联盟，共同抓住特定的市场机遇。

阿诺尼莫斯认为，虚拟企业是一个为了特定的商业目标而组成的服务于生产和管理的网络或松散的联盟，并在达到目标后解散。

蒙赫认为，虚拟企业“缺乏一个普遍能被接受的定义，它正处于由计算机及其应用的影响所带来的知识流的汇集处”。同时，许多不同的词语被用于相似的组织形式，这都是为了“迎接即将到来的信息时代的挑战”。

不同学者对虚拟企业定义词语上的差异，表达了人们对全新组织形式本质特征的探索。这些词语与定义的共同点在于：独立组织的暂时结盟；合作伙伴间的动态互换；以最终用户的需求为出发点；把合作者的主要能力结合在一起；高度利用信息及通信技术等。

（4）战略联盟

战略联盟是指由两个或两个以上有共同战略利益和对等经营实力的企业（或特定事业和职能部门），为达到拥有市场、共同使用资源等战略目标，通过各种协议、契约而结成的优势互补或优势相长、风险共担、生产要素水平式双向或多向流动的一种松散的合作模式。

战略联盟的战略优势体现在以下几个方面：一是创造规模经济。小企业因为远未达到规模经济，与大企业比较，其生产成本就会高些。这些未达到规模经济的小企业通过构建联盟，扩大规模，就能产生协同效应，即“1+1>2”效应，提高企业的效率，降低成本，增加赢利，以追求企业的长远发展。二是实现企业优势互补，形成综合优势。企业各有所长，这些企业如果构建联盟，可以把分散的优势组合起来，形成综合优势，也就可以在各方面、各部分之间取长补短，实现互补效应。三是可以有效地占领新市场。企业进入新的产业要克服产业壁垒，企业进入新市场也同样要越过壁垒。通过企业间的联盟合作，进入新市场时就可以有效地克服这种壁垒。四是有利于处理专业化和多样化的生产关系。企业通过纵向联合的合作竞争，有利于组织专业化的协作和稳定供给。如丰田公司只负责主要部件的生产和整车的组装，减少了许多交易的中间环节，节约了交易费用，提高了经济效益。而通过兼并实行联盟战略，从事多样化经营，则有利于企业寻求成长机会，避免经营风险。

（5）产业集群

1990年迈克尔·波特在《国家竞争优势》一书首先提出用产业集群（industrial cluster）一词对集群现象进行分析。区域的竞争力对企业的竞争力有很大的影响，波特通过对10个工业化国家的考察发现，产业集群是工业化过程中的普遍现象，在所有发达的经济体中，都可以明显看到各种产业集群。

产业集群是指在特定区域中，具有竞争与合作关系，且在地理上集中，有交互关联性的企业、专业化供应商、服务供应商、金融机构、相关产业的厂商及其他相关机构等组成的群体。不同产业集群的纵深程度和复杂性相异，代表着介于市场和等级制之间的一种新的空间经济组织形式。许多产业集群还包括由于延伸而涉及的销售渠道、顾客、辅助产品制造商、专业化基础设施供应商等，政府及其他提供专业化培训、信息、研究开发、标准制定等机构，以及同业公会和其他相关的民间团体。因此，产业集群超越了一般产业范围，形成特定地理范围内多个产业相互融合、众多类型机构相互联结的共生体，构成这一区域特色的竞争优势。产业集群的发展状况已经成为考察一个经济体或其中某个区域和地区发展水平的重要指标。

从产业结构和产品结构的角度看，产业集群实际上是某种产品的加工深度和产业链的延伸，从一定意义上来讲，是产业结构的调整和优化升级。从产业组织的角度看，产业集群实际上是在一定区域内某个企业或大公司、大企业集团的纵向一体化的发展。如果将产业结构和产业组织二者结合起来看，产业集群实际上是指产业成群，围成一圈集聚发展的意思。也就是说在一定的地区内或地区间形成的某种产业链或某些产业链。

产业集群的核心是在一定空间范围内产业的高集中度，这有利于降低企业的成本（包括生产成本、交换成本），提高规模经济效益和范围经济效益，提高产业和企业的市场竞争力。

从产业集群的微观层次分析，即从单个企业或产业组织的角度分析，企业通过纵向一体化，可以用费用较低的企业内交易替代费用较高的市场交易，达到降低交易成本的目的：通过纵向一体化，可以增强企业生产和销售的稳定性；通过纵向一体化，可以在生产成本、原材料供应、产品销售渠道和价格等方面形成一定的竞争优势，提高企业进入壁垒；通过纵向一体化，可以提高企业对市场信息的灵敏度；通过纵向一体化，可以使企业进入高新技术产业和高利润产业等。

（七）流程型组织结构

流程型组织结构是为了提高对顾客需求的反应速度与效率，降低对顾客产品或服务的供应成本而建立的以业务流程为中心的组织结构。与传统的职能型组织结构相比，流程型结构更强调组织各要素之间的横向关系。在组织内部，所有提供一种产品或服务所需的职能人员安排在同一个部门，这个部门由一个通常的“流程负责人”来管理。流程型结构具备三方面内容：第一，组织以流程维度为主干，每一流程由若干个子流程和团队组成；第二，设计必要的职能服务中心，以保障流程团队和业务流程的有效运行；第三，团队之间、业务流程之间及其职能之间的整合和协同工作需要信息技术的支持。流程型组织结构的特征如图8-7所示。

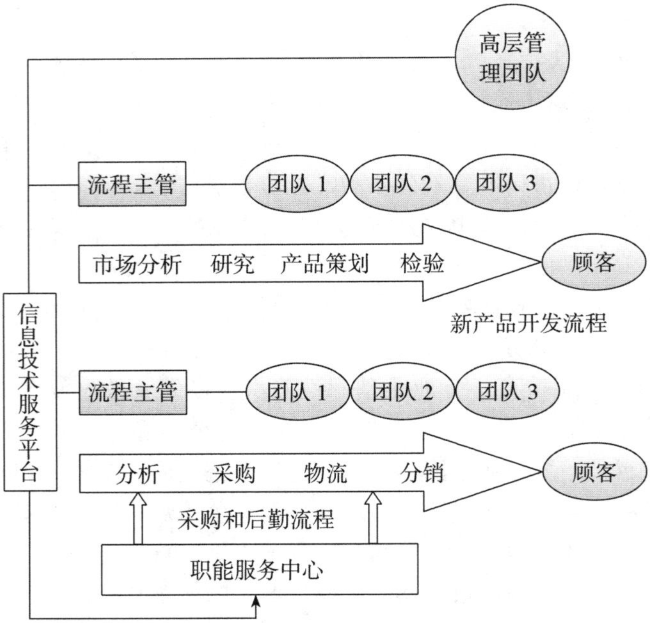

图8-7 流程型组织结构的特征

第三节 组织结构设计的程序和内容

一、组织结构设计的程序

组织结构的设计是一项复杂的系统工程，因而必须服从科学的程序。这个程序一般包括以下几个步骤：

1.确定组织目标。组织目标是进行组织设计的基本出发点。任何组织都是实现其一定目标的工具，没有明确的目标，组织就失去了存在的意义。因此，管理组织设计的第一步，就是要在综合分析组织外部环境和内部条件的基础上，合理确定组织的总目标及各种具体的派生目标。

2.确定业务内容。根据组织目标的要求，确定为实现组织目标所必须进行的业务管理工作项目，并按其性质适当分类，如市场研究、经营决策、产品开发、质量管理、营销管理、劳动人事等。明确各类活动的范围和大概工作量，进行业务流程的总体设计，使总体业务流程优化。

3.确定组织结构。根据组织规模、生产技术特点、地域分布、市场环境、职工素质及各类管理业务工作量的大小，参考同类其他组织设计的经验和教训，确定应采取什么样的管理组织形式，需要设计哪些单位和部门，并把性质相同或相近的管理业务工作分归适当的单位和部门负责，形成层次化、部门化的结构。

4.配备职务人员。根据各单位和部门所分管的业务工作的性质和对职务人员素质的要求，挑选和配备称职的职务人员及行政负责人，并明确其职务和职称。

5.规定职责权限。根据组织目标的要求，明确规定各单位和部门及其负责人对管理业务工作应负的责任以及评价工作成绩的标准。同时，还要根据搞好业务工作的实际需要，授予各单位和部门及其负责人以相应的职权。

6.联成一体。这是组织设计的最后一步，即通过明确规定各单位、各部门之间的相互关系，以及它们之间在信息沟通和相互协调方面的原则和方法，把各组织实体上下左右联结起来，形成一个能够协调运行，有效地实现组织目标的管理组织系统。

二、组织设计的内容

要使管理工作尽可能地有效，健全的组织机构是极为必要的。因为，组织机构形成一种决定所有各级管理人员职责关系的模式。一个健全的组织机构一般包括：决策子系统、指挥子系统、参谋子系统、执行子系统、监督子系统和反馈子系统。

1.决策子系统。它包括组织的领导体制和各级决策机构及决策者组成的系统。过去，我国企业组织普遍实行厂长（经理）负责制。在厂长（经理）负责制下，企业的生产指挥、经营管理由国家委托厂长（经理）全权负责；党委对企业实行思想政治领导，对生产经营管理工作起监督保证作用；职工代表大会是企业的民主管理和监督机构。公司制企业则实行法人治理结构，股东大会、董事会、经理人员和监事会既相互独立又相互制衡。各级决策机构和决策者是组织决策的智囊团，其层次视组织的规模和特点而定。现代化大型组织的决策中心，采取委员会的形式，以有利于集思广益，提高决策的正确程度。

2.指挥子系统。指挥子系统是组织活动的指令中心，是以厂长（经理）为首的各级生产经营单位及其负责人和成员所组成的垂直形态的系统。它的主要任务是实施决策机构的决定，负责统一指挥企业的生产经营活动，保证各项活动顺利而有效地进行。设计指挥子系统应从组织的实际出发，合理确定管理层次，并根据授权原则，把生产经营指挥权逐级下授，建立多层次的、有权威的指挥系统，行使对组织各项活动的统一指挥。

3.参谋子系统。参谋子系统是由各级职能或参谋机构及其负责人和成员组成的水平形态的系统。它是同级生产经营行政负责人的参谋和助手，分别负责某一方面的管理业务。设计参谋子系统，要根据实际需要，按照专业分工的原则，设置必要的职能或参谋机构，并规定其职责范围和工作要求，以保证有效地开展各方面的管理工作。

4.执行子系统、监督子系统和反馈子系统。决策中心决定组织的大政方针，指挥中心是计划实施的起点，而执行子系统、监督子系统和反馈子系统是使计划得以正确无误地推行的机构。指挥中心发出的指令一方面通向执行机构，执行机构必须确切无误地贯彻指挥中心的指令；另一方面通向监督机构，让其监督执行的情况；反馈机构通过对信息的处理，反映其执行的效果，比较效果与指令的差距后返回指挥中心，以利于指挥中心重新发出新的指令。所以，执行子系统、监督子系统、反馈子系统三者必须互相独立，不能合而为一。

三、组织的纵向结构设计

组织的纵向结构设计，就是确定管理幅度，划分管理层次。

（一）管理幅度

管理幅度是指一名主管人员有效地管理直接下属的人数。如一个公司经理能领导几个营业部长，一个营业部长能管理多少人。由于管理者的时间和精力是有限的，其管理能力也因个人的知识、经验、年龄、个性等的不同而有所差异，因而任何管理者的管理幅度都有一定的限度，超过一定限度，就不能做到具体、高效、正确的领导。那么，管理幅度多少比较合适呢？

1.影响管理幅度的因素

确定管理幅度，一般应考虑以下几个因素：

（1）职务的性质。一般说来，高层职务管理幅度较小，基层职务管理幅度较大。因为高层多为决策性的工作，管理幅度要小一些；基层主要是日常的、重复的工作性质，所以管理幅度要大一些。如一个厂长领导几个车间主任或部长，而一个班组长往往领导十几个甚至更多工人。

（2）工作能力强弱。工作能力包括管理者的工作能力和下级的工作能力。下级工作能力强、技术水平高、经验丰富，则管理者处理上下级关系所需的时间和次数就会减少，这样就可扩大管理面；反之，如果委派的任务下级不能胜任，则上级指导和监督下级的活动所花的时间无疑要增加，这时管理面势必要缩小。另外，管理者个人的知识、经验丰富，理解能力、表达能力和组织能力强，就可迅速地把握问题的关键，则可以加宽管理幅度；反之，管理幅度就较窄。

（3）工作本身的性质。性质复杂的工作，需要管理者与其下属之间保持经常的接触和联系，一起探讨完成工作共同遇到的问题，因此，应设置较窄的管理幅度；相反，完成简单的工作，允许有较宽的管理幅度。如硕士生导师所指导的研究生人数要比一位普通的大学教师负责本科生的人数少得多。

（4）标准化和授权程度。如果领导者善于同下级共同制定出若干工作标准，放手让下级按标准行事，并把一些较次要的问题授权下级处理，自己只负责重大问题、例外事项的决策，其管理幅度自然可以加宽；相反，如果领导者对下属不放心，事必躬亲，又没有一套健全的工作标准，管理幅度太宽，必然精力不及，管理不周，以至贻误工作。

（5）信息反馈情况。如果信息反馈快，上下级意见能及时交流，左右关系能及时协调配合，管理幅度可适当加宽；反之，管理幅度应减小。

2.确定管理幅度的方法

（1）格拉丘纳斯的上下级关系理论

法国早期管理学家格拉丘纳斯（V. A. Graicunas）提出，在建立一种适当的管理幅度时，要考虑一个重要因素是管理人员与下属间可能发生的潜在的关系数。他认为上下级之间的关系有三类：直接的单一关系、直接的多数关系和交叉关系。例如，A管理者有B、C和D三个下属。直接的单一关系是A与B、A与C和A与D的关系，指管理者与其下属一对一的关系，共有三种关系；直接的多数关系是A与B接触时C在场、D在场或C和D同时在场，A与C接触时B在场、D在场或B和D同时在场，A与D接触时B在场、C在场或B和C同时在场，指管理者与下属群体间的关系，共有九种关系；交叉关系是B与C、B与D的关系，C与D、C与B的关系，以及D与B、D与C的关系，指下属人员之间的相互关系，共有6种关系。这三类关系加在一起，形成了18种相互作用的关系。格拉丘纳斯把上下级之间的相互关系归纳成一个数学公式，以n代表下级人数，则各类关系的总数C为：

$$C=n\left[2^{n-1}+(n-1)\right]$$

格拉丘纳斯的上下级关系理论指出，当下属数目以算术级数增加时，上下级需要协调的关系数呈几何级数增加。这一原则要求管理组织必须分为数个层次。我们以作业人员为4 096人的三个组织进行比较，如果各层次的管理幅度统一按4、8和16对其进行组织设计，那么其相应的管理层次依次为6、4和3，所需的管理人员数为1 365、585和273名，如图8-8所示。

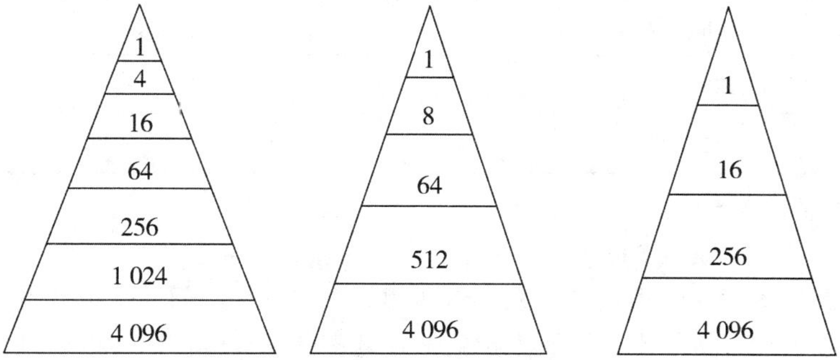

图8-8 管理幅度对比

格拉丘纳斯由此推理出如下结论：下级数目按算术级数增加时，其直接领导者需要协调的关系数目则按几何级数增加。因此，管理幅度是有限度的，不能随意扩大。

（2）变量依据法

变量依据法是美国洛克希德导弹与航空公司研究出的一种方法。该方法是通过找出影响中层管理人员管理宽度的六个关键变量，把这些变量按困难程度排成五级，并加权使之反映重要程度，最后加以修正，提出建议的管辖人数标准值，如表8-1和表8-2所示。这种定量地、综合地研究影响管理宽度的关键因素，为我们确定适当宽度指明了方向。

表8-1 **影响管理幅度的主要因素及重要程度**

影响因素＼等级	一	二	三	四	五
职能相似性	很相似 1	较相似 2	一般 3	较不相似 4	很不相似 5
地区相似性	很近 1	较近 2	一般 3	较远 4	很远 5
职能复杂性	很简单 2	较简单 4	一般 6	较复杂 8	很复杂 10
指导与控制工	很小 3	较小 6	一般 9	较大 12	很大 15
计划工作量	很小 2	较小 4	一般 6	较大 8	很大 10
协调工作量	很小 2	较小 4	一般 6	较大 8	很大 10

表8-2 **推荐管理幅度**

权数总和	建议标准管理幅度
40 ~ 42	4 ~ 5
37 ~ 39	4 ~ 6
34 ~ 36	4 ~ 7
31 ~ 33	5 ~ 8
28 ~ 30	6 ~ 9
25 ~ 27	7 ~ 10
22 ~ 24	8 ~ 11

（二）管理层次

1.管理层次与管理幅度的关系

管理层次的多少与管理幅度的大小密切相关。在一个部门的人员数量一定的情况下，一个管理者能直接管理的下属人员的数量越多，那么该部门内的管理层次也就越少，所需要的管理人员也越少；反之，所需要的管理人员就越多，相应的管理层次也越多。格拉丘纳斯的上下级关系理论也证明，当下属数目以算术级数增加时，主管领导需要协调的关系数呈几何级数增加。这一原则也要求管理组织必须分为数层。由此可见，管理幅度的大小，在很大程度上制约了管理层次的多少。管理幅度同管理层次成反比关系。管理幅度越大，管理层次就越少；反之，管理幅度越小，管理层次就越多。

2.扁平结构和直式结构

按照管理幅度和管理层次的不同，形成两种结构：扁平结构和直式结构。

扁平结构是指管理幅度大而管理层次少的结构。扁平结构有利于缩短上下级距离，密切上下级之间的关系，信息纵向流通速度快；由于管理幅度大，被管理者有较大的自主性和创造性，也有利于选择和培训下属人员。但由于不能严密地监督下级，使上下级的协调较差；管理宽度的加大，也增加了同级间相互沟通联络的困难。

直式结构就是管理层次多而管理幅度小的结构。直式结构具有管理严密、分工细致明确、上下级易于协调的特点。但层次增多，需要的管理人员越多，协调工作急剧增加，互相扯皮的事层出不穷；由于管理严密，影响了下级人员的积极性与创造性。因此，为了达到有效管理，应尽可能地减少管理层次。

四、组织的横向结构设计

（一）部门的含义

当组织的任务分解成了具体的可执行的工作以后，接着就要将这些工作按某种要求归并成一系列组织单元，如任务组、部门、科室等，这就是部门划分。部门是指组织中主管人员为完成规定的任务有权管辖的一个特殊的领域。部门化是指将工作和人员组合成可以管理的单位的过程。划分部门的目的，是以此来明确职权和责任归属，以求分工合理，职责分明，并有利于各部门根据其工作性质的不同而采取不同的政策，加强本部门的内部协调。

（二）划分部门的原则

1.部门力求维持最少

建立组织机构的目的不是供人欣赏，而是有效地实现组织目标。因此，部门的划分要避免追求组织结构中的各级平衡或以连续性和对等性为特征的刻板结构，组织结构要求精简，部门必须力求最少。

2.组织结构应具有弹性

组织中的部门应随业务的需要而增减，其增设、合并或撤销应随组织的目标任务的变化而定。通过设立临时工作部门或工作组来解决临时出现的问题也是一种弹性结构。

3.确保组织目标的实现

组织结构是由管理层次、部门结合而成的。组织结构要求精简，部门必须力求最少，但这是以有效地实现目标为前提的。因此，不能为精简而精简。企业中主要的职能是生产、营销、财务等，此类职能必须有相应的部门。而且各部门的工作量应平衡，避免忙闲不均。

4.检查部门与业务部门分设

考核、检查部门的人员不应隶属于受其检查的部门，以避免检查人员的“偏心”，真正发挥检查部门的作用。

（三）划分部门的方法

划分部门的常用方法有以下几种：

1.人数部门化

人数部门化是完全按人数的多少来划分部门，如军队中的师、团、营、连、排即为此种划分方法。这是最原始、最简单的划分方法，它仅仅考虑的是人的数量。在高度专业化的现代社会，这种划分方法越来越少。因为随着人们文化水平和科学水平的提高，每个人都可能掌握某种专业技术，把具备某种专业技术的人组织起来去做某项工作，比单靠数量组织起来的人们有较高的效率，特别是现代企业逐渐从劳动集约化向技术集约化转变，单纯按人数多少划分部门的方法有逐渐被淘汰的趋势。

2.时间部门化

时间部门化是在正常的工作日不能满足工作需要时所采用的一种划分部门的方法，如企业按早、午、晚三班编制进行生产。按时间划分部门主要基于以下考虑：人的生理需要吃饭、睡觉、休息和娱乐；有些工作需要很长的时间，而且不能间断，如炼钢厂的一炉钢只有在全部出炉以后才能停止；有时出于经济和技术需要的考虑等，而正常的工作日无法满足这种需要而采用的一种方法。这种划分适用于最基层的组织。

3.职能部门化

职能部门化是以组织的主要经营职能为基础设立部门，凡属同一性质的工作都置于同一部门，由该部门全权负责该项职能的执行，如企业中设置生产、营销、财务、人事等部门就是按职能划分的。职能部门化有利于提高管理的专业化程度，有利于提高管理人员的技术水平和管理水平。但是，由于各部门长期只从事某种专业业务的管理，易导致所谓的“隧道视野”的现象，也不利于高级管理人才的培养。

4.工艺部门化

工艺部门化是以工作程序为基础组合各项活动，从而划分部门的一种方法。例如在机械制造企业，通常按照毛坯、机械加工、装配的工艺顺序分别设立部门。这种划分方式，在生产工艺复杂、要求严格的情况下是必要的，它有利于加强专业工艺管理，提高工艺水平。

5.产品部门化

按产品划分部门，就是把某种产品或产品系列的设计、制造、销售等管理工作划归一个部门负责。这种划分在多品种生产经营的大中型企业是十分必要的，它有利于充分利用管理者的专业知识和技能，有利于组织专业化生产和经营，有利于扩大销售和改善售后服务工作。国外大中型企业中的产品事业部，就是典型的按产品划分的部门。

6.区域部门化

区域部门化是根据地理因素来设立管理部门，把不同地区的经营业务和职责划归不同部门全权负责。对于一个地域分布较广或经营业务涉及区域较广的组织来说，按地区划分部门是必要的。因为不同地区的政治经济形势、文化科学技术水平、用户对产品的要求、购买习惯等都有很大差别。按地区划分部门，有利于各部门因地制宜地制定政策、进行决策，提高管理的适应性和有效性，还有利于培养独当一面的管理人才。我国管理组织中的地区性分公司、办事处，国外企业组织中的地区事业部等，都是按地区划分的部门。

7.顾客部门化

顾客部门化是以被服务的顾客为基础来划分部门的。这种划分主要适用于销售部门。不同的顾客对产品及其服务的要求往往有比较明显的差别，为了更好地为顾客服务，促进商品销售，在顾客面较广的企业，可以按顾客的不同类型分别设立不同的销售部门，如商业企业内设批发部门和零售部门等。

一个组织究竟采用何种方式划分部门，应视具体情况而定，而且这些划分方式往往是结合采用的，如职能或参谋机构一般都按职能划分；生产部门可按工艺或产品划分；销售部门则可根据实际需要按地区或客户划分。

第四节　组织的职权体系设计

一、职　权

（一）职权的来源及影响管理职权有效性的因素

职权和权力是密切相关的两个概念。权力是指影响他人或组织行为的能力。某一个人或团体有能力影响和改变另一个人或团体的行为，这种能力就是权力。职权则是来源于组织中职位的权力。

1.职权的来源

古典管理理论认为，职权来源于一个人在组织中的地位，即职权是沿着组织的指挥命令系统从上至下授予下来的。随着组织层次的降低，职权的范围逐渐变窄。职权的终极来源是组织的所有者，所有者将经营管理权授予董事会，董事会再把部分职权授予总经理，以此类推，层层下授，其结果使得低层次管理者的职权要比其上司的职权小。

而巴纳德认为，管理者的命令只有被下属接受，他的职权才会存在。也就是说，并非上司作出的每一项决策都会被下级接受，上级利用职权发布的命令，有些被接受，有些则被拒绝。因此，他认为要使命令得到执行，则命令应该为下级所接受。

因此，职权既来源于一个人在组织中的地位，但同时还要看下属是否接受它。如果管理者不顾下属是否接受职权指挥这项因素，一味地依赖职权进行指挥，则是很不明智的。因此，管理者要有效地运用职权，不仅要依赖凭借较高的组织地位所产生的职权，还要设法取得下属的支持。

2.影响管理职权有效性的因素

根据对职权来源的分析可以看出，管理者的职权在组织中并不是绝对的。一个管理者不能由于怀疑自己的管理职权而优柔寡断，也不能盲目乐观地认为每一个决策或指令都能导致组织目标的完成。从组织的观点来看，限制管理职权有效性的因素主要有：

①上级的职权。影响管理职权有效性的第一个因素是来自高级职权的限制。例如，部门经理的职权受到公司副总经理的制约，副总经理的职权受公司总经理的制约，总经理的职权受董事会的制约，董事会的职权又受到股东大会的制约，股东的权力则受到法律的制约。上级职权对下级职权的制约，说明职权是从最高管理阶层授予下来的，每个人的行动都要受到上级的约束，对于不服从命令的人，上级具有实施制裁的权力。

②交叉的职权。交叉职权是指某部门主管直接对另一部门的部分工作行使的职权。例如，某公司生产部门的一个职员负责编制该部门每日的成本报表，从正式的组织关系看，这名职员只应对他的顶头上司生产经理负责，但成本核算部门的经理则可

以行使交叉职权，监督这名职员的报表编制工作。如果出现差错，成本核算经理可能会绕过该职员所属部门的经理直接找他处理，可见，交叉职权也会影响到管理职权的行使。

③下级的个人权力。上级的职权也会受到下级个人权力的影响。下属即使并不拥有职权，有时也可能有相当大的个人权力。这种权力可以挑战上级的职权，并改变职权所赋予的权力的平衡。如一个具有重要的专门知识或特殊技能且不能轻易由别人代替的下属，一般拥有很大的权力。在这种情况下，上级的职权会受到一定的限制，他要制裁这个下属，可能会有所顾忌。

（二）职权的类型

1. 直线职权。直线职权是一种完整的职权，拥有直线职权的人有权作出决策，有权进行指挥，有权发布命令。凡是主管人员对其部属都拥有直线职权。例如在军队中，将官对校官、校官对尉官、尉官对士兵拥有的是直线职权。同理，在企业中董事长对总经理拥有直线职权，总经理对部门经理拥有直线职权，以此类推。这种指挥命令关系从组织的最高层一直延伸到最基层，形成一条“指挥链”，作为“指挥链”中的一个环节的管理者有指挥下级工作的权力，同时又接受他的上级的指挥。

2. 参谋职权。参谋职权是一种有限度的、不完整的职权。从性质上说，参谋职权是一种顾问性的或服务性的职权，拥有参谋职权的管理者可以向直线管理者提出建议或提供服务，但其本身并不包括指挥权和决策权。参谋职权实际上是一种辅助性的职权。一个组织机构在其规模扩大到一定程度，直线职权已不足以应付所面临的许多复杂问题时，就需要设置参谋职权。

参谋的形式有个人参谋和专业参谋两种。个人参谋，是直线人员的参谋和助手，为直线人员提供咨询，协助直线人员执行职责，最典型的例子是管理者的个人助理。专业参谋常常是一个独立的机构或部门，它往往聚合了一些专家，为各级直线主管提供专业性建议与服务。

3. 职能职权。职能职权是某职位或某部门所拥有的原属于直线主管的那部分权力，这部分职权大多由业务或参谋部门的负责人来行使。职能职权是指这样的权力，这些职权本来属于直线人员，但由于种种原因，如直线主管人员缺乏专业知识、缺乏监督能力，以及对方针政策的不同解释等等，往往不允许他们行使这些职权，在这种情况下，直线人员就失去了这种特定的职权，而由最高主管把它授给一位专家或一个部门行使。如企业中的公共关系部门对于总经理来说是顾问性的或服务性的，可以把它看作一个参谋部门，但是该部门内部存在着直线关系，公关经理对其下属人员拥有职能职权。职能职权是职权关系的一个特例，可以认为它介于直线职权与参谋职权之间。

（三）正确处理三种职权的关系

直线与参谋本质上是一种职权关系，因而区别直线与参谋不能依据业务来划分，应依据职权关系来划分，即直线是“由上而下的指挥系统”，而参谋则是一种“顾问的关系”。在管理工作中，要正确处理好三种职权的关系。

1.确保直线职权的有效运用

直线职权是保证组织体有效运行的首要职权。参谋职权和职能职权的运用要以不削弱直线职权的权威性和有效性为前提，恰恰相反，其本身效用的大小取决于对直线职权的加强程度。确保直线职权的有效运用，应注意两点：直线主管必须保持独立的思考和决断能力，不能为参谋所左右，参谋应多谋，直线应善断；直线主管必须对计划的实施负主要责任，参谋部门只提出计划或建议，直线部门必须作出采纳这项计划的决定，并对实施的成果负主要责任。

2.注意发挥参谋职权的作用

从直线与参谋的关系看，参谋是为直线主管提供信息、出谋划策、配合主管工作的。在发挥参谋的作用时，参谋应独立提出建议。参谋人员多是某一方面的专家，应当让他们根据客观情况提建议，而不应该左右他们的建议。

3.适当限制职能职权

职能职权的出现是为了更有效地实施管理，但往往会带来多头领导的弊端。所以，在有效地使用职能职权时，就要正确地衡量这种得与失。限制职能职权的使用要注意以下两点：一要限制职能职权的使用范围。职能职权的使用常限于解决“如何做”“何时做”等方面的问题，如果扩大到“在哪做”“谁来做”“做什么”等问题，就会削弱直线主管的工作。二要限制级别，即职能职权不能越过上级的下属的第一级。

二、集权与分权

（一）集权与分权的含义

集权是指决策权在组织系统中较高层次的一定程度的集中；与此相对应，分权是指决策权在组织系统中较低层次的一定程度的分散。

在组织管理中，集权和分权是相对的，绝对的集权或绝对的分权都是不可能的。如果最高主管把他所拥有的职权全部委派给下属，那么他作为管理者的身份就不复存在，组织也不复存在。因此，某种程度的集权对组织来讲是必要的。如果最高主管把权力都集中在自己手里，这就意味着他没有下属，因而也就不存在组织。因此，某种程度的分权同样是组织所需要的。在组织中，集权和分权只是个程度问题。

（二）衡量集权和分权程度的标志

衡量分权程度的标志主要有四个：

1.决策的数量。组织中较低管理层次作出决策的数目或频度越大，则分权程度越高。

2.决策的范围。组织中较低层次决策的范围越广，涉及的职能越多，则分权程度越高。

3.决策的重要性。组织中较低层次作出的决策越重要，涉及的费用越多，则分权程度越高。

4.决策的审核。组织中较低层次作出的决策，上级要求审核的程度越低，这个组织的分权程度越高；如果根本不要求审核，分权的程度最高；如果作出决策前还必须请示上级，则分权的程度就更低。

（三）影响分权程度的因素

集权与分权的程度，是随条件变化而变化的。影响分权程度的因素有：

1.决策的代价。决策付出代价的大小，是决定分权程度的主要因素。一般来说，决策失误的代价越大，即从经济标准和信誉、士气等无形标准来看影响较大的决策，越不适宜交给下级人员处理。高层主管常常亲自负责重要的决策，而不轻易授权下属处理。这不仅是因为高层主管的经验丰富，犯错误的机会少，而是因为这类决策责任重大，不宜授权。

2.政策的一致性。如果最高主管希望保持政策的一致性，即在整个组织采用一个统一的政策，则势必趋向于集权化，因为集权是达到政策一致性的最方便的途径。采用一致性的政策便于比较各部门的绩效，以保证步调一致。如果最高主管希望政策不一致，即允许各单位根据客观情况制定各自的政策，则势必会放宽对职权的控制程度。政策不一致有利于激发下级单位的创新和竞争，提高效率。

3.组织的规模。组织规模扩大后，集权管理不如分权管理有效和经济。组织规模越大，组织的层次和部门会因管理幅度的限制而不断增加。层次增多会使上下沟通的速度减缓，造成信息延误和失真；部门增多后，彼此间的配合工作也会迅速增加。因此，为了加快决策速度，减少失误，使最高主管能够集中精力处理重要的决策问题，也需要向下分权。

4.组织的成长。从组织成长的阶段来看，组织成立初期绝大多数都采取和维护高度集权的管理方式。随着组织逐渐成长，规模日益扩大，则由集权的管理方式逐渐转向分权的管理方式。从组织成长的方式来看，如果组织是从内部发展起来的，由小组织逐渐发展成为大组织，则分权的压力比较小；如果组织是由合并的方式发展起来的，则分权的压力比较大。

5.管理哲学。管理者的个性和他们的管理哲学不同，对组织的分权程度有很大影响。专制、独裁的管理者不能容忍别人触犯他们小心戒备的权力，往往采取集权式管理；反之，则会倾向于分权。

6.人才的数量和素质。管理人才的缺乏和素质不高会限制职权的分散；如果管理人员数量充足、经验丰富、训练有素、管理能力强，则可有较多的分权。

7.控制的可能性。分权不可失去有效的控制。最高主管在将决策权下授时，必须同时保持对下属的工作和绩效的控制。许多高层主管之所以不愿意向下分权，就是因为他们对下属的工作和绩效没有把握，担心分权之后下属无法胜任工作而承担连带责任，认为与其花更多的时间去纠正错误，不如少花一些时间自己去完成这项工作。因此，要有效地实施分权，就必须同时解决如何控制的问题。

8.职能领域。组织的分权程度也因职能领域而不同，有些职能领域需要更大的分权程度，有些则相反。在企业的经营职能中，生产和销售业务的分权程度往往很高，原因很简单，生产和销售业务的主管要比其他人更熟悉生产和销售工作。但销售职能中的某些业务活动需要较高的集权，如定价、广告、市场研究等。财务职能更加需要高度集权，只有集权，最高层主管才能保持其对整个组织财务的控制。

三、授　权

授权与分权虽然都与职权下授有关，但两者是有区别的。分权一般是组织最高管理层的职责，授权则是各个层次的管理者都应掌握的一门艺术；分权是授权的基础，授权以分权为前提。

（一）授权的意义

授权对于更好地开展组织工作是十分重要的。管理者授权的意义在于：

1.管理人员可以从日常事务中解脱出来，专心处理重大问题。随着组织规模的扩大，由于受一定的时间、空间及生理条件的限制，管理人员不可能事事过问，而通过授权可使管理人员既能从日常事务中解脱出来，又能控制全局。

2.可以提高下属的工作积极性，增强其责任心，并增进工作效率。通过授权，使下属不仅拥有一定的职权和自由，而且也分担了相应的责任，从而可调动其工作积极性和主动性；由于不必事事请示，授权还可提高下属的工作效率。

3.可以增长下属的才干，有利于管理人员的培养。通过授权，使下属有机会独立处理问题，从实践中提高管理能力，从而为建设一支高素质的管理队伍打下基础，这对于一个组织的长期持续发展是十分重要的。

4.可以充分发挥下属的专长，以补救授权者自身才能的不足。随着组织的发展和环境的日趋复杂，管理人员面临的问题越来越多，越来越复杂，而每一个人由于受自身能力的限制，不可能做到样样精通。通过授权，可把一些自己不会或不精的工作委托给有相应专长的下属去做，从而可弥补授权者自身的不足。

（二）授权的过程

授权是指管理者将分内的某些工作托付给下属（或他人）代为履行，并授予被托付人完成工作所必要的权力，使被托付人有相当的自主权、行动权。授权的含义包括以下三点：

1.分派任务。分派任务就是向被托付人交代任务。任务是指授权者希望被授权者去做的工作，它可能是要求写一个报告或计划，也可能是要其担任某一职务。不管是单一的任务还是某一固定的职务，都是由组织目标分解出来的工作或一系列工作的集合。

2.授予权力。在明确了任务之后，就要授予被托付人相应的权力，如有权调配有关人员或相应资源，使授权者有权履行原本无权处理的工作。

3.明确责任。当被授权者接受了任务并拥有了所必需的权力后，就有义务去完成所分派的工作。被授权者的责任主要表现为向授权者承诺保证完成指派的任务，包括向上级汇报任务的执行情况和成果，并根据任务完成情况和权力使用情况接受授权者的奖励或惩处。值得指出的是，被授权者所负的责任只是工作责任，而不是最终责任，授权者对于被授权者的行为负有最终的责任。

授权并不是职权的放弃或让渡。管理者授权和教师传授知识相类似，教师将知识传授给学生，学生获得了这些知识，但教师并没有因此失去知识。同样，授权者也不会由于将职权授予别人而丧失它，授出的一切职权都可由授权者收回和重新授出。

（三）授权的原则

为使授权行为达到良好的效果，需要灵活掌握以下原则：

1.重要原则。授予下级的权限，要使下级认为是该层次比较重要的权限。如果下级发现上级授权只是一些无关紧要的小事，就会失去积极性。

2.明责原则。授权时，必须向被授权者明确所授事项的责任、目标及权力范围，让他们知道自己对什么资源有管辖权和利用权，对什么样的结果负责及责任大小，使之在规定的范围内有最大限度的自主权。否则，被授权者在工作中不着边际，无所适从，势必贻误工作。

3.适度原则。评价授权效果的一个重要因素是授权的程度。授权过少，往往造成领导者的工作太多，下属的积极性受到挫伤；授权过多，又会造成工作杂乱无章，甚至失去控制。授权要做到下授的权力刚好够下属完成任务，不可无原则地放权。

4.不可越级授权。越级授权是上层领导者把本来属于中间领导层的权力直接授予下级。这样做，会造成中间领导层工作上的被动，扼杀他们的负责精神。如果有时上层领导者越级授权是由于中层领导不力，也应该采用机构改革的办法予以调整。所以，无论哪个层次的领导者，均不可将不属于自己权力范围内的职权授予下属，否则，将导致机构混乱、争权夺利的严重后果。

思考题

1.怎样理解组织的内涵？
2.组织工作的原则有哪些？
3.试对各种组织结构的特点进行比较。
4.科学的组织结构设计包括哪几个步骤？
5.什么是有效管理幅度，哪些因素会影响管理幅度的大小？
6.管理幅度和管理层次相互之间有何关系？
7.部门划分应遵循哪些原则？
8.什么是职权？哪些因素会影响职权的有效性？
9.职权有哪些类型？如何处理各类职权的关系？
10.如何判断集权和分权的程度？有哪些因素会影响分权的程度？
11.怎样进行有效的授权？

第九章　组织变革

学习本章的目的和要求
通过本章的学习，清楚组织变革的概念及类型；了解组织变革的特征；熟悉组织变革的动因；掌握组织变革的阻力及克服阻力的方法；理解组织变革的历程；重点掌握组织结构变革的趋势。

第一节　组织变革概述

组织是一个不断地与环境发生作用的开放系统，它会发生变革，具有变动性；同时，组织变革又是发生在组织内部的，这个组织仍处于持续存在的过程中，仍保持着该组织的形态和特性，具有稳定性。现代组织理论认为，变动性与稳定性对于组织的生存和发展是必不可少的，在观察任何一个组织时，应同时看到其动态和静态两方面。

每个组织都有创建、成长、成熟、衰落和死亡的周期。在组织的初建、急速成长和衰亡时期，适应和革新对于组织的生存是至关重要的，而对于达到成熟期的组织来说，稳定性或持续性变得更为重要一些。强调组织的稳定性不能否定组织的变动性，因为处于停顿、过于保守的组织是很容易被竞争社会所淘汰的。

一、组织变革的含义

组织变革是指对组织结构、组织关系、职权层次、指挥和信息系统所进行的调整和改变。组织变革主要是指改变组织中大多数人的行为方式，达到对组织整体性能的重大改善的有计划的变革。组织的建立是为实现管理目标服务的，当管理目标发生变化时，组织也需要通过变革自身来适应这种新的变化的要求。即使管理目标没有发生变化，但影响组织的外部环境和内部环境如果发生了变化，组织也必须对自身进行变革，才能保证管理目标的实现。

组织变革概括地说可以分为组织结构变革、技术变革、组织管理制度变革、组织物理环境变革以及人员变革五类（见图9-1）。结构变革涉及对权力关系、协调机制及其他类似的结构变量的改变。技术变革包括对工作流程、方法以及所用设备的调整。组织管理制度变革包括组织的管理理念与管理方法的改变。物理环境变革包括对工作场所的位置和布局的改变。人员变革涉及对员工态度、技能、期望、观念和行为的改变。

二、现代企业组织的三次变革

现代企业组织自从诞生以来，就一直处于变化的过程中。到目前为止，组织的管理模式主要经历了三次大的变革。第一次变革发生在1895—1905年，组织的所有权与管理权相分离，管理第一次作为独立的职业工作而存在。从19世纪20年代开始到

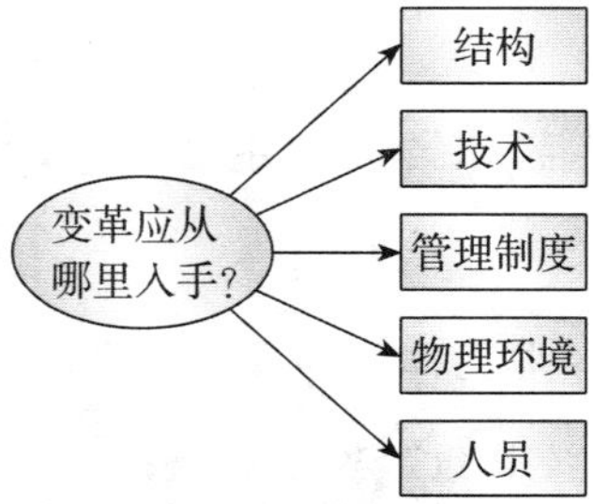

图9-1 变革类型

50年代结束，企业的管理模式进行了第二次大的变革，变革的内容是企业组织“金字塔结构”的正式形成。其主要特征是将命令-控制模式引入了组织结构，它强调分散化经营、人事管理、预算与控制、政策与经营的重大区别等。19世纪80年代后期以来，组织模式变革进入了第三个阶段，即从命令-控制型组织向基于信息的组织转移。由于信息技术的日新月异使这一组织形式得以迅速发展，其主要特征包括中层管理人员大量减少、组织趋向扁平化、基层人员技能得到不断提高。

三、组织变革的特征

（一）组织变革的过程特征

从过程来考察组织，就直接反映为组织的纵向结构被逐渐压扁，从直线型组织结构到直线职能型组织结构，再到更加扁平化矩阵型结构以及网络化的以人为中心的结构。这种发展过程如图9-2所示，它是组织的过程效能不断改善和提高的过程。

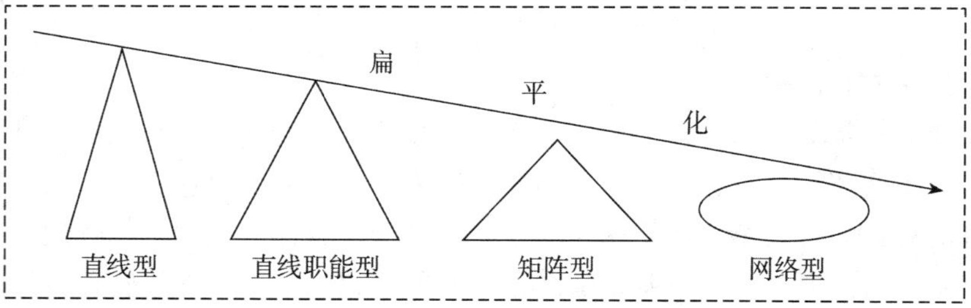

图9-2 组织变革的过程特征

（二）组织变革的时间特征

从时间来考察组织，主要表现为组织决策方式的变化，存在独立的分散式决策、集中式决策和连接的分散式决策三种基本决策方法，如图9-3所示。独立的分散式决策由于通信需要的限制，无法充分感知外界的变化，难以实现实时响应；集中式决策由于考虑了多方面的信息，相对于独立的分散式决策能够作出更为合理的决策，却是以牺牲决策的灵活性和实时性为代价的；连接的分散式决策由于网络技术的进步和广泛运用而得以实现，为在更高程度上实现时间战略，提高组织的时间效率创造了条件。

（三）组织变革的关系特征

从关系来考察组织，就表现为企业内部和外部的各种障碍的消除，最终实现无障碍、无界限。如果将企业比喻为一间房子，无界限就是要打破三维障碍，实现一种集成协同的环境。

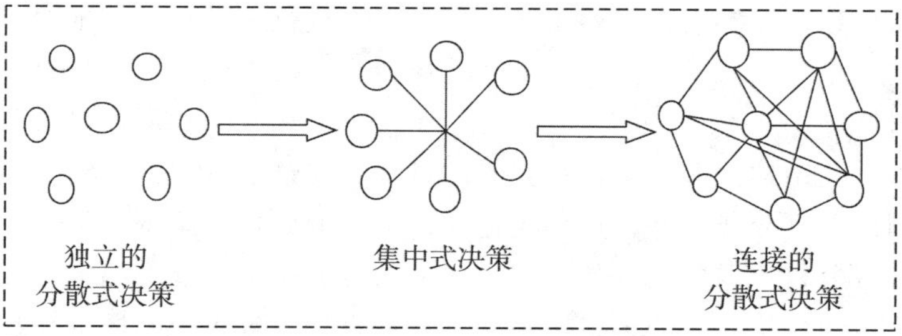

图9-3　组织变革的时间特征

1.水平界限。这就像墙将房子水平隔开。在企业中，它指的是职能之间、部门之间、产品线之间或地理位置之间的界限。应该将墙推倒，使得市场营销与产品、产品与设计结成紧密的关系在一起工作。

2.垂直界限。这就像天花板和地板将房子垂直地分开。在企业中，就表现为等级的分隔阻碍了开放的交流，应该打通天花板，实现和谐的上下级关系。

3.外部界限。这就像外部的围墙将房子和邻居分隔开。在企业中，在网络的帮助下，需要与顾客、供应商、零售商、合作伙伴等其他人结成密切关系，充分交流，这就需要拆除围墙。

四、组织变革的动因

推动组织变革的动因是多层次的，主要包含以下几个方面。这几个方面的因素同时各自发生不同程度的作用，使组织变革成为组织动态系统中的必然现象。

（一）环境

组织的外部环境大体可分为三个层次，即科学技术、社会行为、制度结构。科学技术的发展、社会行为价值观念的变迁以及社会的体制因素，这三个层次的变化可以看成是外界环境变动的三个来源。一个组织要求生存、发展，就必须经常不断地与环境进行信息、人员、物资等方面的交换，努力争取自身与外界环境取得平衡。组织不能像控制内部因素一样去控制外部环境，因为对一个组织的外部环境来说，其中相当重要的组成部分是其他社会组织，这些社会组织的存在往往是互为条件又互相竞争的。组织要适应外部环境，就必须不断地进行自我变革。

（二）目标和价值观

组织目标的变化是组织变革的一大动因。价值观系统的变化是很重要的，它们可能引起目标的变化，或保持目标不变，而导致人们向"适宜"的行为方面变化。如，企业组织由过去认为完成产值、任务是最有价值的，转换为现在认为不断生产满足社会所需要的产品，不断提高经济效益才最有价值，这必然引起组织的一系列变革。

（三）技术

技术系统是一个明显的变革动因。如新技术革命以空前的深度和广度影响改变着社会生产和生活的各个方面，它对组织结构和社会心理系统所产生的影响是重大的。例如，组织引进电脑系统会造成组织结构的以下改变：第一，部门合并；第二，层级数目减少；第三，控制幅度扩大；第四，平行式部门被功能式部门所代替；第五，控制变得更集权；第六，控制在主要主管与部门之间进行；第七，技术变成控制结构的一部分。

（四）结构

任何组织，其结构都有一个逐步完善的过程。在这个过程中，结构改变最典型的是对现有部门的再划分或合并，这种变化往往会影响到整个系统。另外，权力结构的变化，如集权或分权，增加或减少权力层次，增加或减少职能部门等等，都与组织结构直接相关。组织结构本身的某些调整虽然并不直接导致组织本质的变化，但结构的重大变化又必然导致组织的部分质变。

（五）社会心理因素

充分发挥人的作用，是任何一个组织成功地实现其预定目标的关键。组织成员的士气、动机、态度、行为等方面的改变，对于整个组织及其变革都有重要作用。例如，组织要采用一项技术变革，而组织的全体成员都持消极的或抵制的态度，那么，这项变革无疑就难以实现。

（六）管理

管理无疑是组织变革的关键性动因。一个组织要找到一种符合组织活动的要求，并能带来高效率的管理方式并非易事。特别是对于那些原来只是运用经验管理，而现在为了实现高效而开始采取科学管理方法的组织来说，组织的变革更是势在必行了。

推动组织变革的动因是多方面的，常常出现几方面因素同时发生不同程度作用的现象。组织变革正是组织作为一个动态系统在其发展过程中必然伴随的一种现象。

把组织变革的动力与组织变革的过程联系起来，就构成一个组织变革的系统模型，这个模型包括输入、中间变量和输出三个部分，表明了组织变革过程中各种变量的内在关系，如图9-4所示。

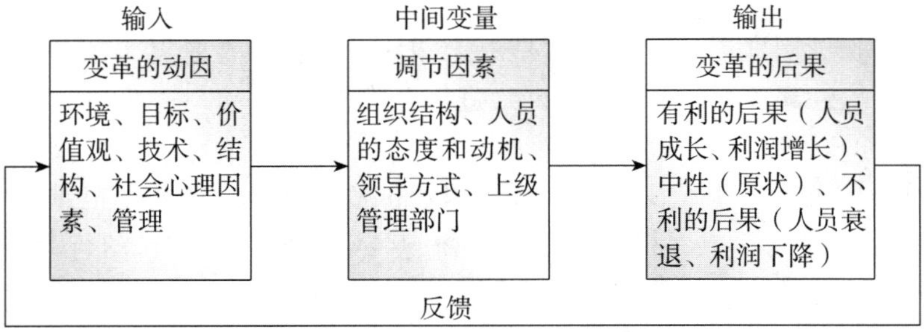

图9-4 组织变革的系统模型

第二节 组织变革的阻力与克服

任何组织变革的成功都有赖于绝大多数组织成员的赞成、支持和积极配合。但任何一项变革都涉及对原有制度、关系、行为规范、传统和习惯的改变，从而造成人们心理上的失衡和行为上的抵触，无疑使组织变革产生阻力。传统的观点认为抵制变革的原因来自于技术方面，而现代的观点则认为抵制变革的原因来自于心理、经济、社会等多方面。

一、变革的阻力

在对个体和组织行为方面进行研究的过程中，常常得到这样的结论：组织及其成员抵制变革。从某种意义上讲，这种抵制是积极的，它使行为具有了一定程度的稳定性和可预见性。如果没有抵制，组织行为会变得混乱和随意。对变革的抵制还可以成为具有功能性冲突的起源。例如，对组织重组计划或生产线改进方案的抵制，会激发对这些变革优缺点的有益讨论，从而产生更为完美的决策。但是，对变革的抵制也有显而易见的副作用，它阻碍了适应和进步。

变革的阻力不一定以统一的方式表现出来。阻力可以是公开的、隐蔽的、即刻的或滞后的。公开和即刻的阻力是最容易对付的。例如，当提议实施变革，员工会很快地以各种方式作出反应，怨声载道、消极怠工、威胁罢工以及如此类的举动。更大的挑战是处理那些隐蔽或滞后的阻力。隐蔽的阻力十分微妙，例如，对组织忠诚度的降低、丧失工作积极性、差错率增加、缺勤率上升，因此也更加难以识别。滞后的反应模糊了阻力的起源和阻力的反应这两者之间的联系。

一项变革在开始时，可能只会产生很小的反应，在几个星期、几个月甚至几年后，就会显现出来。在组织中，一项单独的变革本身产生的影响很小，但是它很可能会成为最终导致失败的微小但致命的因素。对变革的反应可能积累起来，然后以看起来和原先对变革的反应完全不相称的行为爆发出来。当然，这种变革的阻力仅是滞后的或储备性的，它所表现出来的是对以往变革的累积反应。

（一）个体的阻力

个体对变革的抵制根植于人类本性中，例如，观察力、个性和需要等。下述五个方面的原因解释了为什么个体会抵制变革。

1.习惯

为了应付复杂的局面，人们往往依赖于习惯或者固定模式的反应。当面对变革的时候，这种以习惯方式作出应对的倾向，就成为抵制变革的源头。例如，人们较长时间从事某项职业活动，对工作环境、工作方法、职业用语、职业习惯等形成了“职业认同”，如变革一旦改变人们熟悉的工作方式、职业习惯，使某些人由于心理上的不适而产生不快或抵触情绪。此外，有的人天生就比别人更反对改革，这说明人们的内心深处的性格方面某些特点，如依赖性或教条主义，会使其抵制变革。

2.安全感

那些对安全有很高需求的人，很容易抵制变革，因为变革威胁到了他们的安全感。人们一般不喜欢不确定性，未知的东西会使大多数人产生焦虑不安。如果一个人还不清楚地了解变革的目的、机制和潜在结果时，他很可能对变革忧心忡忡，宁愿维持原有的状况。例如，公司并购会使员工担心，能否适应新的组织结构，会不会遭到新的领导团体的排挤等。这些问题主要来自于他们对未知世界的担心，并且这种担心会引致相应的行为。

3.经济因素

员工一般会抵制他们认为会夺走有价值东西的改革。担心个人的收入会有所降低，是个体抵制变革的又一个原因。特别是当报酬与生产效率密切相关时，如果员工担心他们无法按照以前的标准来完成新的工作，工作任务或日常工作的改变会引起员工对经济问题的恐惧。

4.选择性信息加工

个体通过感觉来建立起他们自己的世界观。世界观一旦建立起来，他们就会拒绝变化。为了保持感知的完整性，个体就有选择性地对信息进行处理加工。他们只听他们想听的，忽略那些对他们已形成的世界观具有挑战性的信息。如果新生事物与自己原有的知觉和观点相左时，便容易对变革产生抵制。

5.缺乏理解和信赖

员工一般不信赖改革的意图，或不理解改革的目的。如果以往改革的执行者与员工的工作关系并不好，员工就会抵制变革。例如，财务经理每年都会修改财务报告制度，但过一阵又没兴趣了，改革就不了了之。当再次进行改革，员工就不再给予支持，因为他们不相信经理会为了大家的利益坚持将改革进行到底。

（二）组织的阻力

组织按其本质来说是保守的，它们主动地抵制变革。组织对变革的阻力主要有以下六方面的来源。

1.结构惯性

组织由其内部固有的机制保持稳定性。例如，甄选过程系统地选择一定的人进入组织，一定的人离开组织。培训和其他技术强化了具体的角色要求和技能，正规化的组织向员工提供应该遵守的工作说明、规章制度和程序，从而使组织运转保持稳定性和连续性。当组织面临变革时，组织固有的结构、机制、关系和规范等仍然会习惯性地发挥作用，结构惯性就会发挥反向的平衡作用以维持其稳定，从而成为变革的阻力。

2.有限的变革点

组织是由其内部相互依赖的子系统所组成的，不可能只对其中一个子系统实施变革，而不对其他子系统构成影响。管理层实行变革时可能认识不到这点，或可能低估某子系统改革对其他方面产生影响。例如，如果管理者只改变了技术工序，而不同时改变组织结构与之相适应，那么这种技术上的变革可能不会被接受。所以，子系统中有限的变革，可能会因更大系统的问题而趋于失效。

3.群体惯性

即使个体想改变他们的行为，群体规范也会给予一定的限制。例如，单个工会成员可能乐于接受资方提出的有关工作变化的建议，但是如果工会章程规定应抵制任何由资方作出的单方面变革，那么他就有可能作出抵制。

4.对专业知识的威胁

组织模式的变化可能会威胁到专业化群体的专业知识。20世纪80年代早期分散化个人电脑的引进就是一个例子，个人电脑使公司的管理者可以直接从公司的主要部门获取信息，但是这种变革却遇到了很多信息系统部门的强烈阻力。因为使用分散化计算机终端，威胁到了集中化信息系统部门所掌握的专门技能。

5.对已有权力关系的威胁

任何对决策权力的重新分配，都可能威胁到组织内部经过长时间建立起来的权力关系。例如，在组织中引入参与性决策或自治性管理的变革，常常被看作是对基层和中层管理者权力的威胁。因此，这些管理人员可能不赞成变革，且不会帮员工理解和支持变革。

6.对已有的资源分配的威胁

那些在组织中控制了相当数量资源的群体往往将变革视为一种威胁。他们倾向满足于事情的一贯状态，变革可能意味着他们的预算减少或是人员的削减。那些影响到未来资源分配的变革，对从现有资源分配中获利最大的人而言，将会构成直接的威胁。

二、变革阻力的克服

（一）教育和沟通

通过与员工进行沟通，帮助他们了解合乎逻辑的变革理由。这种策略是建立在这样一个基本假设之上的，阻力产生的原因是由于信息误导或缺乏沟通。如果员工了解了全部事实并消除了所有误导的信息，阻力就会消退下去。可以通过个别谈话、备忘录、小组讨论、报告等形式对员工进行教育。当阻力产生的原因是由于缺乏交流，并且管理层与员工之间的关系是以互相信任为特征时，它是起作用的。但是如果这些条件不具备，那么变革就可能会失败。

（二）参与和投入

对于个人来说，很难抵制自己也参与了决策的变革。在变革决定作出之前，应该把那些持反对意见的人也吸收到决策的过程中来。如果参与者具有一定的专业知识，能为决策作出有意义的贡献，他们的介入就可以减少抵制、得到承诺并提高变革决策的质量。

（三）促进和支持

变革的倡导者可以通过在一定范围内提供支持性措施来减少阻力。当员工感到十分担心和焦虑时，给员工提供心理咨询和治疗、新的技能培训或短期带薪假期，都有利于他们的调整。

（四）协商

变革倡导者处理潜在变革阻力的另一个方法是，以交换一些有价值的事物来减少对变革的抵制。例如，如果阻力仅仅来自于少数几个权力人物，可以协商一个特别的一揽子报酬方案来满足他们个人的需要。当变革的阻力非常强大时，协商作为一种策略就很有必要了。然而，这种策略潜在的高成本也是不能忽视的。

（五）操纵和收买

操纵是指那些含有企图的影响力。歪曲事实使变革更具有吸引力，封锁不合乎需要的消息，制造谣言使员工接受变革，这些都是操纵的例子。如果散布的威胁实际上不会发生，那么，管理者就是在使用操作的策略。收买，在另一个方面，是一种包含了操纵和参与的策略形式。这种策略通过赋予抵制团体的领头人以变革决策中的关键角色，将其收买。寻求这些领头人的意见的原因，并不是为了得到更好的决策，而是为了获得他们的认可。相对来讲，操纵和收买费用较少，而且是容易赢得反对者支持的途径。但是一旦这种策略被识破，变革倡导者就会威信扫地。

（六）强制

强制是直接对抵制者实施威胁和压力。强制的例子包括调离的威胁、失去晋升机会、消极的绩效评价或者是一封不利的推荐信等。强制的策略有时很有收效，有时却会激起更加强烈的抵制，这可能取决于双方之间力量的对比。

第三节　组织变革的过程与成本

任何组织都是处于一定的环境之中的，当环境的变化对组织生存发展的威胁增强，甚至超过组织原有的优势特长时，组织必须考虑进行适当的管理变革，使之适应新的环境。因此，管理者的组织设计并非一劳永逸的事情。早在20世纪60年代，管理学家丹尼尔在调查中发现，美国100家最大的工业企业中至少有2/3在3年内进行了重大的组织调整，并估计一些大的公司每2年至少进行一次重大组织变革。在当今世界上，针对变化的环境进行相应的组织变革已成为管理者工作中的一个重要组成部分。

一、两种不同的变革观

在变革理论中，管理学界存在两大基本观点——渐进观与激进观。渐进观认为变革应当以组织保持一定程度的稳定性为前提，而激进观则认为变革是不断的、持续的行为。在20世纪的绝大部分时间里，渐进观一直统治着管理人员的思维。然而，以信息技术和生物技术为标志的新技术革命，将使越来越多的组织面临着一种复杂、动态的多变性环境。如果说以前的管理特点是长期的稳定伴随着偶尔的短期的变革，今天的情形正好相反，往往是长期的变革伴随着短期的稳定，企业经营环境的不确定性将大大增强。越来越多的人认为环境的相对平衡状态所持续的时间越来越短且不可预测，渐进观对环境因素相对稳定的假设已不复存在。管理者面临的是不断变化的环境，他必须对环境的变化迅速即时地作出有效反应，而不是按原定计划照章执行。当然，也不是所有行业都面临这种无序变化的环境，例如，汽车制造、石油勘探行业等还是有着相对稳定的环境。但是处于这种环境状态下的行业数量正在急剧地减少，特别是像时装行业、计算机行业、信息行业等，它们将长久地处于无法预料的环境变化之中，企业的生命周期将变得很短。

二、组织变革的过程

成功而有效的组织变革，通常需要经历解冻、变革和冻结这三个有机联系的过程。

（一）解冻

由于任何一项组织变革都或多或少地会面临来自组织自身及其成员的一定程度的抵制力，因此，组织变革过程需要有一个解冻阶段作为实施变革的前奏。解冻阶段的主要任务是发现组织变革的动力，营造危机感，塑造出改革乃是大势所趋的气氛，并在采取措施克服变革阻力的同时，具体描绘组织变革的蓝图，明确组织变革的目标和方向，从而形成待实施的比较完善的组织变革方案。

（二）变革

变革阶段的任务就是按照所拟订变革方案的要求，开展具体的组织变革运动或行动，以使组织从现有结构模式向目标模式转变。这是变革的实质性阶段，通常可以分为试验与推广两个步骤。这是因为组织变革的涉及面较为广泛，组织中的联系相当错综复杂，往往“牵一发而动全身”，这种状况使得组织变革方案在全面付诸实施之前，一般要先进行一定范围的典型试验，在总结经验的基础上，修正进一步的变革方案。在试验取得初步成效后再进入大规模的全面实施阶段。这种作法还可以使一部分对变革尚有疑虑的人们，能在试验阶段就及早地看到或感觉到组织变革的潜在效益，从而有利于争取更多组织成员在思想和行动上支持所要进行的组织变革，并踊跃跻身于变革的行列，由此实现从变革观望者、反对者向变革的积极支持者和参加者转变。

（三）冻结

组织变革过程并不是在实施了变革行动后就宣告结束。涉及人的行为和态度的组织变革，从根本上说，只有在前面有个解冻阶段、后面又有个冻结阶段的条件之下改革才有可能真正地实现。现实中经常出现组织变革行动发生了之后，个人和组织都有一种退回到原有习惯的行为方式中的倾向。为了避免出现这种情况，变革的管理者就必须采取措施保证新的行为方式和组织形态能够不断地得到强化和巩固。这一强化和巩固的阶段可以视为一个冻结或者重新冻结的过程。缺乏这一冻结阶段，变革的成果就有可能退化消失，而且对组织及其成员也将只有短暂的影响。

三、组织变革成本

（一）组织变革成本的含义

组织变革成本反映组织变革过程中所发生的各种成本和代价，是组织因发起、组织变革和为确保变革的顺利进行以及巩固变革的成果所发生的价值牺牲的总和。

组织变革成本不同于一般产品或者服务的生产和制造上发生的成本，而是一种用于管理行为上的资源损失。变革成本是决定变革能否取得成功的关键因素。如果组织要为变革付出过大的代价，就可能会使组织的变革无法实现预期的目标，难以通过变革增强组织的灵活性和竞争力，不能提高组织的环境适应能力和市场竞争能力，甚至会使组织陷入无法承受的危险境况中。用变革成本来描述组织应对环境变化对各层面调整的成本，可以反映出组织调整的难易程度。

（二）组织变革成本的内容

组织变革的成本主要包括变革的认知成本、发动成本、设计成本、实施成本和强化成本。

1.认知成本

组织变革的发生，在于组织认识到组织内部与外部环境的不协调因素，只有认识到自身的不足和所面临的危机，才能感觉到变革的必然性。为此，组织需要经常分析外部环境，评估组织内部能力，这些成本就构成了变革的认知成本。认知阶段是企业变革的导入阶段，这一阶段的行为是整个变革过程和变革政策的基础。根据组织变革过程的一般框架，认知成本包括发生在这一阶段的对于组织内外部环境的调查成本和分析成本。

2.发动成本

组织变革的发动阶段主要包括沟通和学习两方面的活动，相应的发动成本就是变革过程中在这些沟通、学习活动中所耗费的各种资源和成本。组织变革的发动者往往是组织战略的制定者，而变革的参与者却涉及组织的多个部门和人员。组织变革一般是从上至下发起的。在领导者意识到变革的必要性之后，必须把变革的内容、目标以及必要性及时、完整地传递给每个部门，得到各部门的支持和配合，整个变革工作才能进行下去。变革发动期间应该向整个组织传递变革的信息，让组织成员理解变革的必然性和紧迫性。变革信息能够帮助员工了解变革的原因，消除对变革的恐惧感。在发动变革期间，整个组织内部公开的沟通不仅意味着可以自由地表达对当前危机的恐惧，而且意味着员工能够让自己了解变革、掌握变革，消除对变革的疑惑，而不是被迫变革。如果缺乏必要的沟通，则变革很难真正完成，或者造成比较大的变革成本。

沟通不畅是不少变革失败的核心问题。沟通的方法可以是领导团队研讨会、干部研讨班、形势报告会、各个层级的变革参与活动、座谈会、员工动员宣讲会等一些集体形式，也可包括针对个别人员的个别沟通行为。为了让所有的员工更能接受变革的发生，向员工传达更为确切的进行变革的信息，企业也可以聘请外部咨询顾问进入公司内部，向组织成员传达新的观念和知识。这些专门的沟通活动所耗费的成本构成了发动成本的主要内容。

发动阶段的学习过程包括为学习变革技巧而举办的教育培训、参观学习成功实施变革的模范公司、向组织中的其他人传授变革的核心观念、从专家指导中获益等活动。通过这些训练，能够帮助员工理解变革的意义并确定自己在新环境中的角色。

3.设计成本

组织的任何变革都是一个复杂的活动和过程。由于变革过程中会涉及组织各种资源的重新组合以及组织结构的变动的相互联系的多个层面的变化，因此在变革实施之前，需要完备的设计准备阶段。在变革的设计阶段，必须对变革的目标、变革范围、变革时间、变革措施、变革绩效进行充分研究，所涉及的各类资源的调整以及组织结构和人员的调整都有完整详尽的计划，这些变革设计工作所产生的成本就是变革的设计成本。在组织变革的设计阶段，领导团队需要形成对变革的共识，也需要共商实施变革的技巧。

4.实施成本

实施成本包括组织变革实施过程中的人力成本、转换成本、阻力化解成本、沟通成本和学习成本。实施成本是变革成本的主要内容。为执行变革方案和变革计划需要成立专门的变革执行小组，为小组成员所支付的人员工资就是实施阶段的人力成本。变革方案执行初期，存在着一个适应和熟悉的过程，包括新旧制度的交替过程、变革方案与实践的融合期、员工对于新事物的认识过程、员工自身对于变革从不接受到接受的过程。这个过程由于员工的情绪、压力等的影响，新方案的效用难以充分发挥，新任用的人员熟练程度不够等因素，整个组织的效率水平会有一定程度的下降。这些由于变革而造成的价值损失，都属于变革成本的内容。而新制度和变革方案的推行，又需要为组织引进许多新的运行方式，如信息技术的应用及其带来的组织内部信息系统的建设，为此必须支付的成本内容构成了变革实施阶段的转换成本。当变革方案受到一部分人的强烈抵制时，还需要采用一定的补偿措施或其他手段来化解阻力，这时就产生了阻力化解成本。为了及时解决变革实施中的疑问，可以设立专门的内部变革咨询小组，以解决人们在变革中的疑问。实施过程中还必须经常举办各种经验交流会，不管是高层经理，还是中层经理人员或者基层管理人员，都可以通过沟通与交流来学习别人的成功经验，甚至一些失败的做法都可以是交流会的话题，以供大家借鉴。这些活动中所支付的咨询人员的工资、举行交流会的人员成本、办公费用构成实施过程中的沟通成本。学习成本，主要指由于管理层和员工的经验不足，在新机制运行过程中难免犯这样或那样的错误，而这些错误会给组织带来一定的价值损失。

5.强化成本

强化成本包括检查成本、修正成本和巩固成本。为强化变革成果，组织必须跟踪变革的进程，评估变革的绩效，并和预期的目标进行对比，在此基础上采取相应的检查措施。面对变革中出现的问题，还必须组织有关人员进行研讨，以确认是执行过程的问题还是变革方案或计划的问题并及时加以修正。如果方案与计划有问题，还需要组织方案设计人员参加研究，必要时寻求外部顾问支持。这些活动所花费的人工费、咨询费、办公费便是强化阶段的检查、修正成本。为鼓励、支持变革行为以及巩固变革成果，可以采取对优秀人员进行奖励的做法。由于激励措施是针对变革而设立的，因此构成了巩固成本的内容之一。

四、组织结构的发展趋势

进入20世纪80年代以来，在全球化、市场化和信息化三个时代大潮的背景下，组织环境一方面呈现出复杂多变的发展趋势，另一方面又对组织应付这种趋势提供了一定的技术工具。组织结构总的发展趋势表现出非层级制的趋势，具体表现为扁平化、柔性化、分立化和网络化四个基本趋势。

组织结构的扁平化，是指管理层次的减少和管理幅度的扩大，组织结构形态由标准的金字塔形向圆筒形转化。组织结构的柔性化，是指在组织结构上不设置固定的和正式的组织结构，而代之一些临时性的、以任务为导向的团队式组织。组织结构的扁平化和柔性化都是对层级制组织类型的进一步发展和完善。20世纪80年代以来，超大规模的大型企业实行层级制的组织结构，越来越不适应环境变化的需要，因此，从根本上代替层级制的组织手段大量出现。这些组织手段实质上是用市场机制代替层级制的行政机制，它可以用直接的市场机制代替层级制，这就是分立化的变革趋势，也可以用一种特殊的市场机制代替层级制，这就是网络化的变革趋势。分立化是对层级制的一部分组织机构用市场联结关系代替行政管理关系，而网络化则是用一种新的组织形式代替实行传统组织模式的整个组织结构。事实上，许多经过分立化的公司相互之间及与总公司之间建立了一种紧密联系的网络型关系，所以，分立化和网络化又是紧密相连的。

（一）组织结构的扁平化趋势

经过长期的演变过程，企业逐渐形成了一套等级森严的层级组织体系，层级层次越来越多，信息的处理和传递要经过若干环节，致使整个组织对外部环境变化的反应迟钝，而且，内部管理难度大，工作效率低。20世纪80年代以来，美国不少企业开始对这种传统模式进行大胆的改革，减少管理层次，扩大管理幅度，组织结构呈现出扁平化的发展趋势。90年代初期，西方出现了一场声势浩大的“企业再造”运动，核心思想是把原来的金字塔形的组织结构扁平化。

组织结构的扁平化是为了适应组织环境日益复杂多变所提出的挑战。它的顺畅运作需要具备两个重要条件：一是现代信息处理和传输技术的巨大进步，能够对大量复杂信息进行快捷而及时的处理和传输，致使多数中间组织失去存在的必要，如经纪人、批发商以至某些零售商的作用将逐步弱化，生产者与消费者之间的鸿沟缩小、界限模糊，它们可以直接联系和接触，相互掌握对方信息。二是组织成员的独立工作能力大大提高，管理者向员工大量授权，组建各种工作团队，员工承担较大的责任，普通员工与管理者、下级管理者和上级管理者之间的关系由传统的被动执行者和发号施令者的关系转变为一种新型的团队成员之间的关系。

（二）组织结构的柔性化趋势

组织结构柔性化的目的是使一个组织的资源得到充分利用，增强组织对环境动态变化的适应能力，它表现为集权化和分权化的统一，稳定性和变革性的统一。

组织结构的柔性化表现为集权化和分权化的统一。与一味强调分权的做法不同，为了避免过分分权所带来的消极影响，柔性化组织结构在进行分权的同时，要求进行必要的集中。集权就是最高管理层确定整个组织的战略发展方向，规定上级和下级之间的权限关系，分权则是中下级管理部门和一线生产经营人员具有处理一些突发性事件的权力。集权和分权统一的关键是上级和下级之间通过一些直接和间接的交流渠道，及时进行信息的沟通，适当地调整权限结构，保证组织的战略发展目标和组织的各项具体活动之间形成有机的联结关系。

组织结构的柔性化还表现为稳定性和变革性的统一。适应组织结构不断变革的需要，组织结构分为两个组成部分：一部分是为了完成组织的一些经常性任务而建立的组织结构，这部分组织结构比较稳定，是组织结构的基本组成部分；另一部分是为了完成一些临时性任务而建立的组织结构，是组织结构的补充部分，如各种项目小组等。

（三）组织结构的分立化趋势

分立化，是指从一个大公司里分离出几个小的公司，把公司总部与下属单位之间的内部性的上下级关系变为外部性的公司与公司之间的关系。这种分立化与那种划小经营核算单位的方式相比，最大的区别是分立化以一种市场平等关系来联结公司总部与所属各个分公司和子公司之间的关系，而划小经营单位仍然是以一种企业内部的层级关系进行管理；分立化是在产权关系上进行的变革，公司总部对所分立的各个子公司和分公司通过股权渗透进行控制，而划小经营单位是在管理权限上的调整，公司总部对所划小的各个经营单位通过一系列的内部行政管理手段进行控制；通过分立化所形成的各个分公司和子公司是独立的法人实体，拥有完全的独立经营地位，而通过划小经营单位所形成的各个基层经营单位并不是一个独立的法人，不具有完全的独立经营地位。

分立化分为两种方式：一种方式是横向分立，按照产品的不同种类进行分立。企业将一些有发展前途的产品分离出来，成立独立的公司，选派有技术、懂管理的人去经营。通过横向分立，可以最大限度地提高单个产品经营单位的自主权，在一个又一个的单位产品市场上形成自己的优势地位。另一种方式是纵向分立，按照同一产品的不同生产阶段进行分立。纵向分立是对同一类别产品进行上下游的分离，通过纵向分立，可以进一步集中企业的力量，提高企业的专业化生产经营水平。

（四）组织结构的网络化趋势

随着市场竞争的日趋激烈，越来越多的大公司认识到，庞大的规模和臃肿的机构设置不利于企业的竞争力的提高。因此，许多大公司在大量裁员、精简机构和缩小经营范围的基础上，对企业的组织结构进行重新构造，突破层级制组织类型的纵向一体化的特点，组建了由小型、自主和创新的经营单元构成的以横向一体化为特征的网络制组织形式。

企业组织结构的网络化，具有两个根本特点：一是用特殊的市场手段代替行政手段来联结各个经营单位之间及与公司总部之间的关系，如各种企业集团和经济联合体以网络制的形式把若干命运休戚相关的企业紧密联结在一起。层级制组织形式的基本单元是在一定指挥链条上的层级，而网络制组织形式的基本单元是独立的经营单位。因此，这种特殊的市场关系与一般的市场关系不同，一般的市场关系是一种并不稳定的单一的商品买卖关系，而网络制组织结构中的市场关系则是一种以资本投放为基础的包含产权转移、人员流动和较为稳定的商品买卖关系在内的全方位的市场关系。二是在组织结构网络化的基础上形成了强大的虚拟功能。传统企业组织形式是高度实体化的。传统的企业管理是对实体企业的管理，这种管理要负责企业的各种实物的保存和管理。而现如今，经济活动的数字化、网络化，一方面使空间变小，世界成为“地球村”；另一方面又使空间扩大，除物理空间外，还有媒体空间的存在，虚拟企业应运而生，比如虚拟商店、虚拟书店、虚拟银行等。处于网络制组织中的每一个独立的经营实体，都能以各种方式借用外部的资源进行重新组合，也就是说，通过虚拟，企业可以获得诸如设计、生产和营销等具体的功能，但并不一定拥有与上述功能相对应的实体组织，它通过外部的资源和力量去实现上述具体功能。

思考题

1．如何界定组织变革？组织变革有哪些类型？

2．组织变革有何特点？

3．哪些因素促使组织进行变革？

4．组织进行变革时通常会产生哪些阻力？如何克服这些阻力？

5．组织变革有哪些阶段组成的？

6．未来的组织结构将向哪些方向发展？

第十章　人力资源管理

学习本章的目的和要求
通过本章的学习，清楚人力资源管理的职能；了解主管人员的选聘条件及选聘方式；知道对申请者进行甄别和筛选的手段；了解员工培训的内容及方法；掌握员工绩效评估目的、内容和方法；了解人事风险防范的相关内容。

第一节　人力资源管理概述

一、人力资源管理职能

人力资源管理是组织为了实现既定的目标，运用现代管理方法和手段，对人力资源的获取、开发、利用和保持等方面进行管理的一系列活动的总和。

人力资源管理是组织在特定环境中进行的一种以人为对象的，包括一系列活动步骤的专项或专业管理工作，其职能性的工作有以下几个方面：

1.人力资源规划。根据组织的发展战略和经营计划，评估组织的人力资源现状及发展趋势；收集和分析人力资源供给与需求方面的信息和资料，预测人力资源供给和需求的发展趋势，确定相应的人员增减与调整政策。

2.工作分析。工作分析是人力资源管理中的一项基础性工作。根据不同的工作内容，通过对工作任务的分解，设计不同的职务工作体系，为人力资源中招聘、考评培训、调配、晋升等各项工作提供基本依据。

3.人员招聘与录用。通过系统的吸引与科学的甄选工作，挑选合适的求职者，合理录用安排工作岗位，及时为企业补充符合工作要求的缺失员工。

4.员工职业生涯开发。企业组织有责任鼓励和关心员工的个人发展，组织应根据员工的个人性格、气质、能力、兴趣、价值观等特点，同时结合组织的需要，为员工制订一个职业生涯发展计划，并及时作出追踪性的实施监督和考查。

5.培训和开发。构建系统的员工培训体系，通过全员与全过程培训，进一步开发员工的工作潜能，改进员工的工作知识、能力、工作态度和工作绩效。

6.绩效管理。建立系统的绩效管理体系，通过科学合理的工作绩效评估与及时的绩效信息反馈，进一步提高和改善员工的工作绩效。

7.薪酬和福利。合理、科学的薪酬与福利体系关系到组织中员工队伍的稳定。人力资源管理部门应根据员工的资历、职级、岗位及实际表现和工作绩效等方面因素，为员工制定公平合理的、具有吸引力的薪酬体系与福利制度。

8.劳动关系。通过人力资源管理工作，使企业组织于员工群体在工资、福利及工作条件等方面能够协调一致，相互认同，促进组织与员工之间形成良好的心理契约。

二、工作分析

工作分析是人力资源管理最基本的工作。工作分析是对组织中各工作职务的特征、规范、要求、流程以及对完成此项工作员工的素质、知识和技能要求进行描述的过程。工作分析包括一连串有系统的步骤，包括仔细地观察工作任务与工作行为，汇集和查证组织中有关人员的资料与工作环境条件，并对各类相关要素进行客观的、准确的描述。虽然组织各不相同，组织内工作类别不同，工作的要求与组织提供的工作条件也不一样，然而，工作分析的内容却是相同的。工作分析一般包括两方面的内容：确定工作的具体特征，找出工作对任职人员的各种要求。前者称为职务说明，后者称为职务规范。工作分析结束后要编制职务说明和职务规范两种书面文件，以作为后面各阶段人力资源管理工作如招聘、考评、激励和培训等的依据与指导。

职务说明具体描述了工作的物质特点和环境特点，主要解决工作内容与特征、工作责任与权力、工作目的与结果、工作标准与要求、工作时间与地点、工作岗位与条件、工作流程与规范等问题。职务说明并无统一的标准，但规范的职务说明应包括工作名称、工作活动和工作程序、物理环境、社会环境和聘用条件等内容。

职务规范是用来说明担任某项职务的人员必须具备的生理要求和智力要求。主要包括年龄、性别、学历、工作经验、健康状况、力量与体力、运动的灵活性、感觉器官的灵敏度，以及观察能力、集中能力、记忆能力、理解能力和学习能力等内容。

三、人力资源规划

人力资源规划就是确保组织根据自身的需要，在适当的时候为适当的职位选配到合适数量和类型的人员，并为促进人员的不断发展而进行的对组织人力资源的全面规划与安排。人力资源规划一般包括如下几方面内容。

1.通过任务目标分析，确定人力资源需求计划。人力资源需求计划是预估组织未来对人和职务的需求。任何企业对人力资源的需要，从根本上说都是由企业落实其未来发展目标和战略的需要决定的，战略规划确定了组织的发展方向和所需的人员数量、质量、结构方面的变化。例如，决定开发一项新产品或建立一个新部门，就意味着需要增加新的成员和岗位；如果计划紧缩业务，则会削减人员；如果战略上需要维持现状，则只有在岗人员离岗时，才雇用新员工。人力资源需求计划是对企业未来经营状况的一种反映，基于对企业发展目标和经营规模的估计，管理者就可以估算出为达到预定的目标和经营规模所需配备的人力资源的规模和素质状况。

2.通过职位分析，确定具体的职位空缺计划。职位分析旨在确定某项工作的任务和性质是什么，以及应寻找具备何种资格条件的人来承担这一工作。职位分析无论是由直线管理人员还是人力资源管理专业人员来做，都必须着眼于了解和规定以下几方面的信息：这一职位包含的工作活动有哪些，工作中人的行为应该怎样，工作中使用什么机器、设备、工具以及其他辅助用具，衡量工作的绩效标准是什么，这一职位工作的有效开展对人的素质条件有什么要求。一旦组织中需要开展什么工作明确了下来，那么，将它与现有组织的职位设计情况相比较，就可以制订出具体的职位空缺计划。职位空缺计划反映了企业未来需要补充的人力资源的类别和结构。

3.结合人力资源现状分析，制订满足未来人力资源需要的行动方案。根据组织任务目标和职位分析的要求，确定了组织在未来某一时刻需要填补空缺的职位后，下一步工作就是要针对当前人力资源供应情况制订人力资源增补的计划与方案。前一阶段通过职位分析，确定了组织各项工作的开展都需要具有何种资格条件的人员。现在我们要分析组织现有人力资源的供应情况，以便确定人力资源上的供求差距。为此，可在组织范围开展人力资源调查。在计算机技术高度发达的今天，对于绝大多数组织来说，要形成一份准确、全面的人力资源调查报告应该不是件困难的事。这份报告的数据来源于员工填写的调查表，调查表可能开列员工的姓名、最高学历、所受培训、以前就业、能力和专长等栏目。此项调查能帮助管理者评价组织中现有的人员与技能状况。对人员未来需求和组织现有人力资源情况做了以上评估以后，管理者可以测算出未来人力资源短缺的情况和组织中可能出现超员配置的领域，然后决定增补、选拔员工或减员的行动方案。

第二节 人员招聘与培训

一、人员招聘

在完成了对组织员工的需求预测和供给预测，并在总量和结构上加以平衡，编制出组织人力资源规划后，对组织人员的需求和来源就有了一个大致的轮廓。在此基础上，就可以结合职务分析进行组织人员的招聘和录用工作了。招聘就是组织为了发展的需要，根据工作分析和人力资源规划所确定的人员数量和质量的要求，寻找、吸引那些具备相应能力又有意愿到组织任职的人员，并从中挑选出适宜的人员予以录用的过程。人员招聘有两个重要环节，即招募与甄选。

（一）人员招募的渠道

招募是人员招聘工作的第一个环节，是指根据人力资源规划的要求，通过发布信息等手段吸引具备相应资质的求职者前来应聘的活动。人员招募有两种方式：内部招募和外部招募。

1.内部招募

内部招募是指在组织内部现有的员工中发掘组织所需要的人员来填补空缺的职位。内部招募是重要的管理人员招募渠道，据调查，在各组织中管理职位有90%是由内部提拔起来的人员担任的。内部招募的来源主要包括内部晋升、工作轮换以及返聘等。

（1）内部招募的优点

①由于组织内有较充实可靠的资料，对候选人的优缺点比较了解，能准确地判断其是否胜任新的工作。

②被提升的组织成员对组织的历史和现状比较了解，能较快地胜任工作。

③可激励组织成员的进取心，促使其努力充实提高本身的知识和技能。由于工作有变换的机会，可提高组织成员的士气。

④可使过去对组织成员进行训练的投资得到回收。

（2）内部招募的缺点

①组织内部提供的人员有限，特别是关键的主管人员，当组织内有大量空缺职位

时，会出现“青黄不接”的情况。

②会造成“近亲繁殖”。

③内部招募容易导致组织员工之间的过度竞争，影响员工之间的关系。组织内没有被提升的人的积极性容易受到挫伤，致使其消极地对待工作。

2.外部招募

外部招募，是指从组织外部设法得到组织所急需的人员。外部招聘可通过广告、就业服务机构、学校、组织内成员推荐等途径来进行。对象是可胜任组织职位工作的各种人。在招聘时，应对应聘人员讲清应聘职务的性质和要求、工作环境的现状和背景以及报酬和福利条件等，还要说明工作是否有意义，是否具有挑战性，能否按其意愿行使权力等。这是鼓励人们应聘的重要条件。

（1）外部招募的优点

①有广泛的人员来源满足组织的需求，并有可能招聘到一流的人才。

②可避免“近亲繁殖”。

③可避免组织内没有被提拔的人的积极性受挫，避免造成因嫉妒心理而引起的情绪不快和组织成员间的不团结。

④外部招募能够为组织带来新思想、新方法和新技术，也能给组织带来更多的创新机会。由于大多数应聘者有一定的经验，可节省培训上所耗费的大量时间和费用。

（2）外部招募的缺点

①由于不了解应聘者的情况，很难对应聘者作出客观的评价。

②应聘者对组织的历史和现状不了解，聘用后要有一个熟悉过程。

③如果组织内有可胜任该职务的人而没有被选用，而从外招聘，会使他们感到不公平，对自己的前途失去信心。

总之，内部招募与外部招募各有利弊，组织应综合运用这两种招募渠道以达到最佳的招募效果。

（二）人员招募的方法

不同招募渠道所面向的目标群体不同，招募工作所在环境也不同，因此不同招募渠道各自有不同的招募方法。

1.内部招募的方法

（1）工作公告法

工作公告法是最常用的一种方法，这种方法是组织在确定了空缺职位的性质、职责、要求和任职资格等信息后，通过组织内部公告栏、内部广播、内部刊物、局域网等载体向全体员工公布空缺职位的信息，从而吸引相关人员前来申请这些空缺职位。

（2）档案记录法

档案记录法是组织运用员工人事档案来了解员工的各种信息，从而寻找合适的人员来填补空缺的职位。对建立了人员管理信息系统的组织，这种方法较为适用。而对主观的信息，如人际关系能力、判断力、道德品质等则难以确认，因而对那些能力要求很高的职位，这种方法则不适用。

（3）推荐法

推荐法由组织部门主管或其他管理人员直接向人力资源部门推荐其认为能够胜任某个职位的员工作为候选人的方法。这种方法也包括员工自荐。其优点在于推荐人比较了解被推荐人的工作能力和道德品质等信息，起到了初步甄选的作用。

2.外部招募的方法

（1）广告招募

这是通过报刊、电视、杂志等传统媒介向社会公众传递组织的人员需求信息，以吸引求职者前来应聘的招募方法。广告招募要注意两个问题：一是要根据不同的招募对象，选择不同的媒体；二是要注意广告的设计，广告的内容要全面、准确，广告的形式要有利于吸引应聘者，有利于塑造良好的企业形象。

（2）校园招募

这是一种直接深入到校园，与学校的就业指导部门协商，在校园内开展招募活动的方法，招募的对象是即将走入职场的应届毕业生。

（3）网络招募

网络招募是指利用互联网技术进行的招募活动，也被称为电子招募或者在线招募。网络招募按网络化程度可分为两种：一种是半网络化的，只是把网络作为发布招募信息的平台；另一种是全网络化的，既在网络上发布招募信息，也在网络上搜集在线模板化的简历并进行在线甄选工作。

（4）推荐招募

这是指通过组织内员工、客户或者合作伙伴推荐组织外部的应聘者来填补组织职位空缺的方法。

（5）专业机构招募

这是指组织借助一些专业机构如劳务市场、人才交流中心、职业介绍所、猎头公司、人力资源外包公司等实现人员的招募。

（三）甄选

吸引一批申请者后，人力资源管理过程的下一步就是确定谁是该职位最合格的人选，这一步骤称为甄选。甄选是对应聘者的学识水平、能力、心理素质、个性特征等方面进行全面、深入的了解，以选择符合组织职位要求的的最佳人员的活动。甄选过程中要用一定的工具和手段对应聘者进行鉴别和考察，再加以选拔和录用。

1.甄选的程序

首先对应聘者的工作申请表和简历进行初步筛选，然后采用心理测验、个性测试、工作样本测试、评价中心等方法对应聘者进行全面、深入的了解。在初步录用之前，组织一般还需要对应聘者的背景进行调查，以审核应聘者材料的真实性。进行入职体检以确保应聘者的身体状况符合职位要求。初步录用后还要安排一个试用期进行考察。最后，才能作出正式录用的决策。

2.甄选方法的效度和信度

效度是指管理者所使用的甄选手段与有关工作标准之间存在确实的相关关系。例如，管理者将测试成绩作为甄选的一种依据，那么，除非有明确的证据证明，这次测试得分高的人，一旦走上工作岗位，其表现将超过测试得分低的人。管理者可以对申请者进行智能测试，并使用测试结果帮助作出甄选决策，但必须做好准备，在受到挑战的时候，能够证明智能测试是一个具有效度的手段。也就是说，该项测试的得分与后来的工作绩效表现具有正相关的关系。

信度是指明一种手段是否能对同一事物作出持续一致的测量。例如，假定一项测试具有信度，那么某个人的成绩就应当在相当一段时间内保持相对稳定，这里假设所测试指标的特性也相对不变。信度的重要性是显而易见的。一种甄选手段，如果其信度很低，那么就不可能是有效的。这犹如你每天在一台不稳定的磅秤上测量你的体重，磅秤随机发生变化，每次你踩上去称，体重相差达几千克，这种测量的结果必然说明不了什么。因此，要使甄选手段成为有效的预测器，它就必须拥有可接受范围的一致性。

3.甄选手段

管理者可以使用各种手段对申请者进行甄别。常用的手段包括应聘者申请表分析、笔试和绩效模拟测试、面谈、履历调查，以及某些情况下的体格检查等。下面简要介绍各种甄选手段，特别把注意力放在每种手段对预测工作绩效的效度上，并讨论其各自适用的场合。

（1）申请表分析。几乎所有的组织都要求应聘者填写一份求职申请表，提交自己的个人资料。这可能只是一份让应聘者填上姓名、地址和电话号码的简表，另一极端则可能是一份综合性个人简历表，要求仔细地填写个人的活动、技能和成就。与经历相关的、硬性的、可证实的资料（如在学校专业成绩的名次）可以作为某些工作绩效的具有效度的衡量标尺。通常，申请表中只有一些栏目被证明具有效度，而且常常只对某些特定工作具有绩效预见功能。人力资源管理部门可根据简历和求职申请表提供的资料，对求职者进行初选，筛选出较合适人选，再运用笔试、面谈等手段进行甄选。

（2）笔试。典型的笔试包括智商、悟性、能力和兴趣等方面的内容。有充分的证据证明，对智商能力、空间和机械能力、认知准确性和运动能力的测试，对工业组织中许多半熟练和非熟练的操作工作具有中等程度的效度。不过，对于笔试也存有一种不间断的批评，即智商及其他测试指标可能在一定程度上与来自工作的实际业绩相脱钩。例如，智商测试的高分并不一定能很好地预见申请者会出色地完成计算机程序编制员的工作。这种批评导致了绩效模拟测试的更多使用。另外，求职者的工作意愿和动机水平很难通过笔试来了解。

（3）绩效模拟测试。能否在应聘者实际做一项工作之前就发现他是否具备相应的能力，绩效模拟测试无疑是一种较好的方法。因为绩效模拟测试是基于职务分析资料作出的，所测验的是人的实际工作行为，而不是其替代物，因此自然应当比笔试更能满足工作表现相关性的要求。最有名的绩效模拟测试方法有工作抽样和测评中心两种。前一种方法适用于常规的职务，后一种方法适用于挑选从事管理工作的人员。

工作抽样法是给申请者提供一项职务的缩样复制物，让他们完成该项职务的一种或多种核心任务。申请者通过实际执行这些任务，将展示他们是否拥有必要的才能。人力资源管理部门借助于职务分析得来的资料对工作样本进行仔细设计后，可以确定该项职务需要哪些知识、技术和能力，并将这些工作样本因素与相应的职务绩效因素匹配起来。一般说来，工作样本试验的结果，是令人满意的，它们几乎总会产生比悟性、个性和智商等书面测试更好的效度。

测评中心法是由直线主管人员、监督人员及受过训练的心理学家组成测评中心，模拟性地设计出实际工作中可能面对的一些现实问题，让应聘者经受几天的测试练习，从中评价其管理能力。练习活动根据实际工作者会遇到的一系列可以描述的活动要素来设计，包括与人面谈，解决出现的问题，小组讨论和经营决策博弈等。有关测评中心有效性的证据，极为令人鼓舞，它能预见后来在管理职位中工作表现的结果，特别适用于评价应聘者的管理潜能。但这种方法的使用成本较高。

（4）面谈。面谈与申请表一样，是普遍使用的一种人员甄选手段。，面谈对申请者的评价带有一定的主观性。一般的面谈（在非正式的背景下对申请者提出一些主题多变的、基本上随机的问题）通常不会提供多少有价值的信息。如果没有按标准化的方式进行，面谈可能潜伏着各种偏见和障碍。精明的求职者往往突出其最佳的一面，而掩盖其缺点，从而降低面谈的效度。为此，我们提出如下具体建议：对所有应聘者设计一些固定的问题；取得对应聘者面谈的有关工作的更详细信息；尽量减少对应聘者履历、经验、兴趣、测试成绩或其他方面的先前认识；多提问那些要求应聘者对实际做法给予详尽描述的行为问题；采用标准的评价格式；面谈中要做笔记；避免短时间面谈造成过早形成决策等。

二、人员的培训

人员培训是指组织通过各种方式使员工具备完成目前或未来工作所需要的知识、技能并改变员工的价值观、工作态度和工作行为，从而提高员工的工作绩效的一种计划性和连续性的活动。

（一）新员工的入职培训

一旦完成招聘工作，组织就要将新招聘的人员安排到空缺的职位上去，同时为新员工提供有关组织和工作的基本背景情况的培训活动，这是组织将被录用的应聘者转化为组织员工的过程，也是新员工逐渐熟悉、适应组织环境并开始初步规划个人职业生涯、定位自己角色的过程。

1.对新员工进行入职培训的目的

（1）使组织与员工相互了解

新员工在加入组织之前，几乎对组织各方面没有深入的了解。在正式开始工作之前，通过入职培训使员工真实地、全面地了解组织。这对组织和员工都是必要的。

（2）新员工可以更快地适应工作

通过入职培训可以使员工消除焦虑，帮助员工排除环境障碍，加快新员工适应工作的速度。

（3）培养员工的归属感。

2.新员工入职培训的内容

（1）组织文化

通过入职培训，使新员工了解组织的成长历程、宗旨、战略、优势和面临的挑战；组织的价值观、经营哲学、行为规范；组织的经营范围、经营区域、主要的客户情况；组织的组织结构、主要的高级管理人员等。通过培训使新员工明确组织倡导什么，反对什么，应以什么样的精神面貌投入工作。

（2）组织的规章制度

通过入职培训，使员工了解他们最关心的以及不了解就难以开始工作的制度，包括考勤制度、安全规范、财务报销制度、绩效考评制度、薪酬福利制度、培训制度、晋升制度、激励制度等。

（3）部门职能和职位职责

通过入职培训，使员工了解组织各部门的工作目标、主要任务、与其他职能部门的关系、部门内各项工作之间的关系、职位职责、基本的工作流程、操作要领、常见的问题及解决办法等。组织内还要开展新老员工之间的“传、帮、带”活动，指派一些素质高、经验丰富的老员工对新员工给予一对一的指导。

（4）工作环境

通过入职培训，使员工了解与其工作、生活密切相关的场所、组织的布局。

（二）在职员工的培训

在职员工培训的对象是已经在组织中工作一段时间的员工，其培训内容和方法和新员工的入职培训有所不同。培训是一个组织为改善内部员工的价值观、工作能力、工作行为和工作绩效所必需的活动，是现代人力资源开发的基本手段。由于技术进步、生产经营活动的国际化和人力资源结构的多样化，如何在竞争中保持人力资源的优势，就成了组织在市场中立于不败之地的关键。对员工而言，由于许多工作的内容和要求在经常变动，因而也需要不断学习新的知识和技能。同时，外在的压力也需要员工不断调整他们对工作质量、技术、同事和顾客的态度。总之，对在职员工的培训是保持组织人力资源优势，培训员工适应不断变化的工作环境的能力，从而有效实现组织目标的重要措施。

培训方式应根据培训目标、培训对象和培训类型等具体情况而定。对在职员工的培训一般有在岗培训和脱岗培训两种。在岗培训是指受训者在现有岗位上通过实际参与某项工作、操作某种设备，并接受相应现场指导来学习有关技能。脱岗培训是指受训者离开岗位，在工作现场以外的环境下接受培训。

1.在岗培训

大量的培训是在工作岗位上进行的，这是一种将学习和应用直接结合起来的培训方法。在岗培训一般由经验丰富的管理人员或员工骨干实地示范，可以在工作过程中进行，也可以利用工余时间和节假日。常用的在岗培训方式有：

（1）示范

受训者先观摩演示者的工作示范，然后自己动手练习。对新员工而言，通常跟随经验丰富的老师傅学会如何工作，这在作业活动领域叫作师傅带徒弟。

（2）指导

指导是指受训者在富有经验的人的指导下开展工作，这种方式适合对管理人员的培养。

（3）岗位轮换

岗位轮换是通过横向地交换岗位，使员工从事另外一个岗位的工作。这样做的目的，是使员工逐步学会多种工作技能，并能增强对工作之间相互依赖的认识。

（4）业余进修

业余进修是指员工利用工作之外的时间，通过自学、函授或网上教育等形式获得新知识，进行个人能力的开发。

2.脱岗培训

脱岗培训是指培训对象脱离工作岗位，集中时间和精力参加培训活动。这种做法的好处是比较系统、正规，培训效果较好，尤其对提高管理人员和技术人员的素质非常有效。缺点是短期内会在一定程度上影响单位工作，培训成本较高。

脱岗培训的方式有：

（1）课堂讲授法

这是最普遍采用的传统培训方法。员工通过参加各种培训斑，由老师在课堂上讲授培训课程的内容。这种方法的最大优点是可以在较短的时间内向较多的培训对象传递大量的信息，平均成本较低。缺点是单向沟通，受训对象参与性较差。

（2）视听教学法

这是指用光盘、幻灯片、U盘等电化教学手段实施培训的方法。其优点是通过视听的感官刺激，可以使受训人留下深刻印象。缺点是缺乏交流沟通，实际效果较差。

（3）研讨法

这种方法是先由专家或专业人士就某一培训专题进行讲座，再由培训对象就此专题进行自由讨论，以达到深入理解的目的。此法较适合于管理人员的培训。

（4）角色扮演法

这是要求某些受训人员在一定的工作情景下担任一定的工作角色并现场表演，其余受训者观察与模仿表演者的有关行为，培训师则在现场指导和评价。此法适于具体技能的培训。

（5）案例分析法

这种方法是围绕一定的培训目的，把实际工作中面临的问题加以典型化并形成案例，提供给培训对象，让他们通过阅读、思考、分析与讨论，发现问题、分析问题并提出解决问题的办法。

（6）商业游戏

将参加培训的人员分成若干小组，每个小组代表一家组织，根据组织目标对各项经营策略作出决策，并通过计算机和网络在模拟的市场中与其他组织竞争。这种培训方法可以用来开发领导决策能力，培养团队合作精神。

第三节　职业生涯设计与开发

一、职业生涯设计与开发的概念

（一）职业生涯

每个人都有他的职业生涯，如律师的职业生涯、医生的职业生涯、工程技术人员的职业生涯、科研人员的职业生涯、政府官员的职业生涯、管理者的职业生涯等。所谓职业生涯，是指一个人一生连续担负的工作职业和工作职务的发展道路。

1.职业生涯并不包括成功与失败的含义，也不包含进步的快慢，只是表示一个人在某种职业、职业岗位上所度过的工作活动的整个经历。简而言之，生涯就是有关一个人一生中活动的连续经历，而职业生涯就是一个人一生中工作活动的连续经历。

2.职业生涯的成功与失败，主要取决于本人对终身职业生涯的设想与考虑，但诸如父母的支持或反对，配偶的合作配合与否，主管领导人的支持与帮助，同事和亲戚朋友的关心等因素，也起一定作用。但是本人能否经过审慎考虑制订出符合本人个性（气质、能力和性格）和专长的职业生涯计划，最为重要。

3.职业生涯是由行为和态度两方面组成。要充分了解一个人的职业生涯，就必须从主观和客观两方面进行考察。表示一个人职业生涯的主观内在特征是价值观、态度、需要、动机、气质、能力、性格等。表示一个人职业生涯的客观外在特征是一个人进行的各种活动和所表现的各种举止行为，以及所从事的职业和所担负的工作任务等。有很多客观外在特征是可以进行客观测定的。

4.职业生涯是一个过程，是一种与工作有关的连续经历。与工作有关连续经历的范围包括：有工资收入的工作、在家里的工作、上学或参加政治活动及群众团体活动等。

（二）职业生涯的设计和开发的概念

职业生涯的设计和职业生涯的开发这两个概念有时是同义语，但有时又有重要区别。所谓职业生涯的设计，就是对个人今后所要从事的职业、要去的工作组织和单位、要担负的工作职务和工作职位的发展道路，作出设想和计划的过程。职业生涯的开发，是指为达到职业生涯设计所列出的各阶段的职业目标，而进行的知识、能力和技术的开发性（培训、教育）活动。

职业生涯的设计和职业生涯的开发是个人或组织对前途的展望。个人对本人的职业生涯的设计与开发，一般要通过挑选职业、挑选组织（单位）、挑选工作岗位来实现。作为组织，也必须帮助他们的职工，给他们提供必要的途径和机会，培养和开发这些职工想要达到的职业目标的知识、能力和技术。同时，各级领导者和主管人员还要为下属的职业生涯的设计和开发分担某些责任。

有效的职业生涯的设计与开发，要求个人与组织之间相互配合。这种配合程度集中表现为所设计的职业生涯对个人和组织的需要和利益的满足程度。组织对职工的职业生涯的设计与开发的主要内容是，建立职业阶梯（途径），并针对组织内职工各自的才能制订培养计划，以适应各种工作岗位的需要，提高组织的工作效率和效益。职工个人对职业生涯设计与开发，要求组织对本人职业的成功发展作出有效的安排，从而使职工个人感到满意、快乐，而且适应本人的成长、心理上的激励和各种需要的满足。

二、研究职业生涯设计与开发的意义

研究职业生涯的设计与开发，对个人对组织甚至对整个社会，都具有极为重要的意义。

（一）有利于明确人生未来的奋斗目标

一个人的职业究竟应向哪个方面发展，可以通过制订职业生涯的计划加以明确，这样就可以避免无目标地四处飘浮，随波逐流，浪费青春。例如，在我国的大学毕业生和研究生就业中，出现了一股“公司热”，都愿意去公司当一名管理人员，获取优厚的经济待遇。但是事实证明，有不少人由于对自己的职业生涯毫无计划，目标不明确，他们的气质、能力、性格、兴趣爱好，都不适合做公司的管理工作，他们本来更适合做科学研究与教学工作，可惜他们并没有这样的自我计划。历史上有很多人职业失败，并不是他们没有足够的知识和才能，而主要失败在他们没有设计和取得最适于他们发展成长的职业生涯。

（二）有利于本人和组织更好地了解每个人的实力和专业技术

对个人来说，应有自知之明，不仅要知己之长，还要知己之短。在制订职业生涯的设计与开发的计划时，能扬长避短，就可以选择合适的职业和职务。要在工作上取胜，必须制订出一个知自己的长短、知环境的利弊、扬长避短的职业生涯计划。

（三）有利于组织和本人制订有针对性的培训开发计划，鼓励自我控制自己的前途和命运

我国京剧演员周信芳，是沙哑嗓子，不宜唱小生和花旦。于是他自我设计了适合他嗓子的唱腔，专演老生，别具一格，使人拍手叫绝。美国工程技术委员会近期的一项调查表明，在65岁以下的从业工程师中，从事管理工作的就占68%。在对工程技术人员进行职业目标的咨询中，大约有80%的人表示在5年内成为一名主管人员或经理，他们为实现此种职业生涯的目标，往往大学学习了工程技术专业，工作几年后又进入研究生院攻读管理硕士，最后进入管理领域工作。有的工程技术人员虽然没有机会再脱产学习，但是他们自己有针对性地制订了提供业余自学来提高管理知识和能力的计划，以实现他们成为企业家、经理人员的职业目标。

（四）有利于人尽其才，避免人力资源的浪费

个人所制订职业发展的目标和职业生涯开发的计划能否实现，除了本人的努力外，还需要组织创造条件，特别是在我国目前的条件下，许多人的工作主要还是由组织来安排的。近年来，在实现干部的知识化、专业化、年轻化和革命化的过程中，有一大批科技人员被组织或群众推上了厂长、经理的岗位，其中有不少人工作得很出色，把企业经营管理得充满生机和活力，作出了卓越的成绩，不愧为名符其实的企业家。但也有的工程技术人员被组织安排到管理岗位后，却使他们从专业之塔的顶端被抛到管理之塔的底部。本是一颗专业技术上的超级明星，却陨落成为一名初出茅庐的管理人员。他们缺乏管理的知识和技能，尤其不善于处理人际关系，使企业不断亏损，不得不自动要求下台，重操旧业，再做他原来熟悉的技术工作。因此，作为组织，应该了解每个人的气质、性格、能力、兴趣、价值观和理想等特点，特别要了解每个人的职业发展的计划和设想，从而为他们创造实现职业目标的环境和条件。这样才能为组织、为社会作出更大的贡献。

三、职业生涯的选择

人们对于自己的职业生涯，一是在职业生涯开始之前进行选择，如果选择得好，就可避免今后走弯路；再就是在职业生涯开始之后，通过选择可以创造和找到比现任职业、职务和职位更合适的、更好的机会。因为人们在一生的不同阶段中，可以从事

不同的职业、担负不同的职务和职位，可以在不同的组织单位中工作。对美国大学毕业生的调查研究表明，在大学毕业后的5年内，至少有50%的人已经变更了工作的组织单位，甚至变更了工作职业。这种变更均是为了寻找更合适的、更好的机会。

个人职业生涯的选择一般包括以下两个方面的内容：

（一）职业的选择

长期以来，研究人员和管理人员特别感兴趣的，是对那些能够吸引人们去从事的专门职业所具有某些共同特征和属性的研究。研究成果表明，人们各自都有一组特征，可以表明他们从事何种职业更合适，能取得更有效的工作成果。影响人们选择职业的个性特征有：

1.职业行为的特点

美国约翰·霍普金斯大学的心理学教授约翰·霍莱特经多年研究后，提出了最常见的职业行为的个性理论。他认为个性可分为6种基本的类型，如表10-1所示。每一类型的人均有一种特定的与之相适应的工作环境。所谓相适应的环境，也就是既能适应个人的个性特征又能取得职业成功的工作环境，包括：工作职业、职务和职位。霍莱特认为，个性的6种分类是选择职业的最好预测器。

表10-1　**霍莱特个性类型的说明**

个性类型	相适应的解决问题的作风	个性特征	兴趣	代表性的职业
1.现实主义型	感觉思维型	真诚坦率，讲求实际，有坚持性、实践性、稳定性的	手工的、机构的、农业的、电子的技术	体力劳动者、机械操作者、飞行员、农民、卡车司机、木工等
2.调查研究型	直觉思维型	分析性、批判性、好奇的、理智的、内向的、有推理能力的	科学	物理学家、人类学家、化学家、数学家、生物学家
3.艺术型	直觉情感型	感情丰富的、理想主义的、富有想象力的、易冲动的、有主见的、直觉的	语言、艺术、音乐、戏剧、书法	诗人，富于想象、善于抒情的艺术家，小说家、音乐家、雕刻家、剧作家、作曲家、导演
4.社会型	感觉情感型	富有合作精神的、友好的、肯帮助人的、和善的、爱社交的、易了解的	与人有关的事、人际关系的技巧、教育工作	临床心理学家、咨询者、传教士、教师
5.创新型（企业家型）	不确定	喜欢冒险的、有雄心壮志的、精神饱满的、乐观的、自信的、健谈的	领导、人际关系的技巧、具有影响他人的能力	经理、汽车推销员、政治家、律师、采购员
6.常规型（传统型）	感情思维型	谨慎的、有效的、无灵活性的、服从的、守秩序的、能自我控制的	办公室工作、电子计算机技术、营业系统的工作	出纳员、统计员、图书管理员、行政管理助理、邮局职员

每种从事相同职业的人，往往具有某种共同的兴趣。这种兴趣不但是可以测定的，而且能够对从事各种职业的个人兴趣进行比较。这种信息可以帮助个人选择职业。很多情况表明，人们总是趋向于他们所感兴趣的职业道路。某些迹象还表明，在个人挑选职业时，他本人的兴趣对他今后职业的成功是起很大作用的，或至少是起一定作用的。

2. 自我观念（意识）的特点

自我观念（意识）的特点也是影响职业选择的一个个性特征。它是人的一般的自我想象，包括人的行为、能力、外貌以及作为人的价值。对一个人来说，自我意识可能是通过看到别人在所选职业取得成功之后产生的新的价值观。在某种意义上说，职业道路是个人自我意识的扩展，任何人的自我意识都会影响他们最初的职业选择，以及由此而来的一段时间内干这种职业的成绩和效果。

3. 个人所处的社会背景

社会背景包括早期的童年经历、家庭的社会经济地位、父母受教育的程度，以及父母的职业、亲戚、朋友等。所有这些因素都会影响个人职业目标的确定和未来职业道路的选择。如果某个人的父母中的一方是脑力劳动者或专业工作者，那么，这个人也就较愿意干这类职业。实际上，家庭、亲友等条件并不能完全制约个人对职业道路的选择，因为还有其他更为微妙的社会因素也影响着个人职业道路的选择。例如，妇女因接受现代社会文化的影响，淡化了传统的封建思想观念，不再愿意成为依附于丈夫的贤妻良母，而要成为经济上、政治上独立的现代职业妇女。

影响职业选择的有关个性特征和社会背景的这些因素，是互相联系又彼此影响的。社会背景对个人自我意识的形成起重要作用，也是影响个性发展的重要因素。

（二）对所在组织的选择

这是有关个人职业生涯选择的第二个重要决策。一个人到底到什么样的组织（工作单位）去工作，应主要考虑以下两类因素：一类是该组织能为自己提供各种机会的多少和可能性的大小。这些机会包括能使自己工作作出成绩，职业上取得成功，以及职位上得到提升，有和谐的上下级关系和同事关系等。另一类是可行性机会的信息也影响着个人对选择所在组织的决策。组织本来就是多种多样的，作为个人到底是在大学还是在政府机关，还是在企业工作，主要取决于个人与组织之间的配合。哪一个组织与本人配合得最为默契，要通过有可行性机会信息的传递才能得知。人们可从多种渠道得到有关组织需要用什么样人的消息，包括从组织本身、从朋友、从熟人和从家庭，以及从该组织现在的职工或从前的职工等方面。总而言之，人们究竟要选择什么样的组织单位，都是要以他们认为该组织的特征、价值观、需要和目标与个人的特征、价值观、需要和目标相适应为基础的。

四、职业生涯的几个阶段

职业生涯的发展阶段，是指个人一生中具有各种不同特征的不同时期。这些特征主要表现在具有不同的工作职业、工作职务、工作单位或工作部门，以及工资报酬和福利待遇、需要、价值观、工作活动的方式和内容等方面。

（一）在组织内部个人生涯的变动

绝大多数人，往往要预先考虑某种管理工作、技术工作或科研工作的等级制度，以及将来进一步增加责任、提升职位、提高工资的可能情况。例如，某一位刚从工程技术专业毕业的大学生，开始被分配到一个石油企业当技术员，后来当助理工程师，从助理工程师到地区工程师，再到高级工程师。这种逐步发展提高，是一种职业生涯的变动。这种在组织内部个人职业生涯的变动，将沿着纵向的、横向的和向核心的方向进行。

1.纵向变动

职业生涯的纵向变动，就是在组织内部职工个人工作等级职位的升降。在特定的组织中，绝大多数人的职业生涯是沿着一定等级制度变动的，一般来说，就是职工得到一系列的提升和发展。当然，在这种变动过程中，只有极少数人可能提升到组织的高层职位上，只有某些人才能达到他们最初所确定的职业生涯的最终等级。

2.横向变动

职业生涯的横向变动，就是组织内部的个人工作职业或职务沿着职能部门或技术部门的两侧发展变动。横向的部门是与个人的知识、技术、经验相关的领域。经营性企业中一般包括生产、市场、财务、工程、会计和人事等职能部门。在此需要考虑每个人工作生涯（职业道路）的可行性：某些职工的整个职业生涯，是在同一职能或技术领域内度过，而另一些人则可能是经常地变动。中层管理人员工作职务的轮换，是沿着生产、市场和人事部门等横向进行。各组织往往通过把这些中层管理人员放在各种职能部门担任职务，最后再提升到掌管全局的管理岗位。

3.向核心变动

向核心变动，就是由组织外围逐步向组织内圈方面变动。当发生向核心方面工作变动时，职工对组织情况了解得就会更多，担负的责任也会更大，并且经常有机会参加重大问题的讨论和决策。沿着核心方向发展变动与沿着纵向方向发展变动是相关的。一个人也可能不经过其他方面而直接向一个方向变动。例如，某人可能由于他尽责和有能力、有经验而取得上级和同事的信任，虽然没有被提升到组织的高层次行列中，但是却成为组织的“核心部分”了。同样，某个人虽然可能已被提升了职位，但仍然没有被列入组织的重要核心活动和决策之列。那些具有专业知识、信息或特长的人，易于向组织核心部位发展。

（二）整个生涯的阶段划分

对绝大多数人来说，一个人在任何组织中的职业生涯都比他整个生涯要短，因此，根据个人在职业生涯中所关心的问题和应开发的工作不同，可以把个人的整个生涯划分为早期职业生涯、中期职业生涯和晚期职业生涯三个阶段，如表10-2所示。

表10-2 **在不同的职业生涯阶段人们所关心的问题和应开发的工作**

阶段	所关心的问题	应开发的工作
早期职业生涯	1.第一位是要得到工作 2.要学会如何处理日常工作遇到的麻烦 3.为成功地完成所分派的任务而承担责任 4.要作出改变职业和工作组织（单位）的决。	1.了解工作职业和工作组织的信息。 2.了解工作职务的协议 3.了解如何与上司、同事和其他人协同工作 4.开发某一方面或更多方面的专门知识
中期职业生涯	1.选择专业和决定应承担义务的程序 2.确定专业和组织的一致性。 3.重新确定前进的目标和进程等 4.在几种可供选择的成功的职业生涯方案中作出选择（如技术的还是管理的）	1.开发更为宽广的职业和组织 2.了解如何自我评价的信息 3.了解如何正确解决工作、家庭之间的矛盾
晚期职业生涯	1.取得更大的责任或缩减在某一点上所承担的责任 2.培养关键性下属职员 3.退休	1.扩大和加深兴趣和技术的广度和深度 2.了解其他综合性的成果 3.了解如何合理安排生活，避免被工作所控制

五、职业生涯设计与开发应注意的问题

（一）职业生涯设计中要留有余地

一个人毕生的时间和职业是十分宝贵的，必须有效安排。制订职业生涯计划就是达到这一目标的最佳方法。当然，这并不是说职业生涯计划要逐年逐月排列，因为这样做既烦琐又无用，也是不现实的。在制订职业生涯计划时要留有余地，职业的目标和方案可有高、中、低三种。在具体实施过程中，根据当时的环境和提供的机会灵活选择。制订职业生涯的设计和开发计划的目的，是组织给职工个人创造恰当配合的机会。生活中的最大悲剧，是没有选择的自由。因此，当你着手设计将来的时候，你应该考虑给自己留些选择的余地，尤其是当你现在对未来的打算并不很有把握的时候，这样做尤为重要。

（二）要给予职工择业的权力和自由

个人在制订职业生涯计划时，是计划从事发挥自己优势的职业，而且要毕生精力献身于该职业。因此，作为组织和整个社会环境就应当给予职工个人选择自己真正想做的又是职工能做得更好的职业的权力，允许自由择业。所谓择业权，就是职工自主选择职业、工种和单位的权力。其中包括两方面的含义：一方面，劳动者在就业前，可对将要去的工作的地区、部门、单位及具体的职业和职务进行自主选择。另一方面，已经在某处工作的劳动者，还具有调离、辞职、重新择业的权力。这种择业权绝不等于个人想到哪里就可去哪里工作，想干什么就可以随心所欲，而是必须受到劳动者本人素质和社会需求的约束。只有当个人与组织最佳配合，两厢情愿下，才能实现这种择业权。

（三）必须为所有成员提供平等就业和就职的机会

假如不具备平等机会，对有些人来说制订职业生涯计划就是一纸空文，毫无价值

可言。在我国当前存在重男轻女、重“关系户”轻“非关系户”等不平等的事。最近几年，不少单位把女大学毕业生和女研究生拒之于门外，致使她们不能实现职业目标。还有与主管领导关系密切的人实现职业目标的机会大于与主管领导关系疏远的人。这种情况均为实现职业生涯设计设置了重重障碍。这类问题只有通过公开招聘、平等竞争、合理考核来解决。

（四）既要了解自己，又要了解专业

一个人到底适合于干什么职业，做什么工作，要根据本人所具有的个性、气质、能力、兴趣、价值观等而定，既要了解自己的长处与短处，也要掌握专业特点，以避免择业时的盲目性。

（五）两种生涯的结合

随着社会的进步，夫妻双方全力追求职业成就的家庭日益增多。在他们个人的生命历程中，职业生涯的决策也遇到各种各样的问题，两种职业生涯的结合面临着许多困难。工作的转换为组织把两种生涯结合起来提供了机会，一个组织在聘用工作人员的过程中，对实现夫妇双方的职业生涯计划具有较多的控制权。夫妇俩的任一方事业生涯的变动，往往都会导致另一方工作的变动。两种生涯结合也要求组织招收新成员时，必须为想要受聘的夫妻的另一方找到合适的工作。

总之，职业生涯的设计与开发，实际是为个人选择未来，而要选好未来，必须把个人与组织的需要相结合。只有这样，才能做好人与工作的最佳配合，也只有最佳配合，个人职业上才能获取更大成就，组织的工作绩效也才能大大提高。

第四节 绩效评估与报酬

一、绩效评估

绩效评估（performance appraisal）是对员工的工作绩效进行评价，以便形成客观公正的人事决策的过程。

（一）绩效评估的目的和作用

1. 为确定管理人员的工作报酬提供依据。这是许多组织进行绩效评估的主要目的。工作报酬必须与工作者的能力和贡献结合起来。如果报酬仅取决于工作的性质或劳动的数量这一因素，企业更加关心的是工作分析。然而，管理人员的工作与流水线上的操作或按件计资的工人有着本质的区别，其工作效果通常难以精确地量化处理，这种结果往往受到存在于管理者之外的许多难以计算的因素的影响。由于这些特点，在确定管理人员的工作报酬时，不仅要根据担任这项职务所必需的素质来确定能力工资或职务工资，而且还应根据管理人员在工作中的态度、努力程度、实际表现等因素来确定绩效工资。如果说前者取决于工作或职务分析的话，后者则需要通过绩效评估来提供依据。

2. 为员工升迁调遣提供依据。初期配备的管理人员并不一定与工作要求完全相符。有些管理者在选聘时所表现出的令人印象深刻的工作能力在管理实践中并未能得到充分证实。相反，另一些管理人员在工作过程中的素质和能力不断得到提高，表现出强烈的担任更重要工作的欲望，并试图努力证明自己是有能力负起更大责任的。由于诸如此类的原因，必须根据管理人员在工作中的实际表现，对组织中的人事安排经常进行调整。对前者安排到力所能及的岗位上，对后者则提供晋升的机会，对另一些人则可保持现在的职位。绩效评估可以为我们制订包括降职、提升或维持现状等内容的人事调整计划提供依据。

3.为管理人员的培训提供依据。管理人员的文化背景、过去经历以及受教育程度等因素，决定了他们在具备一定优秀素质的同时，也存在着某些方面的缺陷。这些缺陷影响了他们管理技能的提高，对他们现在的工作效率或未来的提升机会构成了不同程度的障碍。这些缺陷往往是由于缺少学习和训练的机会而形成的，因此可以通过组织的培训来消除或改善。绩效评估可以帮助组织了解每个管理人员的优势、局限和内在潜力，因而能够指导组织针对管理队伍的状况和特点，制订相应的培训和发展规划。

4.有利于改进工作绩效。绩效评估可以使员工明了自己工作的优点和缺点。有关工作优点能提高员工工作的满足感和胜任感，使员工乐于从事这项工作，帮助员工愉快地胜任工作并发挥其成就感。至于绩效考核所发现的缺点，能使员工了解自己的工作缺陷，充分认识到自己的不足，从而加以改善。当然，这需要依赖评价者和被评价者的良好沟通。

5.有利于促进组织内部的沟通。制度化的绩效评估，可以使下级更加明确上级或组织对自己工作和能力的要求，从而了解努力的方向；可以使上级更加关心下属的工作和问题，从而更关注他们的成长；可以使上下级经常对某些问题加以讨论，从而促进理解的一致性。这些由于考评而带来的沟通的增加，必然会促进人们对组织目标与任务的理解，融洽组织成员特别是管理人员之间的关系，从而有利于组织活动的协调进行。

（二）绩效评估的内容

一般来说，为确定工作报酬提供的考评着重管理人员的当前表现，而为人事调整或组织培训而进行的考评则偏向技能和潜力的分析。然而，组织中具体进行的绩效评估，往往不是与一种目的有关，而是为一系列目的服务的。因此，考评的内容不能只侧重于某一方面，而应尽可能地全面。

1.贡献考评。贡献考评是考核和评估管理人员在一定时期内担任某个职务的过程中，对实现组织目标的贡献程度。贡献往往是与努力程度和能力强度相关联的。因此，贡献考评可以成为决定管理人员报酬的主要依据。贡献评估需要注意以下两个问题：

①尽可能把管理人员的个人努力和部门的成就区别开来。这项工作可能在实践中是非常困难的，但也是非常重要的。因为在个人提供的努力程度不变的情况下，外部可能发生不可抗拒的、内部无能为力的，但对部门目标的实现起着重要的促进或阻滞作用的变化。环境发生了重大的变化后，该部门的业务性质可能发生了重大改变，业务量急剧膨胀，而组织对该部门的性质及与其他部门的关系却未做相应的调整。在这种情况下，需要考察和分析的不是管理人员的表现和能力，而是组织机构的合理性。

②贡献考评既是对下属的考评，也是对上级的考评。贡献考评是考核和评价具体管理人员及其部门对组织目标实现的贡献程度，而具体人员和部门对组织的贡献往往是根据组织的要求来提供的。因此，只有在考评开始之前，组织对每个部门和管理岗位的工作规定具体的目标和要求，考评才可以进行。否则，不仅使下级不能了解努力的方向，从而不能提供有效的贡献，而且使考评失去了客观的标准。这样，下级不能提供积极贡献的原因不在他们自己，而在上级。所以说，对下级贡献的考评，也是对上级进行考评，考评上级组织下属工作的能力。

2.能力考评。贡献虽可在一定程度上反映管理人员的工作能力，但是，能力的大小与贡献的多少并不存在严格的一一对应关系。为了有效地指导组织的人事调整或培训与发展计划，还必须对管理人员的能力进行考评。能力考评是指通过考察管理人员在一定时期内的管理工作，评估他们的现实能力和发展潜力，即分析他们是否符合现任职务所具备的要求，任现职后素质和能力是否有所提高，从而能否担任更重要的工作。

由于管理人员的能力要通过日常的具体工作来表现，而处理这些工作的技术与方法又很难与那些抽象地描述管理者素质特征或能力水准的概念对上号。因此，能力考评中要注意切忌只给抽象概念打分。“决策能力”、“用人能力”、“沟通能力”和“创新精神”等无疑是优秀的管理人员必须具备的基本素质，但这只是一些抽象的概念，用这些未加细分的笼统甚至是模糊的概念去组织考评，只能增加考评的难度，使考评者仅根据自己的主观判断给被考评对象任意打分，难以得到真实、可靠、客观的能力考评结论。美国管理学家孔茨等人认为，将管理工作进行分类，然后用一系列具体的问题说明每项工作，以此来考评管理人员在从事这些工作中所表现出的能力。因此，为了尽可能地得到客观的评价意见，上述具体问题应力求设计成是非判断题的形式，在难以设计成是非判断题的情况下，应努力给可供选择的多种答案（如“优秀”“良好”“一般”“不符合要求”等）给予明确的界定。根据对管理者的工作要求来进行能力考评，不仅具有方便可行、能够保证得到客观结论的好处，而且可以促使被考评者注重自己的日常工作，根据组织的期望注意改进和完善自己的管理方法和艺术，从而能起到促进管理能力发展的作用。

（三）绩效评估方法

1.书面描述法。书面描述法（written essays）也许是最简单的一种绩效评估方法。评估人写一份记叙性材料，描述一个员工的所长、所短、过去的绩效和潜能等，然后提出予以改进和提高的建议。书面描述不需要采取某种复杂的格式，也不需要经过多少培训就能完成，但评定的质量在很大程度上与评估者的写作技能有很大关系。

2.关键事件法。关键事件法（critical incidents）是指评估者把注意力集中在那些区分有效的和无效的工作绩效的关键行为方面。评估者通常记下一些细小但能说明员工所做的是特别有效果的或无效果的事件。评估时只述及具体的行为，而非笼统地评价一个人的个性特征。为某一个人记下一长串关键事件，就可以提供丰富的具体例子，给员工指明哪些是要求的行为，哪些不是期望的行为。

3.评分表法。评分表法（graphic rating scales）是一种最古老也最常用的绩效评估方法。它列出一系列绩效因素，如工作的数量与质量，职务知识，协作与出勤，以及忠诚、诚实和首创精神等，评估者逐一对表中的每一项给出评分。评分尺度通常采用5分制。这种方法虽然不像前两种方法那样可以提供详细的信息，但其设计和执行的总时间耗费较少，而且便于做定量分析和比较，因此，这种方法得到了普遍的采用。

4. 行为定位评分法。行为定位评分法（behaviorally anchored rating scales，BARS）是近年来日益得到重视的一种绩效评估方法。这种方法综合了关键事件法和评分表法的主要长处，考评者按某一序数值尺度对某人从事某项职务的具体行为事例打分，而不是一般的个人特质描述。行为定位评分法侧重于具体而可衡量的工作行为，它将职务的关键要素分解为若干绩效因素，然后为每一绩效因素确定有效果或无效果行为的一些具体示例。

5. 多人比较法。多人比较法（multiperson comparisons）是将一个员工的工作绩效与一个或多个其他人作比较。这是一种相对的而不是绝对的衡量方法。该类方法最常用的三种形式是分组排序法、个体排序法和配对比较法。

分组排序法（group order ranking）要求评价者按特定的分组将员工编入诸如“前1/5”“次1/5”之类的次序中。例如，在推荐一名学生进入研究生学习中经常得到使用，评估者被要求在诸如前5%、第二个5%和接下来的15%等等这样的次序中对学生作一排序。管理者可以使用这种方法将其所有的下属作一排列，假定他有20名下属，那么只能有4人可排在前1/5，同样，当然也只有4人被排在末1/5的范围内。

个体排序法（individual ranking）要求评估者将员工按从高到低的顺序加以排列，因此只有1人可以是“最优的”。如果要对30个下属作出评价，第1名和第2名之间的差别就被假定为与第21名和第22名之间的差别是一样的。尽管某些员工的水平可能非常接近，以至可以将他们编入同一个组中，但个体排序法并不考虑这种关系。

配对比较法（paired comparison）是把每个员工一一与比较组中的其他每一位员工结对进行比较，评出其中的“优者”和“劣者”。在所有的结对比较完成后，将每位员工得到的“优者”数累计起来，就可以排列出一个总的顺序。这种方法确保每一位员工都与其他的所有人作对比，但当要评估的员工人数相当多时，配对比较法就很不容易进行。

6. 目标管理法。目标管理法不仅在计划工作中可以得到采用，同时也是绩效评估的一种手段。事实上，它是对管理人员和专门职业人员进行绩效评估的首选方法。在这种方法下，每个员工都确定有若干具体的指标，这些指标是其工作成功开展的关键目标，因此它们的完成情况可以作为评价员工的依据。

二、报　酬

一个组织除了要有一个公平合理的考评制度外，还必须有一个好的报酬制度。理想的报酬制度不仅能有助于吸引人才，留住人才，而且能在合理成本的基础上激励职工取得良好的绩效。但是许多组织的报酬制度并没能成功地实现这些目标。为此，组织必须设置一个成功有效的报酬制度。

薪酬（compensation）是组织因使用员工的劳动而付给员工的各种类型的酬劳。报酬（rewards）则是一个比薪酬更广泛的概念，它泛指个人从组织得到的各种回报，其结构复杂、形式多样，一般分为外在报酬和内在报酬两大类。外在报酬是指以物质形态存在的经济性报酬，包括直接报酬和间接报酬。直接报酬是指以工资、奖金等形式支付给员工的货币性报酬。间接报酬是指直接报酬以外的其他各种经济报酬，如医疗保险、退休计划、伤病补助、带薪假期等，也就是通常所称的员工福利。内在报酬是指员工由工作本身或工作环境所获得的满足感，如工作的有趣性与成就感、较多的职权与发展机会、舒适的工作环境与自由的工作时间等。在人力资源管理中，一般把外在报酬称为薪酬，并作为研究的重点。

（一）直接薪酬

直接薪酬一般分为基本薪酬（正薪）、奖金薪酬（奖金）和附加薪酬（津贴和股权）。

1.正薪。正薪是组织按期付给员工的薪酬，其数目通常是固定的，除晋级以外很少变动。其中：职员（白领）的正薪通常称为薪水或薪金（salary），工人（蓝领）的正薪称为工资（wages）。我国国内习惯上对薪水和工资不加区分，统称为工资。正薪通常定有薪级表，员工正薪的数目是根据薪级表决定的。

2.奖金。奖励是对员工超额劳动绩效所支付的报酬，其具体的货币支付形式即为奖金。组织发放奖金的目的是激励员工努力工作，为组织多做贡献。奖金的形式多种多样，按时间分有月份奖、季度奖、年终奖等；按奖励对象分有个人奖和集体奖；按奖励内容分有超产奖、节约奖、建议奖、综合奖和特殊贡献奖等。

3.津贴。津贴是一种附加薪酬，具体由企业津贴和特殊补贴构成。前者是对员工在特殊工作条件或环境下工作给予的经济补偿，如加班津贴、夜班津贴、交通津贴和出差津贴；后者是在因受一些外部因素的影响而导致员工实际收入下降时，企业给予员工的特殊生活补助，如房租补贴、物价补贴和助学补贴等。

4.股权。企业以股权或期权等作为对员工的薪酬，是一种长期激励手段，目的是能够让员工为企业长期发展而努力工作。

（二）间接薪酬

间接薪酬包括社会保障计划、企业福利和延期支付等。

1.社会保障计划。社会保障计划指员工参加的包括失业、养老、伤残和医疗等社会保险计划中由企业负担的部分。

2.企业福利。它是指员工从企业得到的各种小额优惠，如免费或折价工作餐、幼儿保育服务、免费的休闲服务项目、人寿保险和补充养老金等。

3.延期支付。延期支付指各种员工储蓄计划、持股计划和年金等。其特点是它们给员工带来的实际收益要在一定时期以后甚至要等到退休后才能够兑现。

三、人员过剩的解决方法

当代由于市场的变革、新科技的应用、国外的竞争、兼并等，许多企业、政府机构和非营利组织都发现组织内存在多余的员工，需要在组织内减少劳动力的供应，这些组织都需要裁员。对任何管理者而言，裁员都不是一件好办的事，有一句话叫“兔死狐悲”，面对公司裁员，很多人都会有这样的心态，往日轻松的气氛此时将变得凝重起来，留下来的员工看到空座位也会心有余悸。然而，由于许多公司都需要被迫缩减人事规模，或者重建技能构成，所以裁员已成为人力资源管理的重要环节。

有哪些裁员的解决方案呢？很明显，传统的“炒鱿鱼”只是一种简单但不是最佳的方案，有一些方案能使组织和员工实现双赢。例如，美国的丰田公司在发现员工过剩时，会“出租”一些工程师给其他的公司；微软在2008年12月由于受金融危机的影响展开较大规模裁员活动，主要通过自愿退休和减少合同工（临时工）数量两种方式进行，微软正式员工（特别是年轻员工）受到的影响并不大，而且裁员为渐进式，而不是短期内一次性完成裁员活动。业界人士指出，在经济低迷大环境下，自愿退休、减少合同工数量已成为美国各大科技公司的两种主要裁员方式。对于过剩的员工，组织可以选择的裁员方式有下面几种：

1.解雇。解雇是员工永久地非自愿性停职。

2.下岗。这是暂时地非自愿性停职，持续时间为几天到几年。

3.不增聘。对由于自愿离职或正常退休空出的职位，不予递补。

4.转移。将员工转移至其他部门，或者下派。此法不会降低组织成本，但可使人事供需平衡。

5.外借。以契约方式，让员工暂时支援其他公司，本公司仍支付员工薪水。

6.减少工作时间。减少每周工作时间，或以兼职方式任用。

7.提早退休。以诱因激励高层员工在正常退休日期前提早申请退休。

第五节　人事风险的防范

人事风险是组织经常面临的风险之一，首先它是一种风险，具有破坏性；其次这种风险与人紧密相连，是人事领域中存在的风险。具体地说，人事风险是指组织内从业人员的行为指向偏离组织期望和目标或由于从业人员的行为违背客观规律、越轨等给组织造成的损失或损害。从风险类型看，人事风险属于人为的、内部的、主观的风险。

一、人事风险的危害

人事风险是以各种形式表现出来的。不同的行业，不同的职位，不同的环境会出现不同的人事风险形式。尽管它们表现各异，但造成的后果是相同的。从企业已发生的风险事件来看，人事风险的危害大致可以归为五大类：

（一）非正常损耗有形资产

非正常损耗有形资产包括：侵吞国有资产，如贪污索贿、挪用公款；损失资产，如在经济活动中人为因素导致的索赔、投资失误；消耗资产，如挥霍浪费等。

（二）信誉损害

信誉属于无形资产，是广义的资产概念。信誉如同生命，损害企业的信誉，无异于侵蚀企业的生命。

（三）干扰和破坏总体战略

企业发展战略是在对内外环境、可取资源和组织结构等进行系统、全面分析的基础上确定的，是统揽全局的总纲，对企业的发展起着极其重要的作用。首先，战略遭受干扰将会使企业偏离正确轨道，误入歧途。其次，当战略受到干扰时，就可能错过发展机遇。一旦与机遇失之交臂，就等于丧失一次发展机会，致使企业还在起跑线上便处于劣势甚至输给对手，一步落后则步步落后。如果战略得不到正确、有效的贯彻，企业就会丧失竞争力，最终被对手所淘汰。

（四）降低配置效率

企业的资源十分有限，而需求则是多样和变化的。因此企业面临着资源配置的优化问题，即最大限度地提高资源利用的效率。然而由于人为因素的干扰，实际上已造成资源配置大权部分旁落，政令不够畅通或被打折扣；资源部门所有，条块分割，严重阻碍资源向高效益方向转移；信息误导，使资源配置决策失误。

（五）阻碍组织的发展、压抑创新动力和削弱组织的凝聚力

这主要是由于良好的企业文化遭到人为破坏，利益关系被扭曲，价值取向发生偏离，工作氛围和人际关系恶化，使人的积极性和创造性受到压制，作用和力量相互抵消，群体优势难以发挥。

二、防范人事风险的对策

（一）正确认识人事风险，增强防范意识

人事风险是道德品质和灵魂深处中丑陋和消极面的外在表现。必须承认人有利己主义倾向和“搭便车”的弱点，因此不能期望在没有任何外力的作用下，人们能够彻底铲除自身的劣根，自觉消除人事风险。这就如同人类自身缺乏对某些病毒的免疫力一样，为了获得这种免疫力，我们必须增强体魄，接种某些对这类病毒有克制作用的疫苗，使肌体内产生出抗体，从而产生对这些病毒的免疫力。在这方面心存幻想和过于幼稚都会削弱我们对人事风险的识别能力和敏锐性，淡化防范意识，留下很多漏洞，给风险行为者以可乘之机。

人事风险必须通过内力和外力双重作用来抑制和防范。内力是指当事人本身具有的自治、自律的约束力，它受个人的世界观和价值观影响。改造人的主观世界，增强人的自我约束能力，必须依靠提高人的道德水准和自身修养。

（二）加强企业文化建设，营造防范风险的良好氛围

在规范职工行为，防范和化解人事风险方面，企业文化建设受到越来越多的重视和关注。利用文化的同化力和排斥现象以及国人的从众心理，通过营造遵守法纪、诚实守信、公廉为荣、私货为耻的文化氛围，筑起一道无形的心理防线，以优良的企业文化来抵制腐朽思想和落后意识对员工的侵蚀。

（三）完善法人治理结构

必须明确，人事风险并不仅仅是从业人员的道德问题或道德风险，不能认为加强精神文明建设，加强道德观念的教育就可以解决这一问题。道德建设固然在一定程度上可以减少人事风险发生，但这种作用是有限的。道德约束是一种缺乏强制性的软约束，没有它不行，只有它也是远远不够的。防范人事风险必须构筑起道德和法治两道防线，还必须从制度和机制上解决人事风险的问题。一项好的制度，一种好的机制能防止坏人得逞。相反，一项消极的、漏洞百出的制度，一种坏的机制可能使好人犯错误。制度的约束具有强制性。企业法人治理结构是这一机制和制度的综合表现，因此

应该对企业法人治理结构进行重新认识和检讨，使之臻于完善。

1.按照现代企业制度的模式，完善企业的内部结构和管理体制。现代企业以企业制度为代表，一个重要方面表现在它的治理结构上。它比较准确地表现了企业的组织结构和制约关系。企业的治理结构一方面是指企业的组织机构，另一方面是这些机构的运行规则，也可以理解为企业的组织制度和管理制度。科学、规范、完整的组织机构包括股东会、董事会、监事会和经理层，它们形成调节所有者、法人代表、经营者和职工之间的平衡和制约机制。要真正落实民主监督机制。俗话说，群众的眼睛是雪亮的，任何滥用权力、违纪越轨行为导致的人事风险都逃不过群众的眼睛。群众是抵御和防范人事风险的一道重要防线，要使这道防线能够真正发挥防御的作用，关键是要在企业内部建立起一种有效的民主监督机制。

2.严格界定权力边界。企业要对董事会、监事会、经理及员工的权力进行科学、严格的划分，约定各级委托代理关系双方的权力与责任，防止在任何岗位、任何人身上出现有权无责或有责无权的现象，既要杜绝绝对权力，又要消除权力真空。权力界定重点是经营决策权、资源配置权、资产处置权、利益分配权、人事任免权。界定内容包括权限、权力关系、权力运行规则、相应的责任及义务。通过权力界定使企业内部各种利益集团、各个层次之间形成一种相互监督、制约和激励的关系。

（四）强化企业内部的监督制度建设

在明确各级岗位职权的前提下，将责任落实到人，做到人人有资有权。在制度建设中要设法消除一切损失监督动力的不合理因素，重点解决两个问题：一是避免监督者和被监督者形成利益共同体；二是使监督者彻底摆脱对被监督者的依附，不受制于被监督者，能够独立公正地行使监督权力。例如，有的企业对传统的管理模式和管理制度重新安排，对财务经理实行委派制，由产权所有者向投资企业委派财务经理。财务经理的工资、福利及其他待遇完全执行派出机构的规定，并由派出机构承担。禁止财务经理参加投资企业的利益分配，彻底切断财务经理与投资企业的利益纽带，打破“内部人控制”的格局，避免因成为利益共同体而丧失履行监督职责的动力。同时消除财务经理对投资企业领导的依附关系，维护财务人员独立工作和客观公正地反映、披露投资企业财务状况的权力。通过财务经理使投资人可以方便、准确、及时地了解和掌握投资企业经营管理状况。

建立健全一套严格的内部监管制度，使监管工作能够落实到位。监管制度是包括竞争机制、责任机制、考核机制、约束机制和奖惩机制等在内的制度体系，通过它来完成对内部人员行为的调整。在选择代理人时引入竞争机制和责任机制，按照德才兼备的标准，优胜劣汰，实现人力资源的最佳配置，同时减少潜在的人事风险，缩小未来人事风险出现的概率，把好用人的第一关。

同时，要开发和引入现代化的高科技管理手段，打破委托代理双方信息不对称的格局。今天，计算机科学和通信技术已经有了突破性的进展，时空差异已不再成为远程适时监控中即时获取信息和传递信息的障碍了，随着关键技术的突破，曾长期困扰委托人的信息不对称问题将会有一个较大的改观。企业自己的管理信息系统网络，可以实现对系统内各项经营业务活动的远程适时监控，变事后检查为过程控制，变被动为主动，及时发现人事风险，并将其控制在萌芽状态，做到防微杜渐，适时化解可能出现的危害。

思考题

1. 人力资源管理职能由哪些内容组成？
2. 何谓工作分析？如何进行工作分析？
3. 人力资源规划包括哪些内容？
4. 组织人员的选聘方式有几种？各有何优缺点？
5. 怎样理解效度与信度？
6. 试述员工培训的方式有哪些。
7. 试述职业生涯设计与开发的意义。
8. 试述绩效评估的内容及方法。
9. 试述人事风险的危害及防范对策。

第十一章　组织文化

学习本章的目的和要求
通过本章学习，了解组织文化的含义、功能与特征；掌握组织文化的结构和类型；掌握如何进行组织文化建设；了解跨文化管理的基本内容。

第一节　组织文化的含义、特征与功能

一、文化的含义

“文化”一词是从拉丁文culture演化而来的，含有耕种、居住、练习、留心或注意、敬神等多种含义。19世纪中叶，一些新的人文学科如人类学、社会学、民族学等在西方的兴起，文化的概念也随之发生变化，开始具有现代意义。最先把文化作为具有现代的含义的专门术语来使用的是英国的“人类学之父”泰勒（E.B.Taylor），他在1871年出版的《原始文化》一书中，把文化定义为“文化是一个复杂的总体，包括知识、信仰、艺术、道德、法律、风俗以及人类在社会里所有一切的能力与习惯”，从中可以看出，文化具有复杂的含义和广泛的内容。

研究文化的基本内涵和特征是我们研究组织文化的实质和内容的基础。文化具有以下几个方面的特征：

1.精神性。这是文化的最基本特征。所谓精神性就是指文化必须是与人类的精神活动有关的，与人类精神活动无关的物质就不能称之为文化，如山河湖海、天体运行就不属于文化的范畴，这是文化区别于自然物的根本所在。

2.社会性。文化具有强烈的社会性，它是人与人之间按一定的规律结成社会关系的产物，是人与人联系的过程中，在共同认识、共同生产、互相评价、互相承认中产生的，如果没有人与人之间的关系，也就无所谓文化而言了。

3.集合性。所谓集合性是指文化必须是在一定时期、一定范围内的许多人共同的精神活动、精神行为或它们的物化产品。它是由无数的个体组成的集合，任何个人都无法构成文化。

4.独特性。文化是构成一个民族、一个组织或一个群体的基本因素。这些民族、组织或群体的差异性，就形成了他们不同的文化。因此，文化必然带有独特性，不可能有完全相同的文化存在于两个民族、两个组织或两个群体中。

5.一致性。文化的一致性是指在一个民族、一个组织或一个群体中，文化有着相对一致的内容，即有共同的精神活动、共同的精神性行为和共同的精神物化产品。这种一定时期一定范围内的相对一致性是构成一种文化的基础，正是有了这种一致性，各种文化才有了它们各自的内涵。

二、组织文化的含义和特征

（一）组织文化的含义

关于组织文化的含义，有着多种不同的说法和意见。较为全面的一种解释是：组织文化是组织成员在较长时期的生产经营实践中逐步形成的共有价值观、信念、行为准则及具有相应特色的行为方式、物质表现的总称。组织文化包含以下四个方面的内容：

1.最高目标和价值观。这里的最高目标不是指组织运行的物质成果，而是指激励全体人员为之奋斗的理想和精神，共同的价值观。

2.组织中人员特别是领导者和所谓英雄人物的作风，包括领导作风、事业心和献身精神的典型事例等。最高目标和价值观不是空洞的东西，正是通过这些作风和典型事例而体现出来，成为组织中全体成员的楷模并流传下去。

3.保证最高目标和价值观得以实现的组织和制度。这里面既包括正式的组织机构，也包括群众自愿结合的非正式组织；既包括明文规定的规章制度，也包括不成文的传统习惯和做法。

4.有助于体现和实现最高目标和价值观的物质设施。如能体现组织成员精神面貌的美好环境，能体现组织成员文明生产的物质设备以及体现组织对职工关心的物质设施等。

组织文化作为一种文化现象，必然带有一切文化都具有的特征，即具有精神性、社会性、集合性、独特性和一致性。但组织文化同时作为一种亚文化，又与民族文化相区别。研究组织文化的特征，关键是要提示组织文化作为一种管理理论、作为一种独特的文化同其他文化及管理理论的根本区别。

（二）组织文化的特征

1.实践性。每个组织的文化，都不是凭空产生或依靠空洞的说教就能够建立起来的，它只能在组织中在人们的社会实践过程中有目的地培养而形成。同时，组织文化又反过来指导、影响人们的实践活动。因此，离开了实践过程，企图靠提几个口号或短期的教育来建设组织文化是不可能的。

2.独特性。每个组织都有自己的历史、类型、性质、规模、心理背景、人员素质等等因素。因为这些内在因素各不相同，组织运行和发展过程中必然会形成具有本组织特色的价值观、经营准则、经营作风、道德规范、发展目标等。在一定条件下，这种独特性越明显，其内聚力就越强。因此，在建设组织文化的过程中，一定要形成组织的个性特征。

3.可塑性。组织文化的形成，虽然受到组织传统因素的影响，但也受到现实的管理环境和管理过程的影响。因此，只要充分发挥能动性、创造性，积极倡导新准则、精神、道德和作风，就能够对传统的精神因素择优汰劣，从而形成新的组织文化。

4.综合性。组织文化包括了价值观念、经营准则、道德规范、传统作风等等精神因素。这些因素不是单纯地在组织内发挥作用，而是经过综合的系统的分析、加工，使其融合成为一个有机的整体，形成整体的文化意识。

三、组织文化的功能

组织文化在组织管理中发挥着重要功能，主要表现在：

（一）组织文化的导向功能

组织文化的导向功能，是指组织文化能对组织整体和组织每个成员的价值取向及行为取向起引导作用，使之符合组织所确定的目标。组织文化之所以会有导向功能，是因为一个组织的组织文化一旦形成，就会建立起自身系统的价值和规范标准。当组织群体价值取向和行为取向与组织文化的系统标准产生悖逆现象时，组织文化将发挥导向作用。但这种导向是通过组织文化的塑造来引导员工的行为心理，使人们在潜移默化中接受共同的价值观念，自觉地把组织目标作为自己追求的目标。

（二）组织文化的约束功能

组织文化的约束功能，是指组织文化对每个组织成员的思想、心理和行为具有约束和规范的作用。组织文化的约束不是制度式的硬约束，而是一种软约束，这种软约束即组织中弥漫的组织文化氛围、群体行为准则和道德规范。群体意识、社会舆论、共同的习俗和风尚等精神文化内容，造成强大的使个体行为从众化的群体心理压力和动力，使组织成员产生心理共鸣，继而产生行为的自我控制。

（三）组织文化的凝聚功能

组织文化的凝聚功能，是指当一种价值观被该组织员工共同认可之后，它就会成为一种黏合剂，从各个方面把其成员团结起来，从而产生一种巨大的向心力和凝聚力。组织文化是组织全体员工共同创造的群体意识，它所包含的价值观、组织精神、组织目标、道德规范、行为准则等内容，均寄托了组织成员的理想、希望和要求，关系到他们的命运和前途。组织成员由此产生了“认同感”，使他们感到个人的工作、学习、生活等任何事情都离不开组织这个集体，将组织视为自己的家园，认识到组织利益是大家共存共荣的根本利益，从而以组织的生存和发展为己任，愿意与组织同甘共苦。组织文化的凝聚功能还反映在组织文化的排外性上。对外排斥可以使个体凝聚在群体之中形成命运共同体，日本组织的竞争力强与弱与此不无关系。

（四）组织文化的激励功能

组织文化的激励功能，是指组织文化具有使组织成员从内心产生一种高昂情绪和发奋进取精神的效应。组织文化强调以人为中心的管理方法。它对人的激励不是一种外在的推动而是一种内在引导，它不是被动消极地满足人们对实现自身价值的心理需求，而是通过组织文化的塑造，使每个组织成员从内心深处产生为组织拼搏的献身精神。

积极向上的组织精神及文化传统本身，就是一把职工自我激励的标尺，员工通过它对照自己的行为，找出差距，可以产生改进工作的驱动力。同时，组织和团体内共同的价值观、信念及行为准则又是一种强大的精神支柱，它能使人产生认同感、归属感及安全感，起到相互激励的作用。美国明尼苏达采矿制造公司所以能涌现出许多革新能手和“地下”革新小组，正是因为这些职工深信，不仅公司领导支持他们这样做，其他职工也在这么做。该公司20世纪70年代末已有产品总数5万多种，每年还有100多种新产品问世。

（五）组织文化的辐射功能

组织文化的辐射功能，是指组织文化一旦形成较为固定的模式，它不仅会在组织内发挥作用，对本组织员工产生影响，而且也会通过各种渠道对社会产生影响。组织文化向社会辐射的渠道是很多的，但主要可分为利用各种宣传手段和个人交往两种途径。一方面，组织文化的辐射功能可以树立组织在公众中的形象；另一方面，组织文化对促进社会文化的发展有很大的影响。例如，美国的以“S”为标志的喜来登管理集团在全世界有500多家饭店，该集团“一切从小处着眼，对顾客服务无微不至”的组织精神辐射到全世界，成为许多组织学习的榜样。

第二节　组织文化的结构和内容

一、组织文化的结构

所谓结构就是各个组成部分的搭配和排列。研究组织文化的结构就是把组织文化作为一种独特的文化，找出各个组成部分的关系及相互影响。揭示组织文化的结构有助于我们认识组织文化作为一个有机整体和各个部分之间的关系，以便对各个具体内容进行研究。对组织文化实质认识的差异性，使得对组织文化结构的认识也存在着差异性。

组织文化不仅包括组织的精神文化，还包括精神文化的外化。这些组成部分分为以下三个层次：

（一）物质层

物质层是组织中凝聚着本组织精神文化的生产经营过程和产品的总和，还包括实体性的文化设施，如带有本组织文化色彩的生产环境、生产经营技巧、图书馆、俱乐部、公园等。物质层是组织文化中的最表层的部分，是人们可以直接感受到的，是从直观上把握不同组织文化的依据。

（二）制度层

制度层是具有本组织文化特色的各种规章制度、道德规范和职工行为准则的总和，包括厂规、厂纪、厂服、厂徽，以及生产经营过程中的交往方式、行为准则等。制度层是组织文化的第二层或称中介层，它构成了各个组织在管理上的文化个性特征。

（三）精神层

精神层是本组织职工共同的意识活动，包括：生产经营哲学、以人为本的价值观念、美学意识、管理思维方式等。它是组织文化的最深层结构，是组织文化的源泉，是组织文化比较稳定的内核。

物质层、制度层、精神层由外到内的分布就形成了组织文化的结构，这种结构不是静止的，它们之间存在着相互联系和作用。

1.精神层决定了制度层和物质层。精神层是组织文化中相对稳定的层次，它的形成是受社会、政治、经济、文化以及本组织的实际情况所影响的，如世界经济状况的影响、组织管理理论的影响等等。精神层一经形成，就处于比较稳定的状态。精神层是组织文化的决定因素，有什么样的精神层就有什么样的物质层。举例来说，美国的埃克森公司的价值观是：高度尊重个人的创造性，绝对相信个人的责任感，但同时，默认在作出一项重要决定前要达成一致。这就决定了在制度层方面表现为随便的衣着和沟通方式，没有等级标志，可相互之间争论等。而另一家总部设在欧洲的麦迪公司，它的价值观是尊重资历、学识和经验，注重通过服务时间的长短，整体工作情况和个人的教育背景来评价职工，因此在制度层和物质层就表现为：一切都是规范化的、正式的，大楼中各办公室都有正式标志；大厅中的静默气氛；人们在大厅中见面时周全的礼节；专门的经理人员餐厅；文件中使用正式的学术语，以及注意计划、程序和正式的会议文件等。埃克森公司和麦迪公司精神层的不同使他们的制度层和物质层表现为完全不同的内容。

2.制度层是精神层和物质层的中介。精神层直接影响到制度层，并通过制度层而影响物质层。基于领导者和职工的组织哲学、价值观念、道德规范等，使他们制定或形成一系列的规章制度、行为准则来实现他们的目的，来体现他们特有的精神层的内容。可见，精神层对制度层的影响是最直接的。在推行或实施这些规章制度和行为准则的过程中，组织的领导和成员又会创造出一定的工作环境、文化设施等，从而形成独特的物质层。可见，精神层对物质层的影响是间接的。制度层的中介作用，使得许多卓越的组织家都非常重视制度层的建设，使它成为本组织的重要特色。

3.物质层和制度层是精神层的体现。精神层虽然决定着物质层和制度层，但精神具有隐性的特征，它隐藏在显性内容的后面，它必须通过一定的表现形式来体现。就组织的领导者和全体成员来说，他们的精神活动也必须付诸实践，因此，组织文化的物质层和制度层就是精神层的体现和实践。物质层和制度层以其外在的形式体现了组织文化的水平、规模和特色，体现了组织特有的组织哲学、价值观念、道德规范等方面的内容。因此，当我们看到一个组织的工作环境、文化设施、规章制度，就可以想象出该组织的文化精髓。组织文化的物质层和制度层除了体现精神层的作用以外，还能直接影响职工的工作情绪，直接促进组织哲学、价值观念、道德规范的进一步成熟和定型。所以，许多成功的组织都十分重视组织文化中物质层和制度层的建设，明确组织的特征和标志，完善组织制度的建设和规范的形成，从而以文化的手段激发职工的自觉性，实现组织的目标。

4.组织文化的物质层、制度层和精神层是密不可分的，它们相互影响、相互作用，共同构成组织文化的完整体系。其中，组织的精神层是最根本的，它决定着组织文化的其他两个方面。因此，我们在研究组织文化的时候，要紧紧抓住精神层的内容，只要抓住了精神层，组织文化的其他内容就顺理成章地揭示出来。这就是为什么许多人对组织文化的研究重点都放在组织哲学、价值观念、道德规范上的原因，也是为什么一些人把组织文化误解为就是组织精神的原因。

二、组织文化的内容

（一）组织文化的显性内容

研究组织文化的内容要结合组织文化的实质和特征，从组织文化的“三层结构”来分析。组织文化的实质就是以人为本，以文化为手段，以激发职工的积极性为目的，它包括物质层、制度层和精神层三个层次，它们都是以文化的形式出现的。符合这些条件的都是组织文化的内容。

从组织文化的形式看，其内容可以分为显性和隐性两大类。所谓显性内容就是指那些以精神的物化产品和行为为表现形式的、人通过直观的视听器官能感受到的又符合组织文化实质的内容。它包括组织的标志、工作环境、规章制度和经营管理行为等几部分。

1.组织标志。组织标志是指以标志性的外化形态，来表示本组织的组织文化特色，并且和其他组织明显地区别开来的内容，以企业为例，如企业的厂牌、厂服、厂徽、厂旗、厂歌、商标、标志性建筑等。在许多先进的组织中，都有一整套的组织标志，这些组织标志的形成是为了明显而形象地概括组织文化的独特色彩，使人们能很快地找出本组织和其他组织的区别。因此，组织标志不是可有可无的，它有助于组织文化其他方面的建设，有助于组织形象的塑造，有助于激发职工的自豪感和责任感，使全体职工自觉地维护本组织的形象。因此，现在许多组织都越来越重视组织标志的建设，组织标志已成为组织最表层但又不可缺少的重要组成部分。

2.工作环境。工作环境是指职工在组织中办公、生产、休息的场所，包括办公楼、厂房、俱乐部、图书馆等。过去组织往往只重视职工在严格的规章制度下的生产经营活动，而忽视了工作环境对职工积极性的影响。当以人为本的组织哲学确立以后，工作环境就成了组织文化的一个重要内容。一方面，良好的工作环境是组织领导爱护职工、保障职工权利的表现；另一方面，良好的工作环境能激发职工热爱组织、积极工作的自觉性。因此，以改善职工工作环境为主要内容的环境建设是组织文化的一个组成部分。

3.规章制度。并非组织所有的规章制度都是组织文化的内容，只有那些以激发职工积极性和自觉性的规章制度，才是组织文化的内容，其中最主要的就是民主管理制度。过去组织制定的往往是一些对职工的生产经营活动严格要求的规章制度，这些规章制度对职工虽然能起到约束作用，使职工按既定的要求进行生产经营活动，但是这些规章制度无助于职工积极性和自觉性的发挥，这仅仅是一种硬性的约束。组织文化的理论更侧重于软约束的作用，它要求在组织中建立起一套有利于领导和职工之间的沟通，有利于职工畅所欲言，鼓励职工发明创造的民主管理制度和其他有关制度。组织的这些规章制度是组织以人为本的组织哲学的直接体现，是使职工自觉维护组织利益的重要手段。

4.管理行为。同样，并非组织所有的管理行为都是组织文化的内容。我们知道，文化包括精神性的行为，而组织文化所包含的一部分内容就是在以人为本的管理哲学的指导下的领导行为，和以全体职工共同意志为基础的自觉的各种活动。如企业组织的思想政治工作、在生产中以“质量第一”为核心的生产活动、在销售中以“顾客至上”为宗旨的推销活动、内部以“建立良好的人际关系”为目标的公共关系活动等等。这些行为都是组织哲学、价值观念、道德规范的具体实施，是它们的直接体现，也是这些精神活动取得成果的桥梁。再好的组织哲学或价值观念，如果不能有效地付诸实施，就无法被职工所接受，也就无法成为组织文化。组织文化总是在观念–实践-观念的过程中形成的，脱离了实践活动，组织文化就成为空中楼阁，失去了实际作用。

组织文化的显性内容主要表现为以上四个方面，它们是组织文化的重要组成部分，但它们毕竟是精神的外化，还不是组织文化的根本内容，因此，我们必须进一步研究组织文化的隐性内容。

（二）组织文化的隐性内容

组织文化的隐性内容是组织文化的根本，是最重要的部分。它虽然隐藏在显性内容的背后，但它直接表现为精神活动，直接具有文化的特质，而且它在组织文化中起着根本的决定性作用。因此，我们在研究组织文化的内容时，要牢牢抓住这些隐性内容，作为根本点和出发点。当然我们要避免把组织文化的内容仅仅局限于隐性内容的片面认识。

组织文化的隐性内容主要包括组织哲学、价值观念、道德规范、组织精神等几个方面。这些内容都是在组织长期的生产经营活动中形成的，存在于人们的观念中，成为一种精神文化，它们必须通过一定的方式表现出来。这些内容的整合性使它直接影响组织的各项活动，给组织带来高效率和高效益，使组织充满生机和活力。

1.组织哲学。组织哲学和其他哲学一样，是组织理论化和系统化的世界观和方法论。它是一个组织全体成员所共有的对世界事物的一般看法，用它指导组织的生产、经营、管理等活动，处理人际关系等，便成为方法论的原则。因此，组织哲学是对贯穿于组织各种活动的统一规律的认识。从一定意义上讲，组织哲学是组织最高层次的文化，它主导、制约着组织文化其他内容的发展方向。组织哲学的不同，组织的建设和发展也必然不同，它是组织人格化的基础，是组织的灵魂和中枢。从根本上说，组织哲学是对组织总体设计、总体信息选择的综合方法，是组织一切行为的逻辑起点。

从组织管理史角度看，组织哲学已经经历了“以物为中心”到“以人为中心”的转变。泰勒是第一个提出建立组织哲学的人，他认为管理人员不应该是一个执鞭驱策别人的人，而应该提出一套新的管理哲学和方法。他的组织哲学着眼于工人操作的标准化，提出了作出标准和时间定额的概念和方法，确立了金钱刺激的原则。行为科学理论则使理性主义哲学开始向人本主义哲学转化，他们注重人或人的行为对组织行为的影响，注意主体在组织中的决定作用，形成了全面肯定人的需求、心理满足的“科学的人道主义”组织哲学。第二次世界大战以后，随着新技术的发明和新科学的建立，理性和科学的方法再次被管理界视为根本的方法。西方现代管理学派确立了实行系统化、定量化、自动化管理的组织哲学。进入20世纪80年代，组织文化理论使组织哲学再次发生一场变革，形成了我们今天要大力提倡的组织哲学，这就是以人为本，以文化的手段激发职工自觉性的人本主义哲学。

2.价值观念。观念，泛指客观世界在人脑中的反映即意识。价值观念是人们对客观事物的一种评价标准，是对客观事物和人是否具有价值以及价值大小的总的看法和根本观点。它包括组织存在的意义和目的、组织各项规章制度的价值和作用，以及组织中人的各种行为和组织利益的关系等等。价值观念是组织文化的重要组成部分，它为组织的生存和发展提供了基本的方向和行动指南，为组织成员形成共同的行为准则奠定了基础。组织哲学的不同，导致了组织价值观念不同，以物为本的组织哲学，就会形成一切以有利于物的发展为标准的评价体系，而以人为本的组织哲学就会形成一切以有利于人的自觉性发挥的评价体系，这种评价体系的不同就是价值观念的不同。它又会导致组织管理行为的不同，前者只重视通过硬性的管理手段，迫使职工高效率地工作，而后者则注重通过文化的手段激发职工的自觉性，从而提高效率。因此，价值观念对职工的行为起着直接的支配作用，职工在共同的价值观念支配下，就能自觉地从事各种活动，这是硬性管理所达不到的。

3.道德规范。“道德”在拉丁文中意即“风气”“习俗”，在我国一般是指人的品质和人们的行为准则，而规范就是人们行为的依据或标准。道德规范可以理解为人们在品行方面的准则，而这种准则是自然形成的，它的实现也是靠人们的自觉行为，它的监督是靠舆论的力量。组织的道德规范是组织在长期的活动中形成的，人们自觉遵守的道德风气和习俗，包括是非界限、善恶标准和荣辱观念等等。道德规范是调节人们行为的一种手段，它是和组织的规章制度相对应的，它们的区别就在于规章制度是显性的，是硬性的管理，是靠约束力来保证实施的，而道德规范是隐性的，是软性的约束，是靠人们的自觉性来保证实施的。道德规范是通过影响职工的思想观念，确立明确的是非观念，从而导致职工的自觉行为，因此，组织道德规范的作用是不容忽视的。我们说道德规范是自然形成的，并不是说人不能影响或引导它。道德规范的形成主要取决于组织哲学和价值观念的作用，有什么样的组织哲学和价值观念，就会形成什么样的道德规范。因此许多成功的组织都通过树立优秀的组织哲学和价值观念来引导组织形成良好的道德规范。良好的组织道德规范有利于维护组织的运行秩序和安定和谐的人际关系，有利于提高组织成员的劳动积极性和劳动效率。可见，道德规范也是组织文化的重要内容。良好的道德规范主要表现在：尊重知识、尊重人才、友好相处、自觉工作、与组织共命运等，其核心作用还是激发人们的自觉性。组织文化以组织的道德规范为重要内容，是区别于其他管理理论的一个主要表现。

4.组织精神。组织精神是指组织群体的共同心理定势和价值取向。它是组织的组织哲学、价值观念、道德规范的综合体现和高度概括，反映了全体职工的共同追求和共同的认识。组织精神是组织职工在长期的各项活动中，在组织哲学、价值观念和道德规范的影响下形成的。由于这些影响因素的不同，形成了各具特色的组织精神，如大庆的“铁人精神”、鞍钢的“孟泰精神”、日立制作所的“和”字精神等等。这些组织精神虽然千差万别，但其核心内容都是激发职工的工作热情，发挥自觉性，明确责任感。其主要包括创业精神、奉献精神、主人翁精神、集体主义精神、创新精神、竞争精神、民主精神、服务精神等。这些组织精神都是对组织哲学、价值观念、道德规范的提炼和概括，并把它上升为一种精神。组织精神的这种概括性和精神性，使它具有了巨大的鼓舞作用和强烈的凝聚力。一方面，它使职工更加明确组织的追求，建立起和组织一致的目标；另一方面，它又成为职工的精神支柱，激发职工的工作热情。组织精神的这种鼓舞作用是组织文化的其他内容难以达到的。因此，现在许多组织都注意把本组织的组织文化加以总结和概括，挖掘出其中最有代表性的内核，并把它升华为一种精神，从而激励全体成员为之奋斗。组织精神的形成是比较容易的，而要真正使每个职工以组织精神为精神支柱却不是一天两天所能实现的，这就需要领导者和全体成员的不懈努力。

以上就是组织文化的四个主要隐性内容。除此之外，组织文化的隐性内容还包括组织的美学意识、组织心理、组织的管理思维方式等内容，这些都是我们在进行更深入的研究中要加以注意的。

第三节　组织文化的类型

组织文化是在一定的社会文化背景下，在组织成长、变革、发展的长期实践中，在社会文化与组织文化的长期渗透与融会之中形成的。因此，不同的社会文化背景、不同的生产实践过程，其组织文化呈现出不同的特点。

组织文化可从不同的角度划分。例如美国两位学者艾伦·迪尔和阿伦·肯尼迪，以美国企业组织为研究对象，从产业角度出发，对不同产业中的企业组织文化进行归类，把企业文化分成四种不同类型：硬汉、胆汁型文化，如建筑业、广告业等；努力工作、尽情玩乐型文化，如汽车销售等销售业中的企业组织；孤注一掷型文化，如石油开采业、航空业和电脑产业中的企业组织；按部就班型文化，如银行、电力等产业中的企业组织。日本学者河野丰弘教授以日本的企业组织为研究对象，在对大量日本企业组织文化进行调查的基础上，从企业组织的管理风格和灵活性的角度，把组织文化分为有活力的企业文化、追随独裁者且有活力的企业文化、官僚的企业文化、僵化的企业文化以及追随独裁者且僵化的企业文化。美籍日裔教授威廉·大内把美国企业的文化称为A型文化，把日本企业的文化称为J型文化，而把美国少数几个企业（如IBM公司、P&G公司等）自然发展起来的、与J型具有许多相似特点的企业文化，称为Z型文化。达夫特教授依据文化与战略和环境之间的匹配，把组织文化分为：适应型/企业家型文化、使命型文化、小团体式文化、官僚制文化。下面重点介绍后两种分类方法：

一、A型文化、J型文化和Z型文化

1980年，美籍日裔教授威廉·大内出版了《Z理论——美国企业界怎样迎接日本的挑战》一书。在该书中，他把美国、日本企业绩效的差异归结为文化的差异，他把美国企业的文化称为A型文化，把日本企业的文化称为J型文化，而把美国少数几个企业（如IBM公司、P&G公司等）自然发展起来的、与J型具有许多相似特点的企业文化，称为Z型文化。进而他认为，美国企业要提高绩效，必须将其A型文化转变成Z型文化。

（一）A型文化

A型文化的特点为：

1.短期雇用；

2.迅速的评价和升级，即绩效考核期短，员工得到回报快；

3.专业化的经历道路，造成员工过分局限于自己的专业，但对整个企业并不了解很多；

4.明确的控制；

5.个人决策过程，不利于诱发员工的聪明才智和创造精神；

6.个人负责，任何事情都有明确的负责人；

7.局部关系。

（二）J型文化

J型文化的特点为：

1.实行长期或终身雇佣制度，使员工与企业同甘苦、共命运；

2.对员工实行长期考核和逐步提升制度；

3.非专业化的经历道路，培养适应各种工作环境的多专多能人才；

4.管理过程既要运用统计报表、数字信息等清晰鲜明的控制手段，又注重对人的经验和潜能进行细致而积极的启发诱导；

5.采取集体研究的决策过程；

6.对一件工作集体负责；

7.树立牢固的整体观念，员工之间平等相待，每个人对事物均可作出判断，并能独立工作，以自我指挥代替等级指挥。

（三）Z型文化

Z型文化的特点为：

1.长期雇佣制；

2.制定一种缓慢的评价和提升制度，目的是要培育职工的长期观点与协作态度；

3.扩大职业发展道路，有计划地实行横向职务轮换，以培养人的多种才能；

4.主张在企业内部建设高度一致的文化，用自我指挥取代等级指挥，从而是彻底内在的控制；

5.找出可以让基层雇员参与的领域，实行参与管理；

6.提倡强化共同目标，使每个人都能自觉对集体作出的决定负责，从而避免紧张状态；

7.建立员工个人和组织的全面整体关系。

威廉·大内把一个国家的全部企业组织的文化看作一种统一的文化，主要是从跨文化的管理角度出发，但这种企业组织文化划分未免过于粗糙。

二、适应型/企业家型文化、使命型文化、部落型文化和官僚制文化

达夫特教授认为，组织的战略和外部环境对组织的文化影响很大。组织的文化应该体现出组织在其环境中有效运作所需要的一切。组织的文化与组织战略以及环境之间适宜的关系，能够提高组织的绩效。因此，他认为，依据文化与战略和环境之间的匹配，来进行组织文化的分类，是比较恰当的。他在其影响广泛的教材《组织理论与设计》（第六版）中，引用了一些学者如丹尼森等的组织文化分类模型，如图11-1所示。

（一）适应型/企业家型文化

适应型/企业家型文化强调通过灵活性和变革以适应顾客需求，战略重点集中于外部环境上。这种类型的公司并不只是快速地对环境变化作出反应，而是积极地创造变化。革新、创造性和风险行为被高度评价并得到奖励。

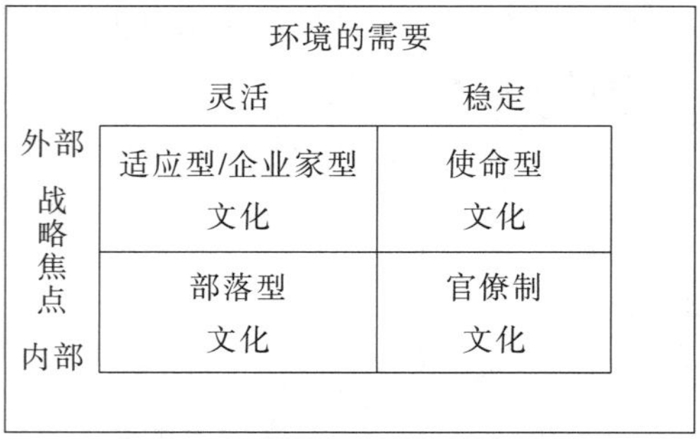

图 11-1 组织文化类型

适应型/企业家型文化的一个例子是3M公司，该公司的价值观重视个人的首创精神和企业家精神。所有的新雇员都要参加关于风险行为的课程，在课堂上他们被告知去追求实现自己的理念，即使这意味着冒犯自己的上司。市场营销、电子、化妆品公司也可以采用这种类型的文化，因为它们都必须迅速地行动以满足顾客的需要。

（二）使命型文化

使命型文化集中关注组织目标的清晰、愿景和特定目标的达成。使命型文化的特征是着重于对组织目标的一种清晰认知和目标组的完成，诸如销售额增长、利润率或市场份额提高，以帮助组织达到目标。管理者通过建立愿景和传达一种组织的期望来塑造雇员行为。因为环境是稳定的，他们可以把愿景转换成为可度量的目标，并且评价雇员达到这些设定目标的业绩。在某些情况下，使命型文化反映了一种高水平的竞争力和一种利润导向的方针确定模式。

（三）部落型文化

部落型文化主要强调组织成员的参与、共享和外部环境所传达的快速变化的期望。这种文化中最重要的价值观是关心员工。只有这样做组织才可以适应竞争激烈和不断改变的市场。时装业和零售业的公司可以运用这种文化类型，因为这种文化可以发挥雇员的创造力，以对市场作出反应。

（四）官僚制文化

官僚制文化以内向式的关注、一致性导向来应对稳定的环境。在这种文化中，个人参与在某种程度上有所降低，但被员工间高水平的一致性、简洁性、合作性所弥补。这种组织因依赖高度整合性和高效率而获得成功。

图 11-1 所示的组织文化分类，把组织的文化与组织的形态结合在一起，并与环境的特性发生联系，较好地突出了组织文化的本质特性——组织文化的适应性。

第四节 组织文化建设

一、制约组织文化建设的因素

组织文化建设是组织内、外部环境诸因素共同作用的结果。所以，当我们进行组织文化建设时，应当首先明确影响组织文化的各种因素及其强度，以及每种因素的作用方式。

（一）经济体制

国家的经济体制既是影响组织经营管理制度的重要因素，又是影响组织文化发展完善的重要因素。我国目前仍然处于社会主义初级阶段，这个历史阶段的中心任务是大力发展社会生产力。与此任务相适应，我国实行的是有中国特色的社会主义市场经济。这样，围绕着改革开放、搞活经济，国家从宏观上实施一系列相应的调控政策和措施。作为国民经济基本单位的组织，势必也要从经营战略基本构思上考虑如何配合与适应整个国民经济发展的要求。因此，组织文化建设必须围绕国民经济大环境的要求，为促进国家经济体制改革服务。

（二）政治体制

当我们具体地观察每一个组织的文化特征时，就会发现：任何组织文化中都体现着一定的政治性，绝对超然的组织文化事实上是不存在的。亦即政治因素对组织文化有着普遍影响。在社会主义制度下，组织文化体现着国家、集体和个人三者利益的有机结合，重视工人阶级的主人翁地位和作用。而资本主义制度下的组织文化，归根到底是维护资本家集团的权益和地位的。当然，任何国度中的组织文化中都含有科学、合理、有利于促进生产力发展的人类文明的进步因素。然而，当我们研究并着手实施组织文化建设时，则必须考虑如何体现当时的政治环境并为当时的政治任务服务。例如，我国国有大中型组织是社会主义国民经济的主体，是实现社会主义现代化建设的骨干力量，每一家国营组织（或国有股占主导地位的组织）都必须坚持社会主义精神文明建设而批判资本主义腐朽思想对组织员工队伍的影响。

（三）社会文化

组织是在社会文化环境中生存和发展的，组织的文化建设必然接受并服从它所在的环境的影响和要求。从我国组织现存的文化状态考察，就会看到诸如中庸、人伦等几千年一直沿袭下来的封建文化仍然在组织员工队伍中发挥不同程度的影响作用。这说明，社会文化是组织文化的影响因素之一。当然，社会文化本身就是多因素的统一。我国组织文化的主流是生产资料公有制决定了社会主义文化居主导地位。随着我国对外开放政策的长期稳定的实施，不可避免地会流入西方文化因素。国外文化的流入，不论对我国社会还是对组织，都有两方面的影响，即积极的影响和消极的影响，我们的原则是本着批判地吸收，以我为主、博采众长、融合提炼、自成一家的原则正确地、积极地对待。

（四）科学技术与生产力发展水平

科学技术与生产力发展水平是影响组织文化的重要因素。这两种因素推动着社会文化的进步，改变着人们的生活方式、交往方式和生产经营方式。在一定意义上说，科学技术和生产力水平是组织文化建设的决定因素，原因就在于这两者都是组织发展壮大的基础。

（五）行业技术经济特点

行业不同，其生产、经营的业务作业必然不同，该行业中的组织文化也必然带有明显的行业特征。例如，铁路运输业和航空运输业，在任何国家几乎都纪律严明近似于军队；相对而言，森林工业中的林场营林作业就显得纪律松弛。不同行业之间，其分工协作关系与特点不同，工艺特征不同，人工作业过程与自然力发挥作用的结合关系不同，各道工序、环节乃至各组织之间的供求关系的表现形式不同，就导致行业经济技术特点不同。而行业经济技术也是科技文化内容的组成部分，所以，其影响组织文化建设的方式、程度都有所不同。我们必须紧密结合本行业组织业务（作业）必然运用的经济技术去研究组织文化的具体内容。

（六）组织所在的地理位置

任何组织及其所属单位都占据一定的空间位置。不同的空间位置承载着不同的社会环境、民族习俗、市场发达程度、生产力布局特征等等有差别的组织存在条件，从而直接或间接地成为影响组织文化的重要因素。例如，我国的上海、广州、大连、天津等海、陆、空交通发达，以及工商组织也发达的地区，历史上就已经形成了一定程度的开放观念。国家实施改革开放政策以后，更进一步成了窗口城市，接触发达国家的新事物、新技术、新观念比我国内地又早又多。因此，地处这样一些空间位置的组织的文化、风气就必然更加带有开放性。事实上，当代世界各国都存在着因发展不平衡而加深了地区之间先进与落后的矛盾性。这种空间地理位置上带有的矛盾性直接影响组织文化，使同行业但处于不同地域的组织在经营上具有差异性。

（七）组织基本员工的特点

市场经济条件下的组织员工因人才市场和劳务市场的不断健全、完善而处于相对流动状态。但组织的管理又在客观上需要员工队伍中有相对稳定的一大部分人员长期在本组织供职。这样，组织总是拥有一支骨干性的基本员工队伍的。这支队伍在人口统计学方面的各种构成因素，以及因较长时间在本组织工作接受企业影响的程度等等，都将形成员工队伍特征，这种特征是组织员工普遍带有的某种风气和习惯。而这些基本员工普遍都有的某种风气或习惯是事实上已经影响组织成长的旧文化基础。当我们在建设或改革组织文化时，就必须重视这个基础。它可能是对新文化有积极作用的，也可能是对新文化有阻碍作用的。人是构成生产力的最活跃的因素，也是对组织文化具有决定性影响的因素，一般而言，人都具有可塑性，尤其是年轻人。所以，组织文化建设中要考虑员工的特征，其实质是指要因人员队伍的具体情况而制宜，通过适当的思想、文化、道德教育或宣传工作，去引导培养和提高组织全体员工的素质。这一工作过程在老职工中可能难度更大一些，而在年轻的新职工中可能会顺利一些。但不论组织员工队伍构成状况如何，针对基本员工的再教育工作都是个根本性的任务。

（八）组织的历史传统

任何一个组织，只要是经历了一定时期的成长、发展过程，都会使其成员形成种种约定俗成的价值观念、工作习惯和生活习惯，从而表现为组织传统。这种传统会一代代地传下去，并在相传的历史过程中，越来越加以成形化或者叫作凝固化。但它有两重性，或者因其始终是优良传统而有利于组织的生存和发展，或者因其逐渐地与生产力发展水平、生产方式变革的进程相比而越来越成为保守、落后的传统，使组织的发展受到限制。因此，组织的历史传统是建设或更新组织文化时必须认真调研并严肃对待的因素。

二、组织文化的形成机制

一个比较定型的、系统的组织文化，通常是在一定外部环境下，为适应组织生存发展需要，首先由少数人倡导和实践，经过较长时间的传播和规范管理而逐步形成的。

1.组织文化是在一定环境下组织生存、发展需要的反映。存在决定意识，作为组织文化核心的思想观念首先是组织生存发展环境，即外部物质力量的反映。因为观念的东西不外是移入人的头脑，并在人的头脑中改造过的物质的东西而已。例如用户第一、顾客至上的经营观念，是商品经济出现买方市场，造成组织间激烈竞争的环境反映。大庆的为国分忧、艰苦创业、自力更生、“三老四严”的精神在某种程度上是20世纪60年代我国面临国外封锁、国内经济困难、石油生产又具分散及一定危险性等客观现实的反映。组织作为社会有机体要生存、要发展，但是客观条件又存在某些制约和困难，为了适应或改造客观环境，产生了某些相应的思想和行为模式。

可见，组织文化是适应组织自身生存发展需要，针对特定环境、条件和矛盾而产生的。同时，也只有反映组织生存发展需要的文化，才能被更多的成员所接受，才有强大的生命力。

2.组织文化发端于少数人的倡导与示范。文化是人们意识的能动产物，不是客观环境的消极反映。在客观上出现对某种文化需要的情况下，由于人们认识水平存在较大差异，加上这种文化需要往往交织在各种相互矛盾的利益之中，羁绊于根深蒂固的传统习俗之内，因而，一开始总是只有少数人首先觉悟，他们提出反映客观需要的文化主张，倡导改变旧的观念及行为方式，成为组织文化的先驱者。美国哈佛大学教授、《公司文化》一书的作者迪尔把他们称为创建组织文化的“英雄”。他们有的是组织的创始人或优秀的领导者，如松下文化的倡导者、松下电器公司董事长松下幸之助以及服务与创新文化的倡导者、美国贝尔电话公司总裁费尔；有的是员工中出类拔萃者，如鞍钢的孟泰、大庆的王进喜等。在组织文化的形成过程中，少数领袖人物和先进分子起着十分重要的作用。第一，他们以十分敏锐的洞察力，提出新的思想和主张；第二，他们以非凡的勇气率先进行新的实践。正是他们提出顺应时代的方向、目标和行为方式，并以他们的成功的示范证明其正确，从而启发和感召了组织的其他人，使组织新的文化模式得以形成。

3.组织文化是坚持宣传、不断实践和规范管理的结果。组织文化的建设是在一个已经存在某种思想观念及行为习惯的群体中进行的，实际上它是一个以新的思想观念及行为方式战胜旧的思想观念及行为方式的过程，这必然是一个充满矛盾、冲突，甚至痛苦的较长过程。

传统观念及行为习惯的改变是困难的，新的思想观念必须经广泛宣传、反复灌输才能逐步为群众所接受。组织文化一般都要经历一个逐步完善、定型和深化的过程。一种新的观念，需要理论支持和实践的检验，而理论的建立和实践的展开都需要时间。文化的自然演进是相当缓慢的，因此组织文化一般都是规范管理的结果。组织领导者一旦确认新文化的合理性及必要性，就在宣传教育的同时，制定相应的行为规范、制度，不断考察，实施奖惩，强制性地要求组织成员实践新的文化，在实践中转变组织成员的思想观念及行为模式。一旦新的思想观念及行为变成了多数组织成员自觉的行为，组织文化就建立起来了。

综上所述，组织文化的决定因素是组织需要、环境、倡导者、员工素质及管理。相似的需要、环境等，形成组织文化的共性，不同的需要、环境、倡导者，不同的风格、不同的员工素质及管理水平形成组织文化的个性。

三、组织文化建设的程序和方法

（一）组织文化建设的程序

1.研究树立阶段。这个阶段首先要调查研究组织的历史和现状，在此基础上，有针对性地提出组织文化建设目标的初步设想，经各有关部门审议之后，向组织全体职工发起组织文化建设的倡议，并动员广大群众积极参加组织的文化建设活动。

2.培育与强化阶段。这个阶段是将组织文化建设的总任务分解成组织内部各部门各业务环节明确的工作任务，使各部门根据自己特点而有意识激励本部门职工形成特有的精神风貌和行为规范，把组织文化建设变成具体的行动。

3.分析评价阶段。这个阶段首先是根据信息反馈将整个组织文化建设工作开展以来的工作成绩和存在问题进行剖析，研讨深层次的原因，评价前阶段的成功与失误，具体内容应该看组织文化建设的目标和内容是否适合本组织实际需求，各基层机构的风气、精神面貌是否体现了组织文化建设的宗旨。

4.确立与巩固阶段。这个阶段的工作包括处理问题与归纳成效两部分内容。前者是在评价基础上摒弃原来组织文化中违背时代精神的内容；后者是将符合时代精神的组织文化建设经验加以总结，并加工成通俗易懂的、有激励作用的文字形式，用以进一步推广。

5.跟踪反馈阶段。随着组织经营环境的变化，组织文化的内容也要适应这种变化。这是意识形态上应变的需要。然而，现有的业已确立的组织文化是否能及时地迎合环境变化，不应该依靠组织管理者的主观判断，而应依靠来源于基层实际情况的反应。这就是反馈信息。但检验组织文化适应性的反馈信息必须是经常性和系统性的。所以，组织文化建设程序的第五阶段，或者说某一循环期的最后阶段的工作是有布置的信息跟踪。这种有意安排的跟踪，一方面能保证及时解决组织文化应变问题，同时也是组织文化建设下一轮循环的基础和起点。

（二）建设组织文化的方法

在上述五个阶段的组织文化建设过程中，还需要有适当的具体塑造方法。塑造组织文化的方法有多种，一般而言，有成效的方法是：

1.示范法。通过总结宣传先进模范人物的事迹，发挥党员、干部的模范带头作用，表扬好人好事等方法给广大职工提供直观性强的学习榜样。这些榜样的事迹和行为，就是组织文化中关于道德规范与行为准则的具体样板。做好这种工作，就是把组织所要建立的文化意识告诉给广大职工。

2.激励法。运用精神的与物质的鼓励，包括开展竞赛活动、攻业务技术难关活动、提口号、提目标、提要求、评先进等，使职工感到自己的事业进取心将有满足的机会，从而主动努力工作，并把自己工作能否有成绩的基础，认定是自己的工作岗位、自己的组织。与此同时，还必须从生活方面关心职工，通过不断改革分配制度去满足职工物质利益上的合理要求。

3.感染法。运用一系列的文艺活动、体育活动和读书活动等，培养职工的自豪感和向心力，使之在潜移默化的过程中形成集体凝聚力。

4.自我教育法。运用谈心活动、演讲比赛、达标活动、征文活动等形式让职工对照组织的要求找差距，进行自我教育，转变价值观念和行为。

5.灌输法。通过讲课、报告会、研讨会等宣传手段进行宣教活动，把组织想要建立的文化目标与内容直接灌输给职工。

6.定向引导法。有目的地举行各种活动引导职工树立新的价值观念，并创造出新价值观念氛围。

第五节　跨文化管理

一、跨文化研究的意义

跨文化研究又称“泛文化比较法”或“文化比较研究”，是指以全世界各种不同文化为样本，以其资料作比较研究，以验证对人类行为的假设。这是近年来越来越为众多学者所注意的一种行为与社会研究的重要方法。

随着我国改革开放的深入，在我国境内出现了大量的中外合资企业和外商独资企业，全球经济一体化也是大势所趋。如何搞好跨国公司的管理是摆在我们面前的主要任务之一。对如何认识和了解西方的管理经验和理论，并将它们与我国现代化建设相结合，如何吸引外资和改善投资的“软环境”等方面来讲，跨文化研究具有重要的意义：

1.有利于我们有效地吸收西方的管理理论和经验。研究表明，日本与美国的文化传统反差强烈，双方若直搬对方的成功经验都难以取得较好的效果。因此中国的现代化建设只能结合本国文化特点，有选择地吸收和消化外国的管理理论和经验。

2.有利于促进改革开放，进一步改善投资的软环境。首先，不同的价值观会造成人们管理行为上的差异。在国际市场中，为了让外国人理解中国人的交换行为，同时让中国人理解外国人的行为，就需要对东方文化和西方文化认真研究，找到使组织在开放环境中生存和发展的恰当方式。

3.有利于消除组织冲突。如美国企业中，大量来自不同国家、具有不同文化传统的移民工人在一起工作，他们在语言、传统、习俗和宗教上有较大差异，导致人与人之间的态度、行为和价值观念有许多不同，造成人们沟通上的误解和偏差。而跨文化研究则有利于解决这一冲突。

二、文化差异对组织行为影响的研究

许多学者采用文化因素分析组织管理行为的差异，比较著名的有英国的柴尔特、法国的加罗力特和荷兰的霍夫斯坦特。

（一）柴尔特

柴尔特于1981年研究了跨文化管理的大量文献，发现有两个不同观点趋势。

1.不同文化的企业的组织极相似。世界上各地企业的管理人员均从事基本上相同的活动，管理原则大致相同。

2.不同文化的组织不会变得同质化。因为不同国家或地区的组织依然保留其固有文化特性的差异。

柴尔特经过进一步探索，发现前者所讨论的是宏观的问题，是指在不同文化的组织，采用相似的结构与科技方面的措施。而后者所讨论的是微观的问题，是指在组织内人的行为。因此，柴尔特的结论认为世界上不同国家、不同文化的组织结构变得越来越相似，但是在组织内人的行为及其特性仍然维持和保留。譬如有两个组织，分别属于加拿大和德国，他们各自采用的生产技术方法越来越相似，然而加拿大人和德国人的组织行为依然故我，保存他们的差异特性。

（二）加罗力特

加罗力特于1977年和1979年曾比较研究美国和九个欧洲国家（瑞士、荷兰、丹麦、英国、法国、意大利、比利时、德国、瑞典）的管理哲学和管理行为。结果显示，来自不同文化环境的员工们虽然受雇于一家多元文化的组织，但是他们仍然保持各自文化的工作特点。

（三）霍夫斯坦特

荷兰文化协作研究所所长霍夫斯坦特根据他对40个国家的工作人员的大量问卷调查，出版了《文化的结局》（1980年出版）一书，具体指出了究竟是文化中的哪些方面对企业管理会产生重大的影响。从其调查数据的分析中，他提出了体现文化差异的四个关键因素：权力差距，防止不确定性，个人主义与集体主义，男性化与女性化等。

1.权力差距（power distance）可接受程度的高与低

权力差距是指社会公认的权力在组织内不均等分配。在一个社会的组织中，权力的分配往往是不均等的。有的国家或地区，对权力差距的接受程度较高，可称之为“高权力差距”的社会；有的国家或地区，对权力差距的接受程度较低，可称之为“低权力差距”的社会。一个国家或地区究竟属于“高权力差距”还是“低权力差距”的社会，必然会从该社会内权力大小不等的成员的价值观中反映出来。因此研究社会成员的价值观，就可以判定一个社会对权力差距的接受程度。

2.防止不肯定性（uncertainty avoidance）的迫切程度

任何一个社会，对于不确定的、含糊的、前途未卜的情境，都会感到是一种威胁，从而总是试图加以防止。防止的方法很多，例如，提供更大的职业稳定性，建立更多的正规条令，不容许出现越轨的思想和行为，追求绝对真实的东西，努力获得专门的知识等。一个强烈追求防止不肯定性的社会，一般说来会产生高度的紧迫感和进取心，会激发人们努力工作的动机。

3.个人主义和集体主义（individualism-collectivism）

个人主义是指一种结合松散的社会组织结构，其中每个人只关心自己，而且也只依靠个人的努力来为自己谋取利益。集体主义则指一种结合紧密的社会组织结构，其中所有的人往往接受“在群体之内”（即小集团内、组织群体内、亲戚朋友圈内）的人员的照顾，但同时也以对该群体保持绝对的忠诚作为报答。

4.男性化与女性化

这个因素所表示的，是所谓“男子气概”价值观在社会中占统治地位的程度。而“男子气概”则是指：自信武断，进取好胜，喜欢冒险。这些价值观之所以用“男子气概”这个词来表示，是因为在几乎所有的社会中，男子对这种价值观有较高的评价。有趣的是，一个社会对男子气概的评价越高，其男子与女子之间的价值观差异也越大。

霍夫斯坦特认为，以上四种文化因素对于管理中的领导方式、组织结构和激励内容，会产生巨大的影响。

对领导方式影响最大的，主要是“个人主义与集体主义”和“接受权力差距的程度”。霍夫斯坦特认为：美国是个人主义最高的国家，因此美国的领导理论以被领导者追求个人利益为基点，然而美国的领导理论并不适用于第三世界各国，因为这些国家属于集体主义社会，职工关心群体，希望从群体中得到保障，并且愿意以对群体的忠诚为酬报。霍夫斯坦特还认为，“接受权力差距的程度”直接影响到实现职工参与管理的情况。法国和比利时“接受权力差距的程度”很高，因此人民通常没有参与管理的要求，所以企业中很少看到有工人参与管理的情况；美国接受权力差距的程度处于中间状态，因此企业中存在参与管理，但有一定的限度。

对组织结构影响最大的，主要是“接受权力差距的程度”和“防止不肯定性的迫切程度”。这是因为组织的主要功能，就是分配权力以及减少或防止经营中的不确定性。法国接受权力差距的程度较大，又迫切要求防止不肯定性，因此倾向于“金字塔”式的传统层次结构。联邦德国虽然有较强的防止不肯定性的心理，但接受权力差距的程度较小，因此注重规章制度。美国、瑞士等国，接受权力差距的程度处于中间状态，因此在这类国家中各种组织形式并存。

对企业激励内容影响最大的因素，是“个人主义与集体主义”、“防止不肯定性的迫切程度”和“男性化与女性化”。美国等国家，是个人主义程度很高的国家，所以这些国家的激励方法多从个人出发，以个人的自我实现和个人获得尊严作为激励的主要内容。第三世界国家与日本，是集体主义程度较高的国家，激励就需要着眼于个人与集体的关系，过分奖励个人往往行不通。美国倾向于男性化，所以适于把承担风险、进取获胜作为激励的内容。日本和法国虽然也倾向男性化，但是防止不肯定性的心理较强，因此分配一种无危险、很安全的工作岗位就成了激励因素。

三、跨文化管理的领导技巧和方法

（一）跨文化管理的领导技巧

1.专业知识和管理技巧

管理人员应掌握专业知识并具备熟悉国内外环境的管理能力。促进国内企业提高竞争力，使其既能在国内的竞争环境中求生存，又能从国际环境搜集信息，了解国外消费者需要和爱好，通过技术优势打进国际市场。

2.文化敏感性和沟通技巧

管理人员为了提高文化敏感性首先控制本人的地方观点，民族中心思想。耐心了解来自不同文化前景员工的社会文化观点、价值观、生活方式、沟通习惯、语言表达和认识方式的差异。对于有些员工因认识引起误会或犯工作上差错，管理人员应仔细找寻原因，耐心指导，以宽容态度加强员工自信心，提高工作效率。

3.正确认识文化差异对管理有利与不利之处

管理人员从过去一种文化、一种语言的组织行为管理扩充到今天多元化文化，多种语言的组织行为管理，当然感觉有许多不利和不习惯之处。例如，彼此观点不明朗，增加沟通上复杂性和混乱性，集中意见困难，统一行动困难。不可能实施统一的人事管理和绩效评考标准。

文化差异实际上存在着许多对管理上有利之处。特别是在组织扩充业务时，能够搜集多方面新建议和选择机会。洞悉国外社会、文化、经济环境有利于了解国际市场需求和更好地为外国顾客服务。因此，多元文化在管理上增加创造性，提高灵活性和提高解决问题的技巧。

（二）文化差异管理的方法

文化差异管理一般有三种方法：

1.地方狭隘主义

地方狭隘主义具有一种信念：认为每个人都应该一致。如果组织具有这个信念，既不能认识不同文化员工的潜力，还要设法使各人的态度、信仰和价值观均匀一致。因此这些组织又被称为单一文化观点。他们每个管理功能是为着生产均匀一致的意图不可能赏识文化差异的好处或者了解文化差异对组织影响的积极性。这种类型的管理人，他所应用的组织的哲学是“我们的做法，就是唯一的做法”。

2.种族中心主义

种族中心主义认为自己种族的文化和工作方法是优越的。种族中心主义的管理方法只是把文化差异看作根源。他们相信一切变革必须一面倒，由统治文化下的个体和群体建立一致的做法。

3.文化融洽法

文化融洽法又称为文化协同作用法。它的哲学观点认为我们的方法和他们的方法客观上不相同。但是，彼此都不是天生比对方优越。唯一的管理方法是探讨它的好处和鼓励积极影响文化差异的组织成员，尽量吸取有利和减少不利之处。文化融洽法是跨文化管理最实用和有效的方法。

思考题

1.一般来说，谁对组织文化的影响最大？公司的创始人还是现在的管理者吗？为什么？

2.班级也有文化，描述你所在班级的文化，它约束了你的老师吗？如果是的，请说明它是怎么约束的。

3.试述组织文化的特征和功能。

4.组织文化包括哪些内容？

5.如何进行组织文化建设？

第四篇　领　　导

第十二章　领导行为

学习本章的目的和要求
通过本章学习，重点掌握我国优秀领导者应具备的素质、管理方格图理论的内容、菲德勒模式的内容、如何提高领导的有效性等。掌握领导、领导者、被领导者的概念，以及特性理论的基本内容、四分图理论的内容、PM型领导模式的内容和“途径-目标”理论、领导规范模式、不成熟-成熟理论的内容；了解行为理论的类型、三种领导方式理论的内容、领导连续流理论的内容、管理系统理论的内容。

第一节　领导的概念

一、领导的概念

一个组织绩效的高低，与领导行为有很大关系，因此，对领导行为的研究是管理学的重要内容。领导不是一个任意的概念，而是一种历史的科学规定。领导与被领导的关系、领导的方式，并不是固定不变的，领导者与被领导者的概念，也是随着人类社会的演进而不断发展的。

对领导的概念，各国的管理学家、心理学家和组织行为学家们，都有不同的认识和表述，如孔茨等认为：把领导定义为影响力，这是影响人们心甘情愿地和满怀热情地为实现群体的目标而努力的艺术或过程。领导是一种影响过程，即领导者和被领导者个人作用和与特定环境的相互作用的动态过程。

以上表述包含了以下三层含义：

1.领导一定得有领导者和被领导者，否则就不称其为领导；

2.领导者对被领导者的影响，比被领导者对领导者的影响更大，领导是由影响被领导者表现出某种所期望的行为所组成；

3.领导者的目的是影响被领导者实现群体的目标，这种群体目标一般是根据所委派给群体应负责的工作任务而定的。

我们对领导的实质做如下的描述：领导是一种影响力，是影响个体、群体或组织去实现所期望目标的各种活动的过程。这个领导过程是由领导者、被领导者和其所处环境这三个因素所组成的复合函数，可用公式表示如下：

领导=f（领导者、被领导者、环境）

领导工作是管理工作的一项重要职能，是作为一个有效管理者的重要条件之一。主管人员通过行使计划、组织和控制职能，是可以取得一定成果的，但是，只能引发下属60%的才能，另外40%的才能只有在领导工作中才得以发挥出来。

二、领导者的权力

任何一个群体都有某个善于领导艺术的人作为群体的首领，即领导者。领导者是指能够实现领导过程的人，这种人在群体或组织中，能够把其他成员吸引到自己的周围，是别人所追随的人，能够得到别人信任的人。领导者是被委派到某一职位以职务、权力和责任以及自己的威望来引导和影响别人来完成组织目标的。领导者能有效地并以负责的态度运用权力的能力是实施领导职能的关键。

领导者的权力主要来自两个方面：一是来自于职位的权力，这种权力是由于领导者在组织中所处的职位由上级和组织赋予的，并由法律、制度明文规定，属于正式的权力。这样的权力随职务变动而变动。在职就有权，不在职就无权。正式权力的基本内容，包括对组织活动的决定权、指挥权，对组织成员的奖惩权。人们往往出于压力和习惯不得不服从这种权力。二是来自于领导者个人的权力。这种权力不是由于领导者在组织中的位置，而是由于其自身的某些特殊条件才具有的。例如，领导者具有高尚的品德、丰富的经验、卓越的工作能力、良好的人际关系；领导者善于体贴关心他人，令人感到可亲、可信、可敬，不仅能完成组织目标，而且善于创造一个激励的工作环境，以满足群众的需要等等。这种权力不随职位的消失而消失，而且这种权力对人的影响是发自内心的、长远的。

如果细加分析，可将权力的基础分为五类：

1.惩罚权。它来自下级恐惧感，即下级感到领导者有能力惩罚他，使他产生痛苦，不能满足某些需求。惩罚权虽然可以使下级基于恐惧而顺从，但这种顺从是表面的、暂时的，而内心则不一定受到影响。为了维持这种顺从，领导者必须时常监督下级是否照他的指示去做。如果发现下级不遵循行为规范，为了维持恐惧一定要加以惩罚。监督与惩罚的成本都很高昂。

2.奖赏权。它来自下级追求满足的欲望，即下级感到领导者有能力奖赏他，使他觉得愉快或满足某些需求。奖赏权是采取奖励的办法来引导人们作出所需要的行为。其效果当然要比惩罚好，可以增加领导者对下级的吸引力，也能引起满意并提高工作效率，但这种办法的激励作用要视奖励值的大小和公平性如何而定。奖赏权不利的一面是容易引起本位主义，使下级缺乏整体和长远观念，过分使用这种权力还容易形成人们对金钱的依赖心理。

3.合法权。它来自下级传统的习惯观念，即认为领导者处于组织机构中的特定地位，而具有合法的权力影响他，他必须接受领导者的影响。合法权是下级基于习惯、社会意识和某种责任感所引起的服从，但这种服从不能导致较高的工作效率和个人满意的感觉，下级接受这种权力还因为只有这样才会得到领导者的赞扬，大家的接纳和认可，满足安全和亲和的要求。

4.模范权。它来自下级对上级的信任，即下级相信领导者具有他所需要的智慧和品质，具有共同的愿望和利益，从而对他钦佩，愿意模仿和跟从他。

5.专长权。它来自下级的尊敬，即下级感到领导者具有某种专门的知识、技能和专长，能帮助他，为他指明方向，排除障碍，达到组织目标和个人目标；还有领导者个人由于以往的经历或一些特殊的资历而形成的影响力，领导者个人与被领导者感情融洽或关系密切而形成的权力。模范权和专长权一般都能引起公开和私下的顺从，内心的信服，特别是专长权能使下级感到满意，由此而来的影响力也比较持久。

惩罚权、奖赏权、合法权属于职位权力，模范权和专长权属于个人权力。这几种不同的权力对下级产生的影响效果和个人的满意程度是不同的。

第二节　领导者特质理论

一、对伟人论的否定

半个世纪以前，许多人一直把领导者个人品质特征作为描述和预测其领导成效的因素，他们对领导者的探索，着重于探索有效领导者与无效领导者之间、高层领导者与基层领导者之间，存在着个人品质的差异。有的甚至认为，领导者的品质与生俱来，领导者是天生的“伟人（great man）”。不具有领导才能的人，就不能成为有效的领导者。因而，他们的研究着眼于领导品质与领导性格。然而，经过第二次世界大战后十多年的研究，许多研究人员却难以在对领导者们不同的才智、个性、身体等特征所进行的评比中取得一致意见。

以研究领导行为而著名的菲德勒（F.Fiedler）曾在比利时海军中就领导者的品质进行过一次研究试验，结果表明，领导者没有一定比别人高明的品质，与被领导者没有显著的差异。

德鲁克在《有效的管理者》一书中指出：“一般而言，管理者都具有很好的智力、很好的想象力和很好的知识水准。但是一个人的有效性，与他的智力、想象力之间，几乎没有太大的关联。有才能的人往往最为无效。因为他们没有领略到才能本身并不就是成就。他们不知道，一个人的才能，唯有透过有条理、有系统的工作，才能成为有效。”他的结论是：“有效的管理者，他们之间的差别，就像医生、教员和音乐家一样各有不同类型。至于缺少有效的管理者，也同样地各有各的不同类型。因此，有效的管理者与无效的管理者之间，在类型方面、性格方面以及才智方面，是很难区别出来的。”“有效性是一种后天的习惯，是一种实务的综合。而既然是一种习惯，便是可以学会的，而且必须靠学习才能获得。”

这些结论代表了对伟人论的怀疑和否定。现在人们已很少赞同领导者所具有的特性是天生的，是由遗传决定的观点。

二、国外对领导者具有的素质的研究

20世纪70年代以来，国外一些学者在对领导者的素质进行研究时，虽然否定了“伟人论”的观点，但认为有效的领导者必须具备一定的素质，领导者的素质不是天生的，而是在实践中逐步形成和积累起来的，可通过教育进行培养。此外，选择领导者需要有明确的标准，对领导者的使用和培训也需要有具体的方向和内容。比较有代

表性的观点有：

（一）五项习惯论

德鲁克认为，一个有效的领导者，必须具备以下5项主要习惯：

1.要善于处理和利用自己的时间，把认清自己的时间花在什么地方作为起点。必须了解时间是一项限制因素，时间的供给永远没有弹性，时间永远是短缺的。他们记录自己的时间，管理自己的时间，减少非生产性工作所占用的时间，善于集中自己的零星时间。

2.注重贡献，确定自己的努力方向。他们并非为工作而工作，而是为成果而工作。

3.善于发现和用人之所长，包括他们自己的长处、他们上级的长处和下级的长处。

4.能分清工作的主次，集中精力于少数主要的领域，在这少数主要的领域中，如果能有优秀的成绩就可以产生卓越的成果。

5.能做有效的决策，他们知道一项有效的决策必是在“议论纷纷”的基础上做成的判断，而不是在“众口一词”的基础上作出判断。

（二）美国管理协会的调查意见

美国管理协会在20世纪70年代花了5年的时间，对在事业上取得了成功的1 812名主管人员进行了调查和研究，发现成功的主管人员一般具有以下能力：

1.工作效率高；

2.有主动进取精神，总想不断改进工作；

3.逻辑思维能力强，善于分析问题；

4.有概括能力；

5.有很强的判断能力；

6.有自信心；

7.能帮助别人提高工作能力；

8.能以自己的行为影响别人；

9.善于用权；

10.善于调动别人的积极性；

11.善于利用谈心做工作；

12.热情关心别人；

13.能使别人积极而又乐观地工作；

14.能实行集体领导；

15.能自我克制；

16.能自行作出决策；

17.能客观地听取各方面的意见；

18.对自己有正确估价，能以他人之长补自己之短；

19.勤俭；

20.还必须具有技术和管理方面的知识。

（三）十大条件论

这是美国普林斯顿大学教授鲍莫尔（W.J.Banmal）提出的，他认为企业领导人应具有十大条件：

1.合作精神。愿意与他人共事，能赢得别人的合作，对人不用压服，而用说服和感服。

2.决策能力。能根据客观实际情况而不凭主观想象作出决策，具有高瞻远瞩的能力。

3.组织能力。善于发掘下级才智，善于组织人力、物力和财力。

4.精于授权。能大权独揽，小权分散。

5.善于应变。机动灵活，善于进取，不墨守成规。

6.敢于创新。对新事物、新环境和新观念有敏锐的感受能力。

7.勇于负责。对上级、下级和用户及整个社会，都有高度的责任心。

8.敢担风险。敢于承担企业发展不景气的风险，在困难面前有开创新局面的雄心和信心。

9.尊重他人。听取别人的意见，不盛气凌人，能器重下级。

10.品德高尚。品德为社会上和组织内的人所敬仰。

除了上述观点外，还有一些类似的研究，但是领导素质理论的研究并未取得多大的成功，也有人认为它不是一种研究领导的好方法。这是因为，第一，每一个研究者所列领导素质的特性包罗万象，说法不一，且互有矛盾。第二，这些研究大都是描述性的，并没有说明领导者应在多大程度上具备某种品质。第三，并非一切领导者都具备所有这些品质，而许多非领导者则可能具备大部分或全部这样的品质。但是这些理论并非一无用处，一些研究表明，某些个人品质与领导者有效性之间确实存在着联系。例如，一些研究发现领导者确实具有高度的才智，广泛的社会兴趣，取得成功的强烈欲望，以及对待职工的极端关心和尊重。另一些研究发现个人的才智、管理能力、首创性、自信以及个性等与领导的有效性有重要关系。由于这些理论系统地分析了领导者所应具有的能力、品德和为人处世的方式，向领导者提出了要求和希望，这对我们培养、选择和考核领导者是有帮助的。

（四）魅力型领导理论

魅力领导是指那些通过个人的力量对追随者们产生深刻而非凡影响的个体。大部分关于领袖魅力的领导理论研究的都是具有领导魅力的领导者与无领袖魅力的领导者之间的行为差异。表12-1说明了一些研究者确认的具有领袖魅力的领导者的个性特点。

魅力型领导理论认为，一位具有领导魅力的领导者比没有魅力的领导者更能影响下属的行为。魅力型领导对下属造成的实质性影响可以表现在以下三个方面：首先，领导者清晰地描述宏伟前景，这一前景将组织的现状与更美好的未来联系在一起，使下属有一种连续的认识。接着，领导者向下属传达高绩效期望，并对下属达到这一期望表现出足够的信心。这样可以提高下属的自尊和自信水平。其次，领导者通过言语和活动传达新的价值观体系，并以自己的行为为下属设立效仿的榜样。最后，魅力型领导者可以作出自我牺牲和反传统的行为来表明他们的勇气和对未来前景坚定的信念。

表12-1 **魅力型领导者的个性特点**

罗伯特·豪斯（Robert J.House）的观点	• 极强的支配力 • 极高的自信 • 对自己信仰的坚定信念
沃伦·本尼斯（Warren G.Bennis）的观点	• 有令人折服的远见和目标意识 • 能清晰地表述目标，使下属明确理解 • 对目标的追求表现出一致性和全身心的投入 • 了解自己的实力并以此为资本
康格和凯南格（Conger & Kanungo）的观点	• 有一个希望达到的理想目标 • 为此目标能够全身心地投入和奉献 • 反传统 • 非常固执而自信 • 是激进变革的代言人，而不是传统、现状的卫道士

研究表明，具有领袖魅力的领导与下属的高绩效和高满意度之间有着显著的相关性。为具有领袖魅力的领导者工作的员工受到激励而付出更多的努力，并且由于他们喜爱自己的领导，表现出更高的满意度。

大多数学者认为，个体可以经过培训而展现领袖魅力的行为。研究者指出，一个人可以通过以下三个阶段的学习变成魅力型领导者。首先，个体要保持乐观的态度。以激情作为催化剂激发他人的热情，运用整个身体而不仅仅是语言进行沟通。通过这些方面可以营造领导魅力的氛围。其次，个体通过与他人建立联系而激发他人追随自己。最后，个体通过调动追随者的情绪而挖掘他们的潜力。

三、我国对领导者素质的研究

我国从20世纪80年代初开始，也对领导者的素质理论进行了一系列的研究，概括起来看，优秀的领导者的素质应包括四大方面，即政治素质、知识素质、能力素质和身心素质。

（一）政治素质

一名优秀的领导者，必须具备良好的政治品质和工作作风，政治素质的具体要求是：

1.能坚持四项基本原则，坚持改革开放，自觉按照党的路线、方针、政策办事。全心全意为人民服务，以身作则，为人表率。

2.要有理想、有干劲、有事业心、有责任感，要勇于进取、渴望在领导岗位上有所成就。

3.要有正确的思想作风，事事出于公心，不谋私利、能上能下、谦虚谨慎，有自知之明。

4.要有良好的生活作风，不搞特殊化、品行端正、艰苦朴素。

5.要有正确的工作作风，善于集中正确意见，不拉帮结伙，工作要细致，讲究方式方法。

（二）知识素质

领导者的主要工作是管理，要求领导者必须具有广博的知识。不同层次领导者在知识结构方面的要求也是不同的，但就其共性来说，领导者应掌握以下几方面的知识：

1.通晓马克思主义理论。对于马克思主义哲学、政治经济学、科学社会主义、党的学说、中国共产党的历史等基础理论，应当有比较系统的学习和训练，融会贯通，能够用以指导工作，这既是革命化的要求，又是知识化的要求。

2.对于一般社会科学、自然科学各方面的知识，都要有所了解，知识面要比较广。因为领导者需要认识和处理的问题包罗万象，涉及各个领域。工作的综合性和多样性，要求知识的多样化。

3.对于管理科学各方面的知识则要比较精通。这里所说的"管理科学"包括经济管理、行政管理、科技管理、领导科学、人才学、思想政治工作概论等多方面的内容，还要学点电子计算机应用技术等专门知识。

4.对于社会生活方面的实际知识也要比较熟悉，要有丰富的生活经验和工作经验。在整个知识构成中，实际知识、直接经验也是十分重要的内容。

（三）能力素质

能力是知识和智慧的综合体现。领导是一种综合实践活动，对于能力素质的要求比较高。能力来源于学习、实践和经验，具体包括以下几方面：

1.筹划和决断能力。具有战略头脑，善于深谋远虑，运筹全局；有分析与归纳能力、逻辑判断与直觉判断能力。遇到事情点子多，处理问题善于作出决断，善于排除干扰，控制局势。

2.组织指挥能力。善于把人、财、物组织起来，精于运用组织的力量，形成配合默契、步调一致的集体行动。能统筹兼顾国家、集体和个人的利益。

3.人际交往能力。善于同他人交往，能理解人、关心人，善于倾听他人意见。习惯于设身处地的替他人着想，不把自己的意见强加于人。

4.灵活应变能力。在复杂多变的环境中，领导者能审时度势、沉着冷静地处理所遇到的问题。在突发事件面前，既不惊惶失措、无所适从，又不拘泥刻板，能应付自如、灵活机动、临机处置。当然，机动灵活绝非草率从事、随意武断，而是要慎重地作出合乎实际的对策。

5.改革创新能力。领导者的创新能力，在于能面对变化的环境，及时提出新观念、新方案和新办法。要有对新环境、新事物、新问题的敏锐感知能力。要思想活跃、富有胆识，不迷信权威，不为过时的老观念、老框框所束缚，敢想、敢说、敢改，在工作中有所发现、有所创新、有所突破。

（四）身心素质

要有健康的身体，良好的心理状态，始终保持精力充沛，满足繁忙工作的需要。身心素质中心理素质是核心，是形成独特领导风格的决定性因素，也是选择领导者的重要标准。心理素质包括：追求、意志、感情和风度等。

1.追求。它是人的志向，其行为和动机的指向，即理想、信念和价值观。优秀的领导者应该具有崇高的理想、坚定的信念和积极向上的价值观，应该有强烈的事业心和社会责任感。

2.意志。它是指人的克服困难的勇气和坚持不懈的精神。领导者的意志品质包括：意志的自觉性（意志朝向目标）、意志的果断性（当机立断）、意志的坚持性（百折不挠）、意志的自制性（控制感情）和意志的科学性（实事求是）。

3.感情。任何职位都希望其承担者具有积极的情感（热爱工作、热情待人、热烈追求），克服消极的情感（冷漠、孤傲、嫉妒、虚伪等）。情感与性格有关，领导者的性格和情感互相影响、互相感染，在一定程度上决定了领导者的工作气氛、人际关系和群体风气。

4.风度。领导者应该具有宽容大度、高瞻远瞩、临危不惧、光明磊落、机智幽默的风度，从而增加个人的人格魅力。宽容大度指容人性，即“厚德载物”的宽广胸怀，可以吸引天下人才为其服务。善于与有个性的人一同共事，敢于重用曾经反对过自己的人，是宽容大度的具体表现；高瞻远瞩指预见性，站得高，看得远，是领导者高于常人的地方；临危不乱指镇静，面对任何紧迫、危险的形势，能镇定自如，指挥若定；光明磊落指透明，领导者出于公心，办事公道，不任人唯亲，才能获得被领导者的信任和爱戴；机智幽默指机敏和亲切，幽默是人际关系的润滑剂，机智是应变的智慧。领导者具有机智幽默的风度，也是领导者个人魅力的重要方面。

总之，现代领导者的素质，概括起来说，应当是在政治品德好、身心健康的前提下知识-能力型的人才。

第三节　领导行为理论

领导特质理论在解释领导的有效性上出现困难以后，为了寻求最佳的领导行为，许多研究机构和人员把研究的重点转向领导的工作本身，试图从工作行为的特点来说明领导的有效性。有代表性的理论有以下几种：

一、专制、民主和放任自流领导方式

关于领导方式的研究最早是由心理学家勒温（P.Lewin）进行的，他通过试验研究不同领导方式对下属群体行为的影响，他认为存在着三种极端的领导工作方式，即专制方式、民主方式和放任自流方式。

（一）专制方式

所谓具有专制方式的领导者是以力服人，即靠权力和强制命令让人服从。其具体特点是：

1.独断专行，从不考虑别人意见，所有的决策都是由领导者自己决定。

2.从不把任何消息告诉下级，下级没有任何参与决策的机会，而只能察言观色，奉命行事。

3.主要依靠行政命令、纪律约束、训斥和惩罚，而只有偶尔的奖励。有人统计，具有专制方式的领导者和别人谈话时有60%左右采取命令和指示口吻。

4.领导者预先安排一切工作的程序和方法，下级只能服从。

5.领导者很少参加群体的社会活动，与下级保持相当的心理距离。

（二）民主方式

所谓具有民主方式的领导者，是指那些以理服人、以身作则的领导者。他们使每个人作出自觉的有计划的努力，各施其长，各尽所能，分工合作。其特点是：

1.所有的政策是在领导者的鼓励和协作下由群体讨论而决定，而不是由领导者单独决定的。政策是领导者和其下属共同智慧的结晶。

2.分配工作时，尽量照顾到个人的能力、兴趣和爱好。

3.对下属的工作，不安排得那么具体，个人有相当大的工作自由、较多的选择性与灵活性。

4.主要应用个人权力和威信，而不是靠职位权力和命令使人服从。谈话时多使用商量、建议和请求的口气，下命令仅占5%左右。

5.领导者积极参加团体活动，与下级无任何心理上的距离。

（三）放任自流方式

所谓放任自流的领导方式，是指工作事先无布置，事后无检查，权力完全给予个人，一切悉听自便，毫无规章制度。

勒温在试验中发现：在专制型领导的团体中，各成员攻击性言论很多，而在民主型领导团体中则彼此比较友好；在专制型领导的团体中，成员对领导者服从，但表现自我或引人注目的行为多，在民主型领导的团体中，则彼此以工作为中心的接触多；专制型领导团体中的成员多以“我”为中心，而民主型领导团体中“我”字使用频率较低且具有“我们”的感觉；当试验导入“挫折”时，专制型领导团体彼此推卸责任或人身攻击，民主型领导团体则团结一致，试图解决问题；在领导不在场时，专制型领导团体工作动机大为降低，也无人出来组织作业，民主型领导团体则像领导在场一样继续工作；专制型领导团体对团体活动没有满足感，民主型领导团体的成员则对团体活动有较高的满足感。

勒温根据试验认为放任自流的领导方式工作效率最低。只达到社交目标，而完不成工作目标。专制作风的领导虽然通过严格管理达到了工作目标，但群体成员没有责任感，情绪消极，士气低落，争吵较多。民主型领导作风工作效率最高，不但完成工作目标，而且群体成员关系融洽，工作积极主动，有创造性。

二、领导的连续统一体

这种理论是组织行为学家坦南鲍母（R.Tannenbaum）与施密特（W.H.Schmidt）于1958年提出来的，他们指出，领导包含多种多样的作风，从以领导者为中心到以下属为中心的各种作风，民主与独裁仅是两个极端的情况，如图12-1所示。

图的左端是独裁的领导行为，右端是民主的领导行为。之所以形成这两个极端，首先是基于领导者对权力的来源和人性的看法不同，独裁的领导者认为权力来自于职位，人生来懒惰而没有潜力，因而一切决策均由领导者作出；而民主型的领导者则认为，权力来自于群体的授予和承认，人受到激励能自觉、自治、发挥创造力，因此决策可以公开讨论，集体决策。其次独裁型领导者比较重视工作，并运用权力，支配影

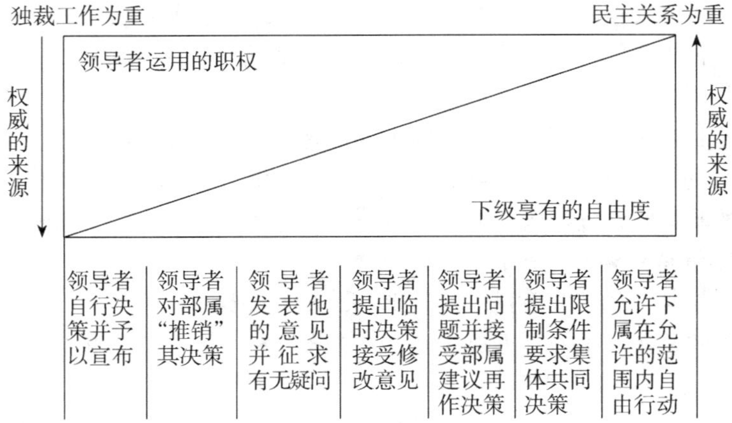

图12-1 领导行为是连续统一体

响下级，下级的自由度较小。而民主型领导者重视群体关系，给予下属以较大的自由度。领导行为连续统一体从左至右，领导者运用职权逐渐减少，下属的自由度逐渐加大，从以工作为重逐渐变为以关系为重。图的下方依据领导者把权力授予下属的程度不同，决策的方式不同，形成了一系列领导方式。因此可供选择的领导方式不仅是民主与独裁两种，而是多种。

坦南鲍母与施密特认为说不上哪种领导方式是正确的，哪种方式是错误的，领导应当根据具体情况，考虑各种因素选择图中某种领导行为。在这个意义上，领导行为连续统一体也是一种情境理论。何种领导作风合适，这取决于领导者、被领导者和情境。影响领导者选择领导作风的因素有：

1.在主管的个性中起作用的一些因素，诸如他的价值观念体系、对下属的信赖、对一些领导作风的爱好以及在不确定情境中持有的安全感等；

2.下属会影响主管人员行为的因素，诸如乐意承担责任的程度、下属的知识和经验、他们对模棱两可的容忍以及其他等等；

3.情境因素，诸如组织的价值准则和传统，下属人员作为整体如何有效地工作、问题的性质和是否能把处理问题的权限稳妥地授予下级，以及时间的压力等。

领导行为连续统一体理论从权力的来源和应用、部属参与决策的程度，来划分出多种领导行为，这对我们研究领导方式是有益的。但是，在图中把独裁和以工作为重，把民主和以关系为重联系在一起并且等同起来；将工作为重与关系为重，将领导的职权与下属的自由度互相对立起来，而且仅从领导的决策过程、群众的参与程度来划分领导方式，这是不全面的。

三、管理系统理论

这种理论是由美国密执安大学的研究人员利克特（R.Likert）等，在对连续统一体理论做了进一步推演后提出来的，他以数百个组织机构为对象，对领导人员的领导类型和作风做了长达30年之久的研究。利克特提出了四种管理方式，作为研究和阐明他的概念的指导原则。

管理方式1被称为"压榨和权威式的"方式。采用这种方式的主管人员非常专制，对下属很少信任；主要用恐吓和惩罚，有时也偶尔用奖赏去激励人们；惯于只采用上情下达的方式，决策权也只局限于上层。此外还有一些其他类似的特点。

管理方式2被称为“开明和权威式的”方式。采用这种方式的主管人员对下属抱有一种屈尊就教式的信任和信心，主要用奖赏，也兼用恐吓和惩罚来激励下属；允许一定程度的上情下达，向下级征求一定的看法和意见，也下放一定的决策权，但对政策性的控制绝不放松。

管理方式3可被称为“协商式的”方式。采用这种方式的主管人员对下属抱有相当大的但并非十足的信心和信赖，他们通常设法积极采用下级的看法和意见；在激励方面基本采用奖励办法，偶尔也实行惩罚和一定的参与；他们的思想沟通方法是上下双向的；一般性的政策和总的决策由上层作，允许下层作出具体问题上的决策，对其他问题则采取协商的态度。

管理方式4是最富于参与性的，因而把它称为“集体性参与的”方式。采用这种方式的主管人员对下属在一切事务上都抱有充分的信心和信赖，他们总是征求下级的看法和意见并设法采用，例如在确定目标和评价所取得的进展方面，让群众参与其事，并给予物质奖励；他们使上下级之间和同级之间信息畅通，鼓励各级组织作出决策，或者以群体一员的身份与其下属一起进行工作。

可以看出，管理方式1与X理论假定很相似，管理方式4与Y理论的假定很相似。利克特发现，那些用管理方式4去从事经营活动的主管人员，大都是最有成就的领导者。此外他还发现以方式4进行管理的部门和公司在制定目标和实现目标方面是最有效率的，一般说来也是更富有成果的。他把上述这些主要归之于职工参与管理的程度及在实践中坚持贯彻的程度。

选择恰当的管理方式是很重要的。根据有关领导的研究成果，有较多的人愿意采用管理方式3和4，人们似乎在3、4管理方式下工作得更好。例如，职工们在一般的监督管理（第3、4种方式）下工作比在严格监督管理（第1、2种方式）下工作具有更高的生产效率。在有帮助的或对工人的错误宽容的主管人员领导下，比在对工人所犯错误采取惩罚的主管人员领导下的人也具有更高的生产效率。同样当允许人们自己安排自己的工作时，他们似乎会把工作做得更好些。

四、两维理论

（一）领导行为四分图理论

1945年美国俄亥俄州立大学工商企业研究所在斯多基尔和沙特尔两教授领导下开展了对领导行为的研究。一开始，研究人员列出了1 000多种刻画领导行为的因素，通过逐步筛选、归并，最后概括为“抓组织”和“关心人”两大类。“抓组织”是以工作为中心，指的是领导者为了实现工作目标，既规定了自己的任务，也规定了下级的任务，包括进行组织设计、制订计划和程序，明确职责和关系，建立信息和途径，确立工作目标等。“关心人”是以人际关系为中心，包括建立互相信任的气氛，尊重下级的意见，注意下级的感情和问题等。

根据这两类因素，他们设计了“领导行为描述问卷”每类列举了15个问题，分发调查问卷。根据调查结果发现，两类领导行为在同一个领导者身上有时一致，有时并不一致，因此他们认为领导行为是这两种行为的具体组合，领导者的行为可以用两维空间的四分图来表示，如图12-2所示。

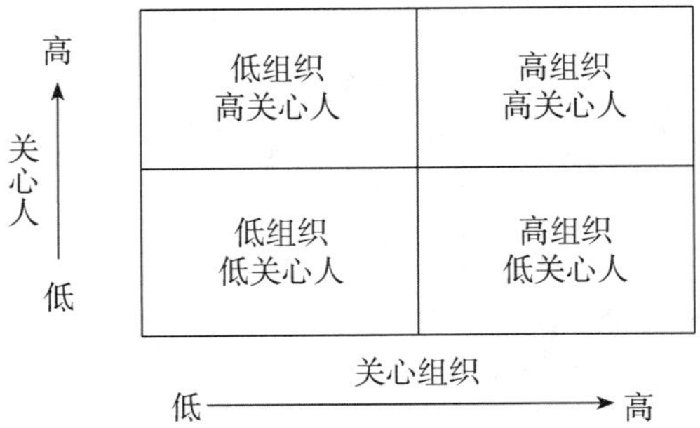

图12-2　俄亥俄州立大学领导行为四分图

图12-2为进行领导行为研究指出了一个途径，从图中可以看出四种结果：

1.高组织低关心人的领导者，最关心的是工作任务；

2.低组织低关心人的领导者，对组织、对人都不关心，一般说来这种领导方式效果较差；

3.低组织高关心人的领导者，大多数较为关心领导者与下级之间的合作，重视互相信任和相互尊重的气氛；

4.高组织高关心人的领导者，对工作、对人都比较关心。一般说这种领导方式其工作效率和领导的有效性必然较高。

到底哪种领导行为效果好，结论是不肯定的。例如有人认为在生产部门中，效率与“组织”之间的关系成正比，而与“关心人”的关系成反比；而在非生产部门中情况恰恰相反。一般说来，“高组织”与“低关心人”带来更多的旷工、事故、怨言和转厂。许多其他的研究也证实了上述的一般结论，但也有人提出了相反的证据。这是因为他们在进行分析时，没有考虑到领导所面临的环境。

（二）管理方格理论

在俄亥俄州管理四分图的基础上，罗伯特·布莱克和简·穆顿于1964年就企业中的领导行为方式提出了管理方格图。这是一张九等分的方格图，横坐标表示领导者对生产的关心程度，纵坐标表示领导者对人的关心程度。整个方格图共有81个小方格，每个小方格表示“关心工作”和“关心人”这两个基本因素相结合的一个领导方式，如图12-3所示。

在评价领导者时，可根据其对生产的关心程度和对职工的关心程度，在图上寻找交叉点，这个交叉点的方格就是他的领导倾向类型。

“关心工作”是指一名监督管理人员对各类事项所抱的态度，诸如对政策决议的质量、程序与过程，研究工作的创造性，职能人员的服务质量，工作效率和产量等等。同样，“关心人”也有广泛的解释，包含了诸如个人对实现目标的承诺程度、工人对自尊的维护、基于信任而非基于服从来授予职责、提供良好的工作条件和保持令人满意的人际关系等内容。

布莱克和莫顿在管理方格中列出了五种典型的领导方式：

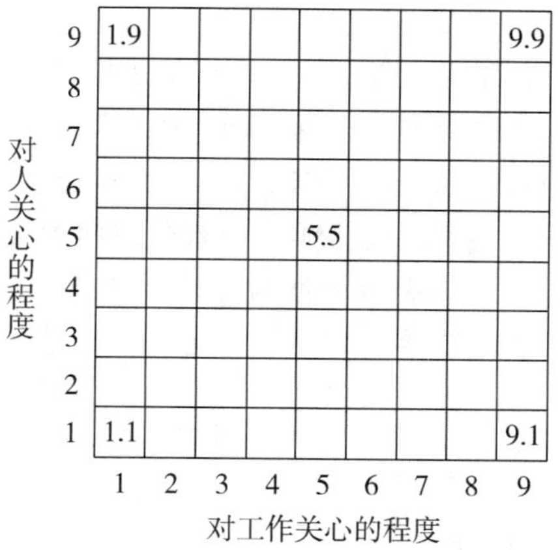

图12-3 管理方格图

1. 1.1方式为贫乏型的管理。对职工和生产几乎都漠不关心，只以最小的努力来完成必须做的工作。这种领导方式将会导致失败，这是很少见的极端情况。

2. 9.1方式为任务第一型的管理。领导作风是非常专制的，领导集中注意于对生产任务和作业效率的要求，注重于计划、指导和控制职工的工作活动，以完成组织的目标，但不关心人的因素，很少注意职工的发展和士气。

3. 1.9方式为俱乐部型的管理。在这类管理中，主管人员很少甚至不关心生产，而只关心人。他们促成一种人人得以放松，感受友谊与快乐的环境，而没有人关心去协同努力以实现组织的目标。

4. 9.9方式为团队式管理。对生产和人都极为关心，努力使职工个人的需要和组织的目标最有效地结合，注意使职工了解组织的目标，关心工作的成果。建立“命运共同体”的关系，因而职工关系协调，士气旺盛，能进行自我控制，生产任务完成得极好。

5. 5.5方式为中间型管理。这种领导对人的关心度和对生产的关心度，虽然都不算高，但是能保持平衡。一方面能比较注意管理者在计划、指挥和控制上的职责。另一方面也比较重视对职工的引导鼓励，设法使他们的士气保持在必需的满意的水平上。但是，这种领导方式缺乏创新精神，只追求正常的效率和可以满意的士气。

布莱克和莫顿认为9.9型的领导方式是最有效的，领导者应该客观地分析组织内外的各种情况，努力创造条件，将自己的领导方式转化为9.9型，以求得最高的效率。

管理方格在识别和区分管理作风方面是一个有用的工具，但它没有告诉我们为什么一名主管会落在方格图上的这一部位或那一部位。为了找出这方面的原因，我们必须考虑一些根本因素，诸如领导者和追随者的个性、主管人员的才干和得到的培训、组织环境以及其他对领导者与被领导者都有影响的情境因素。

（三）PM型领导模式

美国学者卡特赖特（D.Cartwright）和赞特（A.Zander）在他们合著的《团体动力学》一书中提出有三种领导类型：目标达成型，即以执行任务为主的领导方式，简称P型；团体维持型，即以维持团体关系为主的领导方式，简称M型；两者兼型，简称

PM型。

日本大阪大学的心理学教授三隅二不二根据同一原理，将领导方式划分为四种类型。他按领导者的两种主要职能进行分类，即：P因素，指领导者为完成生产目标而做的努力和工作绩效（performance）；M因素，指领导者为维持团体而做的努力(maninenance)。根据这两个因素，他将领导方式分成四种类型：

三隅二不二还设计了一套调查量表作为评价领导类型的测量工具（见图12-4）。以这套量表对许多工业企业的领导行为进行测定，结果他发现，领导类型与生产量、职工的反应存在如下的关系（见表12-2）。

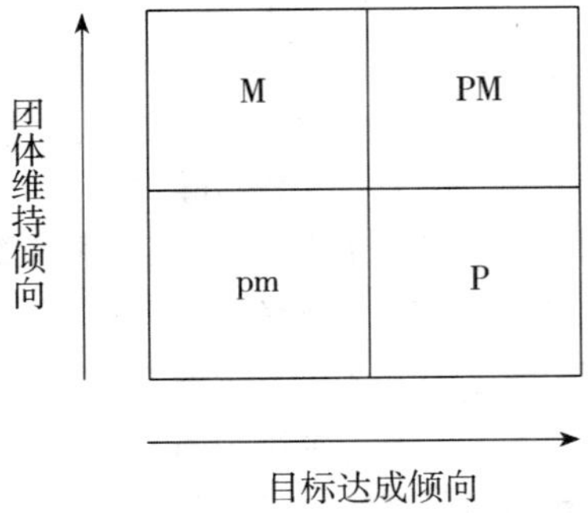

图12-4 三隅二不二的PM领导类型图

表12-2 **领导类型与生产量、职工的反应关系**

领导类型	生产量	对公司、工会的依赖度	团结力
PM型	最高	最高	最高
P型	中间	第二位	第三位
M型	中间	第三位	第二位
pm型	最低	最低	最低

目前，日本、美国、英国、中国香港等都有人利用PM量表进行领导行为的研究，成为一种跨文化比较管理研究的方法。中国科学院心理研究所于1980年自日本引进三隅二不二教授的这套分析方法，并结合我国国情做了修订，做了大量调查研究，取得了显著的成效。

五、科特的总经理研究

约翰·科特（John P.Kotter）曾用5年的时间对15位总经理进行观察研究，获得了大量当代企业领导者行为特征的实证资料。

（一）谁能充任有成的总经理

关于成功的总经理应具有的个人特征，科特的研究结果与流行观点之间有着不小的区别，如表12-3所示。

（二）这些任职者到底做些什么工作

这些总经理怎样开展工作，科特的研究结果也与流行观点相差甚远，如表12-4所示。

表 12-3　**成功总经理的特征**

主要问题	流行观点	科特研究结果
应该具有哪些重要的个人特征	智力、分析能力和经营管理相关的手段、概念、理论知识等十分重要	至关重要的个人因素特征很多，其中包括志向、抱负、成就感、权力欲、情绪稳定性和乐观态度、关于所在企业和行业经营中的详尽知识，以及在该企业中与其他人合作关系的程度
这些特征具有多大程度的应用性和专业性	它们均具有广泛的实用性	它们在某种程度上呈现专业化趋势
这些特征形成的方式如何	通过接受正规教育，在成人后得到发展和成熟	在任职者一生中形成——儿童时期、所受教育程度和任职初期

表 12-4　**总经理的工作内容**

问　题	流行观点	科特研究结果
任职者怎样进行工作	他们制订常规的工作计划，进行适当的人事安排来完成拟订的计划，运用正式的控制权力和奖惩制度实施拟订的计划	初期，依靠自身的个人素质创建责任领域的工作日程安排，并创建与自己工作日程安排所依靠的人员合作的工作关系网络。他们运用各种模糊方法，通过持续的、递增的、常常显得随便的过程来完成这些任务。接任6~12个月后，开始花更多时间，注重运用各种直接或间接的方法，影响其他人，通过已有的工作关系网络来实现自己拟定的工作日程安排
他们日常工作方式如何	他们平静地坐在办公室里，读着各种报告，进行资料分析，作出各种决策，向下级下达各种指令	他们将大量时间用在与人（同事、上司、各种外部人士以及下级）交往上，讨论范围广泛的话题，通常是简短、互不相关并且没有事先约定的话题，谈论中总经理会提出许多问题，却很少做任何指示或命令

（三）什么原因，有的总经理比另一些人更成功

成功总经理的原因如表 12-5 所示。

表 12-5　**成功总经理的原因**

问　题	流行观点	科特研究结果
优秀工作行为的关键是什么	良好的教育和训练，对经营管理理论方面最新知识的了解和掌握，个人智力水平和分析能力	具有众多适应这个工作职位所要求的极为复杂的个人因素

（四）总经理们运用时间的 12 种典型行为模式

1. 他们大部分时间用于与人交往。总经理们个人单独工作的时间仅占整个工作时间的 24%。这部分时间通常是在家中、飞机上或外出乘车中。

2. 他们交往的人不仅有公司老板、直接的下级部门经理人员，也包括许多其

他人。

3.谈话话题范围宽泛。他们从不将话题简单地局限于计划安排、经营策略、人事安排以及其他一些属于公司领导考虑的问题。

4.交谈中，总经理们都提出了许许多多的问题。

5.交谈中，总经理们很少作出任何“重大”决定。

6.这些交谈还包含了相当数量的玩笑、打趣和其他与工作无关的事情。

7.邂逅谈话这一类型事例数量较大。

8.在这些交谈中，总经理们从不作出任何传统意义上的“命令”或“指示”。

9.总经理们总是希望通过交谈影响谈话对象。他们提问题，说要求，运用小恩小惠笼络人心，以要害说服对方，甚至以威胁对方的手段来影响交谈对象。

10.总经理们在安排与别人交谈的时间上，他们经常显得被动，以“反应型”的方式进行。

11.总经理们与别人交谈的时间总是花费在一些简短且不连贯的谈话中。

12.总经理们工作时间均较长，每周近60个小时。

六、变革型领导理论

变革型领导理论是一种领导者向员工灌输思想和道德价值观，并激励员工的理论。变革型领导更多基于领导者对他们的追随者的价值、信念和需要的提升。在这个过程中，领导除了引导下属完成各项工作外，常以领导者的个人魅力，通过对下属的激励和关怀来改变员工的工作态度、信念和价值观，使他们为了组织的利益而超越自身利益，从而更加投入于工作中。该领导方式可以使下属产生更强的归属感，满足下属高层次的需求，实现较高的生产率和较低的离职率。变革型领导的前提是领导者必须明确组织的发展前景和目标，下属必须接受领导的可信性。其主要特征为：

1.超越了交换的诱因。变革型领导通过对员工的开发、智力激励来鼓励员工为群体的目标、任务和发展前景而超越自我的利益，实现预期的绩效目标。

2.集中关注较为长期的目标。变革型领导强调以发展的眼光，鼓励员工发挥创新能力，并改变和调整整个组织系统，为实现预期目标创造良好的氛围。

3.引导员工不仅为了他人的发展，也为了自身的发展承担更多的责任。

4.变革型领导能在组织中制造兴奋点，产生强大的影响力和冲击力。变革型领导者帮助个人发现工作与生活的价值与兴奋点。但如果其目标和价值体系与文明社会基本准则相反，则会对社会构成极大威胁。

第四节　领导权变理论

领导权变理论是近年来国外行为科学家重点研究的领导理论，这种研究比素质理论、领导行为理论要晚，从内容上说，它是在前面两种研究的基础上发展起来的。这个理论所关注的是领导者与被领导者的行为和环境的相互影响，该理论认为，某一具体领导方式并不是到处都适用，领导的行为若想有效，就必须随着被领导者的特点和环境的变化而变化，而不能是一成不变的。这是因为任何领导者总是在一定的环境条件下，通过与被领导者的相互作用，去完成某个特定目标。因此，领导者的有效行为就要随着自身条件、被领导者的情况和环境的变化而变化。比较有代表性的理论有：

一、菲德勒（F.E.Fiedler）模式

菲德勒从1951年起，经过15年的调查研究，提出了一种随机制宜的领导理论。这个理论认为，人们之所以成为领导者不仅在于他们的个性，而且也在于各种不同的情境因素和领导者同群体成员之间的交互作用。菲德勒提出对一个领导者的工作最起影响作用的三个基本方面是职位权力、任务结构、领导者与被领导者之间的关系。

（一）职位权力

职位权力指的是与领导者职位相关联的正式职权，以及领导者从上级和整个组织各方面所取得的支持程度。这一职位权力是由领导者对下属的实有权力所决定的。正如菲德勒指出的，有了明确和相当大职位权力的领导者，才能比没有此种权力的领导者更易博得他人真诚的追随。

（二）任务结构

任务结构是指任务的明确程度和人们对这些任务的负责程度。当任务明确，每个人都能对任务负责，则领导者对工作质量更易于控制；群体成员也有可能比在任务不明确的情况下，能更明确地担负起他们的工作职责。

（三）领导者与被领导者之间的关系

菲德勒认为，上下级关系对领导者来说是最重要的，因为职位权力与任务结构大多置于组织的控制之下，而上下级关系可影响下级对领导者信任和爱戴的程度，以及是否愿意追随其共同工作。

菲德勒指出："领导者的个性，更具体地说，领导者的动机构成，是靠反映个人在领导情境方面的量度来确定的。有一种类型的人，我们称他们是'以关系为动因'的，他们从和群体成员之间良好的人际关系及靠这种关系完成任务中，得到自我尊重。""另外一种主要的个性类型是'以任务为动因'的领导者，他们从证明自己才干的较明确的证据中得到满足和尊重。"菲德勒利用一种被称为"最不喜欢的同事（L.P.C）"的问卷调查来测定这两种动因系统，即请领导者个人回想一下所有曾同其一起工作的人，然后请他们对和其一起工作最难相处的人进行描述，以此为根据确定评分。菲德勒进行研究的结果也为其他人的研究结果所证实，他发现，以任务为动机的人用一种非常消极的、否定的字眼描述他最不喜欢的同事。实际上，他是说任务重要到如此程度，以至于不可能把个人与工作关系区分开来。这即是说，工作做得不好的人必然有一种讨厌的个性，如不友好、不合作、令人不愉快等。以关系为动机的人较少取决于对完成工作得到的尊重，因此能够把一个工作不好的同事看作是令人愉快的、友好的或有帮助的。因为这种领导人在工作方面的情感纠缠不太强烈，所以用一种较积极的方式看待在工作中难以相处的人。

菲德勒将影响领导工作的三方面因素任意组合成八种情况，对1 200个团体进行了观察，收集了将领导风格同对领导有利或不利条件的八种情况关联起来的数据，得出在各种不同的情况下，使领导有效而应当采取的领导方式，其结果如图12-5所示。

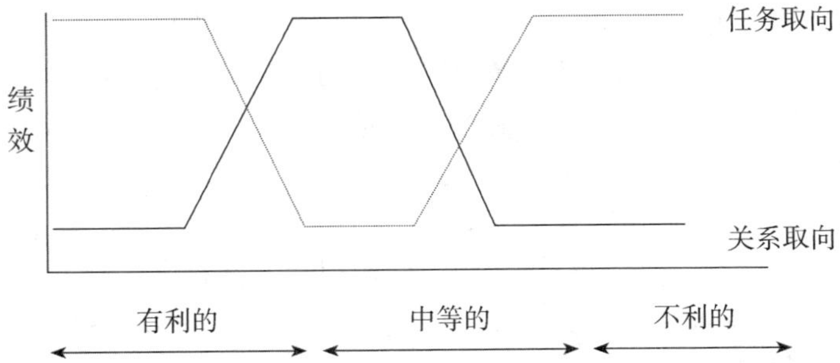

上下级关系	好	好	好	好	差	差	差	差
任务结构	明确	明确	不明确	不明确	明确	明确	不明确	不明确
职位权力	强	弱	强	弱	强	弱	强	弱

图 12-5　菲德勒模型的发现

图12-5是菲德勒研究随机制宜领导模型的概括，在研究中他发现关心任务的领导者在“不利的”或“有利的”情况下，将是最有成效的领导者。就是说，当领导在职位权力不足，任务结构不明确，领导与其成员的关系恶劣，领导者的处境不利，则关心任务的领导者将是最有成效的。同样在另一极端情况下职位权力很高，任务结构明确，领导与其成员关系良好，领导者的处境有利，菲德勒发现关心任务的领导者也是最有成效的。但当情况仅是有些不利或是有利（图12-5的中部）时，发现注重人际关系的领导者是最有成效的。

许多学者对菲德勒的模型从经验上、方法论和理论上提出了批评，认为他们取样太小，造成统计误差。还有人认为菲德勒只是概括出结论，而没有提出一个理论。尽管如此，这个模型还是有意义的。

1.这个模型特别强调效果，强调为了领导有效需要采取什么样的领导行为，而不是从领导者的素质出发强调应当具有什么样的领导行为，这为研究领导行为指出了新的方向。

2.这个模型将领导和情境的影响、将领导者和被领导者之间关系的影响联系起来，表明并不存在着一种绝对的最好的领导形态，组织的领导者必须具有适应能力，自行适应变化的情况。

3.这个模型还告诉人们必须按照不同的情况来选择领导人。如果是最坏或最好的情况，则选用任务导向的领导者；反之则选用关系导向的领导者。

4.菲德勒还提出有必要对环境进行改造以符合领导者的风格。他提出了一些改善领导关系、任务结构和职位权力的建议。如领导者与下属之间的关系可以通过改组下属的组成加以改善，使下属的经历、文化水平和技术专长更加合适；对任务结构可通过详细布置工作内容而使其更加定型化，也可以对工作只作一般指示而使其非程序化；对领导职位权力可以通过变更职位、充分授权，或明确宣布职权而增加其权威性。

二、“途径-目标”理论

加拿大多伦多大学教授罗伯特·豪斯（Robert House）把期望理论和领导行为的

四分图理论结合在一起，提出了“途径-目标”理论。这种理论认为：领导者的效率是以能激励下级达成组织目标，并在其工作中使下级得到满足的能力来衡量的。领导者的责任和作用就在于改善下级的心理状态，激励他们去完成工作任务或对工作感到满意，帮助下级达到目标。为此，就要向下级讲清工作任务；承认并刺激下级对奖励的要求；奖励达到目的的成就；支持下级为实现目标所作的努力；为其完成任务扫清障碍；增加下级获得个人满意感的机会等。领导者的这种作用越大，对下级的激励程度越高，就越能帮助下级达到目标。

“途径-目标”理论认为，有四种领导方式可供同一领导者在不同环境下选择使用。这四种领导方式是：

1.支持型领导方式。这种领导方式对下级友善、关心，从各方面给予支持。

2.参与型领导方式。领导者在做决策时征求并采纳下级的建议。

3.指导型领导方式。给予下级以相当具体的指导，并使这种指导合乎下级所要求的那样明确。

4.以成就为目标的领导方式。领导者给下级提出挑战性的目标，并相信他们能达到目标。

这种理论认为下级的特点和任务的性质这两个变量决定着领导的方式。下级接受领导方式的程度，取决于这种领导方式能否满足下级的需要。如果下级觉得有能力完成任务，很需要荣誉和交往，他们不喜欢指令性领导方式，就应选择支持性领导方式。如果工作任务是常规性的，目标和达到目标的途径都是一目了然的，在这种环境下，领导人还是去发号施令就会引起下级的不满。但是如果工作任务变化性很大，下级经常干些自己不熟悉和没把握的事，这时领导者如能及时告诉他们目标和达到目标的途径，而采用指令性的领导方式，下级会高兴的，因而也是适宜的。

这个理论的核心是：领导者影响着介乎行为与目标之间的途径。领导者是通过规定职位与任务角色，清除实现业绩的障碍，在设置目标方面谋取群体成员的支援，促进群体的内聚力和协作力，增加满足实现个人业绩的机会，减轻压力和外界的控制，使期望目标明确化，以及采取另外一些满足人们期望的措施。

三、领导规范模式

领导规范模式（或领导者-参与者模式），是一种最新的权变模式。这是弗鲁姆（Vroom）和耶顿（Yetton）两人在1973年所写的《领导和决策》中提出的，这种理论认为，主管人员可以通过改变下属参与决策过程的不同程度，来表明领导者的行为采取什么样的方式才是正确的。根本没有对所有情况均适用的、唯一正确的领导作风，应该开发一系列的领导者行为，从专制独裁的到参与管理的不同领导方式。这种模式与菲德勒模式不同之处在于后者将领导人的行为特点看成固定不变，要通过调整领导者所处的环境以适应其特点，而这一模式则认为领导行为应该根据环境的需要而变化。

1.这种模式与坦南鲍姆-施密特的连续统一体理论相似，它一共列出五种不同的领导方式。这五种领导方式是：

（1）领导者运用手头的资料，自己作出决策单独解决问题，即专制独裁式的方式。

（2）领导者向下属取得必要资料，然后自己作出决定。向下属索要资料时，可能向下属说明问题，也可能不说明。下属只是提供必要的资料，并不提供或者评价解决问题的方案。

（3）以个别接触方式，让下属知道问题，获得他们的建议或意见，然后由领导者作出决策。决策可以反映下属的意见，也可以不反映。

（4）让下属集体了解问题，集体提意见、建议，然后由领导者作出决策。决策可以反映下属的意见，也可以不反映。

（5）让下属集体了解问题，并且领导者与大家一起提出和评价可供选择的方案，努力就解决问题的方法达成一致意见。领导者不试图去影响小组接受他的解决办法，并愿意接受和试验下属支持的解决办法。

2.弗鲁姆和耶顿提出了选择领导方式的七个原则，其中前三个原则是决策质量原则，后四个是决策可接受原则，依据这些原则领导者就能发现最迅速和最能接受的选择领导方式的方法。这些原则是：

（1）信息的原则。如果决策的质量是重要的，而你又没有足够的信息或单独解决问题的专业知识，那么，就要排除第1种专制决策的领导方式的可能性。否则你作出的决策会质量不高。

（2）目标合适的原则。如果决策质量是重要的，而下属又不具备为组织作出合适决策的能力，那么就排除采用第5种领导方式的可能。

（3）非结构性的原则。如果决策的质量是重要的，但你却缺乏充分的信息和专业知识，并且问题又是非结构性的，那么就排除用第1、2、3种专制的领导方式。

（4）接受性原则。如果下属对决策的接受性是有效贯彻决策的关键，那么就排除第1、2种专制的领导方式。

（5）冲突的原则。如果决策的接受性是很重要的，那么下属将不会接受第1、2种专制的领导方式。下属也不赞成过于正确的决定，通过采用第3、4种参与决策的领导方式能更好地消除冲突。

（6）合理的原则。如果决策的质量并不重要，而决策的接受性却很重要，那么最好采用第5种参与决策的领导方式。

（7）接受最优的原则。如果接受性是主要的，而且不一定是由于专制决策所引起的，并且，如果要激励下属实现组织的目标，为了最好地解决问题，采用高参与的领导方式为好。

弗鲁姆和耶顿还为主管人员应用他们的原则制定了简易的决策流程图，主管人员可以根据情况最后找到合适的领导方式。这个模式对培训未来的管理人员如何选择使他们能够及时地作出决策、能够作出高质量的决策、所应采取的领导方式方面，是个重大的突破。如果主管人员能正确地判断情况，选择最好的领导方式就变得较为容易了。

四、领导的生命周期理论

卡曼于1966年首先提出领导的生命周期理论。它以四分图理论为依据，首先将被领导者的成熟度这一因素加入。他的主要观点是，领导类型应当适应组织成员的成熟度。在被领导者趋于成熟时，领导者的行为方式要作相应的调整，这样才能取得有效的领导。

这一理论认为，双高的领导者不一定经常有效，双低的领导者也不一定经常无效，这都要由组织成员的成熟度而定。随着组织成员由不成熟趋于成熟，领导行为应按以下四个步骤推移：

高工作、低关系⟶高工作、高关系⟶低工作、高关系⟶低工作、低关系

与其相适应的四种领导方式依次是：

命令型⟶说服型⟶参与型⟶授权型

1.命令型——高工作、低关系。适用于低成熟度的情况。组织成员对工作和目标缺乏技能和信心时，领导者可采取单向沟通的形式，明确地布置任务、制定工作规程，告诉他们在何时何地做什么和怎样做。这可能是有效的领导方式。例如，企业中的新职工，可视为低成熟度的，领导者应给予具体、明确的指导。同时他们也需要这种命令式的指导，因此，这种领导方式可能是最有效的。

2.说服型——高工作、高关系。适用于较不成熟的情况。组织成员对工作和目标有较高的愿望和信心，但是他们还没有足够的能力胜任时，领导者可采取双向沟通的形式，既要给予直接指导，又要鼓舞他们的热情和信心。这种方式之所以称为“说服型”，是因为领导者通过双向沟通的形式，获得组织成员心理上的支持和满足。这时领导者向他们提供这种帮助和指导，他们就会按照他指出的方向和目标去努力工作，从而达到超出一般能力的发挥。

3.参与型——低工作、高关系。适用于比较成熟的情况。组织成员能够胜任工作，不喜欢领导者过多的指导和约束时，领导者通过双向沟通的形式和他们平等地交流、协商，尊重、信任他们的工作和能力。由于领导者采取这种态度同组织成员共同决策，所以这种领导方式被称为“参与型”。在这种情况下，领导者就没有必要再去做具体的指导工作了。

4.授权型——低工作、低关系。适用于高成熟度的情况。当组织成员有足够的能力和信心承担起工作的责任和目标的实现时，领导者可以授权组织成员让他们“自行其是”，自己只起“宏观调控”的作用。比如与受过高度训练，同时具有高度成就感的高科技人员、专家、教授等共事时，领导者可以扮演不重要的角色。

该理论还指出，由于科技不断发展，生活和教育水平的提高，人类普遍趋向成熟。随着成熟度的改变，人们生理和安全上的需要将易于满足，从而更需要有发挥其才能和潜力的机会，找到自己的“位置”，并为社会认可。

五、阿吉里斯的不成熟-成熟理论

阿吉里斯的不成熟-成熟理论，主要集中在个人需求与组织需求问题上的研究。他主张有效的领导人应当帮助人们从不成熟或依赖状态转变到成熟状态。他认为，一个人由不成熟转变为成熟的过程，会发生下列七个方面的变化，见表12-6。

表 12-6 **由不成熟到成熟**

不成熟————→成熟	
被动	主动
依赖	独立
少数的行动	能做多种行为
错误而浅薄的兴趣	较深和较强的兴趣
时间和知觉性短（只包括目前）	时间和知觉性较长（包括过去和未来）
附属地位	同等或优越的地位
不明白	明白自我，控制自我

他认为，上述变化是持续的，一般正常人都会从不成熟到趋于成熟。每个人随着年龄的增长，有日益成熟的倾向，但能达到完全成熟的人只是极少数。

同时，他还发现，领导方式不好会影响人的成熟。在传统领导方式中，把成年人当成小孩对待，束缚了他们对环境的控制能力。工人被指定从事具体的、过分简单的和重复的劳动，完全是被动的，依赖性很大，主动性不能发挥。这样就阻碍了人们的成熟。

要促进人们行为的成熟，领导方式应针对下级不同的成熟程度分别指导，传统的领导方式，适用于领导那些行为迟钝的人或心智不成熟的人，对成熟的人是不适用的，还要创造条件帮助和指导下级行为趋于成熟。为此，要扩大个人的责任，给下级在工作中成长成熟的机会，有助于社交、自尊、自我实现等需要的满足，从而激励人们发挥潜力来实现组织目标。

六、交换型领导行为理论

交换型领导行为理论的基本假设是：领导与下属间的关系是以两者一系列的交换和隐含的契约为基础的。当下属完成特定的任务后，领导者便给予承诺的奖赏，整个过程就像一笔交易。交换型领导行为理论的主要特征为：

1. 领导者通过明确角色和任务要求，指导和激励下属向着既定的目标活动，领导者向员工阐述绩效的标准，意味着领导者希望从员工那里得到什么，如满足了领导的要求，员工也将得到相应的回报。

2. 以组织管理的权威性和合法性为基础，完全依赖组织的奖惩来影响员工的绩效。

3. 强调工作标准、任务的分派以及任务导向目标，倾向于任务的完成和员工的遵从。

交换型领导行为分为权变奖励领导行为和例外管理领导行为两种，并随着领导者活动水平以及员工与领导相互作用性质的不同而不同。所谓权变奖励领导行为，是指领导和下属间的一种主动、积极的交换，领导认可员工完成了预期的任务，员工也得到了奖励。例外管理领导行为则指领导借助于关注员工的失误、延期决策、差错发生前避免介入等，与下属进行交换，并按领导者介入时间的不同分为主动的和被动的两种类型。主动型的例外管理领导者，一般在问题发生前，持续监督员工的工作，以防止问题的发生。一旦发生问题，立即采取必要的纠正措施，当然也积极搜寻有可能发生的问题或与预期目标偏离的问题。领导者在员工开始工作时，就向员工说明具体的标准，并以此标准监督差误。被动型的例外管理领导者，则往往在问题已经发生或没有达到规定的标准时，以批评和责备的方式介入。一般情形下，领导者一直等到任务完成时才对问题进行确认，并以此提醒员工，也往往在错误发生后才说明自己的标准。当员工所处的工作以及环境已不能为员工提供激励、指导和带来满意感时，这种领导行为才具有效率。

七、量子型领导理论

沃伦·布兰克（Warren Blank）在其《领导能力的9项自然法则》中提出“量子型”领导学说。该学说认为：传统的领导科学对领导能力及领导行为的解释是浅显的、块状的、割裂式的，仅仅是领导者个人品质的简单拼凑，不但没有深入认识到领导能力及行为的本质，更没有认识到领导能力及行为的作用机制，因而类似于传统的牛顿物理学对世界的解释。

量子型领导学说认为领导行为是领导者与追随者之间有机的、系统的、互动的相互作用，伴随领导事件具有不连续性。领导能力是指能够找出解决问题的方向和途径，并依靠与追随者的关系基础，对追随者采取启示性行动，使之与领导者产生共同意图的一种能力，因而，领导能力是一种激发人的能量并将其转化为行动的能力。此外，一个人还可以通过对“意识”的不断修炼来提高其领导能力。因此，量子型领导学说不迷恋于领导者的个人品质，而是采用量子物理学的认识方法对领导能力及领导行为的本质进行透视和阐述。布兰克对传统领导与量子型领导进行了比较，见表12-7。

表12-7　**传统领导与量子型领导的比较**

传统领导能力的观点	量子型领导能力的观点
• 领导能力是其组成部分	• 领导能力是一个活动范围
• 领导能力是一个人持续的属性	• 领导能力是一个断续的事件
• 领导能力的影响力基于权力	• 领导能力的影响是一种相互作用
• 领导能力遵循因果逻辑	• 领导能力是没有结构和不可预测的
• 领导能力是一种客观现象	• 领导能力是一种主观的现象

沃伦·布兰克的《领导能力的9项自然法则》向人们揭示了这个道理：远见卓识的领导者遵循自然法则的引导，因为这样做，虽然不能使一个信息时代的量子型领导者成为最好的领导者，却必然会使他（或她）成为更好的领导者。

沃伦·布兰克提出的领导能力的9项自然法则是：

1.一个领导者要有心甘情愿的追随者。传统观点是根据人的品质、爱好或行为来解释领导者的，但是，如果没有取得别人的支持，领导者也不复存在。为此，我们要改变对追随者的观点，因为他们起到了众志成城和扶持绿叶的作用。要获得领导能力，应该把注意力放在取得追随者们的支持上面。

2.领导能力是领导者们与追随者们之间的相互关系。领导能力不同于领导者，领导能力是领导者与追随者的相互作用。错误看法则将领导能力看作来自一个人。为此，要获得领导能力，应与其他人建立起密切的工作关系，让别人了解你、信任你。

3.领导能力随着事件的发生而发生。领导能力随着领导者与追随者的活动范围的出现而存在，这种联合是暂时的和随事件而变化的。领导者与追随者之间的活动有它们的开始、发展和结束的过程。为此，要获得领导能力，应集中精力于领导事件，不管事件长短、规模大小，努力去取得追随者。

4.领导者们不是依仗职权施加影响。领导者的影响从追随者与领导者之间的相互作用中产生。领导者不是仰仗职权发展影响，而是通过承担组织机构中的中心使命任务、取得关键信息网络的通道、成为别人的指导者、支持他人的工作等方法取得。

5.领导者们在组织体制所规定的程序之外工作。当组织的现有结构（包括规则、条例、程序与政策等）对组织成员的活动不能提供指导的时候，领导能力的活动场所就存在了：当人们不知道如何解决问题时，领导者提供方针；当人们不能认识或不知道如何利用机遇时，领导者策划行动的步骤。领导能力具有不可预测性。把精力集中于那些还未被人问津的地方，在工作责任之外和规则、条例、程序之外寻找机会与解决问题的办法，注意那些不能完全明确规定和难以作出要求的项目与任务，将提升人的领导能力。

6.领导能力伴随着风险与不确定性。可预测性能产生稳定性与安全感。但在变革的时代，领导者应该认识自己不可能保证取得特定的结果，而风险是担任领导这个复杂任务的一部分。

7.不是每一个人都有追随领导者的主动性。赢得追随者是领导者的前提，但取得追随者是不可预测的，也不存在所谓的“正确的领导风格”，若模仿“正确的领导风格”，可能收效甚微。不是每个人都会始终追随，要将注意力集中在会支持你的人身上，要与关键的追随者保持一致。

8.意识-信息的处理能力产生领导能力。领导能力从一个能解决问题与利用机会的想法开始。意识-信息处理能力，或者叫作综合能力、概念能力，是领导能力的根本源泉。这是一种由此及彼、由表及里、去粗取精、去伪存真、透过现象看本质的能力，它能把不相关的信息变成一种新的、有用的统一体，并提供解决问题的方法。

9.领导行为是一个自我安排的过程。领导能力是主观安排的。领导者们和追随者们从他们各个主观参照的内在框架中处理信息。

第五节　提高领导的有效性

一、领导工作的要求

1.为组织成员指明目标，并使个人目标与组织目标取得协调一致。指明目标的目的在于使组织中的每一个成员对本组织的目标有一个明确的了解，努力为实现组织目标而作出贡献，使每一个人都能发挥出忘我的献身精神，信心十足地、满腔热情地、团结一致地去工作。

2.加强直接管理。实践证明，主管人员同下级的直接接触越多，掌握的各种情况越准确，则领导工作就越有效。尽管一个主管人员可以运用多种方法来纠正和评价下级的活动以保证计划的完成，但这不能代替面对面的接触。这是因为人们喜欢和愿意亲身体验上级对他们本人及其工作的关心。主管人员只有经过亲身体验才能充分掌握所需的全部情况，通过面对面的接触，同下级广泛地交换意见、听取下级的建议，找出存在的问题，以便采用更适宜的方法，更好地对下级进行指导。

3.保证组织内外沟通联络渠道的畅通。管理过程中会产生的大量信息情报，包括组织内外的信息情报，掌握这些信息和情报是组织有效运行的前提，主管人员必须自己或组织他人进行分析整理，从而了解组织内外的动态和变化。沟通联络，就是为了适应变化和保持组织的稳定，这是领导工作所采用的重要手段。信息沟通可以使组织活动统一起来，主管人员与其下属之间进行有效的、准确的、及时的沟通联络，就会使整个组织成为一个真正的整体。

4.运用适宜的激励措施的方法。领导工作就是引导个体和群体的行为，去实现组织的目标。为把人们的行为引向所要求的方向和目标上来，就需要主管人员努力了解怎样才能使人们更好地工作。主管人员应当明确懂得，他们只有帮助组织中的成员满足诸如金钱、地位、权力、成就等需要，从而使组织中的每一个成员都能得到更大的满足，才能使领导工作更有效，才能更好地实现组织的目标。这就要求主管人员了解并掌握有关的激励理论和方法，并在实际工作中因地制宜地运用。

二、提高领导者的自身素质

领导者的素质水平是影响领导活动效果的最重要因素之一。面对市场的激烈竞争和领导队伍的现实状况，尽快地提高领导者的素质水平，是整个领导活动中的关键一环。它既是当务之急，又是百年大计。

提高领导者的素质，除了前面讲到的领导者的素质外，还应强调的有以下几方面的内容：

（一）提高领导者的情商

1995年美国哈佛大学心理学教授丹尼尔·戈尔曼发表了《情感智力》一书，书中首次用了与“智商”（intelligence quotient，IQ）相对形式命名的术语“情商”（emotional intelligence quotient，EQ），对“情商”这个崭新的概念做了详尽的描述。丹尼尔教授认为人有两个大脑、两个中枢、两种不同的智慧形式：理性的和感性的。人生能否成功，取决于这两者，不仅仅是智商，还有情商与之并驾齐驱。

人类的一切活动都是一种智力活动，而智力活动实质上是一种心理过程。如果把人的整个智力活动的全部心理活动过程看成一个系统，那么这个系统是由两个子系统协同作用构成的。其中，一个是智商系统，它起着智力执行、操作的作用，承担着对智力活动内容的感知、理解、巩固、应用等任务；另一个是情商系统，起着引发、导向、激励、强化、驾驭智力活动的作用。两者相互制约、相互促进。事实上，一个人光聪明而不会做人，未必能胜券在握；而会做人，懂得处理好人际关系，却能弥补智力稍差的缺陷。只有与情感智力相结合，智能才会充分地发挥，高情商是优秀人格和高尚情操的完美结合。

智商与情商虽然两者各异，但并不冲突，每个人都是两者的综合体。两者相互制约，共同影响人的一生。心理学提出了以下公式：

成功=20%智商+80%情商

即人的一生，20%由IQ决定，80%由EQ主宰。

高情商的人能够意识到自己的情感，对自己的情绪和感情能够有效地实施自我调控；有持久的动机和注意力，即使遇到困难也不动摇；能够平息自己的不良情绪，时刻保持一种平衡的心态。他们能够读懂他人的情感，产生同理心，即换位思考，站在他人的立场考虑问题。高情商的人能够通过理解、冲突解决、协商来发展一种积极有利的人际关系。组织中的领导者往往面临巨大的工作负荷，身处复杂多变的人际关系网中，高情商的特质不但能帮助领导者应对工作压力，也能帮助他们建立良好的人际关系环境，从而有助于领导者效能的提高。

一些学者甚至认为情商在领导过程中是居于中心地位的特质。因为领导过程就是一个领导者对被领导者施加影响的过程，而情感的影响是整个影响过程中最重要、最困难的部分。能否在情感沟通中建立下属对自己的尊重和信任，能否及时了解并满足下属的需要，能否借助于情感反应充分激励下属的热情．这些都对领导效能的发挥有着重要的影响。

与智商基本取决于先天因素不同，情商可以通过培养来重塑。一些测试情商水平的量表和提升情商水平的心理反应训练课程能有效帮助领导者认识自己的情商现状，并有意识地养成更好的情绪反应方式，直至高情商成为个人特质中的稳定成分。

（二）培养领导者的创造力

创造力是指运用一种新的方法把各种观点结合或联系起来，以产生新奇而有用的可选方案的能力。组织中日益重要的创新需要那些有创造力的领导者。有创造力的领导者善于评估来自正反各方的信息，靠大胆且缜密的决定将事实、感觉、情感和直觉变为现实方案。他们敢于打造全新的行为模式，敢于尝试新技术和流程，他们不排除在尝试创新中犯错，但他们往往能凭借超前、创新的思维和准确的预见性获得决策上的成功。

具有创造力的领导者通常具备这样一些特征：不仅有创新的精神，还有丰富的专业知识；愿意适度地承担高风险，但不是极端风险；从谏如流，不断学习，愿意吸收他人的知识和经验，融入新的尝试；能够容忍下属不明确的回答和结构性缺失；在障碍面前不屈不挠，坚定自信。

领导者如何提高创造力，这不仅是一个理论问题，更是一个重要的实践课题。从对思维现象的研究和对创新规律的总结来看，可从以下几方面来培训提高领导者的创造力：

1.理论学习和亲身实践

亲身参加认识世界和改造世界的实践，是领导者素质培养和提高的最基础和最关键的环节。一方面，领导活动不同于抽象的理论研究，它必须实实在在地去解决具体的问题。因此，领导者分析和解决问题的能力素质只有在解决问题的具体实践中才能够形成和提高。古人云："纸上得来终觉浅，绝知此事要躬行。"这里强调要"躬行实践"。"纸上谈兵"不仅是兵家大忌，也是所有领导者的大忌。实践是认识的基础，只有在实践活动中，人的意识才能真正地接触客观世界，从而获得关于客观世界的知识。当今改革开放的社会主义建设的事业，是最伟大、最重要的实践活动。在这一实践活动中，一方面必然会遇到许许多多新情况、新问题，需要我们去研究、去解决，这就为我们提供了探索创新的课题；另一方面，广大群众在这一活动中，每天都会有大量的创造，有许多新鲜经验、新知识的出现，这些都可作为领导者进行科学决策和进行创新的借鉴。这就要求领导者必须深入群众，参加群众的实践活动，虚心向群众学习，不断地积累经验，在实际工作中增长才干，力求有所发现，有所创造，有所前进。

另一方面，在充分肯定实践途径的同时，我们也必须看到，理论学习这一途径的重要性和相对独立性越来越突出。这是因为，在现代的组织活动中，要解决复杂的实践活动中所产生的种种矛盾和问题，需要有一整套专门的科学知识，知识是人类认识世界和改造世界的经验总结，领导者的创造力只有通过知识、技能的掌握才能形成和发展起来。美国著名管理学家西蒙说过："具有丰富的知识和经验的人，比只有一种知识和经验的人，更容易产生新的联想和独到的见解。"人类的创造发明，不是随心所欲的无中生有，而是凭借别人已达到的认识水平和所积累的经验，在此基础上的劳动的继续和在劳动中的创新与突破。

这些知识是不能够从个体的日常经验和意识中自然而然地产生出来的。于是，实践之前的理论学习就变成一个非常突出的问题。理论学习和亲身实践这两条途径必须辩证结合，不可偏废。

2. 培养良好的非智能因素

要获得创造的成功，光有必备的智能因素还不够，还必须发展、发挥人的非智能因素的作用。非智能因素由动机、兴趣、情感、意志和性格等因素组成，是创造性活动中必备的个性心理品质。对创造起决定影响的非智能因素常常表现为：专注而持久的创造欲望，探索未知领域的浓厚兴趣，不畏挫折的顽强意志，克服种种困难的勇气和魄力，对社会的同情心和责任感，积极乐观的情绪，谦虚谨慎的态度以及见贤思齐、勇于改过的品格等。改革开放的新形势、复杂的社会环境，要求领导者必须具备良好的心理素质，能够经得起种种非难和冲击。领导者要主动进行心理锻炼和意志培养，逐步养成符合时代要求的健康的心理品格。

（三）加强领导者的道德约束

在管理过程中，领导者时常会遇到一些道德选择的困境，在道德困境中如何作出选择，对领导者是一个重大考验。如果选择不当，可能会严重损害组织成员或其他社会组织的利益，或者影响领导者在组织中的威信，甚至使领导者丢失领导地位。

常见的道德选择问题包括领导者的目的的正当性、领导者手段的正当性以及组织成员的个人利益与组织整体利益的优先次序问题。

首先，一个组织的领导者必须保证其领导行为的目的具有正当性，即符合组织任命其为领导者的职能要求，对组织目标而不是个人目标负责，对组织的绩效和组织成员的共同利益负责。所有那些动用组织资源实现领导者个人利益的行为都属于不道德的行为。如领导者窃取组织的信息和资源服务于个人利益，或者为了维护自己在组织中的支配地位而故意拒绝推行对组织有益的变革，或者拒绝选聘优秀的接班人等。

其次，要求领导者在实现正当目标的过程中，手段的选择也要符合道德的要求，“不择手段”的做法，即使是为了实现正当的目标，仍被看作是不道德的，甚至会玷污原本具有正当性的目的。

最后，在组织利益和个人利益发生冲突时，作为领导者要妥善加以处理。

道德问题是一个充满相对性和多样化的领域，特别是在当今全球化背景下，不同文化间的碰撞更进一步带来了道德标准的模糊和混杂。对不道德领导行为的约束和抵制，既需要提高领导者本人的道德修养，也需要在整个组织、整个社会范围内树立道德领导的观念，让领导者的道德选择置于社会、组织和组织每个成员的监督之下 。组织成员的道德特性和组织的道德氛围构成了对领导者不道德行为强有力的约束和对抗机制。

三、优化领导班子结构

为提高领导的有效性，领导班子结构配备是否合理是至关重要的。领导班子结构是指为了实现领导班子的预定目标，把不同类型的领导者按照一定的程序和比例进行有机的组合。领导班子结构是否合理，对一个组织的效能有很大影响，正如系统原理所指出的那样，系统的整体具有各组成要素在孤立状态下所没有的新价值，例如新的特性、新的行为和新的效益等。领导班子不仅要求个体优秀，而且要求班子整体达到最佳组合，这就需要研究领导班子的合理结构。根据领导班子合理结构的基本标准，即领导班子的稳定性、高效性和自我适应性等的要求，根据不同层次的任务，选择不同类型的领导者，使领导班子结构达到合理化。

一个合理化的领导班子应该具有以下特征：①梯形的年龄结构；②互补的知识结构；③配套的专业结构；④叠加的智能结构；⑤协调的气质结构。

四、科学运用领导艺术

现代组织在复杂多变的环境中生存和发展，要求组织的领导者不但要运用科学的理论和方法进行工作，还必须依靠丰富的经验和直觉判断来处理问题，这就要求有高超的领导艺术。所谓领导艺术，是指领导者在行使领导职能时，所表现出来的技巧。它是建立在一定知识、经验基础上的非规范化、有创造性的领导技能。领导艺术有随机性、经验性、多样性和创造性的特点。

（一）待人艺术

待人艺术也就是人际交往艺术，或协调人际关系的艺术。领导工作的核心内容是管好人、用好人，协调好各方面的人际关系，充分调动各方面的积极性和创造性，以有效地完成组织的目标。高明的领导者正是巧妙地运用待人艺术，正确处理上下、左右各种复杂的人际关系，形成一股有利于达到目标的最佳合力。领导者的待人艺术主要包括三个方面：

1.对待下级的艺术

（1）知人善任的艺术。用人之长是处理同下级关系的诀窍。因为，领导者善于用下级之长，使其才干得以充分发挥，他的工作得到组织和领导的承认，自然就乐于在现任领导手下工作，上下级关系也就必然融洽。否则，如果用其所短，硬要他干他不善于干的工作，就难以收效，领导也会对其工作不满意，他本人也感到委屈，久而久之，上下级的关系也就必然紧张。

（2）批评教育的艺术。对下级的缺点和错误给予批评教育，是完全必要的，但对下级的批评教育必须掌握方式方法，注意分寸。开展批评时，要区别不同对象，采取不同形式。比如，对于脾气急躁、容易冲动者，宜采用商讨式批评；对于自尊心强、固执己见者，宜采用渐进式批评；对于依赖性强试探性心理较突出者，宜采用能动式批评；对于下级所犯错误与领导布置工作要求高、脱离实际有关时，宜采用自责式批评。开展批评要考虑被批评者的处境、态度，一时不能接受，可以转开话题，缓和气氛。批评下级要诚恳，不能采用讽刺、挖苦的口吻。批评错了，不能怕有失体面，要敢于主动认错，消除隔阂，以利团结。

（3）关心、爱护的艺术。善于尊重、关心、爱护体贴下级，是处理上下关系的一个技巧。领导者要善于用爱抚亲和艺术，理解、关心、信任、包容和尊重下级，着意创造心情舒畅的氛围，发挥情谊的作用。比如，领导者抽空登门拜访下级，有助于他们畅所欲言，增进相互间的信任。在下级工作取得成绩或家庭遇到喜事时，给予祝贺，会使下级受到鼓舞；当下级遭到挫折和不幸时，领导者给予关怀和慰问，又会使下级感到温暖而增添信心和勇气。这种爱抚效应，无疑会增强领导者的领导效能。

（4）助人发展的艺术。“人往高处走”是一般人的心理倾向，作为上级领导者，应该关心下级的进步和成长。那些紧紧吸引着下级的领导者，大多是尽力帮助下级向上发展的人。那种怕“红杏出墙”、远走高飞的潜意识，那种以本位利益为出发点，不给下级提供施展更大才能机会的目光短浅的做法，那种嫉贤妒能、生怕下级超过自己的领导者，很难指望下级能把自己的全部精力倾注于工作。所以，领导者不仅要让下级感到领导理解他、信赖他，而且要让他感到领导有鼓励人才脱颖而出的襟怀与热诚。

（5）上下沟通的艺术。上下沟通是指领导者与下级之间传达、交流思想、情感、信息的过程。上下沟通是实施领导的基本条件，也是统一下属意志不可缺少的领导艺术。领导者必须了解下属的需要和期望，尽可能把领导意图、工作目标和下级的需要、期望联系起来。在布置任务时，领导者要设身处地为下级着想，充分考虑到下级工作的辛苦和困难，这样，领导意图就容易为下级理解和接受。此外，领导者还必须注意收集下属工作情况的反馈信息，深入基层，了解情况，听取工作汇报和群众反映，使上下级之间彼此了解，互相支持，共同做好工作。

2.对待同级的艺术

领导者正确处理同级关系，尤其应当注意方法、讲究艺术。一般应做到：

（1）积极配合而不越位擅权。作为同级领导，既要齐心协力积极开展工作，又要做到不越位擅权，不插手别人分管的工作。要尊重其他部门和其他领导人的职权，维护他们的威信，不干预和随便评论别人的工作。不适当地插手别人职权范围内的工作，会打乱别人的部署，影响别人的工作，伤害别人的感情和自尊心，引起别人的不满。因此，要做到属于别人职权范围内的事绝不干预，属于自己的责任也绝不推卸，在有能力和必要帮助他人工作时，一定要掌握好分寸和尺度，掌握好时机和方法，避免产生负效应。

（2）明辨是非而不斤斤计较。同级领导在一起工作，往往因为在某些事情上意见、态度、看法不一致而发生分歧，甚至会出现争吵。对此，如处理不好，久而久之就会形成隔阂，影响合作。因此领导人之间要顾全大局，从维护团结的良好愿望出发，坚持“是非问题弄清楚，一般问题不在乎”。涉及大是大非问题，一定要坚持不妥协、不让步，但要讲究方式方法，避免言辞激烈，伤害对方的感情。还要注意不要把矛盾公开化，避免把领导之间的分歧扩展到下级和群众中去。对一些无关紧要的“小事”，应采取不细究、不计较的态度，对己严、待人宽、谦和忍让、豁然大度。

（3）见贤思齐而不嫉贤妒能。处理好同级关系，不仅要有容人之短的度量，而且要有容人之长的胸怀，见贤思齐，不怕别人超过自己，要虚心学习别人的长处，增长才干，共同进步。

（4）相互沟通而不怨恨猜忌。同级之间应经常沟通思想，建立和谐的感情氛围。实践证明，善于沟通的领导者，就容易使对方理解和信任，彼此之间的心理防线也容易迅速消除；相反，领导者之间缺乏相互沟通的精神，彼此各揣心腹事，最容易发生心理冲突、怨恨猜忌，造成僵局。

（5）支持帮助而不揽功推过。同级之间，常常会遇到一些工作上的交叉，对这些交叉工作，同级之间应当相互支持。其他领导者在工作中遇到困难时，要主动帮助、排忧解难；当对方出现失误或差错时，应当主动补台，不能看人家笑话，更不能落井下石。不能好大喜功，有了功劳往自己身上揽，有了过错往别人身上推。如果真正做到了权力不争、责任不推、困难不让、有功不居、有过不诿，领导之间的关系就会更加密切、融洽，真正做到同舟共济。

3.对待上级领导的艺术

找准自己的角色和位置，做到出力而不越位。正确认识和评价自我，找准自己的角色和位置，是领导者处理好与上级关系的前提条件。在社会关系中，每个人总是处于某一特定的位置，这种位置要求人们的行动必须与这种位置相吻合，才能与其他社会角色的关系处于常态，保持相对的和谐。领导者在同上级相处的时候，扮演的是下级的角色，这就要求我们必须按照自己的身份，把握好自己的位置，既要尽心尽责地做好本职工作，又要做到出力而不越位。善于领会领导的意图；适应上级的特点和习惯开展工作；在上级面前规矩而不拘谨；运用“等距外交”，避免交往过密或亲疏不一；处理好与上级关系的着眼点应放在努力将自己所承担的工作做好之上。

（二）提高工作效率的艺术

提高领导的工作效率是一项十分重要的领导艺术。国外不仅有专门的论著，而且有专门的训练班对领导进行提高工作效率的训练。要想提高领导的工作效率，必须注意以下几点：

1.领导者必须干领导的事

领导者干领导的事，这是提高领导工作效率的第一条。领导者必须时时记住自己的工作职责，不能让精力与时间做不必要的消耗。这就要做到不干预下一领导层次的事，不越级指挥。国外许多关于提高领导工作效率的论著中都强调指出：“凡是可以授权给他人做的事，自己不要去做。”“当你发现自己忙不过来的时候，你就要考虑自己是否做了下属可做的事，那就把权分派下去。”另外，不要颠倒工作主次，领导者要抓全局性重大决策问题，应带领群众前进，而不是代替群众前进。样样管是小生产的习惯，事必躬亲是小生产的“美德”，这些都是现代领导者应该力求避免的。

2.任何工作都要问三个“能不能”

美国威斯汀豪斯电器公司前任董事长兼总经理伯纳姆是一位享有很高声誉的管理专家，他在其名著《提高工作效率》中提出了提高工作效率的三条原则，它们是当你处理任何工作时，必须自问：①能不能取消它？②能不能与别的工作合并？③能不能用更简便的东西代替？这就是说，可做可不做的坚决不做，可与别的工作合并的就应该合并。这就可以节省大量时间和精力，无形中效率就提高了。更简便的方法包含着更高的效率。一项工作可以首先分解成若干小的部分，然后对每个部分问三个“能不能”，提高工作效率的途径就会逐步显现出来。

3.要不断地总结经验教训

善于从自己的工作实践中总结经验教训，也是提高领导工作效率的一条重要方法。恩格斯曾指出：“伟大的阶级，正如伟大的民族一样，无论从哪方面学习都不如从自己所犯错误的后果中学习来得快。”许多外国专家在回答我们关于中国如何赶超世界先进水平的提问时，都说：“从历史教训中学习，凡是我们犯的错误，你们不要再重犯，前进的步子就快了。”不仅大事要善于总结，就是日常工作也要进行总结，这样就可以找到提高时间利用效率的线索，排除浪费，合并“自由时间”，以获得较长的整段时间加以利用。

4.提高会议效率

在现代管理中，利用开会的方式来进行互通信息、安排、协调、咨询、决策等工作是经常性的，也是十分必要的。但是，会议占用时间太多和会议效果不好也是目前常见的弊病。据日本效率协会统计，科长以上的人员仅开会用去的时间就占整个工作时间的40%以上。日本旭化成公司的一家设备维修工厂，1980年统计在办公业务时间中，会议时间占去了28%以上，折算成本为10亿日元。对此，日本太阳工业公司在每次开会时，总把会议成本分析张贴在黑板上，使大家对开会的态度变得慎重起来，从而提高会议效率。组织好会议，必须明确会议的意义，只开必要的会议，不开不必要的会议。要切实做到精简会议，应当实行会议“六戒”：没有明确议题的不开；议题过多的不开；没有充分准备的不开；可用其他方式替代的不开；没有迫切需要的不开；会议成本过高的不开。此外，要做好会前准备，包括议题的拟定、会议议程的安排、会议资料的准备、搞好会场会务等。再者领导者主持好会议也是开好会议的关键。要开好会议，必须有一套驾驭会议的艺术，即要始终抓住会议的主题，要注重激发与会者的思维，要善于吸收会议的创造，要把握会议的时间。

5.善于运筹时间

国外现代管理专家越来越注意如何利用和支配时间了。他们的格言是：“时间就是金钱。”应当看到时间是一种最容易耗损而无法贮存的物资，昨天的时间过去了，就永远不会再回来。其他物资短缺可以寻找替代品，唯有时间完全不能替代。珍惜时间这项最稀缺的资源，充分利用自己的有限时间，往往是现代领导者取得成功的最重要的因素。1968年美国麻省理工学院对3 000名经理做了调查，发现凡是优秀的经理都精于安排时间、使时间的浪费削减到最低限度。因此，世界各国的管理专家花大量的精力去研究节约时间的秘诀。如美国企业管理顾问艾伦·莱金专门从事节约时间的研究，他写了一本《如何控制你的时间和生命》一书，他提出了用ABC分类法来控制时间。莱金的做法就在于将有限的时间，安排给最重要的工作。美国《今日世界》杂志曾列举了企业管理者节约时间的十条秘诀：

（1）处理公事切忌先办小的后办大的，一定要先办当天最重要的事情，然后再办其他的事情。

（2）用大部分时间去处理最难办的事情。

（3）把一部分工作交给秘书去办。

（4）少写信。打电话能解决的就打电话，必须写信时就写便条。

（5）减少会议。

（6）拟好安排工作的时间表。

（7）分析自己时间利用的情况，检查有多少时间被浪费掉了。

（8）减少不必要的报告文件。

（9）把传阅的文件减少到最低限度。

（10）尽量利用空闲时间看文件。

时间总是常数，人的精力也是有限的，但只要领导者能够运用得当，便能从时间的利用上产生巨大的经济效益。

6.要精兵简政

要努力精简机构，压缩人员，避免人浮于事的现象。

思考题

1.勒温的领导方式理论中有哪些领导方式？各种方式具有哪些特点？

2.利克特提出了哪些管理方式？

3.什么是“抓组织”？什么是“关心人”？四分图理论的四种结果包括哪些内容？

4.布莱克和莫顿在管理方格中列出了哪几种典型的领导方式？其中哪种是最有效的领导方式？

5.三隅二不二将领导方式划分为哪几类？

6.菲德勒提出对一个领导者的工作最起影响作用有哪些方面？该模式有哪些现实意义？

7.“途径-目标”理论认为，有几种领导方式可供同一领导者在不同环境下选择使用？

8.弗鲁姆和耶顿提出的选择领导方式的原则有哪些？

9.怎样做才能提高领导工作的有效性？

第十三章　激　　励

学习本章的目的和要求

通过本章学习，重点掌握激励及激励机制、激励的作用，以及如何进行有效激励，掌握有关激励理论的内容。

第一节　激励概述

一、激励的含义

如何激发人的工作积极性，是领导科学的关键问题，这是因为领导过程中对人的行为管理的目标，就是要弄清在怎样的条件下，人会更愿意按时来工作，会更愿意留在所分配的工作岗位上，会工作得更有效率。每个人都需要激励，需要自我激励，需要得到来自同事、群体、领导和组织方面的激励。管理工作需要创造并维持一种环境，主管人员如果不知道怎样激励人，便不能胜任这个工作。所以，对激励的研究，就成了各国管理学家的重要研究课题。

激励，就是激发鼓励的意思，就是利用某种外部诱因调动人的积极性和创造性，使人有一股内在的动力，朝向所期望的目标前进的心理过程。激励是行为的钥匙，又是行为的按钮。按动什么样的激励按钮就会产生什么样的行为。激励的含义可从以下几个方面理解：

1.激励有一定的被激励对象。

2.激励是研究人的行为是由什么激发并赋予活力的。这指的是人们自身有什么样的内在能源或动力，能驱动他们以一定方式表现出某一特定行为，以及有哪些外在的环境性因素触发了此种活动。

3.是什么因素把人们已被激活的行为引导到一定方向上去的。这指的是人的行为总是指向一定的目的物，总是有所为而发的。

4.这些行为如何能保持与延续。这个问题的考察不仅要着眼于人的内在因素，而且要分析环境中有哪些外在因素对这些行为作出反应，从而影响行为内驱力的强度及行为活力的发散方向，或怎样为行为导向。

激励的实质就是通过目标导向，使人们出现有利于组织目标的优势动机并按组织所需要的方向行动。

二、激励机制

激励的目的是调动积极性。所谓积极性是指人们从事某项活动的意愿及行为的准备状态。积极性有其自身形成和变化的规律，激励就是按照积极性的运动规律，对人们施加一定的影响，促使其积极性的形成，并按预定的方向发展。人的积极性产生于自身的需要，受主观认识的调节和客观环境的制约，受行为效果反馈作用的影响。

1.需要是积极性的本源。所谓需要，就是有机体和周围环境的某种不平衡状态，是个人和社会有机体延续和发展所依赖的客观条件在主观意识上的反映。趋向平衡是系统的一般运动规律，谋求生存和发展是一切有机系统的本能要求和目的，因此需要是人类一切活动的原动力。个人和社会的存在、发展所依赖的客观条件是很多的，个人和社会的需要既有物质方面的也有精神方面的，据国外社会学家统计，现代社会中人的需要不下几百种。人类需要的广泛性，构成了社会生活的丰富多彩，也成为生产不断向广度和深度发展的动力，同时也造成了激励的复杂性。

人和社会的生存发展是不以人们意志为转移的，这就决定了需要具有客观的规定性，而需要的客观规定性又决定了人们的共同需要、共同愿望的存在。这就为进行有效的激励提供了客观依据。此外，需要还具有主观感受性的特征，需要的产生取决于人们的感受、认识能力。人的需要的主观感受性决定了人们需要的差别性，也决定了改造人们需要的可能性及教育、实践的必要性。

2.认识是积极性的导向器和调节器。认识在积极性的形成和发展中具有关键的作用，这是因为：

（1）认识是将人们的需要和具体事物联系起来的桥梁。需要是形成积极性的前提，但客观需要只能引起愿望、内心紧张和冲动，究竟通过什么途径去满足这些需要，产生什么样的积极性，则取决于人们的认识。因此，认识是对某项事物产生积极性的“触媒”。

（2）认识是将社会需要转换成个人需要的中介，是对组织目标产生积极性的前提。

（3）认识是需要的满足感或不满足感形成的决定因素，对积极性的发展起重要的调节作用。

（4）人生观、价值观、道德观对积极性有深刻的影响。人生观、价值观和道德观都是一种认识，这些认识具有相对的稳定性，决定着人们的追求、喜恶，对于积极性有深刻的影响。

3.环境对积极性的形成和发展起着重要的制约和推动作用。需要和认识是积极性形成和发展的内因，是具有决定意义的因素，但不是全部因素。客观环境对人们积极性的形成和发展的作用是不可低估的。

4.行为效果反馈对积极性起着重要的强化作用。

三、激励的作用

激励的作用是十分显著的，主要有以下几方面：

（一）激励是管理最关键最困难的职能

有效地组织并充分利用人力、物力和财力资源是管理的重要职能，其中又以对人力资源的管理最为重要，在人力资源中，又以怎样激励人为最关键、最困难。主管人员能够精确地预测、计划和控制财力、物力，而对于人力资源特别是人的内在潜力，至今无法精确地预测、计划和控制。

激励所以越来越受到重视，主要是由竞争加剧、激励对象的差异性和激励对象要求的多样性所决定的。

1.在激烈的竞争条件下，组织要想生存和发展，就要不断地提高自己的竞争力。而提高竞争力就必须最大限度地激励组织中的全体成员，充分挖掘出其内在的潜力。

2.组织中人员的表现有好、中、差之分，有很大的差异性。在管理中就是要通过各种激励办法，使表现好的人继续保持积极行为；使表现一般的和差的人受到激发，而逐步转变成为主动积极为组织作贡献的成员，促使更多的人能够自觉地去为实现组织的目标而奋斗。

3.组织中的人有多方面的需求，要满足这些需求，就必须采用多种激励办法，包括金钱、友谊和关心、尊重、好的工作条件、有趣和有意义的工作等。主管人员的任务就在于对不同的人采取适合其需求的激励因素和激励措施。

（二）在调动内在潜力去实现组织目标过程中激励发挥着重要作用

1.通过激励可以把有才能的、组织需要的人吸引过来，并长期为该组织工作。从世界范围看，美国特别重视这一点，它从世界各国吸引了大量有才能的专家、学者，这正是美国在许多科学技术领域保持领先地位的重要原因之一。为了吸引人才，美国不惜支付高酬金、创造良好的工作条件。如美国商用机器公司有许多有效的激励办法：提供养老金、集体人寿保险和优厚的医疗待遇；给工人兴办了每年只交3美元会费就能享受带家属到乡村疗养待遇的乡村俱乐部；减免那些愿意重返学校学习知识和技能的职工的学费；公司筹办学校和各种训练中心，让职工到那里学习各种知识。

2.通过激励可以使已经就职的职工最充分地发挥其技术和才能，变消极为积极，从而保持工作的有效性和高效率。美国哈佛大学的心理学家詹姆士在对职工的激励的研究中发现，按时计酬的职工仅能发挥其能力的20%～30%，而受到充分激励的职工其能力可发挥至80%～90%。这就是说，同样一个人在通过充分激励后所发挥的作用相当于激励前的3～4倍。

3.通过激励还可以进一步激发在职职工的创造性和革新精神，从而大大提高工作绩效。例如，丰田汽车公司采取合理化建议奖（包括物质奖和荣誉奖）的办法鼓励职工提建议，不管这些建议是否被采纳，均会受到奖励和尊重。如果建议被采纳，并取得经济效益，将会受到重奖。结果该公司职工仅1983年就提出165万条建设性建议，平均每人31条，为公司创造900亿日元的利润，相当于该公司全年利润的18%。

四、激励理论的发展

研究人类动机的激发由来已久。公元前，古希腊的哲学家曾以享乐主义解释人的行为，认为人都有追求享乐、回避痛苦的倾向。这一哲学观点被经济学界和哲学界继承下来，例如亚当·斯密、本瑟姆和斯图尔特都是持这种观点的代表人物。19世纪初，动机激发的研究，逐渐从社会哲学领域进入到心理学，早期的心理学家仍信奉享乐主义是人类有意识、有理性地追求的东西。

直到20世纪初，被称为美国心理学之父的詹姆斯带头对享乐主义的假设发生怀疑。在他的《心理学原理》一书中，他对动机激发的另外两个历史概念（本能和无意识动机的激发）给予认可。詹姆斯并不认为人类总是有意识或有理性的，而认为：人类许多行为是出于本能，能影响个体行为的部分非习得本能包括有哭喊、移动、好奇、模仿、社交、同情、怕黑暗、妒忌爱等，这些本能和其他本能在每个人身上都存在着。社会心理学的创始人麦克杜格尔进一步发展了行为本能学说，他在1908年出版的《社会心理学》一书中把本能定义为：一种决定着个体对任何客观事物察觉或注意的先天性倾向（或素质）……一种行为或以某种特殊行为方式表现出来的动作冲动。这种本能学说的基本点是假设人类行为取决于一种非习得的先天倾向（素质）。

从20世纪20年代开始，人类动机激发的本能观点受到了沉重打击，尤其来自那些提倡以纯科学方式来观察行为的行为学家们，他们全盘否定了这种基本上无法观察、神秘莫测的学说。由于这种严厉批评的继续，使得今天在研究和讨论人类行为时已很少使用“本能”这个术语。尽管现代心理学家承认有些人类动机看来是非习得的，但他们不甘愿接受由詹姆斯和麦克杜格尔所提倡的“先天性倾向性行为”这一概念。他们认为“先天性倾向”观点，可能适合于低等动物，但不足以解释人类的行为。

詹姆斯在本能的概念下曾强调了无意识动机的激发问题。然而，使无意识成为研究人类动机激发的组成部分的是弗洛伊德。所谓无意识动机，是指人类并非总是能明确地意识到他们所有的欲望，有时甚至连自己的目标都说不清。弗洛伊德通过临床实践和对病人的分析，发现一个人在许多方面的表现如同一座冰山，只有一小部分是能意识到的，并显现于外；其余部分则潜伏在表象之下，不一定能为行为者本人所意识。与詹姆斯一样，弗洛伊德也企图将无意识动机与本能等同起来。许多现代心理学家，尽管并不赞同弗洛伊德对无意识动机的大部分解释，但均承认无意识动机的客观存在，只是还缺乏更深入的研究和理解，因而无意识动机的历史作用还是有限的。

由于行为本能学说和无意识动机激发的观点远不足以说明人类复杂的动机激发过程，终于促使早期内驱力理论的出现。内驱力理论家在很大程度上受到了早期行为主义学派的影响，其创始人是霍尔，他综合了以前的各种观点，提出了动机的激发是内驱力和习惯的乘积的公式，奠定了动机激发的科学性理论基础。这个公式是：

$$E=D\cdot H$$

式中：E（effort）——一个人所作出的努力；

D（drive）——一个人的内驱力；

H（habit）——一个人的习惯。

霍尔认为内驱力是一种强化了的影响力，决定着行为的强度；而习惯则反映了行为主义对动机的影响。后来，霍尔为了避免过分地强调习惯，在公式中加上了“未来一定向”（future-oriented）的诱因概念。这样公式就成了：

$$E=D\cdot H\cdot I$$

式中：I（incentive）——诱因。

公式表明一个人所作的努力（反映动机激发的程度）等于其内驱力、习惯和诱因的乘积。由于包含了诱因这个因素，就在动机中承认了认知特性。这一公式成为后来动机激发期望理论的先驱。

在早期内驱力理论的基础上，现代心理学家提出了动机激发循环的概念，把需要、内驱力和目标三个相互影响、相互依存的要素衔接起来，构成了动机激发的完整过程。一个目标达到了，新的需要随之而起，如此周而复始，循环不息。其模式如图13-1所示。

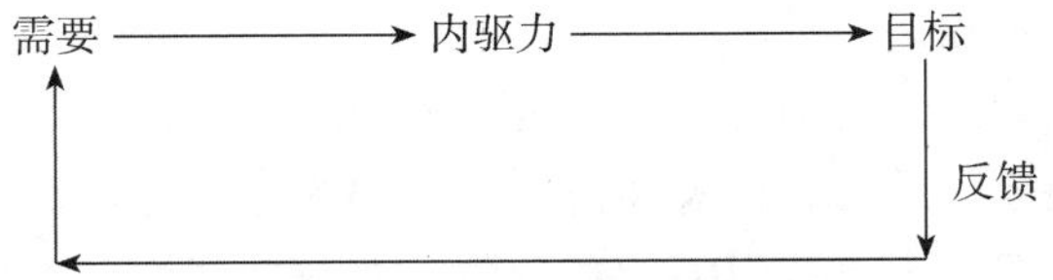

图13-1　基本的动机激发模式

在这个模式里：

需要。它是指来自个体生理上或心理上的缺乏（或不足）。从体内平衡的意义上来讲，当生理或心理上感到缺乏或不足，出现了某种不平衡时，就产生了需要。例如，人体内的细胞缺少营养，或一个人失去了朋友时，就会产生对食物或友谊的需要。

内驱力。一般来说，内驱力和动机是两个可交替使用的术语。当一个人在生理或心理上感到缺乏某种东西时，就产生一种紧张不安的心理状态。内驱力就是一种力求实现需要的满足，消除这种缺乏或不足状况的内在驱动力。这个术语与霍尔的定义相类似：内驱力是作用于行为定向的，能强有力地促进目标完成的一种内在的力量。这是动机激发过程中的最核心的环节，上述例子中，对食物的需要就转化为力求解除饥饿的内驱力，对朋友的需要则成为力求交往的内驱力。

目标。它是动机激发过程中的终端，可解释为能满足需要和减弱内驱力的事物。因此，达到预定目标将有助于恢复生理和心理上的平衡。凡能满足个体某种需要的目标，心理学称为诱因，如果说需要是激发动机的内在条件，诱因就是它的外在条件。

在上述基本动机激发模式的基础上，心理学家们开展了大量研究，从不同角度提出了激发动机的理论，大体上可分为三大类：

1.内容型激励理论。它着重研究激发动机的诱因。由于理论的内容都围绕着如何满足需要进行研究，故又称为需要理论。其主要包括：马斯洛的“需要层次论”、赫茨伯格的“双因素论”、奥德弗的“ERG理论”以及麦克利兰的“成就需要激励理论”等。

2.过程型激励理论。它着重研究从动机的产生到采取具体行动的心理过程。这类理论都试图从弄清人们对付出努力、功效要求和奖酬价值的认识，来达到激励的目的。其主要包括：弗罗姆的“期望理论”、波特和劳勒的“期望模式”、亚当斯的“公平理论”等。

3.行为改造型理论。它着重研究激励的目的，激励的目的正是为了改造和修正行为。其主要包括：斯金纳的“操作条件反射论”，凯利的“归因理论”“挫折理论”等。

此外，罗伯特·豪斯综合和概括了上述三类理论，提出了综合激励模式，对克服上述理论的片面性有重要的意义。

第二节　有代表性的激励理论

一、内容型激励理论

需要和动机是推动人们行为的原因，也是激励的起点和基础。内容型激励理论则是着重研究需要的内容、结构，以及如何推动人们的行为的理论。其中有代表性的理论有：需要层次论、双因素论、ERG论、成就需要激励理论。

（一）需要层次论

需要层次论是由心理学家阿尔布汉姆·马斯洛提出来的，这是一个广泛受人注意的激励理论。他于1943年在《人的动机理论》一文中，把人的需要分成生理的需要、安全的需要、友爱和归属的需要、尊重的需要、自我实现的需要五个层次。1954年他又在《激励与个性》一书中（该书1970年又再版了修订本），在尊重的需要后面又增加了求知的需要和求美的需要，把人的需要分成七个层次。按其重要性依次是：

1.生理的需要。这是为维持人类自身生存的基本需要，如食物、水、衣着、住所和睡眠。马斯洛认为，在这些需要还没有满足到足以维持生存之前，其他的需要都不能起到激励人的作用。

2.安全的需要。这些需要是避免人身危险和不受丧失职业、财产、食物和住所等威胁。

3.友爱和归属的需要。当生理及安全的需要得到相当的满足后，友爱和归属的需要便占据主导地位。因为人类是有感情的动物，人们希望与别人交往，避免孤独，希望与同事之间和睦相处，关系融洽。人们希望归属于一个团体以得到关心、爱护、支持、友谊和忠诚，并为达到这个目的而作出努力。

4.尊重的需要。当一个人第三层次的需要得到满足以后，他通常不只是满足于做群体中的一员，开始产生尊重的需要，包括自尊和受人尊重两个方面。自尊意味着在现实环境中希望有实力、有成就、能胜任和有信心，以及要求独立和自由；受人尊重是指要求有名誉或威望，可看成别人对自己的尊重、赏识、关心、重视或高度评价。自尊需要的满足使人产生一种自信的感情，觉得自己在这个世界上有价值、有实力、有能力、有用处。而这些需要一旦受挫，就会使人产生自卑感、软弱感、无能感。

5.求知的需要。人有知道、了解和探索事物的需要，而对环境的认识则是好奇心的结果。

6.求美的需要。人都有追求匀称、整齐和美丽的需要，并且通过从丑向美转化而得到满足。马斯洛发现，从严格的生物学意义上说，人需要美正如人的饮食需要钙一样，美有助于人变得更健康。

7.自我实现的需要。这是马斯洛需要层次理论中最高层次的需要，指的是一种使人能最大限度地发挥自己的潜能并完成某项工作或某项事业的欲望。马斯洛对此有过描述：即使以上所有的需要都得到满足，我们往往（如果不是经常的话）仍会产生新的不满，除非本人正在干着合适的工作。音乐家必须演奏音乐，画家必须绘画，诗人必须写诗，这样才能使他们感到最大的快乐。人们能做什么，就应该做什么。我们把这种需要称为自我实现。自我实现的需要，指的就是使他的潜能得以实现的向往。这种向往可以说成是希望自己越来越成为所期望的人物，完成与自己能力相称的一切事情。

马斯洛认为人们的上述需要基本上反映了在不同文化环境中人类的共同特点。人类的基本需要是由低级到高级以层次形式出现的，当某一层次的需要得到相对满足时，其激发动机的作用随之减弱或消失，此时上一层次的需要则成为新的激励因素。因而，人类的基本需要是一种有相对优势的层系结构。

需要层次论由于直感逻辑性强，易于理解，得到了广泛的流传，在西方管理领域中有相当的影响，可是学术界对这一理论颇有争议。马斯洛本人也未能提供有说服力的证据。尽管马斯洛的需要层次论得不到充分的论证，但是许多组织行为学教科书仍认为这一理论对管理有一定的意义。

（二）双因素论

这一理论是赫茨伯格和他的助手们在匹兹堡地区对会计师群体和工程师群体进行研究后提出的。20世纪50年代后期他们对所在地区9个企业中的203名会计师和工程师采用“关键事件法”进行调查访问，要会计师和工程师们回答两个问题：第一，什么原因使你愿意干你的工作？第二，什么原因使你不愿意干你的工作？对这两个问题有两类明显不同的反应。通过调查发现，人们对本组织的政策和管理、监督系统、工作条件、人际关系、薪金、地位、职业安定以及个人生活所需等等，如得不到基本的满足，会导致不满；如果得到了基本的满足，则没有不满。这类和工作环境或条件相关的因素被称为保健因素；而人们对成就、赏识、艰巨的工作和工作中的成长、晋升、责任感等，如得到满足，则会给人们以很大程度的激励，产生工作的满意感，有助于充分、有效、持久地调动人们的积极性，这些需要得不到满足则会没有满意。这类和工作内容紧紧连在一起的因素，被称为激励因素。赫茨伯格认为保健因素不能直接起到激励人们的作用，但能防止人们产生不满的情绪。保健因素改善后，人们的不满情绪会消除，并不会导致积极后果。而激励因素才能产生使职工满意的积极效果。

赫茨伯格的双因素论和马斯洛的需要层次论是密切相关的。它们既有联系，又有区别。需要层次论针对人类的需要和动机，而双因素论则针对满足这些需要的目标和诱因。将两者结合起来看，保健因素相当于需要层次中的低层次需要，这些需要的满足仅能消除不满，但不能导致满足。激励因素则相当于需要层次中的高层次需要，这类需要的满足才能真正导致满意感，真正有效、持久、充分地激励人们。赫茨伯格的研究在国外也有很多争议，持批评意见的人认为赫茨伯格的研究方法有局限性，因此对他所引申出来的结论也表示怀疑。即使如此，并没有什么人怀疑赫茨伯格对工作激励研究所作出的实质性的贡献。

（三）ERG理论

ERG理论是奥德弗根据已有实验和研究，于20世纪70年代初提出的一种内容型激励理论，这一理论系统地阐述了一个关于需要类型的新模式，发展了赫茨伯格和马斯洛的理论。他把马斯洛的需要层次压缩为三种需要，即生存需要、相互关系需要、成长需要。

1.生存需要。它指的是全部的生理需要和物质需要，如衣、食、住，组织中的报酬，对工作环境和条件的要求等。这一类需要大体上和马斯洛需要层次论中的生理需要、部分安全需要相对应。

2.相互关系需要。它是指人与人之间的关系、联系的需要。这一需要类似于马斯洛需要层次中的部分安全需要、全部友爱和归属需要、部分尊重需要。

3.成长需要。它是指一种要求得到提高和发展的内在欲望。不仅要求充分发挥个人的潜能，有所作为和成就，还包含开发新能力的需要。这一需要与马斯洛的需要层次论中部分尊重的需要和整个自我实现需要相对应。

奥德弗认为这三种需要之间没有明显的界线，它们是一个连续体。这一理论限制性较少，易于应用。ERG理论的特点表现在它对各种需要之间的内在联系的有说服力的阐述：

（1）各个层次的需要得到的满足越少，则这种需要就越为人们所渴望。例如，满足生存需要的工资越低，人们就越希望得到更多的工资。

（2）较低层次需要满足得越充分，对较高层次的需要往往就会越强烈。例如，E、R需要得到了充分的满足，G需要就会凸显出来。

（3）较高层次的需要满足得越少，则对较低层次需要的渴求也就越多。

奥德弗还认为：在任何一段时间内，人可以有一个或一个以上的需要发生作用；由低到高的顺序也并不一定那样严格，可以越级上升。

ERG理论自提出后，除了奥德弗自己做的实验测定外，几乎还没有人对他的理论做过直接研究，也没有什么具体例证足以支持或否定这一理论。不过有很多人认为这一理论比马斯洛的理论更切合实际。

（四）成就需要激励理论

成就需要激励理论是美国哈佛大学教授麦克利兰及其学生在20世纪50年代提出来的。他们对成就需要这一因素做了大量研究，认为成就需要具有挑战性，引发人的快感，增加奋斗精神，对行为起主要影响作用。成就需要激励理论主要研究在人的生理需要基本得到满足的条件下，人还有哪些需要。麦克利兰认为，人们在生理需要得到满足以后，还有三种基本的激励需要，分别是：

1.对权力的需要。具有较高权力欲的人，对施加影响和控制表现出很大的兴趣。这样的人一般寻求领导者的地位。他们常常表现出喜欢争辩、健谈、强有力、直率和头脑冷静，并且善于提出问题和要求；他们也常常喜欢教训别人，并乐于讲演。

2.对归属和社交的需要。具有这方面需要的人，通常从友爱、情谊、人与人之间的社会交往中得到欢乐和满足，并总是设法避免因被某个组织或社会团体拒之门外而带来的痛苦。他们喜欢保持一种融洽的社会关系，享受亲密无间和相互谅解的乐趣，随时准备安慰和帮助危难中的伙伴。

3.对成就的需要。有成就需要的人对胜任和成功有强烈的要求，同样也担心失败；他们乐意、甚至热衷于接受挑战，往往为自己树立有一定难度而又不是高不可攀的目标。他们对风险一般采取现实主义的态度。他们愿意承担所做工作的个人责任，对他们正在进行的工作情况，希望得到明确而又迅速的反馈。他们一般喜欢表现自己。

麦克利兰认为，具有高度成就需要的人对于企业和国家都有重要的作用。企业拥有这样的人越多，发展就越快越能取得经济效益。国家拥有这样的人越多，就越兴旺发达。据他的调查，英国在1925年时拥有高成就需要的人数在25个国家中名列第5位，当时英国确实是一个兴旺发达的国家。1950年再做调查时，英国拥有高成就需要的人数，在39个国家中名列第25位，事实上第二次世界大战以后的英国也确实在走下坡路。他还认为，可以通过教育和培养造就出高成就需要的人。

以上几种内容型理论都是从人的需要方面来研究激励问题的，所以可把其称为需要理论。这几种理论的比较见表13-1。

表13-1　**几种需要理论的对比**

<table>
<tr><th>赫茨伯格的
双因素论</th><th>马斯洛的需要
层次论</th><th>奥德弗的
ERG理论</th><th>麦克利兰的
成就需要论</th></tr>
<tr><td rowspan="3">激励因素</td><td>自我实现</td><td rowspan="2">成长发展</td><td>成就</td></tr>
<tr><td>尊重</td><td>权力</td></tr>
<tr><td>友爱和归属</td><td rowspan="2">人们之间的关系</td><td>友谊</td></tr>
<tr><td rowspan="2">保健因素</td><td>安全</td><td rowspan="2"></td></tr>
<tr><td>生理</td><td>生存</td></tr>
</table>

二、过程型激励理论

过程型激励理论着重研究人们选择其所要进行的行为的过程，以及行为是怎样产生的，是怎样向一定方向发展的，如何能使这个行为保持下去，以及怎样结束行为的发展过程。其主要代表理论有期望理论、公平理论等。

（一）弗鲁姆的期望理论

工作激励的期望理论源自于卢因和托尔曼所提出的认知观念及古典经济理论的效用观念。然而第一个使其理论化和模式化的是美国心理学家弗鲁姆，他于1964年在《工作与激励》一书中提出了这个理论。这是一种通过观察人们的努力行为与其所获得的最终奖酬之间的因果关系，来说明激励过程并选择合适的行为达到最终的奖酬目标的理论。这种理论认为，当人们有需要，又有达到这个需要的可能，其积极性才高。激励水平取决于期望值和效价的乘积。其公式是：

激发力量=效价×期望值

$M=V\cdot E$

M（motive force），激发力量的高低，是指动机的强度，即调动一个人的积极性，激发其内在潜力的强度。它表明人们为达到设置的目标而努力的程度。

V（value），效价，是指目标对于满足个人需要的价值，即一个人对某一结果偏爱的强度（$-1\leq V\leq 1$）。

E（expectancy），期望值，是指采取某种行为可能导致的绩效和满足需要的概率，即采取某种行为对实现目标可能性的大小（$0\leq E\leq 1$）。

这个公式表明，激发力量的大小与效价、期望值有密切的关系，效价越高、期望值越大，激发力量也越大；反之亦然。如果其中一个变量为零（毫无意义或毫无可能），激发力量也就等于零。这就说明了为什么非常有吸引力的目标，也会无人问津。这一点是内容型激励理论无法解释的。

（二）波特和劳勒的期望模式

波特和劳勒以期望理论为基础导出了一种本质上更完备的激励模式，并把它主要用于对主管人员的研究。这个模式如图13-2所示。

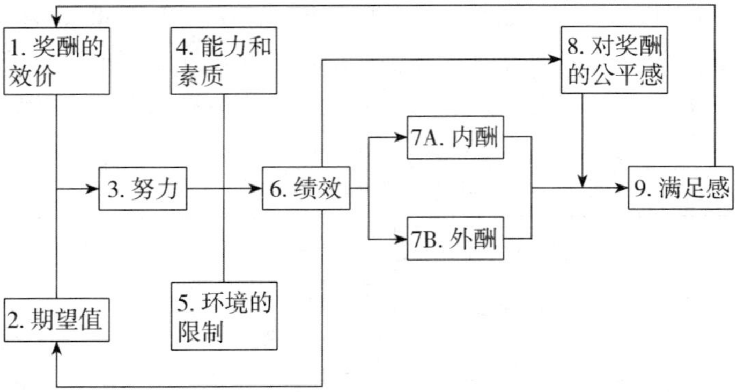

图13-2 波特和劳勒的激励模式

图13-2中包括的主要变量意义如下：

努力：个人所受到的激励强度和所发挥出来的能力，它和弗罗姆模式中所使用的动机"激发力量"一词相当。个人所作努力的程度综合取决于个人对某项奖酬（如工资、奖金、提升、认可、友谊、某种荣誉等）效价的主观看法及个人对努力将导致这一奖酬的概率的主观估计。奖酬对个人的效价因人而异，取决于它对个人的吸引力。而个人每次行为最终得到的满足，又会以反馈的形式影响个人对这种奖酬的估价，如图13-2中9→1所示。同时，个人对努力可能导致奖酬的期望值的主观估计，和个人的经历或经验密切相关。每一次的工作绩效也会以反馈形式影响个人对成功期望值的估计，如图13-2中6→2所示。努力还和绩效有一定的关系，但不一定导致高绩效，因为，绩效还受其他更多的因素的影响。

绩效：工作表现和实际成果。绩效不仅取决于个人所作的努力程度，而且也受个人能力、素质（如必要的业务知识、技能等）、环境的影响。

奖酬：绩效所导致的奖励的报酬。其包括内在奖酬和外在奖酬，这两种奖酬和个人对奖酬所感受到的公平感糅合在一起，影响着个人的满足感。波特和劳勒认为，内在性奖酬更能带来真正的满足，并与工作绩效密切相关；此外，公平感也会受到个人对工作绩效自我评价的影响，如图13-2中6→8所示。

满足：个人实现某项预期目标时所体验到的满意感觉。一般人都认为，有了满意才能有绩效，而波特和劳勒却认为，先有绩效才能获得满足。

（三）公平理论

公平理论又称社会比较理论，这一理论的起源可追溯到费斯廷格和霍曼斯的认知不协调理论及交换理论，但作为工作激励理论，提出这一理论的代表人物是美国心理学家亚当斯。他于1956年对公平理论做了专门的阐述，其主要观点是：一个人对其所得的报酬是否满意，不是只看绝对值，而是进行社会比较或历史比较，看相对值。每个人都把个人的报酬与贡献的比率同他人的比率作比较，如比率相等，则认为公平合理而感到满意，从而心情舒畅努力工作；否则就会感到不公平不合理而影响工作情绪。这种比较过程还包括同本人的历史的贡献报酬比率作比较。可用公式表示如下：

$$\frac{\text{个人所得的报酬}}{\text{个人的贡献}}=\frac{\text{（作为比较的）另一个人所得的报酬}}{\text{（作为比较的）另一个人的贡献}}$$

这里亚当斯把贡献与报酬看成是一种投入与产出的交换关系，他所说的贡献包括体力和脑力的消耗，包括技术水平、智慧、经验和工作态度，具体则体现为工作数量与质量。他所说的报酬包括物质和精神的奖酬，如工资、奖金、津贴、晋升、名誉地位等。

在一个组织里，大多数人往往喜欢不断地与他人进行比较，并对公平与否的程度作出判断。从某种意义上说，工作动机激发的过程，实际上就是人与人之间进行比较、作出判断，并据以指导行动的过程。人们对某些不公平感可能忍受一段时间，但是这种不公平感时间长了，可能会因一桩明显的小事而引起强烈的反应。

应当指出，人们在进行比较时，对贡献与报酬的评价全凭个体的主观感觉，只有当个体主观上感到“不公平”时，才会产生一种力图恢复“公平”的愿望。“不公平”感对大多数人来说，是一种令人不安甚至厌恶的刺激，为消除这种刺激产生的紧张状态，个体则会产生一种内在的驱动力，这就形成了一种激励，其强度与个体所感受到的不公平程度成正比。亚当斯指出，这样一种激励可以表现成几种形式，如：试图改变其所得报酬或贡献，有意或无意地曲解自己或他人的报酬与贡献，或竭力改变他人的贡献或报酬等。

亚当斯及后来的研究者，在研究关于工资报酬方面的不公平感对人们的劳动态度的影响后，得出如下结论：

1.在计时工资制下，当人们感到报酬过高时，他会以提高产量、改进质量，即增加自己对工作的“贡献”来消除不公平感；当感到报酬过低时，就会降低产量、质量，即减少自己的“贡献”，来求得心理平衡。

2.在计件工资制下，当职工感到报酬过高时，为了“保护”现有定额标准，防止企业降低单件工资及避免职工间可能出现的矛盾，他会降低产量，但力图提高质量，即降低自己的“报酬”又增加“贡献”来消除不公平感；当感到报酬过低时，就会力图增加产量，但可能会不太注意质量，即增加自己的“报酬”，但并不增加自己的“贡献”，以取得公平。

公平理论的有效性，曾为许多研究所证实。但是公平理论的某些观点，例如，职工对报酬过高所作的反应也还有争议。公平理论提出的观点是客观存在的，但公平本身却是一个相当复杂的问题，公平与不公平往往来源于个人的感觉，而人们在心理上会自觉不自觉地产生过低估计别人的工作绩效，过高估计别人的工资收入的倾向。公平还与个人所持的公平标准有关，也与绩效的评定有关，与评定人有关。因此公平是相对的，不是绝对的。只能努力消除管理者个人的私心和偏见，加强管理，尽量准确地度量各人的绩效，做到客观上让多数人感到公平，而不可能让每个人主观上都认为公平。

三、行为改造型激励理论

行为改造型激励理论是研究如何改造和转化人的行为，变消极为积极的一种理论。对这个问题各学派存在着不同的看法，大体可归纳为三类：第一类看法认为，人的行为是对外部环境刺激作出的反应，只要通过改变外部环境刺激（即创造一定的操作条件），就可达到改变行为的目的，如操作条件反射论；第二类看法认为，是人的内在的思想认识指导和推动人的行为，通过改变人的思想认识就可以达到改变人的行为的目的，如归因论；第三类看法认为，外部环境刺激与改变内部思想认识相结合，才能达到改变人的行为的目的，如挫折理论。

（一）操作条件反射论

操作条件反射论是美国哈佛大学心理学教授斯金纳在巴甫洛夫的条件反射论、华生的行为主义论和桑代克的尝试与错误学习论的基础上，提出的一种新行为主义论。这个理论特别重视环境对行为的影响作用，认为人的行为只是对外部环境刺激所作的反应，只要创造和改变外部的操作条件，人的行为就会随之改变。斯金纳认为，人的行为受外部环境刺激所调节，因而也受外部环境刺激所控制，改变刺激就能改变行为。对于管理者来说，这种理论的意义在于用改造环境（包括改变目标和完成工作任务后的奖惩）的办法来保持和发挥积极行为，减少或消除消极行为，把消极行为转化为积极行为。

操作条件反射论的核心是强化理论。强化是心理学的术语，是指增强某种刺激与有机体某种反应之间的联系，即行为与影响行为的环境（包括行为产生之前的前因和行为产生之后的后果）之间的联系，也就是要通过不断改变环境的刺激因素来达到增强、减弱或消除某种行为的过程。在管理中运用强化理论以改造行为一般有四种方式：

1.积极强化

在行为发生以后，立即用某种有吸引力的东西，即物质的或精神的鼓励来肯定这种行为，在这种刺激的作用下，个体感到对他有利，从而增强以后行为反应的频率。这就是正强化。通常正强化的因素有奖酬，如表扬、赞赏、增加工资、奖金和奖品，分配做有意义的工作等。

2.惩罚

当某一不合要求的行为发生以后，即以某种带有强制性和威胁性的结果，如批评、降薪、降职、罚款、开除等来创造一种令人不快乃至痛苦的环境，或取消现有的令人愉快和令人满意的条件，以示对这种不合要求的行为的否定，从而达到减少消极行为或消除消极行为的目的。

3.消极强化（逃避性学习）

这种强化方式是指预先告知某种不符合要求的行为或不良绩效可能引起的后果，允许人们通过按所要求的方式行事或避免不符合要求的行为，来回避一种令人不愉快的处境。如果人们能按所要求的方式行事时，即可减少或消除这种令人不愉快的处境，从而使人们增加积极行为出现的可能性。消极强化与积极强化的目的是一致的，但两者采用的手段不同。

4. 衰减

衰减是指撤销对原来可以接受的行为的正强化，即对这种行为不予理睬，以表示对该行为的轻视或某种程度的否定。研究表明，一种行为长期得不到正强化，会逐渐消失。

主管人员可以根据下属的行为情况不同而采用连续的或间歇的两种不同的强化方式。连续强化是指对每次发生的行为都进行强化。间歇强化是指非连续的强化，不是对每次发生的行为都进行强化。间歇强化又包括四种形式：固定间隔、可变间隔、固定比率、可变比率，如图 13-3 所示。

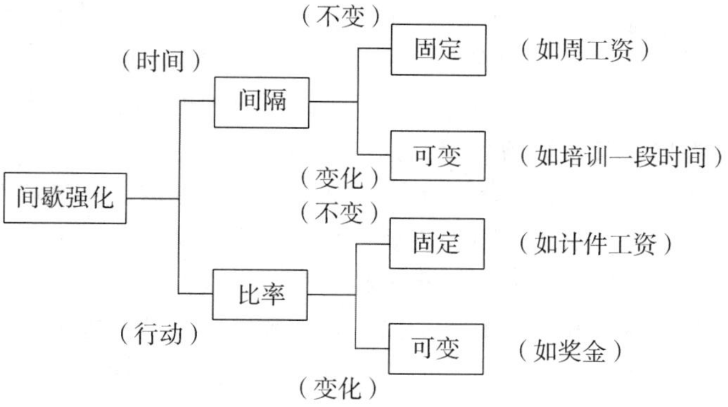

图 13-3　间歇强化类型图

主管人员在运用强化理论改造下属的行为时，应遵循的原则是：要设立一个目标体系；要及时反馈、及时强化；要使奖酬成为真正的强化因素；要多用不定期奖励；要奖惩结合、以奖为主；要因人制宜采取不同的强化模式。

（二）归因理论和轨迹控制

归因理论最初是在关于社会知觉的实验研究中提出来的，但以后随着对归因问题研究的深入和发展，归因理论所研究的内容也就逐渐超出了社会知觉的范围。概括起来，归因理论主要研究以下三个方面的问题：一是对人们心理活动的归因，即人们心理活动的产生应归结为什么原因；二是对人们的行为的归因，即根据人们外在的行为和表现对其内在的心理活动的推论，这是社会知觉归因的主要内容；三是对人们未来行为的预测，即根据人们过去的行为表现预测他们以后在有关情景中将会产生什么行为。这一理论来源于早期如卢因、费斯廷格、查姆斯及贝姆的认知理论。但一般认为海德是该理论的创始人，而凯利则是现代的主要代表。归因理论的特点，在于强调一个人的知觉与其行为之间的关系。如凯利认为，归因理论主要涉及人的认知过程，并借以说明个体行为产生的原因与一定的环境有关，或者说可以归因于一定的环境。虽然，动机激发和行为的许多“为什么”的问题的起因是无法直接观察到的，但人们的行动必须依赖认知，尤其是知觉。归因理论家们假设人们是有理性的，能够认识、理解与其环境有关的因果结论。海德还认为，内在力量（对能力、努力及耐劳精神等个人因素的归因）和外在力量（对有关的规章制度及组织、气氛等环境因素的归因）的综合作用，决定着人的行为，并强调指出对行为起重要作用的只是那些被感知到的因素，而非所有存在的全部因素。人们对内在因素和对外在因素的比重在感觉上的不同，会影响他们的行为表现。正是这种不同的归因观念对工作动机的激发具有重要意义。

“轨迹控制”是指人们对自己行为所造成的结果究竟是受外因还是内因控制的一种认识。当人们感到主要是受内因的控制时，他们会觉得可以通过自己的努力、能力或技巧来影响行为的结果；当人们感到主要是受外因的控制时，他们会觉得行为的结果非自己所能控制，而是受外力的摆布。这种被感知的轨迹控制会对人们的满足和绩效带来不同的影响。

归因理论及轨迹控制在管理领域中主要研究以下两方面的问题：对人们的某一行为究竟归结为外因还是内因，研究人们对获得成功或遭到失败的归因倾向。心理学家威纳认为人们对自己的成功和失败主要归结于四个方面的因素：努力、能力、任务难度和机遇。这四种因素又可按内外因、稳定性和可控性进一步分类：从内外因方面来看，努力和能力属于内因，而任务难度和机遇则属外部原因；从稳定性来看，能力和任务难度属于稳定因素，努力与机遇则属不稳定因素；从可控性来看，努力是可以控制的因素，而任务难度和机遇则超出个人控制范围。人们把成功和失败归因于何种因素，对以后的工作态度和积极性有很大影响。例如，把成功归因于内部原因，会使人感到满意和自豪；归于外部原因，会使人感到幸运和感激。把失败归于稳定因素，会降低以后工作的积极性；归因于不稳定因素，可能提高以后工作的积极性等。总之，运用归因理论来增强人们的积极性对取得成就行为有一定的作用，特别是对科研人员的作用更明显。这说明通过改变人的思想认识可以达到改变人的行为的目的。

（三）挫折理论

挫折是指人们从事有目的的活动，在环境中遇到障碍和干扰，使其需要和动机不能获得满足时的情绪状态。它是一种普遍存在的社会心理现象，任何人的一生都不可能是一帆风顺的。这不仅是因为客观事物是纷繁复杂、不断发展变化的，人们对其认识要有一个不断深化的过程，而且达到目标也要有一个积聚力量、创造条件的过程。所以在这个过程中遇到一些障碍和干扰是难免的。某一目标能否实现，某一需要和动机能否得到满足，既取决于这种目标、需要和动机是否具备实现的客观条件和环境，也取决于人们的主观认识与客观事物相吻合的程度。所以，挫折是客观存在的。

引起挫折的原因是多种多样的，人们受挫的程度也各不相同，但总的来说，挫折不外乎是由主观因素和客观因素造成的。由主观因素引起的挫折叫作个人起因的挫折。例如，由于个人体力和智力的限制，不能达到目标；或由于个人健康状况不佳或生理上的缺陷，不能胜任某种工作；或经验不足和智力水平较差，在工作中遭到失败等。由客观因素引起的挫折叫作环境起因的挫折。这是由于外界事物或情况阻碍人们达到目标而产生挫折。历史发展的不平衡、社会变革的影响、新生事物发展的不完善、不良的社会风气、不良的小环境（如人们之间的关系紧张，工作岗位不能使人充分发挥才能，教育方法不当，管理方式不妥等）、偶然的客观事物的发生等等，都可能成为挫折的原因。许多研究表明，受挫的大小与个体的动机密切相关，当重要动机受挫时，感受到的挫折就较大，对个体的打击也较大。由于心理发展层次的不同，认识方法的差异，抱负水准的高低等原因，不同个体会具有不同的重要动机，因而，挫折的感受因人而异。

动机受挫随时可能产生。这种挫折，有时是短暂的，有时是长期的；有的比较严重，有的比较轻微。一般说来，一个人遭受挫折后，在生理上、心理上均会产生种种反应；而反应的强烈程度和方式则往往根据所受挫折的性质、强度及个体自身当时的情况而异。一个人的行为受挫后，目标不能达成，动机无法兑现，需要得不到满足，在个体和环境之间便产生了冲突，导致内心的紧张，心理上的不安，乃至陷入痛苦之中。此时，个体会自觉不自觉地采取一种防卫性的对抗行为，以适应行为受挫后的新情况。行为受挫后所产生的防卫行为，其效果可能是积极的、建设性的，也可能是消极的、破坏性的。这些行为，按其建设性和破坏性的倾向可作如下排列：升华、增加努力、重新解释、补偿、折中、反向行为、合理化、推诿、退缩、逃避、表同、幻想、抑制、回归、侵略、放弃等。

挫折既是坏事，也是好事。一方面，挫折使人失望、痛苦；使某些人消极、颓废，甚至一蹶不振；或引起粗暴的消极对抗行为，导致矛盾激化；还可能使某些意志薄弱者因此失去生活的希望等等。另一方面，挫折又可能给人以教益，使人变得聪明起来；挫折能使犯错误者猛醒，认识错误，接受教训，改弦更张；它还可以砥砺人的意志，使之更加成熟、坚强；它还能激励人发奋努力，从逆境中奋起。之所以把挫折理论归于激励范畴，是因为成功与挫折是个体行为的两种可能的结果。目标达成，要积极引导以保持激励的效果；遭受挫折更应保护人们的积极性，使人们不产生消极和对抗的行为。

一个有效的主管人员，必须深入了解心理防卫机制，了解挫折后产生防卫性行为的实质，努力做好下属的心理辅导，从而增加积极的建设性行为，消除消极的破坏性行为。为消除行为受挫可能带来的消极影响，国外常见的几种做法有：及时了解、排除形成挫折的根源；提高下属和职工的挫折忍受力；采用“精神发泄”疗法等。

四、综合激励模式

综合激励模式是由罗伯特·豪斯提出来的，他通过一个模型把上述几类激励理论综合起来，把内外激励因素都归纳进去了，其代表公式是：

$$M=V_{it}+E_{ia}V_{ia}+E_{ia}\sum_{j=1}^{n}E_{ej}V_{ej}$$

式中：M——某项工作任务的激励水平的高低，即动力的大小；

V_{it}——工作本身所提供的效价，它所引起的内激励不计任务完成与否及结果如何，故不包括期望值大小的因素，即期望值为1；

E_{ia}——完成任务内在的期望值，也就是主观上对完成任务可能性的估计；

V_{ia}——完成任务的效价；

E_{ej}——完成工作任务能否导致获得某项外在奖酬的期望值；

V_{ej}——某项外在奖酬的效价；

i——内在的；

e——外在的；

t——任务本身的；

a——完成；

j——外在的奖酬项目。

上述展开的公式中包括了三项内容：

V_{it}——工作任务本身的效价，即某项工作对工作者本人有用性的大小，也就是这项工作本身的内激励力的大小；

$E_{ia}V_{ia}$——工作任务的完成所引起的内激励作用；

$E_{ia}\sum_{j=1}^{n}E_{ej}V_{ej}$——各种外在奖酬所起的激励效果之和，其中引入两项期望值，E_{ia}是对完成工作任务可能性的估计，E_{ej}是对完成工作任务与获得奖酬的可能性的估计。

这三项内容中，第一项纯属内在激励；第二项属于内在激励，但着眼于工作任务本身完成的效价即完成工作任务的重要意义；第三项则以完成工作任务为前提，研究工作任务完成后导致结果的可能性与效价，主要是外在的奖酬带来的激励。这三部分激励力量各自发挥着作用，相辅相成，但不一定缺一不可。

豪斯的公式强调了任务本身效价的内激励作用；突出了完成工作任务内在的期望值与效价；兼顾了因任务完成而获取外在奖酬所引起的激励，对主管人员将会有极大的启迪。要提高人们的积极性，必须从内、外激励两个方面入手。

（一）提高内激励

内激励来源于对工作活动本身及完成工作所带来的满足感。对提高激励的政策来说，提高内激励更为重要。因为这样不仅可以减少对外酬的需要，在奖酬不足或不为人们所重视的情况下尤为重要，而且内激励高则工作自觉性强，不需要管理人员过多监督。

内激励包括 V_{it}、V_{ia}和 E_{ia}三个变量，下面分别看看每个因素在提高激励水平方面有哪些有效的方法。

1.V_{it}——内酬效价。要提高内酬效价，主要办法有三条：

（1）使该项活动多样化，有变化，以免枯燥单调，或定期轮换不同职务，实现工作的扩大化和丰富化；

（2）尽量减少工作任务的不确定性，使每个人都清楚了解自己所做的工作的性质与内容；

（3）使工作能为人们提供更多交往的机会，以满足社会的需要；

（4）尽量做到专业对口，使工作者有兴趣。

2.V_{ia}——对完成任务的效价。提高这种效价的办法主要有下列三条：

（1）提高每个人对其工作成果的全面性和统一性的认识；

（2）提高人们对自己所完成工作的重要性的认识；

（3）提高人们对工作后果的责任感。

3.E_{ia}——完成任务内在的期望值，也就是主观上对完成任务可能性的估计。

对完成任务期望值，即对完成任务可能性的估计，这也是外激励的前提条件。因为只有主观上认为有完成任务的期望时，才有可能取得他想要的奖励。要提高这个期望值主要有三个办法：

（1）对职工进行培训，增强其工作的信心，提高其完成任务的能力；

（2）为职工创造完成任务的条件，帮助他们克服工作中的困难；

（3）重视工作效果的及时反馈，不断地把情况和意见告诉职工，使其能迅速修正行为。

（二）提高外激励

外激励是由E_{ia}、E_{ej}和V_{ej}三个因素所组成的，E_{ia}已经分析过了，下面分析后两个因素在提高激励水平方面的有效方法。

1.E_{ej}——完成任务后能否取得奖酬的可能性。要提高这种可能性，主要办法是：认真贯彻按绩效付酬的原则，赏罚分明，务使各项政策兑现；对常规性工作实行计件付酬；对需要有高技巧和创造性的工作，要根据其客观效果付酬，可由领导判断，力求公正。

2.V_{ej}——外酬的效价。由于外酬的种类繁多，每个人对各种外酬的需要、爱好及重视程度各异，为了使外酬发挥应有的作用，就必须使外酬符合每个人的喜好。为此，就要进行周密调查，按每个人的不同要求安排奖酬。

第三节 激励理论的应用

一、进行有效激励的要求

运用各种激励理论来激发组织成员的积极性，是各级领导者的重要职责，也是实现组织目标的必要前提。为使激励取得效果，在激励过程中必须符合以下要求：

（一）奖励组织期望的行为

美国著名管理学家米切尔·拉伯夫经过20年的调查和研究，总结出这样一条规律，即“人们会去做受到奖励的事情”，因而把奖励组织所期望的行为称为“现代行为管理的基本原则”。事实证明，组织中许多不合理的行为都是由于奖励不当造成的。根据在激励方面组织常犯的错误，拉伯夫提出，组织应特别注意奖励以下10种行为：奖励彻底解决问题，而不是奖励只图眼前见效的行为，以确保组织的长远利益；奖励承担风险而不是回避风险的行为；奖励善于用创造力而不是愚蠢的盲从行为；奖励果断的行动而不是光说不做的行为；奖励多动脑筋而不是一味苦干；奖励使事情简化而不是使事情不必要的复杂化；奖励沉默而有效率的人，而不是奖励喋喋不休者；奖励有质量的工作，而不是匆忙草率的工作；奖励忠诚者而不是跳槽者；奖励团结合作而不是奖励互相对抗。

（二）善于发现和利用差别

组织激励的一个重要原理是利用利益的差别，向组织成员传递组织期望的行为的信息。奖惩分明自古以来是人们所信奉的一个管理原则。利益的差别可以推动竞争，心理学的实验显示，竞争可以增加50%甚至更多的心理创造力。利益差别也是体现公平的一个方面。马克思主张社会主义社会实行按劳分配，正是为了解决社会分配不公的问题，从而调动广大劳动者的积极性。因此，各级主管人员必须坚持物质利益原则和按劳分配原则，处理好国家、集体、个人三者利益关系。通过考核人们的行为及绩效的差别，奖勤罚懒、奖优罚劣，切忌搞平均主义。1989年在对上海十几家企业上千名职工用问卷形式调查奖金与激励的关系时，发现人们受激励的程度与奖金数额的相关性甚小（相关系数为0.129）而与奖金差距关系密切，奖金拉开差距（20～150元）的A厂平均激励得分比奖金平均发放的B厂高2倍，A厂拿20元最低奖的职工受激励的程度超过B厂拿最高奖60元的职工。

在利用利益差别激励下属时，必须明确指出下属的贡献或不足，使之心服口服。为了避免造成员工间的矛盾，应尽量按预先规定的工作标准来衡量人们的实际表现，不要直接进行人与人的对比。

（三）掌握好激励的时机和力度

激励要掌握时机。比如，好人好事应及时表扬；下属做了错事，为防止扩大损失，固然应及时制止，但批评不一定马上进行，以防矛盾激化。对于反复出现的积极行为，不能反复表扬，而应当出其不意，使人们有所期待和有所争取。

激励要注意力度。奖励、惩罚、表扬、批评都有一个限度，心理学上称为“阈值”，低于这个阈值的激励是不起作用的，如轻描淡写的批评，漫不经心的表扬等作用都不大。但是激励力度也不能过分，过度奖励和过度惩罚都会产生不良后果。例如，有些企业奖金水平定得过高，导致职工积极性脆弱及劳务成本不断上升。

（四）激励时要因人而异

人们有不同的需要、不同的思想觉悟、不同的价值观与奋斗目标，因此激励手段的选择及应用要因人而异。为此，主管人员在进行激励时，要定期对人们的需要进行调查，分析不同年龄、性别、职务、地位、受教育程度的员工最迫切的需要，实行所谓“弹性报酬制度”，对不同的人，给予不同的激励，在总激励费用不变的前提下，获得更好的激励效果。

（五）系统设计激励策略体系

激励策略要优化组合，在空间上相辅相成，在时间上要相互衔接，形成“综合治理”的格局。

人的积极性运动机制的复杂性，影响因素的众多和交叉性，决定了激励必须采取“综合治理”的方式，也就是要根据影响积极性的各种因素的相互联系和相互制约的特点，以及系统理论的要求，使若干项激励措施同步配套地实行。这是因为各种影响因素同时在对人们的积极性起作用，不是受控制的，就是自发的，既有积极的，也有消极的。如果只抓一方面而不顾及其他，就容易产生相互抵消的情况。这就要求主管人员在运用激励手段时，既抓物质激励，也抓精神激励；既抓内激励，也抓外激励，特别要抓好内激励；既抓组织内的因素，也抓组织外的因素，处理好组织内部条件和外部环境的关系。日本的激励机制足以证明系统激励的重要作用。大量的调查研究表明，日本劳动大军的积极性是在一个配合良好的激励系统中产生的，这个系统主要包括社会性的职业竞争与大企业终身雇佣相结合的就业体制；职工收入与企业经营挂钩的分配制度；年功序列为基础的人事制度与家族主义的文化传统及企业工会体制等因素。

根据人们积极性运动的规律性，在设计激励系统时，可以按照考察分析-教育培训-目标管理-组织引导-考评奖惩等五个步骤进行。

二、激励的手段和方法

根据积极性的运动规律，调动人们的积极性的基本途径是，激发和满足正当、合理的需要，提高人们的思想觉悟，创造一个良好的富有激励性的环境。对此可以通过多种手段来实现。实践中常用的手段和方法有：

（一）思想政治工作

思想政治工作对改变人们的认知心理活动过程，有着重要的作用。从实践看，在个人认知过程中，最有影响的评价标准与观点是：个人目标结构、效价值、公平观、归因及挫折感。这些都是个人主观因素，可能正确，也可能不正确或不完全正确。思想政治工作的作用就在于影响人们去调整、改变这些标准与观点，使之切合实际，力求正确。思想政治工作之所以能起作用，就在于我们的国家和社会制度的性质，我们的社会是人民群众当家做主，是为人民谋利益的，人民群众是通情达理的，思想政治工作就是要抓住这个关键。思想政治工作主要进行以下教育：

1.进行世界观教育。就是要教育人们具有正确的生活目的，人不能光为自己活着，要为社会进步、国家的富强、人类的幸福贡献力量。引导人们把个人利益和国家的前途命运联结起来，把个人目标和组织目标联结起来，从而把国家与组织的发展目标纳入自己的个人目标。个人的目标结构改变了，就有可能消除或减少因个人利益得失所带来的情绪影响。

2.进行国情教育。主要引导人们用历史唯物主义观点看待自己的社会。要认清我们国家落后以及存在的不合理的状况都是历史造成的，它要通过历史来解决。既要积极改革，又不能操之过急。教育人们把自己的期望建立在客观可能的基础上，降低不切实际的过高的期望标准，以避免由于达不到期望而带来的情绪影响。

3.改革意识教育。通过教育引导人们用改革的思维去修正自己的公平、效价等价值观念。实践证明多数人产生的不满情绪主要来自相对不满足，即相对于他人、相对于自己的期望、相对于过去自己的某种状况。社会比较是人们认知活动中必然的心理活动，关键是用什么样的观念、标准来进行比较。改革意识教育就是引导人们去改变、否定旧观念，树立新观念、新标准，这样就可以缓解不满，保持和提高积极性。

此外，还要进行行为规则的教育、道德品质的教育、价值观的教育、遵守纪律的教育，进行正确确立需要和以正当手段满足需要的教育等等。

（二）奖惩

各种组织，尤其是企业都要运用奖惩制度，例如，用奖金、提升、晋级、福利和表扬来引导和激发人们的期望行为；用责罚的手段包括精神的、经济和行政的手段来制止和纠正非期望的行为。这对调动人们的积极性有着重要的作用。

由于人与人之间存在着个性差异，因此，不同的奖励形式对人的价值也会不同。

有时，从奖励的绝对值来看是相同的，但由于奖励的形式不同，奖励的作用也就大不一样。美国心理学家尼赖（Nealey）曾于1964年对美国电力工会会员作过一个大样本的调查，他采用六种不同的奖励形式调查电力工会会员对这些奖励形式的偏好。他提出的这六种奖励形式是：（1）每月增加50美元用于职工的退休基金；（2）增加6%的工资；（3）工作周从40小时缩短为37.5小时而不减少报酬；（4）加入工会办的工商企业（即入股）；（5）为职工及其家庭提供充分的医疗保险；（6）外加三周假期不扣工资。调查结果表明不同年龄的职工对不同奖励形式有不同的偏好。因此，在运用奖励时，要根据本组织的实际情况，在调查分析的基础上，制定科学的奖励制度。

一般说来，制定奖励制度必须遵守两个重要的原则：

（1）组织为其成员提供的奖励必须对其成员有较高的价值，即组织成员认为这种奖励对他有重要的意义。

（2）组织制定的奖励制度要使其成员得到的报酬与他们的工作绩效相联系，即工资奖金与绩效挂钩。对不同的奖励制度，可以从重要性、数量上的灵活性、使用的频率、可见性、低成本五个方面进行评价。各种组织，尤其是企业组织常用的奖励方式有五种，即增加报酬、津贴、提升、地位和身份象征、特殊奖励证书。这五种奖励方式并不是相互排斥的，而是各有优缺点，可以结合起来运用。

在运用激励措施时，只奖不惩是不行的，只奖不惩在管理上是一种不封闭的表现。适当的惩罚也是一种教育，有时是更实际更深刻的教育，因为许多健康的行为事实上都是来自于自然惩罚的过程。许多期望行为是从自己和别人非期望行为所得到的惩罚受教育而来的。但是，惩罚容易引起副作用，如产生不满、顶牛、关系紧张、丧失信心和行为固化等。为消除惩罚产生的副作用，必须正确地使用惩罚手段，如在惩罚之前要发安民告示、奖惩比例要适当、要言行一致、从善意出发等。

（三）工作设计

工作设计问题主要是组织向其成员分配工作任务和职责的方式问题，也包括创造一个良好的工作环境和生活环境。工作设计是否得当对激发职工的工作动机，增强职工的工作满意感以及提高生产率都有重大的影响。

工作设计的发展，经历了工作简单化、工作扩大化和工作丰富化三个阶段。工作设计的历史可以追溯到科学管理运动。以泰勒为代表的科学管理学派采用“时间和动作”分析的方法，尽量使工作简单化，其目的是最大限度地提高劳动生产率。这种工作简单化的倾向，在20世纪初确实起到了提高劳动生产率的作用。但这种生产率的提高是建立在摧残工人身心健康的基础上的，因此也日益遭到工人的抵制和反对。因为这种简单化把工人束缚在狭窄的工作范围内，工人只是重复简单和单调的动作，使工人感到厌烦；而且，这种简单化不能满足工人在工作中得到成长和发展的需要，使工人感到不满，从而降低了生产率。

为了克服工作简单化造成的一系列消极后果，人们提出了工作扩大化和丰富化的工作设计方法。所谓工作扩大化是一种与工作专业化和简单化背道而驰的生产方式，它要让工人增加工作的种类，同时承担几项工作或者做周期更长的工作，以克服单调工作的厌烦，增加工作的兴趣。这种工作方式首先在美国国际商业机器公司（IBM）

的埃迪考特工厂试行，证明能提高职工的情绪，激发工作的积极性。工作丰富化是让工人有机会参与工作的计划和设计，得到信息反馈，评估和修正自己的工作，使工人对工作本身产生兴趣，增强责任感和成就感。工作扩大化与工作丰富化的区别在于，工作扩大化是扩大工作的水平负荷，即增加同类工作的数量，对工作技能水平的要求则大致相同；而工作丰富化是从纵向扩大工作范围，即扩大工作的垂直负荷，要求任职者完成更复杂的任务，负更大的责任，有更多的自主性，因而对人们的能力和技能也提出了更高的要求。工作丰富化在国外尚在试行阶段，效果还没得到肯定。尽管工作丰富化的试验还没有准确的效果，但工作设计的趋势从20世纪初的工作简单化朝着工作扩大化和丰富化的方向发展则一直没有变。

（四）职工参加管理

职工参加管理是指在不同程度上让职工和下级参加组织决策，参加各级管理工作的研究和讨论。这样做可以使下级感受到上级主管的信任，从而体验到自己的利益同组织的利益、组织的发展密切相关而产生强烈的责任感。多数人由于参加商讨与自己有关的问题而受到激励，这也为实现组织目标提供了保证。我国是社会主义国家，民主管理是我国各级组织管理的本质特征，职工参加管理，正是民主管理的一种方式，它体现了群众在组织中的主人翁地位和权利。这就要求各级主管人员在管理中应当自觉地采用这种方式，要相信群众，依靠群众，并自觉地接受群众的监督。应当鼓励人们参加一些可以给予他们管理的事务，倾听下属的意见并进行研究，采纳合理化建议。当然，让职工参加管理，并不意味着主管人员可以放弃自己的职责。主管人员必须在民主管理的基础上，尽职尽责做好本职工作。职工民主管理的真正含义在于增强职工主人翁责任感，密切领导和群众的关系，使组织得到蓬勃的发展。

（五）培训激励

培训激励的作用是多方面的。它可以满足人们的求知需要。通过培训，可以提高人们达到目标的能力，为承担更大的责任、承担更富有挑战性的工作及提升到更重要的岗位创造条件。如驰名世界的化工企业德国的巴斯夫公司把培训职工、提高其工作能力作为激励的五项基本原则之一。该公司在南亚、东南亚及澳大利亚地区的常务董事施恩麦博士认为，雇员接受培训，既提高了知识，又培养了个性。他们在寻找更多的认可、更高的级别和更高的工资中遇到了挑战。他们利用各种机会来建立他们的未来，对公司十分有利。

（六）榜样激励

榜样的力量是无穷的。大多数人都不甘落后，但往往不知道该怎么做，或在困难面前缺乏勇气，通过树立先进典型和领导者的宣传示范，可以使人们找到一面镜子、一把尺子和一根鞭子，使人们增添克服困难和争取成功的决心及信心。

（七）持股激励

持股激励是指通过让组织管理者、员工持有本组织的股票，来激发管理者和员工的积极性。它是一种带有长期性质的激励方式。其具体方式有：购股、赠股、转股、干股、期股。持股激励能够把组织员工的长期利益同组织的长期利益、长远发展结合起来，把个人利益同组织利益联系在一起，形成利益共同体。

股票期权激励是持股激励的重要方式之一。股票期权包括股票期权合约和股票期权计划。它是组织给予员工尤其是高级管理人员的一种权利，拥有这种权利的人员可以在规定的时期内以股票期权的行业价格购买本公司股票。这种新型的激励机制将组织员工的薪酬与组织长期的业绩联系起来，鼓励员工不断创新和行为长期化，关注组织的持续发展，克服短期行为。

（八）组织文化的激励策略

组织文化是组织员工统一意志的体现，这种意志可以形成自身的发展机制，并产生效应，使组织成员从内心产生一种动力，形成一种激励。组织文化的基础是“以人为本”，在这种“以人为本”价值观的指导下，员工所受到的激励是传统的激励方法所不能比拟的。组织文化所起的激励作用不是被动消极地满足人们对自身价值实现的心理需求，而是通过组织文化的塑造，使组织成员从内心深处自觉产生为组织努力的精神。组织的价值观一旦被组织成员认同，就会成为一种黏合剂，从各方面把其成员团结起来，产生一种巨大的向心力和凝聚力。同时，它使个体对外部异质体增强敏感性和竞争性，促使个体凝聚在群体之中，形成“利益共同体”，从而大大增强了组织群体内部的一致性，使组织在竞争中形成一股强大的力量。

一个成功的组织，必然是那些能够对环境的各种变化作出敏锐、准确反应的组织。要使组织在动态发展的环境中持续发展，作为组织领导者，就必须在组织中建立一种具有长久影响力的精神支柱——组织文化，有了这种精神支柱的激励作用，组织就能够形成一种有效应对环境因素变化对组织影响的“内在机制”。加强组织文化建设是组织应对未来环境挑战、形成持久激励的一种有效的激励手段。

（九）发展与危机的激励策略

给个人提供各种学习、锻炼的机会是一种有效的激励方式。培训意味着为自身素质的提高、自身人力资本的增值以及为将来更好地发展提供机会和条件。特别是进入信息社会，知识的更新越来越快，人们在工作岗位上受到的挑战也越来越多，对学习的需要越来越强烈。因此，培训这种激励方式也越来越受到青睐。

危机激励是指将组织面临的危难、不利条件和困难告诉组织成员，使之产生一种危机感，形成一种不进则退、置之死地而后生的竞技状况，使组织成员奋发进取，拼搏向上，勇往直前。中国古代的“卧薪尝胆”“破釜沉舟”的故事充分说明了危机激励的重大作用。

现代组织所面临是一种竞争激烈、充满挑战的环境，这就要求组织领导人一方面要保持冷静的头脑，时刻注意环境的细微变化；另一方面要组织员工进行“SWOT”（组织面临的优势、劣势、机会与挑战）分析，给组织定好位，找出组织真正的竞争对手，唤起员工的危机意识、忧患意识，并把这种意识化为行动的动力。

思考题

1. 试述激励及其作用。
2. 简述激励的机制。

3. 试对几种激励理论进行分析评价。

4. 运用综合激励模式谈如何调动人的积极性？

5. 如何进行有效的激励？

6. 激励的手段和方法有哪些？

第十四章　信息沟通

学习本章的目的和要求
通过本章的学习，掌握信息沟通的目的和作用、信息沟通的形式和方法、信息沟通的原则和要求。

第一节　信息沟通的概念和作用

一、信息沟通的概念和过程

（一）信息沟通的概念

在管理工作的各个方面都需要信息沟通，但对于行使领导职能来说，信息沟通更有其重要意义。丹尼尔·卡茨和罗伯特·卡恩认为：“……信息沟通，即交流信息情况和传达意图，是一个社会系统或组织的重要组成部分。”而孔茨则解释为：“信息从发送者转移到接收者那里，并使后者理解该项信息的含义。”而西蒙则认为：“信息沟通系指一个组织成员向另一个组织成员传递决策前提的过程。”尽管对信息沟通还没有一个统一的认识，但人们都认为有效地进行信息沟通是必要的。我们可以把信息沟通理解为：人与人之间传达思想或交换情报的过程。在领导工作中，信息沟通是指人与人之间的交流，即通过两个或更多人之间进行关于事实、思想、意见和感情等方面的交流，来取得相互之间的了解，以及建立良好的人际关系。

对于人与人之间的沟通必须从以下几方面去理解：

1. 人与人之间的沟通主要是通过语言（或语言的文字形式）来进行的。

2. 人与人之间的沟通不仅是消息的交流，而且包括情感、思想、态度、观点的交流。

3. 在人与人的沟通过程中，心理因素有着重要的意义。在信息发出者和接收者之间，需彼此了解对方进行信息交流的目的和动机，而信息交流的结果是会改变人的行为的。

4. 在人与人的信息沟通过程中，会出现特殊的沟通障碍。这种障碍的产生不仅是原于信息通道（即传递）的失真或错误，还源于人们所特有的心理障碍。例如，由于人的知识、经历、职业、政治观点等的不同，对同一信息可能有不同的看法和不同的理解。因此，在研究人与人之间的沟通过程时，需要了解和研究它的特殊规律。

（二）信息沟通的过程

信息沟通过程是指一个信息的发送者通过选定的渠道把信息传递给接收者，这个过程的具体步骤如图 14-1 所示。

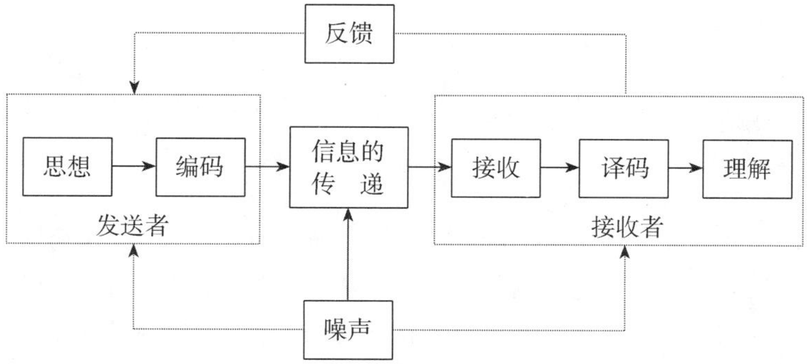

图 14-1　信息沟通过程的一般模式图

信息沟通开始于有了某种“思想”或想法的发送者，然后通过发送者和接收者都能理解的方式进行信息编码，并通过连接发送者和接收者的渠道加以传递。信息的传递既可以是口头的或书面的，也可以通过备忘录、计算机、电话、电报或电视来传递。有时人们可以使用两种以上的传递渠道，例如，双方可以先用电话达成一个基本协议，然后再用书信予以认可。每种渠道都各有利弊，所以，选择恰当的渠道对实施有效的信息沟通是极为重要的。信息沟通的下一个步骤是译码，即信息接收者把信息回译成思想。只有当发送者和接收者对符号的意思持有相同的或者是类似的理解时，才会有准确的信息沟通。从图 14-1 中我们还可以看出，信息沟通经常受到“噪声”的干扰。无论是在发送者方面，在传递中，还是在接收者方面，噪声就是指妨碍信息沟通的任何因素。为了检验信息沟通的效果如何，反馈是必不可少的，因为，在没有信息反馈证实之前，信息是否已经得到有效的编码、传递、译码和理解无法确定。

另外，有许多情境和组织因素也左右着信息沟通过程。从外部环境看，可能有教育的、社会的、法律政治的和经济的因素。例如，压制性的政治环境就会抑制信息沟通的自由流动。另一种情境因素就是地理上的距离，面对面的直接沟通，既不同于两个人远隔千里的电话交谈，也不同于电报和信函的往来。此外，时间也是信息沟通中必须考虑的因素。其他影响组织内部信息沟通的情境因素还有组织结构、管理和非管理过程以及技术等。

二、信息沟通的目的和作用

（一）信息沟通的目的

组织中的信息沟通的目的是促进变革，即对有助于组织利益的活动施加影响。由于信息沟通把各项管理职能联成一体，所以它对组织内部职能的行使是必不可少的。在一个组织内，信息沟通主要用来：

1.设置并传播一个组织的目标；

2.制订实现目标的计划；

3.以最有效果和效率的方式来组织人力资源及其他资源；

4.选拔、培养、评估组织中心成员；

5.领导和激励人们并营造一个人人想要作出贡献的环境；

6.控制目标的实现。

此外，信息沟通不仅促进了各项管理职能的有效行使，而且也把组织同外部环境联系起来了。任何一个组织只有通过信息沟通才能成为一个与其外部环境发生相互作用的开放系统。

（二）信息沟通的作用

信息沟通的作用在于使组织内的每一个成员都能够做到在适当的时候，将适当的信息，用适当的方法，传给适当的人，从而形成一个健全的迅速的有效的信息传递系统，以有利于组织目标的实现。正如巴纳德认为的，信息沟通就是把组织中的成员联系起来以实现共同目标的手段。具体地说，信息沟通的作用有：

1.沟通可提供充分而确实的材料，是正确决策的前提和基础。任何组织机构的决策过程，都是把情报信息转变为行动的过程。因此，准确可靠而迅速地搜集、处理、传递和使用组织内外的信息，是决策过程的重要环节。任何决策的失误都是信息沟通不畅造成的。因此，没有沟通就没有正确的决策。

2.沟通是组织成员统一思想和行动的工具。在实现组织目标的过程中，有必要使组织成员认清形势，了解组织的决策和政策。而要做到这一点，就有必要消除由于人们所处位置不同、利益不同、掌握信息多少的不同、知识经验不同而产生的对组织决策和政策的态度的不同，这就必须进行充分而有效的信息沟通，如：交换意见、统一思想、明确任务等。

从一个人被招聘到某一岗位（或职位）开始，直到退休（或调出），有效的沟通都是重要的。在招聘过程中，进行沟通可使未来的职工相信在本组织中工作的好处，主要使他们对整个组织状况有所了解，产生好的印象。同时，还要使他们了解组织的内部政策、习惯做法、结构、他们的岗位等，从而使他们在进入岗位之前，有心理上的准备。信息沟通还可以使职工们熟悉自己的工作，感到其工作安全。一般来说，使职工在精神上感到满意，他们的工作效果就更有成效，就更愿意留下来工作。每个职工都承认在组织活动中需要纪律，在这方面进行信息沟通，就是使职工了解组织的各项规章制度，以使他们能遵守这些制度，从而保持组织的统一性。

3.沟通是在组织成员之间特别是领导者和被领导者之间建立良好的人际关系的关键。一个组织内的人际关系如何，主要是由沟通的水平、态度和方式来决定的。只有通过不断的信息沟通，才能使组织内的成员彼此了解、互相有感情、配合默契。一个领导者作风好，深入基层，虚心听取大家的意见，关心大家的疾苦，就会更能赢得人们的信任和支持。在个人考评方面，上级主管人员评价其下属对组织所作的贡献，并将此评价传达给下级是十分重要的。因为这有利于使下级了解自己的地位、了解上级对他们完成任务的看法、了解他们如何改进自己对组织的贡献，以及了解他们未来的前途等。这种沟通将会大大激发职工的士气。

三、信息沟通中的障碍

主管人员经常谈到沟通障碍是他们遇到的最大问题之一，这是不足为奇的。因为，各组织为了沟通耗费了大量的人力，但有时并不是卓有成效的。这是因为一个有效的沟通必须包含三个要素、四个步骤。三个要素如前所述，是指信息的发送者（信息源）、接受者、信息。四个步骤是指注意、了解、接受、行动。每一个要素和每一个步骤都可能存在着各种障碍，它们直接影响沟通效能的发挥。常见的信息沟通障碍有以下几种：

1.语言障碍，产生理解差异。在一个组织里，可能有来自各个地域的人，各地区语言差别大，有时互相听不懂。另外，语言是思想的外壳，但思想和语言并不是一回事，各人的语言修养和表达能力差异很大，加上有些沟通者事先缺乏必要的准备和思索，或用词不当或说话意图不清，使听者不知所云；有时即使意图清楚、用词得当，由于语音复杂，一词多义，理解的可变度极大，个人在译收的过程中还会加上主观的推理综合，再加上受个人的世界观、方法论、经历、经验、需要的影响，从而产生不同的理解。为了克服语言障碍，进行广泛的语言训练是必要的。

2.环节过多，引起信息损耗。信息从一个人传到另一个人的一系列传递过程中会越来越失真，一般每经过一个中间环节，就要丢失30%的信息。这是由于人的性别、年龄、文化程度不同，信仰、观点、态度不同，思维、记忆、想象也不同，从而造成一个人的感觉和知觉不一样以及接受水平上的差异。另外对信息的遗忘性也是一个问题。为此就有必要运用各种渠道反复地沟通信息。

3.信息沟通中的偏见、猜疑、威胁和恐惧，妨碍沟通。如果信息发送者在接受者心目中的形象不好，存有偏见，则后者对前者所讲述的内容往往不愿意听或专挑毛病，有时虽无成见，但认为所传达的内容与己无关，从而不予理会，拒绝接受。猜疑、威胁和恐惧也是有害于信息沟通的。在含有这些因素的气氛中，任何信息都要受到猜疑，这可能是上司行为前后矛盾的结果，或者是在过去因向上司如实反映不利的但又是真实的情况而受到惩罚的经历所致。这样就导致出现报喜不报忧的情况。因此，创造一种信任的气氛，以此促进公开而真诚的沟通是十分重要的。

4.地位差异，妨碍交流。一般人在接受信息时不仅判断信息本身，而且判断信息的发送人，信息源的层次越高便越倾向于接受。一个人地位高，似乎就是正确的、可信的；一个人地位低，其发出的信息也将跟着打折扣。一般来说，地位高的人对地位低的人沟通是无所顾忌的，而下级对上级沟通时往往是有顾忌的。这样就使一个领导者不容易得到充分而真实的信息。特别是当领导者不愿意听取不同意见时，必然堵塞言路，使下级保持沉默。

5.信息表达不清，沟通要求不明，渠道不畅，影响沟通。尽管信息发送者头脑中的某个想法很清晰，但仍有可能受措辞不当、疏忽遗漏、缺乏条理、思想表达紊乱、行文陈词滥调、乱用术语以及未能阐明信息的含义等现象的影响，使信息表达不清楚和不正确，造成很大损失。有些领导者并不明确为了完成组织的任务和作出正确的决策自己需要哪些信息，致使组织的信息沟通呈现自发的无组织状态，以致别人提供的信息并不需要，而需要的信息又没有，效能很低。

6.地理障碍，沟通困难。由于组织规模庞大，地理位置分散、相距较远或地形复杂都会引起沟通困难。

7.信息超负荷。有人也许认为，比较多的不受限制的信息流动会有助于克服信息沟通中产生的问题，但是，不受限制的信息流动会导致信息过量。信息超负荷往往会导致一系列问题：第一，人们可以无视某些信息，比如，一个人收到的信件太多，干脆就把应该答复的信件也置之不顾了。第二，一旦人们被过多的信息搞得晕头转向，在处理中就会出差错，例如，人们可能会把信息所传送的“不”字忽略了，从而使原意颠倒。第三，人们既可能会无限期地拖延处理信息，也可能放在日后迅速处理。第四，人们会对信息进行过滤，这种过滤往往把关键性的信息给忽略了。第五，人们干脆从沟通工作中脱身以对待信息超负荷的情况。就是说，由于信息超负荷，人们会把信息束之高阁或者不进行沟通。

除了上述障碍外，还有其他许多影响有效沟通的障碍。如在选择性认知方面，人们往往以他们想要认知的为知觉，这在信息沟通中意味着人们听到了要听到的信息，却忽略了其他相关的信息。同知觉密切相关的是“态度”的影响，态度是一种有关事实或事态的心理定位，显然，倘若人们已经认定了什么，就不可能客观地聆听别人的说话。能说会道的人很多，而耐心的听众却很少。

克服沟通障碍，不只是工作方法问题，更根本的是世界观问题，只要领导者能够树立起关心群众、信任群众、依靠群众和善于向群众学习的思想，再注意改进沟通方法和工作作风，任何沟通障碍都是可以克服的。

第二节　信息沟通的形式和方法

一、信息沟通的形式

信息沟通按不同的标志可以分成许多形式：

（一）按沟通的组织系统划分

按沟通的组织系统，可以分为正式沟通和非正式沟通。正式沟通就是通过组织明文规定的渠道进行信息传递和交流。这类沟通代表组织，比较慎重。例如，组织规定的汇报制度，定期或不定期的会议制度，上级的指示按组织系统逐级下达，或下级的情况逐级上报等等。非正式沟通是在正式沟通渠道之外进行的信息传递或交流。这类沟通代表个人，比较灵活。例如，组织中职工私下交换意见，议论某人某事等等。现代管理中很重视研究非正式沟通。因为人们的真实思想和动机往往是在非正式的沟通中表露出来的。这样的沟通，信息传递快而且也不受限制，它起着补充正式沟通的作用。但这两者之间的界限不是绝对的，有时是很难区分的。

（二）按沟通信息的流动方向划分

按沟通信息的流动方向可以把信息沟通分为上行沟通、下行沟通和横向交叉的沟通。

上行沟通是指下级的意见、信息向上级反映。这种沟通经常受到沟通环节上的主管人员的阻碍，他们把信息过滤并且不把所有信息，特别是不利的信息向上级传送。就控制的目的而言，客观地传送信息至关重要，因为这是主管人员掌握全面情况，作出符合实际的决策的前提。自下而上的信息沟通主要是启发式的，它通常存在于参与式的和民主的环境之中。有效地进行自下而上的信息沟通需要有一个使下属可以自由沟通的环境。组织气氛在很大程度上受上级管理部门的影响，因而，创造自下而上自由沟通这样一个环境的责任在很大程度上，也应由上层管理部门承担。

下行沟通是指自上而下的沟通，是信息从高层次成员朝低层次成员的流动。这种沟通方式在具有独裁主义气氛的组织中尤为突出。主管人员把组织目标、规章制度、工作程序等向下传达，这是保证组织工作开展的重要沟通形式。遗憾的是，信息向下属指挥系统传送时往往被遗漏或被曲解。而最高管理部门所颁布的政策和工作程序并不能保证信息的沟通。事实上，许多指示并未被下属所理解，甚至连看都没看过。因而，要知道接收者是否按照发送者的意图去理解信息，必须要有一个信息反馈系统。

横向交叉的沟通是指同一级之间，或对角线即处于不同层次的没有直接隶属关系的成员之间的沟通。这种沟通方式用来加速信息的流动，促进理解，并为实现组织的目标而协调各方面的努力。

（三）按沟通的方法划分

按沟通的方法可以把沟通分为书面沟通、口头沟通和非语言的信息沟通。口头沟通是借助于口头语言进行的沟通，如谈话、报告、讨论、讲课、电话等。它的特点是亲切、反馈快、弹性大、双向、效果好，但事后难于准确查证。又由于种种原因，许多听话者提不出应提的问题，因而只得到一些不完整的或断章取义的情报，可能导致代价高昂的错误，而且也不一定能节省时间。书面沟通是利用文字进行沟通，如：合同、协议、规定、通知、布告、手机短信、电子邮件等。它的特点是正式、准确、具有权威性，又可以把传送的情报作为档案或参考资料保存下来，往往比口头沟通更为仔细。进行书面沟通，可以使接收者反复阅读，但也不一定能达到预期效果，因为写得不好的书面信息，往往随后需要用很多书面和口头情报来澄清，这既增加了沟通的费用，也容易引起混乱。书面和口头沟通这两种形式各有利弊，因而两种方式经常同时使用，并使之互为补充。

非语言信息沟通方式，诸如用面部表情、说话声调、语气和身体姿势来加强或否认语言沟通的效果。但这种沟通也并不总能做到这一点，例如，一个作风专断的主管一面拍桌子，一面宣称从现在开始实施参与式管理，这样他的话可信程度就有问题。显然，非语言沟通方式既能强化语言沟通的效果，也能起相反的作用。

（四）按沟通方向的可逆性划分

按沟通方向的可逆性可以把沟通分为单向沟通和双向沟通。单向沟通是指信息朝一个方向前进，信息发送者与信息接收者之间的地位不发生变化，例如，作报告、发指示、作讲演等。这种沟通的特点是速度快、秩序好、无反馈、无逆向沟通，但实收率低，接受者容易产生挫折、埋怨和抗拒。双向沟通是指信息发送者与信息接收者之间的地位不断发生变化，信息在两者之间反复变换传送方向，如交谈、协商、会谈等。这种沟通的特点是速度慢、气氛活跃、有反馈、实收率高，接受者能表达意见，人际关系较好。但信息发送者感到心理压力较大，因为随时都会受到信息接收者的批评或挑剔。

严格来讲，单向沟通并不是真正的沟通，而只是一方把话告诉另一方，效果如何则暂且不问。双向沟通才是真正的沟通。但是不能因此而否定单向沟通。一般说来，例行公事、有章可循、无甚争论的情况可采用单向沟通；事情复杂、底数不大，可采用双向沟通。重视速度维护表面威信可采用单向沟通；重视人际关系则可采用双向沟通。

二、信息沟通的方法

信息沟通的方法是多种多样的，是随机制宜因人而定的。可供选择的信息沟通方法有：

（一）发布指示

在指导下级工作时，指示是重要的。指示是使一个组织生机勃勃或者解体的动力，指示可以开始、更改、制止一个活动。“指示”有许多含义，指示作为一个领导的方法，可以理解为上级的训令，它要求下级在一定的环境下工作或停止工作。它隐含有从上级到下级的直线指挥人员之间的关系，这种关系是不能倒过来的。指示的另一个含义是，指示的内容应该和实现组织的目标密切关联，指示的定义含有强制性的意思。如果下级拒绝执行或不恰当地执行指示，而上级主管人员又不能对此使用制裁办法，那么他今后的指示可能会失去作用，他的地位将难以维持。要避免这种情况的出现，可以在指示发布之前听取各方面的意见，或对下级进行训导。

在管理中，发布指示应考虑的问题是：要由主管人员根据其对周围环境的预见能力以及下级的响应程度，来决定是采用具体的还是一般的指示。对授权持有严格观点的主管人员倾向于用具体的指示，而在对实施指示的所有周围环境不可预见的情况下大多采用一般的指示。当指示的实施远离上级的监督时，下达指示应该特别小心。另外应考虑的问题是，如果上下级之间的关系将长期维持，上下级之间的信任程度又较高，则不必用书面指示；如果为了防止命令的重复和司法上的争执，为了对所有有关人员宣布一项特定任务，尤其是不平常的任务，则书面指示大为必要。再有，对每一个下级准确地选择正式地和非正式地发布指示的方法，也是一种艺术。对有些下级可采用非正式的指示来启发诱导；而对另一些下级，用正式的书面或口述的命令可能会更好。

（二）会议制度

从历史上看，会议这种形式有史以来就存在了。人们之所以经常聚会，是因为会议的确可以满足人们的某种需要。通过开会，人们可以沟通信息，交流思想，统一认识。在科学技术不发达的年代，开会固然重要，就是在人类步入“信息时代”的今天，它仍然是人们进行有效沟通的手段。尽管现在有许多先进的通信手段可以广为利用，但这不能完全取代面对面的会议。因为，领导工作的实质是处理人际关系，而人与人之间的沟通联络是人们思想、情感的交流。采用开会的方法，就是提供交流的场所和机会。

会议的作用主要有：

1.会议是整个组织活动（包括社会活动）的一个重要反映，也是与会者在组织中的身份、地位以及所起的作用的表现。会议中的信息交流能在人们心理上产生影响。

2.会议可以集思广益。与会者在交流意见之后，就会产生一种共同的见解、价值观念和行动指南。这种见解的共同组合不仅使每个与会成员能更好地分工合作，而且会使彼此的联系更紧密。

3.会议不仅能使人们彼此了解共同的目标，还可以了解自己的工作与他人工作的关系，可使每个成员更好地选择自己的工作目标，明确自己能怎样更好地为组织作出贡献。

4.通过会议，可以对每个与会者产生一种约束力。譬如，一位与会者本来反对某一提案，可是通过会议作出决议之后，他就只能服从。有时，有的成员虽然反对某一提案，其主要原因是没有听取他们的意见，一旦请他们讨论，倾听他们的意见之后，他们也会欣然投赞成票，从而自愿服从。

5.在会议上，有时人们可以提出一些别人没有注意到的问题，并对其加以认真考虑和研究。

会议的类型多种多样，要视目的和参加的人员不同而有所区别，如工作汇报会、专题讨论会、各种座谈会等等。值得注意的是，会议虽然是主管人员进行沟通的有效方法，但在利用这个方法时，必须讲究实效，减少"会议成本"，避免"文山会海"。

（三）个别交谈

个别交谈是指在组织内或在组织外，人们利用正式的或非正式的形式，同下属或同级人员进行个别交谈，征询谈话对象对某一问题的看法，包括对别人、对别的上级、对谈话人自己的意见。这种形式由于建立在相互信任的基础上，可以不受任何约束，双方都会感到有一种亲切感。这对双方统一思想、认清目标、体会各自的责任和义务都有很大的好处。在个别交谈时，人们往往愿意表露真实的思想，提出不便在公开场合提出的问题。个别交谈是主管人员开展思想工作的有效方法，通过个别交谈，可以使主管人员掌握下属的思想动态，并与下属在认识、见解、信心诸方面取得一致。对此，管理学家和行为科学家们都给予了极大的关注，并进行了深入的研究。

必须注意的是，在进行个别交谈时，不要带有任何成见，不要先入为主，要善于启发诱导、耐心听取对方的意见。如能用形象的比喻和手势、幽默的语言和表情，造成一种十分融洽的谈话气氛，则会使谈话效果更好。

（四）建立信息沟通网络

信息沟通网络实际上是对各种沟通形式的概括。组织中的不同沟通网络形式对组织活动的效率有着不同的影响。莱维特最早通过实验提出了五种沟通网络形式，如图14-2所示。

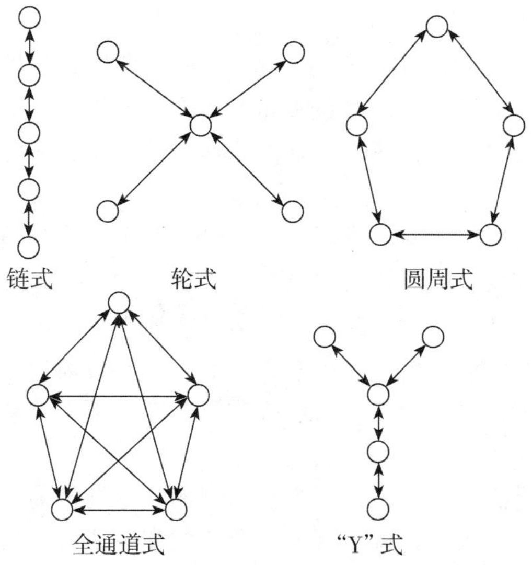

图14-2　五种不同的沟通网络示意图

图14–2中的圆圈代表信息的传递者，箭头表示传递方向。

这五种沟通模式各有其优缺点。链式沟通网络传递信息的速度最快；圆周式沟通网络能提高组织成员的士气，即大家都感到满意；轮式和链式解决简单问题时效率最高；而在解决复杂问题时，则圆周式和全通道式最为有效；“Y”式兼有轮式和链式的优缺点，即沟通速度快，但成员的满意度较低。除了上述五种沟通网络模式外，还有很多种不同的信息沟通模式，每个组织都可能有自己特殊的正式的沟通网络。主管人员应该自觉地研究和建立适合本组织需要的信息沟通网络，以保证上下左右各部门、各个人员之间的信息能够得到顺利沟通。

（五）设置快速处置人员和联络人员

在信息沟通过程中，常常会出现一些矛盾。例如，接收者可能对某些信息有成见，对之不感兴趣；对信息发出者不信任甚至怀有敌意，他们可能不听、不看。也许，有时来自不同地方，或同一地方的信息是互相矛盾的。对此接收者可能置之不理，也可能会随自己的喜好来选择，最终造成信息的失真，使信息失去意义。为了应付这种经常出现的情况，主管人员可以使用快速处置人员和联络人员。快速处置人员的责任是，帮助信息接收者选出一些适宜于优先处理的事情，以弥补信息沟通不佳造成的缺陷。而联络人员则充当了信息发出者与信息接收者之间传递信息的中间人，从而节约了时间。同时他们还负有解释信息的责任，这也是为了弥补信息沟通不佳的缺陷。当然，为使这些人员发挥作用，必须不断提高他们的素质，以防止造成粗枝大叶地传递信息，以至于对不佳的信息沟通渠道的改组时间延迟，或对更有效的信息沟通技术持因循守旧的态度。

第三节 信息沟通的原则和要求

一、信息沟通的原则

（一）明确的原则

信息沟通中的信息必须是明确的，即所用的语言和信息传递方式必须能被接收者所理解。这个原则看起来很简单，但在实际工作中，主管人员常常会发现他们经过深思熟虑严格措辞后发出的信息，接收者有时竟理解得很差。这种现象在下层对上级的沟通中往往也存在。

提出信息并用别人能理解的文字、语言、口气来表达，是信息发出者的责任，为此，要求信息发出者有较高的语言表达或文字表达能力，并熟悉其下级、同级和上级所用的语言。只有坚持这个原则，才能克服信息沟通中的障碍。另外，对信息接收者来说，要集中精力，设法克服思想开小差，以避免信息传递中的损失，增强理解。也就是说，有效的沟通是信息发出者和信息接收者共同的不可推卸的责任。

（二）完整性的原则

在信息沟通中，要注意必须以保证维护组织的完整性为前提。各级主管人员为了达到组织目标，就要进行沟通，以促进他们之间的相互了解。但是，沟通只是手段而不是目的。为维护组织的完整性，就要求上级主管人员支持下级主管人员的工作，鼓励位于信息沟通中心的下级主管人员运用他们的职位和权力。避免越过下级主管人员而直接向有关人员发布指示、进行接触。否则，会使下级主管人员处于尴尬境地，而违背统一指挥的原理。当然，如果确实需要直接发布指示，上级主管应事先同下级主管进行沟通。只有在时间不允许的情况下，例如，要求紧急动员完成某一项任务，越级指挥才是必要的。只有注意这个原则，下级主管人员才会主动配合上级，带领人们去共同完成任务。

（三）战略上使用非正式组织的原则

为使信息沟通产生最佳的沟通效果，主管人员有必要使用非正式组织来补充正式组织的信息沟通渠道。尽管信息是按正式渠道自上而下或自下而上地在各个管理层次中流动的，但要及时地处理所有信息并能使人理解，仅此渠道是不够的，也不一定是完全可靠的。因为，非正式组织存在于正式机构之外，主管人员利用它来发送和接收信息，以此补充正式组织提供的信息的不足，做好组织的协调工作，是有一定积极意义的。非正式组织是可以起到及早传递信息的作用的。

一般说来，非正式组织这个渠道的信息，对实现组织目标也有不利的一面，但是，小道消息盛行，却反映了正式渠道的不畅通。这就有必要通过各种渠道把信息告诉人们，以防止那些不利于或有碍于组织目标实现的小道消息的传播。

二、信息沟通的要求

为改进信息沟通工作并提高效率，在信息沟通中要满足以下要求：

1.沟通要有认真的准备和明确的目的性。信息发送者自己首先要对沟通的内容有正确、清晰的理解。重要的沟通最好要事前征求他人的意见，每次沟通要解决什么问题，达到什么目的，不仅沟通者清楚，要尽量使被沟通者也清楚。

2.沟通的内容要确切。沟通内容要言之有物，要有针对性，语意确切，尽量通俗化、具体化和数量化；要尽量避免笼统含混的语言，更不要讲空话、套话和废话。无论何时信息都要实用，沟通的内容对于接收者来说都要有价值。有时短期内会影响人们的不受欢迎的措施，如果从长远来看对他们有利的话，也比较容易被他们所接受。

3.沟通要有诚意，取得对方的信任并建立起感情。信息沟通的职能不只是传递信息而已，它涉及感情问题。感情在组织内上下级和同事之间的人际关系方面有非常重要的作用。另外，信息沟通不仅在营造一个激励人们为组织目标而工作的环境，也在为营造实现个人目标而工作的环境上有重要作用。有人对经理人员的沟通做过分析，一天用于沟通的时间约占70%左右，其中撰写占9%，阅读占16%，言谈占30%，用于聆听占45%。但一般经理都不是一个好听众，效率只有25%，究其原因，主要是缺乏诚意。缺乏诚意大多发生在自下而上的沟通中。所以要提高沟通效率，必须诚心诚意地去倾听对方的意见，这样对方也才能把真实想法说出来。聆听是沟通中理解的关键。人们要求倾听他们的话，要求别人认真地倾听，还要求被人理解，这样主管就必须避免打断下属的话，还要避免使他们处于防范的心理状态。既给予反馈也要求得到反馈，这是明智的做法，因为没有信息反馈，人们就不会知道信息是否被人理解。沟通能否成功，不仅和沟通内容有关，而且和沟通者的品德有关。最主要的是要有民主作风，要欢迎人们发表意见，特别是不同意见。要能兼收并蓄，豁达大度，要经常深入基层和实际，上下级之间要相互了解，从感情上建立联系，形成一种相互信任、充满信心的气氛以及支持下属工作的作风。同时，少摆领导架子，也是必要的。

4.提倡平行沟通。所谓平行沟通是指在组织中同一层次之间的相互沟通。有些领导者整天忙于当仲裁者的角色，想以此说明自己的重要性，这是不明智的。领导的重要职能是协调，但是这里的协调主要是目标的协调、计划的协调，而不是日常活动的协调。日常的协调应尽量鼓励平级之间进行。

5.提倡直接沟通、双向沟通和口头沟通。美国曾对经理们进行了调查，请他们选择良好的沟通方式，55%的经理认为直接听口头汇报最好，37%喜欢下去检查，18%喜欢定期会议，25%喜欢下面给写汇报。另外一项调查是问经理们在传达重要政策时，认为哪种沟通最有效，被调查的共51人，选择召开会议作口头说明的有44人，亲自接见重要工作人员的有27人，在管理公报上宣布政策的有16人，在内部备忘录上说明政策的有14人，通过电话系统说明政策的仅有1人。这些都说明人们倾向于面对面的直接沟通、口头沟通和双向沟通的居多。日本不主张领导者单独办公，主张大屋集体办公，这些都是为了及时、充分、直接地掌握第一手资料和信息。

6.设计固定沟通渠道，形成沟通常规。如采取定期会议、报表、情况报告、定期交换信息等。例如国外某公司规定，从基层开始，各级主管人员应当每月向他们各自的上级提出一份认为对上级考虑问题具有重要意义的、简明的、叙述性的报告。除此之外，公司还规定在直线组织中的下级主管人员，同他们的上级定期召开会议，讨论他们提出的问题如何解决。这个过程要依次在所有的各级管理层次中进行，直至最高主管部门。

第四节　互联网时代的沟通

组织的管理者们可以通过基于信息技术的互联网网络（包括公司内部的网络、公司本身的网站和外部网）来实现组织对内和对外沟通，这便是网络沟通。

一、 网络对沟通的影响

作为一个处于网络时代的组织管理者，随着互联网技术在组织管理工作中逐渐得到充分的利用，对网络的理解和网络工具的应用已经成为现代管理者必备的素质。毫无疑问，作为组织管理的重要组成部分，管理沟通也必须适应这一新的变化，从而更有助于实现管理沟通的各种功能。网络时代管理沟通的变化更多体现在互联网技术对沟通方向、沟通方式和沟通网络等方面的影响。

（一） 沟通方向上打破传统的沟通界限

组织的管理沟通方向一般可以分为三种：上行沟通、下行沟通和横向沟通，前两者可以合称为垂直沟通。在传统技术环境中，垂直沟通特别是下行沟通成为主要的沟通方式，组织的层级制度得到了充分的体现，管理沟通的渠道和进程附属于组织的层级体系，从而给管理沟通造成了许多障碍。例如，对信息的过滤，即发送者有意操纵信息以使信息显得对接受者更为有利。特别是当信息向上传递给组织高层管理者时，下属经常整合自己收到的信息以减轻上级的信息处理量。在这一整合过程中，信息的提供者由于自身兴趣或知识的影响，有可能会使重要的信息流失，从而影响垂直沟通的效率，同时还有可能产生诸如官僚主义、文牍主义等不良倾向。而互联网的使用却能有效地解决垂直沟通中存在的这些问题。互联网使组织的界限变得越来越不重要，也使得组织管理者的身份在互联网中变得不重要，最高层的管理者可以虚拟普通员工的身份，与各层次的员工进行沟通，从而减少信息的过滤与失真，极大地提高了组织垂直沟通的效率。

在新经济到来的今天，信息在组织各层次的迅速传递已成为可能，人与人之间的交往方式变得越来越多样化，沟通的阻力开始变小。以前，组织会设员工意见箱、会派专人去搜集下级的意见、会与自己所管理的员工进行座谈，但很少有组织能够对员工反映上来的信息及时作出反馈。造成这种情况的原因，除了管理者对沟通的不重视外，还与传统沟通手段落后有关。因此，利用电子邮件、微博与微信等手段，进行消息的发送与反馈，组织内部每一个人都可以向他认为必要的其他任何人随时传递有关工作方面的信息，使得整个沟通回路流畅，沟通效率提高。

（二）沟通方式选择和组合更为自由灵活

人们在进行沟通前要对沟通方式进行选择，这是因为不同的沟通方式在传递信息方面的能力是不同的。一般而言，这种处理能力可以从三个方面来判断，即同一时间处理多种线索的能力、反馈速度和相互接触的程度。由于信息类型不同，如有的是清楚明确的，有的是模棱两可的，因而在管理沟通中人们会采用不同的媒介和沟通方式。在传统技术环境下，组织根据信息的类型来选择具有不同的信息处理能力的沟通方式，如公告、文件、备忘录、信件、电话、面对面交谈等。各种沟通方式之间的界限是很明显的，任何一种方式都有缺点，而且在沟通过程中无法根据现场需要进行临时调整。而在网络技术环境下，互联网为人们的沟通方式的选择提供了更多的自由，沟通者可以根据需要进行图像、文字、声音等信息的单个或组合传递，并且可以在沟通中随时根据形势的变化，进行新信息传递方式的组合，从而使沟通方式的选择具有更强的针对性和灵活性。

（三）提供更好的沟通网络技术平台

沟通网络作为信息流动的通道，一般有链式、轮式、圆周式、全通道式等几种形式。链式严格遵循组织的正式命令系统，轮式则强调企业领导者是企业沟通的核心，圆周式是小规模工作群体的联络与沟通形式，而全通道式则允许全体成员间进行积极的沟通。不同的沟通网络在不同情形中分别具有不同的效率，没有一种网络在所有情况下都是最好的。在传统技术环境下，链式和轮式出现的情形较多，组织的管理沟通大多采用这两种方式。在这两种方式下，组织严格的沟通满意度相对较低，由于技术上的限制，全通道式的作用和优势发挥也受到极大的影响，而互联网技术则为全通道式沟通创造了良好的技术平台，使这一沟通方式拥有更多的优势。

二、网络沟通的特征

在工业经济背景下，针对组织的内部员工和外部客户，组织的管理者们习惯采用“命令和控制”的传统管理沟通模式；到了知识经济时代，那些曾经扮演信息命令者和控制者角色的管理者们不得不向沟通和网络化连接的新模式转变，不得不与公司内部员工和外部客户建立紧密的联系，通过运用组织的内部网、外部网和公司网站等工具，使得传统的沟通方法正在让位于扁平化、透明化、互动化和个性化的网络沟通方法。

（一）沟通流程扁平化

在新经济条件下，组织内部组织结构开始发生转变，以等级为基础、命令为特征的金字塔式的组织结构将逐渐趋于扁平化。由于传统分工协作的专业化和精密化格局的存在，致使管理环节增多、信息传递低效。而信息网络系统的出现，一方面使得同等级别员工之间的信息交流更加快捷、准确，跨部门的电子邮件通信打破了部门之间的障碍；另一方面也使得组织上下级之间信息联络更为容易和方便，高层管理人员和基层员工可以通过电子邮件、微博与微信等即时通信产品进行直接沟通，从上到下的直接交流已经成为现在生活的一种常态。沟通流程扁平化最终促使组织减少了管理的层次，压缩了管理机构，精简了管理人员，体现组织文化的平等性，为组织向外界树立了公平、民主的形象。沟通流程的扁平化大大提高了组织的管理能力和效率。

（二）沟通模式透明化

沟通模式的透明化主要表现在两个层面：一是在同一组织内部层面，信息的透明化表现在组织内部工作人员和相关工作间的开放。透明化的操作看起来非常机械而且带有程式化色彩，但实际上它打破了部门之间的界限，为具有多种技能的人提供了更大程度发挥自己才能的机会，并且把层级体制和官僚化体制所带来的阻碍降低到了最低程度。二是在组织与外部客户、合作伙伴层面，网络化结构为组织外部客户、合作伙伴和组织之间建立起一种无缝连接的关系。对外部客户而言，公司网站上登载的信息大多是完全透明公开的；对合作伙伴而言，部分合作伙伴通过外部网络可以与组织机构保持联系。内部网、外部网络及公司网站的整合过程为组织内部员工和外部客户、合作伙伴提供了更好的网络信息导航。

（三）沟通活动互动化

在网络时代，组织的沟通活动真正实现了双向互动的关系。作为沟通对象，网络用户可以随时随地从网上获取组织的信息，他们不但可以主动地阅读，还可以发布自己的观点，通过网上的电子论坛、即时通信、电子邮件、聊天室、网上民意调查和每一篇新闻报道后的评论区，自由地发表观点，随时作出评论，甚至参与组织的活动创意。此时的沟通对象从传统的被动信息接受者转变为主动的信息参与者。

（四）沟通对象个性化

传统媒体手段，诸如广播、电视、印刷媒体等，目标受众是一群人，可以按照社会、经济、市场和兴趣等层面进行细分，但这在网络沟通环境中是行不通的。因为在网络空间中，借助网络沟通工具，人们不用面对面就可以交谈，具有隐蔽性、流动性，因而，人们可以自由选择他们想要接收的信息，同时似乎可以不用顾及传统意义上的交往方式带来的规范、限制、禁忌，人们的情感和心灵呈现完全开放状态，人们的兴趣和动机也要复杂得多。所以，沟通对象比以往任何时候更具有个性化的特征，此时的沟通如果从个性化的内容入手，会带有浓厚的人情味。提供特定话题的信息，或专门针对小众组织、小群体甚至个人的信息，每个人几乎可以看到他想看到的所有东西。这种情况有助于唤起沟通兴趣和获得更加广泛的理解。

思考题

1. 试述信息沟通的目的和作用。
2. 分析信息沟通的障碍。
3. 有哪些信息沟通的方法?
4. 试述信息沟通的原则和要求。

第五篇 控　　制

第十五章 控制概述

学习本章的目的和要求
通过本章学习，了解控制论的发展过程，掌握管理控制的概念和类型，掌握控制工作的步骤和要求。

第一节 控制与管理控制

一、控制的含义

控制作为科学的概念，是指人们根据给定的条件和预定的目的或考核标准，通过改变和创造条件，使事物沿着可能空间内确定的方向发展。控制的实质是一个在事物可能空间中进行有方向选择的过程，是实现事物有目的变化的活动。控制概念包含以下含义：

1.对于一般控制过程来说，必须具备以下两个条件：

（1）被控制对象必须是存在多种发展的可能性，即事物发展都有一定的可能性空间。

（2）事物的发展目标状态在各种可能性中是可以选择的。这种选择的必要前提有两个：

①所确定的目标状态必须包括在被控制对象的可能性空间之中；

②具备相应的手段和条件，能从可能性空间中把目标状态选择出来。

2.控制的目的就是使可能性空间尽可能缩小，控制能力的大小，就是实施控制者通过创造条件，改变可能性空间的能力。

管理控制又称控制工作，是指管理的控制职能。控制工作就是指接受系统内外的有关信息，按既定的目标对系统进行监督、检查、发现偏差，采取正确的措施使系统按预定的计划运行，或适当地调整计划，以达到预期目的的管理活动。管理控制是对下属的业务工作进行计量和纠正，以保证系统目标和计划得以实现。对于企业的管理控制主要有产品质量控制、财务控制、生产控制、库存控制，以及对企业职工的思想与行为控制等等。

随着科学技术和管理理论的发展，尤其是系统论、控制论、信息论的发展和电子计算机的应用，控制职能由单纯监督发展为能动的、积极的控制。管理控制具有更科学的方法和手段，确保管理系统的计划和目标实现。

二、管理控制与一般控制的比较

管理控制是指管理的控制职能。一般控制是指控制论中所说的控制，它的研究对象是自控系统。两者的含义是基本相同的，但又有所不同。

两者的相同点：

1.同是一个反馈过程。管理控制也是通过信息反馈，发现管理中的不足，进行不断调节和变革，达到优化状态。

2.管理控制与一般控制都有两个前提条件：一是计划指标转化为控制标准；二是相应的机构和人员。

3.管理控制与一般控制都经过三个步骤：确定标准、衡量成效、纠正偏差。

4.管理控制与控制论中的控制一样，也是一个有组织系统，根据系统内外条件的变化而进行相应调整，克服不肯定性，使系统保持稳定状态。

两者的不同点：

1.一般控制的实质是一个简单的信息反馈，它的纠正措施往往是即刻付诸实施的。特别是自控系统中一旦给定程序，衡量绩效与纠正偏差是自动进行的。管理控制是把实际与计划相比较，分析偏差原因，然后纠正偏差，这就需要一定时间、人力、物力、财力等相应支出。

2.一般控制是使体系运行偏差不超出允许的范围，使活动维持在平衡点上。而管理控制目的不仅要使组织按计划正常运动，实现目标，并力求使组织活动有所前进，有所创新以达到新高度，提出和实现新目标。

三、管理控制在组织中的地位

管理控制是现代管理的重要职能之一，决定了它在组织中必须存在，以监督和保证目标的实现。如果把组织看成一个开放系统，为了使组织的产出符合本身及环境的要求，就必须存在控制子系统，它在组织系统中与其他子系统的关系，如图 15-1 所示。

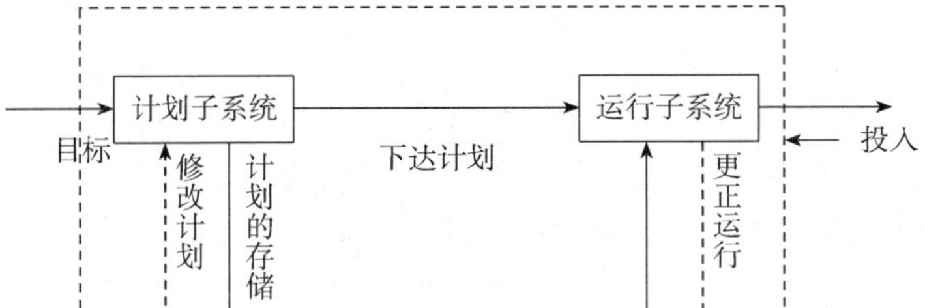

图 15-1 控制系统与其他子系统的关系图

组织系统中的最高领导者首先根据组织所面临的内外环境来设计组织目标、计划子系统，根据目标和环境状况来判定管理计划。这些计划一方面下达给运行子系统，付诸实施；另一方面要送到控制子系统储存起来，供日后与实际执行情况比较，找出偏差，以更正运行活动或提出修改计划，实现控制。控制子系统向计划子系统提出的报告有时会导致目标的改变。

第二节 管理控制的类型

管理系统作为一种控制系统，由于管理对象不同，管理目标不同，系统状态不同，所运用的控制方式不同，就形成了不同控制类型。下面介绍五种分类：

一、按控制点的位置划分类型

控制活动可以按控制点处于事物发展进程的哪一阶段，而划分为预先控制、过程控制和事后控制三种类型。

（一）预先控制

预先控制是指控制点处于事物发展的初始端，这个点既是整个活动过程的开始点，又是整个活动时间的开始点，而使控制具有特殊意义。它可以防止组织使用不合要求的资源，保证组织投入资源在数量上和质量上达到预定的标准，在整个活动开始之前剔除那些在事物发展进程中难以挽回的先天缺欠。这个资源是广义的，它包括人力、物力、财力、技术等所有与活动有关的因素，例如，原材料的验收、工厂招工、入学考试、干部的选拔等。

（二）过程控制

过程控制是指控制点处于事物发展进程的过程中，是对正在进行的活动给予指导与监督，以保证活动按规定的政策、程序和方法进行。例如生产制造活动的进度控制、每日情况统计报表、学生的家庭作业和期中考试，都属于这种控制。过程控制一般都在现场进行，监督和控制应该遵循计划中所确定的组织方针、政策与标准，控制的内容应该和被控制对象的工作特点相适应。例如，对于简单重复体力劳动采取严厉的监督会导致好的结果；而对于创造性的劳动，控制应转向创造出良好的工作环境，这样的效果会更好些。此外，过程控制的效果还与控制者的素质密切相关。例如工厂的质量检验人员，应选择技能和知识水平都高的老工人担任，效果会更好些。

（三）事后控制

事后控制是指控制点处于事物发展的结束，这是历史最久的控制类型。事后控制的控制点位于活动过程的终点，把好最后一关以保证使错误的态势不再扩大。而这种控制缺点在于整个活动已告结束，活动中出现的偏差已在系统内造成无法补偿的损害。

二、按照控制源划分类型

按照控制源把控制分成正式组织控制、群体控制和自我控制三种类型。

（一）正式组织控制

正式组织控制是由管理人员设计和建立起来的一些结构或规定来进行控制。像规划、预算和审计部门等是正式组织控制的例子。组织可以通过规划指导组织成员的活动；通过预算来控制消费；通过审计来检查各部门或个人是否按照规定进行活动，并提出更正措施。在大多数组织中，普遍实行的正式组织控制的内容有以下几个方面：

1.实施标准化。依靠管理人员的设计和监督，制订出标准的工作程序或作业计划等。

2.保护组织的财产不受侵犯。如防止偷盗、浪费或错误地使用组织的资源，包括设备使用记录、审计作业程序及责任的分派等。

3.质量标准化。其主要是采取措施对职工进行培训、工作检查、统计质量控制及激励系统等。

4.防止滥用权力。这可以通过明确的权力和责任制度、工作说明、指导性政策、规划以及财务方面的要求来完成。

5.对职工的工作进行指导和测量。这可以通过评价系统、产品报告、直接观察和指导等方式来完成。

正式组织控制可以确保组织获利和继续生存与发展。

（二）群体控制

群体控制是由非正式组织基于群众的价值观念和行为准则来加以维持的。非正式组织的行为规范虽然没有明文规定，但非正式组织的成员都十分清楚它的内容，都知道自己遵循这些规范，就会得到奖励，获得其他成员的认可，可能强化自己在非正式组织中的地位。如果违反这些规范就可能遭到处罚，这种处罚可能是遭到排挤、讽刺、甚至是被驱逐出该组织。

（三）自我控制

自我控制是指个人有意识地去按某一行为规范进行活动。自我控制的能力取决于个人本身的素质。具有良好素质的人一般自我控制力较强，顾全大局的人比仅看重自己局部利益的人有较强的控制力，具有高层次需求的人比具有低层次需求的人有较强控制力。

以上三种控制有时是相互一致的，有时是相互抵触的。这取决于组织对其成员的教育和吸引力，或者说取决于企业文化。有效的管理控制系统应该综合利用这三种类型，并使它们尽可能和谐，防止它们发生冲突。

三、按照控制信息的性质划分类型

按照控制信息的性质可以把管理控制划分为反馈控制和前馈控制两种类型。

（一）反馈控制

反馈控制是根据反馈原理对系统进行调节的一种方式，是指施控系统根据信息反馈来调节受控系统的输入，以实现控制目标。对管理控制系统而言，为了对控制对象进行调节和纠正偏差，必须对控制对象进行有效的再控制，即不断从控制对象获得运行结果的信息，控制机构向控制对象发出再控制的信息，这样才能进行有效的控制。这种不断从控制对象获得有关控制效果的信息过程，就是控制系统，信息反馈是保证系统运行达到预期目标的前提。

反馈控制是一个不断提高的过程，它的工作重点是把注意力集中在历史结果上，并将它作为未来行为的基础。反馈控制不是最好的控制，但它目前仍被广泛地使用着，这是因为对于许多工作现在还没有有效的预测方法，而且受主、客观条件的限制，人们往往会在执行计划过程中出现失误。在组织中应用最广泛的反馈控制方法有：财务报告分析、标准成本分析、质量控制分析与工作人员成绩评定等。

（二）前馈控制

前馈控制是指充分利用各方面的信息，来预测由于外部干扰和输入变量之间的相互作用对系统行为的影响，以及这种影响使系统在运行过程中可能产生的偏差，并据此对系统的输入作出相应的调整，以实现控制。

前馈控制和反馈控制不同，主要体现为控制信息的性质不同。控制系统通过信息反馈及行动调节，来保证系统的稳定性，所以，反馈调节的速度必须大于控制对象的调节变化速度，这时反馈控制是正常发挥作用；反馈调节的速度小于控制对象的变化速度，会在调节上发生振荡现象。现代科技的发展，我们利用电子计算机进行信息传递和找出偏差，这些工作能在极短时间内完成。但是，分析偏差产生的原因及制定出纠正措施，并实际执行纠正活动，总要需要一段时间，这就直接影响到控制的有效性。由于时滞的存在，使得适时的信息也难以得到适时的控制，致使反馈控制成为一件事后补救措施。为了解决这个问题，采取前馈控制可以收到较好的效果。前馈控制又称为指导未来的控制，它可以在一定程度上减少由于时滞作用带来的损失。

前馈控制的着眼点是通过预测被控制对象的投入或者过程进行控制，以保证获得所期望的产出。这就解决了时滞所带来的问题。它的关键是要求对系统的偏差及其产生的原因进行准确的预测。前馈控制系统的信息传输是在运行过程中的输入端，它能在运行过程的输出结果受到影响前就作出纠正。实行了前馈控制，主管人员仍要进行测量、衡量和评价，这样做基于对前馈的期望结果不是完美无缺的。

前馈控制所要控制的因素除了人、财、物等以外，还要考虑社会、经济、历史等诸方面因素，也就是既要控制组织内部的诸因素，又要控制组织外部的因素。前馈控制的工作内容有以下几种：

1.人力资源的前馈控制。它是根据组织结构所规定的职位分工要求，及由此而决定的人员的技术和素质要求，对主管人员和非主管人员的选拔、培养和训练。

2.原材料的前馈控制。例如利用统计抽样来进行控制。

3.资金的前馈控制。例如通过计算回收期或投资收益率来决定是否进行投资。

4.财政资源的前馈控制。例如利用预算的方法控制资金的收入和支出。

四、按逻辑发展划分类型

按逻辑发展可以把管理控制划分为试探性控制、经验控制、推理控制、最优控制四种类型。

（一）试探性控制

试探性控制也叫随机控制，是一种最原始的控制类型，也是其他类型的基础。试探性控制是指完全建立在偶然机遇的基础上的，是“试试看”思想在控制活动中的体现。在人们对解决问题的必要条件不了解，对控制对象的性质不清楚的情况下所能采取的唯一方法。

试探性控制在成功的同时，常常伴随着失败，这种方法有较大的风险，对重大事件一般不宜采用这种控制。在人类社会发展初期，人们的认识有限，因而常采用试探性控制。尽管当今科技发达，也有尚未被认识的事物，当不能用其他方法来控制对象时，试探性控制仍然是人们常常采用的方法。

（二）经验控制

经验控制又称记忆控制，是一种广泛应用的控制类型。试探性控制所得到的直接成果就是经验，把由试探性控制得出的结果用于指导下一次控制，就是经验控制。单纯的试探性控制不强调记忆，只是一个个试下去，有时要花上较长的时间。经验控制是把试探性控制增加一个记忆装置，以便把不能达到目标状态的输入从下一个过程中排除出去。可见经验控制能够提高效率。

在经验控制中，最重要的是经验的可靠性。可靠性包括两层意思：一是真实性；二是必然性。真实性是指反映问题的正确方法，是真实的。必然性是指经验能反映事物的内在规律性。偶然的经验虽然是真实的，但它不反映事物的规律性，不能指导以后的行动，“守株待兔”就是很好的例子。

（三）推理控制

推理控制又叫逻辑控制，是试探性控制和经验控制相结合的产物，它通过中间起过渡作用的媒介实现控制，因此又叫共轭控制。推理控制就是根据事物之间的相似性，用类比的方法将对一种事物的控制方法用于另一种事物的控制。由于推理控制归根到底是使用别处的经验，所以也叫经验转移。其关键是两个控制对象的相似性，否则，就不能把对某一控制对象的控制方法用于另一种控制对象。例如，三国时期“曹冲称象”这个例子，就是通过称出石头的重量来得出大象的重量。

（四）最优控制

它是控制类型发展的高级阶段，是在前三种控制类型的基础上，通过精确分析推导得出的，是“选优求好”的思想在控制活动中的具体体现，是人的主观能动性高度发挥的产物。最优控制是指符合最优标准的控制，主要特征是：要求在实际控制前或控制过程中，提供多种可供选择的方案；为了选择好方案，以便将受控系统调整到最佳状态上，需要确定有效性的判断标准，有效性的判断标准是系统运行效果的判断依据，据其可以判断何种状态优或何种状态劣。在执行的过程中要求在最短的时间内，以尽可能少的人力、物力、财力消耗来实现控制，或者在同样的时间和资源条件下，使系统的输出达到最佳状态，最后保证实现控制的目的。

五、按控制的手段划分类型

按控制的手段把控制划分为直接控制和预防性控制两种类型。

（一）直接控制

直接控制是指人们没有觉察到哪些将要出现问题，因而未能及时采取适当的纠正或预防措施，往往是根据计划和标准，对比和考核实际结果，追查出现偏差的原因和责任，然后才去进行纠正的控制过程。直接控制是以人们会犯错误这一事实为依据的。实际上，在工作中出现问题，产生偏差的原因是很多的，这和许多不确定因素相关联。所谓不确定因素包含了不能确定的每一件事。这些不确定因素造成管理上的失误是不可避免的，出现这种情况时，直接控制技术是不能起作用的。但对由于主管人员缺乏经验，决策失误造成的偏差，运用直接控制可帮助其纠正；同时还可以使他们总结经验教训，增加他们的经验、知识和判断力，提高他们的管理水平。

直接控制的主要缺陷是，在出现偏差、造成损失之后才采取措施，因此费用支出是比较大的。

直接控制的方法是建立在以下五个假设之上的：

1.工作成效是可以计量的；

2.人们对工作具有个人责任感；

3.追查偏差的时间是有保证的；

4.出现的偏差可以预料并能及时发现；

5.有关部门或人员将采取纠正措施。

这些假设往往都不能成立。其主要原因有：

第一，工作的成绩有时是难以衡量的，例如主管人员的决策能力、预见性等。

第二，个人的责任感也是难以衡量的，例如许多工作成效与个人责任感关系不大，界限模糊难以确定。

第三，有时主管人员会不愿意花费时间和费用去调查分析造成偏差的事实真相，往往阻碍调查进行。

第四，许多偏离计划的误差不能事先估计到或及早发现，而发现太迟以至于难以采取有效的纠正措施。

第五，有时虽然能发现偏差并找到产生原因，但却没有人愿意采取纠正措施，大家相互推卸责任，而当事主管也往往固执己见，不愿改正错误。

（二）预防性控制

预防性控制是相对于直接控制而言的。它是通过主管人员的素质进行控制工作的。预防性控制是指以合格的主管人员差错最少为指导思想所进行的控制。所谓"合格"，就是指他们能熟练地运用管理概念、原理和技术，能以系统的观点来进行工作，这样的合格主管人员能觉察到正在形成的问题，能及时地采取纠正措施，实施控制。

这种控制方法的合理性以四个较为可靠的假设为依据：

1.合格的主管人员所犯的错误最少；

2.管理工作的成效是可以计量的；

3.在计量管理工作成效时，管理的概念、原理、方法是一些有用的判断标准；

4.管理的基本原理的应用情况是可以评价的。

进行预防性控制，控制主管人员的素质把失误降到最低限度，这种方法有几个优点：

第一，对个人委派任务时能有较大准确性；同时，为使主管人员合格，对他们经常不断地进行评价，也必定会揭露出工作中存在的缺点，并为消除这些缺点进行专门训练提供依据。

第二，预防性控制可以加速采取纠正措施使其更加有效。它鼓励用自我控制的方法进行控制。由于在评价过程中会揭露出工作中存在的问题，因而也会促使主管人员努力去确定他们应负的责任，并自觉地纠正错误。如不自觉改进，就会影响他们的前途。

第三，由于提高了主管人员的素质，减少了偏差的发生，就有可能减轻直接控制造成的损失，节约经费开支。

第四，预防性控制的心理效果也给人以深刻的印象。主管人员素质提高以后，他们的威信也得到提高，下级对他们信任增强了，这样有利于整个计划目标的顺利实现。

值得注意的是，采用预防性控制是有条件的，必须对管理的原理、职能、方法以及管理的哲学有充分的理解。尽管这些不容易做到，但不是不能做到。例如到大专院校学习，在职积累经验和上级的指导等，都可以不断提高管理水平。

第三节　控制工作的步骤与要求

一、控制工作的步骤

尽管控制类型多种多样，但控制的基本工作是相同的。控制工作分为三个步骤：确定控制标准；根据标准衡量执行情况；纠正实际执行中偏离标准或计划的误差。

（一）确定控制标准

这是控制过程的起点。由于计划是进行控制的依据，所以从逻辑上讲，控制过程第一步是制订计划。但是计划内容详尽，环节复杂，各级管理人员在实际管理活动中，往往不便于掌握其中的每个细节，因而有必要建立起一整套的控制标准。

1.控制标准与控制标准体系。控制标准就是计量实际或预期工作成果的尺度。这些是衡量工作的规范，是在一个完整计划中选出的计量工作成果的关键点。

控制标准体系是指多层次、多形式地围绕着管理组织及其内部各环节所要完成的目标体系，而制定的控制标准的总和。控制标准的确定，也就是选择关键控制点。选择关键控制点的能力乃是一项管理艺术，有效的控制就取决于这种能力。在实际管理工作中，要根据管理系统所要达到的目标来确定关键点。这个目标可以是系统的总目标，也可以是各个子系统以至个人的分目标。由于人们在实现目标中所达成的最终成果是衡量计划完成情况的最好尺度，因而建立起一个可以考核的完整的目标体系，也就获得了最好的控制体系。

2.控制体系的内容。一个较好的控制体系，在内容上一般包括数量标准、质量标准、综合标准和时间标准等；并要求有较大的稳定性和较强的适应性，在文字表述上要明确具体，便于考核。

（1）实物标准。这是一类非货币标准，一般适用于原材料、人员、提供劳务和产品的基本单位。

（2）财务标准。它是一类货币标准，它同实物标准一样普遍适用于基层单位。它的内容具体包括：费用标准、资金标准、收入标准。

（3）无形标准。这是一类既不能用实物也不能用货币来计量的标准。这类问题很难确定为定量或定性的标准。

（4）把目标作为标准。在各级管理机构中，建立一个可考核的完整目标网络，这样就可以使无形标准的作用逐渐减少。可考核的目标分为定量目标和定性目标两种，定量目标多半是可以准确考核的，而定性目标难以准确考核。不过，定性目标可以用详细说明计划或其他具体目标的特征和完成日期的方法来提高可考核的程度。

（二）根据标准衡量执行情况

这是控制过程的第二个步骤。常常把这个步骤称为控制过程的反馈。

1.明确衡量的手段和方法，设置监测机构，落实进行衡量和检查的人员。为准确地测定执行情况，必须凭借切实可行的测定手段，还要考虑测定的精度和频率。测定精度是指对执行情况的衡量结果能在多大程度上反映出被控制对象的变化。精度越高越能反映被控制对象的状态，但衡量工作就越复杂。因此，总的原则是衡量的精度要适度。测定频率是指对被控制对象多长时间进行一次测量和评定。频率越高越能掌握状态变化，但同时增加机构的工作量，或有时根本做不到。因此，总的原则是测定频率要适当。

2.通过衡量工作，获得大量信息。这样，一方面反映出计划的执行进程，使主管人员了解实际成效，以便对他们进行协调；另一方面可使主管人员发现那些已经发生或预期将要发生的偏差。把实际与标准进行比较，对工作作出评价。

（三）纠正偏差

1.发现偏差，找出产生偏差的原因是采取控制措施的基础。这一步是在衡量工作的基础上，针对被控制对象状态相对于标准的偏离程度，及时找出产生偏差的原因。产生偏差的原因是多方面的，有的是执行部门或当事人的责任；有的是外部条件的突然变化造成的；有的甚至是计划预测阶段预测不准或决策失误所致等等。

2.采取控制措施。找出偏差的原因，还要采取措施予以纠正。而纠正偏差，往往要结合其他管理职能，可以把控制看成是整个管理系统的一个组成部分。这是因为管理系统只有不断发现并纠正执行中的偏差，才能实现目标。

上述控制过程的三个基本步骤构成了完整的控制体系，三个步骤完成一个控制周期。通过每一次循环，使偏差不断缩小，保证管理活动向目标方向健康发展。

二、控制工作的要求

控制是管理的基本职能，为了使控制有成效，必须满足以下要求：

（一）控制的目的性

控制必须有明确的目的性。控制作为管理职能，它为组织目标服务。不同的组织，组织中的不同层次，不同的工作性质，不同对象，控制的目的是不同的。无论什么性质的工作都能列举出许多目标，但总有一个或几个目标是最关键的。达到这些关键目标，其他目标可能随之达到，即使有些次要目标不能达到也无碍大局。

（二）控制的及时性

控制的及时性是指及时发现偏差，并能及时采取措施加以纠正。由于信息滞后，往往会造成不可弥补的损失。时滞现象是反馈控制的一个难以克服的困难，较好的解决办法是采用前馈控制，使管理者尽早发现乃至预测到偏差的产生，采取预防性措施。为此，控制的及时性就要依靠现代化的信息管理系统，随时传递信息，随时掌握工作进度，才能尽早发现偏差，以便及时采取措施进行控制。

（三）控制的经济性

控制的经济性是指控制活动所需费用同控制所产生的结果进行比较，当通过控制获得的价值大于所需费用的时候，才实施控制。控制的费用是否经济是相对的，因为控制的效益是随业务活动的重要性、业务规模大小的不同而有所不同。当费用成为控制系统的限制因素，促使主管人员会在他们认为重要的业务领域中选择一些关键因素来加以控制。

（四）控制的客观性

控制的客观性是指管理者对绩效评价工作应客观公正，防止主观片面。实现客观的控制，首先要尽量采用客观的计量方法，即尽量把绩效用定量的方法记录并评价，把定性的内容具体化；其次是管理者要从组织目标的角度来观察问题，应避免形而上学的观点，避免个人偏见和成见。

（五）控制的灵活性

控制的灵活性是指控制必须保证在发生了未能预测的事件时，包括环境突变、计划的疏忽、计划变更等，控制工作仍然有效，不受影响。在某些特殊情况下，一个复杂的管理计划可能失常。控制系统应当有足够的灵活性，以便在失常情况下保持对运行过程的管理控制。这就要求在制订计划时，要考虑各种可能情况来拟订备选方案。一般来说，灵活的计划最有利于灵活的控制。应注意，这仅仅是应用于计划失常的情况，不适用于在正确计划指导下人们工作不当的情况。

（六）控制的适应性

控制的适应性是指所有的控制系统都应反映所制订的有待实施的计划，控制应该同组织结构、职位分工相适应。所有控制系统都应反映所制订的有待实施的计划。每项计划和每个方面的业务活动都有独特之处，主管人员必须针对不同的计划采取不同的控制措施。首先，计划是控制的依据，主管人员往往是根据计划来设计控制系统，确定控制工作的标准；其次，控制是实现计划的保证。

控制应该同组织结构和职位分工相适应。组织结构作为阐明组织内成员承担任务的主要手段，它要表明谁对计划执行和其结果负责。论证设计，愈能反映组织结构状态，反映组织中承担活动的职责所在，则愈能使其主管人员及时纠正偏差。此外，控制系统和信息有助于主管人员履行其职能。

（七）控制的关键点与例外情况

控制的关键点是指主管人员把有限的精力，投入对计划的执行并完成有举足轻重的关键问题上，尽可能选择计划的关键点作为控制标准，控制工作就越有效。

例外情况是指在一个职责分明的组织机构中，每个问题应由相应的职能部门或主管人员去处理，最高主管处理各部门权限以外的问题。在实际工作中只有坚持例外原则，控制才能有效率。应注意到，在偏离标准的各种情况中，某些方面的微小偏离比其他方面较大偏离情况影响更大。

实际上，例外情况必须与控制关键点相结合，仅仅立足于寻找例外情况是不够的，我们还必须控制在关键问题上的例外情况。有时这两个原理相互混淆，两者确有某些相似之处。但是，控制关键点强调必须去注意观察的问题，而例外情况则强调必须去观察这些点上所发生的偏差大小。

思考题

1. 管理控制与一般控制的区别是什么?
2. 控制有哪些类型?
3. 控制工作应达到哪些要求?

第十六章　控制的技术与方法

学习本章的目的和要求
通过本章学习，掌握传统与现代的控制方法，掌握网络计划技术的原理及应用，了解综合控制的内容。

第一节　传统的控制方法

一、预算控制

（一）预算的含义及作用

1.预算的概念。预算是一种计划，是用数字编制的反映组织在未来某一时期的综合计划，预算通过财务形式把计划数字化，并把这些计划分解落实到组织的各层次和各部门中去，这样预算和计划相联系，且与组织系统相适应，能达到实施管理控制的目的。预算就是把计划紧缩成一些数字以实现条理化，明确资金的使用，以及用实物计量投入量和产出量等。主管人员明确了这些，就可以进行人员和任务的委派、协调和组织等活动，并在适当的时间，将组织活动的结果和预算进行比较，发现偏差及时采取措施纠正偏差，以保证组织在预算的限度内去完成任务。

2.预算的作用。预算的作用主要表现在以下四个方面：

（1）明确工作目标。预算作为一种计划，规定了组织一定时期的总目标以及各部门的具体目标。这样就使各个部门了解本单位的经济活动与整个组织经营目标的关系，明确了各自的职责及努力方向，从各自角度去完成组织的战略目标。

（2）协调部门关系。预算把组织各方面工作纳入统一计划之中，促使组织各部门相互协调，环环紧扣，达到平衡。在保证组织总体目标最优前提下，组织各自的经营活动。

（3）控制日常活动。编制预算是组织管理起点，也是控制日常经济活动的依据。在预算执行过程中，各部门应通过计量、对比，及时揭露实际脱离预算的差异并分析其原因，以便采取必要措施，消除薄弱环节，保证预算目标的顺利完成。

（4）考核业绩标准。预算确定的各项指标，也是考核各部门工作成绩的基本尺度。在评定各部门工作业绩时，要根据预算的完成情况，分析偏离的程度和原因，划清责任，奖罚分明，促使各部门为完成预算规定的目标努力工作。

（二）预算的分类

预算按照综合程度、内容、编制方法有不同的分类。

按照综合程度不同，预算划分为一般预算（传统预算）和全面预算（总预算）。组织结构的复杂性和组织活动的广泛性，决定了一个组织要控制的因素不是一个而是多个：人、财、物、时间、信息、环境。以往有许多专门的技术和方法仅是针对某一个或几个因素来实现控制，我们把这种控制称之为一般预算（传统预算）。要对组织工作成效进行全面控制，必须提出一些综合控制的方法和技术，使主管人员对组织管理中的工作成效进行总的而不是部门的衡量和控制，这种方法就是全面预算（总预算）。

按照控制的具体内容分类，主要包括经营预算、财务预算和专门预算三部分。按照编制方法不同分类，包括一般编制方法预算，几种专门方法预算即全面预算、弹性预算、零基预算、滚动预算等。

1.一般预算

传统预算（一般预算）是以货币及其他数量形式所反映的有关组织未来一段时期内局部的经营活动各项目标的行动计划与相应措施的数量说明。

预算主要是一种控制手段。编制预算过程实际上就是控制过程的第一步即拟定标准。而传统编制预算方法的拟定标准存在种种危险倾向。预算工作中存在着一些使预算控制失效的危险倾向。首先，容易导致控制过细。某些预算控制计划是如此全面和详细，以致束缚了主管人员在管理本部门时所必需的自主权，出现了预算过细过死的危险；其次，容易导致本位主义，预算目标有时会取代组织目标，因为有些主管人员只把注意力集中在自己部门的费用不超过预算，导致忘却了首先要千方百计实现组织目标；再次，容易导致效能低下。编制是以去年成果为基础按比例增长，在最后平衡时又多半被削减，当初确定的数字要大于实际需求数。为了克服预算上述的不足，有必要采用可变的或灵活的预算。这类预算通常是随着销售额或产出量的变化而变化的，即可变预算，或编制“可抉择的”和补充的预算等方法。

2.全面预算

全面预算是以货币及其他数量形式所反映的有关组织未来一段时期内全部经营活动各项目标的行动计划与相应措施的数量说明。在现代管理实践中，全面预算处于承上启下的地位，它以经营决策的结果为依据，是决策的继续，同时又是控制的先导与考核业绩的前提条件。它的意义在于：

（1）可以使决策目标具体化、系统化、定量化，从而可以全面地协调、规划企业内部各部门、各层次的经济关系与职能，使之服从于未来经营总体目标的要求；

（2）由于全面预算是计划的数量说明，能够明确规定企业有关生产经营人员各自职责及相应的奋斗目标，可以使人人事先做到心中有数；

（3）全面预算量化指标可作为日常控制的依据；

（4）经过分解落实的预算规划目标能与个人业绩考评结合起来，成为奖勤罚懒、评估优劣的准绳。

3.弹性预算

弹性预算并非独立的预算而只是与传统预算程序相对立存在的一种预算编制的方法。在传统预算编制过程中，某预算期成本费用和利润都只是在一个预定的产销业务量水平的基础上编制预算的，这种百分之百地依赖一种业务量编制预算的方法叫固定预算。显然，一旦这种预算赖以存在的前提——预算业务量与实际水平相距甚远时（这种情况在当今复杂的市场环境中屡屡发生），必然导致有关成本费用及利润的实际水平与预算水平因基础不同而失去可比性，不利于开展控制与考核。譬如预计业务量为生产能量的100%，实际为120%时，那么在成本方面实际脱离预算的差异就会包括本不该在成本分析范畴内出现的非主观因素——业务量增长造成的差异（对成本来说，只要分析单位用量差异和单位差异就够了，业务量差异根本无法控制，分析也没有意义）。弹性预算正是为了克服固定预算的缺点而设计的，它是在成本性态分析的基础上，按一系列可能达到的预计业务量水平（如按一定百分比间隔）编制能适应多种情况预算的方法。由于它能规定不同的业务量条件下的预算收支，适用面宽，机动性强，具有弹性，故称为弹性预算，也有人称变动预算或滑动预算。

4.零基预算

零基预算是区别于传统的增量预算而设计的一种编制费用预算的方法。所谓增量预算一般是以现有成本费用水平为出发点，结合预算期业务量水平及有关降低成本的措施，调整有关费用项目而编制预算的方法。这种预算往往不加分析地保留或接受原有成本项目，或按主观臆断平均削减，或只增不减，容易造成浪费，并使不必要的开支合理化。零基预算不是以现有费用为前提，而是一切从零做起，从实际需要和可能出发，像对待决策项目一样，逐项审议各种费用开支是否必要合理，进行综合平衡，从而确定预算成本的一种方法。

二、传统的非预算控制方法

（一）视察

视察也可以说是最古老、最直接的控制方法，它的基本作用就在于获得第一手信息。视察优点还表现在组织的管理者保持和不断更新对组织的感觉，认识组织是否运转正常。视察可以发现被埋没的人才，从下级得到灵感和启发，更重要的是对下级的激励作用，对下级的关心，彼此的沟通。视察也有一定的消极作用，例如上级对下级的干涉和不信任等误解产生，或者说是不能充分授权的一种表现。尽管如此，一个优秀的管理者仍始终坚持这种做法。

（二）报告

报告是用来向负责人全面地、系统地阐述计划的进展情况、存在的问题及原因、已经采取了哪些措施、收到什么效果、预计可能出现的问题的重要方式。控制报告的主要目的是提供一种如有必要，即可采取相应措施依据的信息。对控制报告的要求是：适时、突出重点、指出例外情况、尽量简明扼要。实施计划的主管按掌握情况的需要，可归纳为以下四个方面：

1.投入程度。计划主管人员需确定本人参与程度，也应确定在每项计划上花费的时间、介入程度。

2.进展情况。计划主管人员需要获得哪些应由他向上级或有关部门汇报有关计划进展情况。

3.重点情况。它指明应由计划主管人员注意和决策的问题。

4.全面情况。计划主管人员应掌握的全盘情况，而不能只是些特殊情况。

（三）比率分析

对于组织经营活动中各种不同度量之间的比率分析，是一项非常有益的和必要的控制技术和方法。“有比较才有鉴别”，也就是说，信息都是通过事物之间的差异传达的。一般说来，仅从有关组织经营管理工作成效的绝对数的度量中是很难得出正确的结论的。我们在对组织经营活动作出是否有显著成效的结论之前，首先要明确比较的标准。企业经营活动分析常用的比率可以分为两大类，即财务比率和经营比率。前者用于说明企业财务状况；后者主要用于说明企业经营活动状况。

企业的财务状况综合地反映着企业的生产经营状况。通过财务状况的分析可以迅速地、全面地了解一个企业资金来源和资金运用情况，了解企业资金利用的效果以及企业的支付能力和清偿债务的能力。常用的财务分析比率有以下几类：资本金利润率、销售利润率、成本费用利润率、资产负债率、流动比率、速动比率、应收账款周转率、存货周转率等。

更直接地说明企业经营状况的指标是经营比率。常用的经营比率有市场占有率、相对市场占有率、投入-产出比率、劳动生产率、产值能耗率等。

（四）盈亏分析

盈亏分析，是指根据销售量、成本和利润三者之间的相互依赖关系，对企业的盈亏平衡点和盈亏情况进行分析的一种方法，又称量、本、利分析法（详见前述决策方法）。运用盈亏分析法，有助于企业根据主客观条件采取相应的措施，调整有关因素使企业实现扭亏增盈。

第二节　网络计划技术

一、网络计划技术的由来

网络计划技术，国外叫计划评审技术，是一种利用网络理论来安排工程计划，求得最优的计划方案，并用它来组织和控制计划的执行，以达到预期目标的科学管理方法。

在管理控制中，除了要注意人、财、物等因素外，对于时间的控制也是极为重要的。因为没有期限的工作，是无从谈及效益和效率的。20世纪初，亨利·L.甘特提出了图表系统法，即甘特图表法。这种图表的概念很简单，它表明在生产计划中各项活动在时间上的相互关系，因而被视为管理方法上的革命。这种控制方法的最主要的进步，是体现了“控制关键点”的原理。通过对甘特图原理的研究和发展，1957年，美国兰德公司和杜邦化学公司联合提出了关键路线法（CPM），用来计划和控制其所属的化工厂维修工作。如杜邦公司的路易维尔维修工程，应用CPM使化工厂的维修停工时间，从原计划的125小时，减少到78小时，收益显著。差不多在同一时期，美国国防部批准的北极星核潜艇的研制计划（代号FBM系统），采用了网络计划技术，使研制周期缩短了2年。这引起了广泛的注意。到了1966年，网络计划技术又有了新的突破，美国在阿波罗登月空间系统的计算中，又提出了随机网络模拟技术（GERT），从而解决了阿波罗登月空间系统计算和安排问题。20世纪60年代初我国开始应用网络计划技术，华罗庚教授专门写了《统筹法评话及补充》的小册子。近年来，网络计划技术在我国工业企业得到了大面积的推广，效果显著。

网络计划技术最适用于一次性的大规模工程项目。如开发宇宙空间、国防建设的重点项目、工业基地的大型项目、科研项目、新产品试制项目、成套设备维修和工厂维修项目，以及组织机构的调整。它既可以应用于全部工程的整体计划，也可以应用部分工程的局部计划。工程规模越大、越复杂、项目越多，应用它就越有效。

二、网络计划技术的基本原理

网络计划技术的基本原理是利用网络图表示一项计划任务的进度安排，并反映组成计划任务的各项活动之间的相互关系；把工程分解为工序，搞清上下工序关系；计算网络时间，确定关键工序和关键路线；利用时差不断优化，求得工期、资源与成本的综合优化方案；在计划的执行过程中，通过信息反馈进行监督、控制与调整，以保证预定计划目标的实现。

三、运用网络计划技术编制计划和进行控制的步骤

运用网络计划技术编制计划和进行控制的步骤如下：

（一）确定目标，进行调查研究

首先，应确定什么任务应用网络计划技术，预期达到的目标，其中包括工期目标、资源的节约和费用降低值。其次，要对完成的总任务及需要完成的各项任务、工作要求和该项工程所有的工序、参加人员、相互联系等，进行全面、充分、细致的了解和掌握，并进行深入分析。

（二）计划项目的分解

应将整个计划任务根据工艺技术和组织管理的要求，划分为相对独立的活动（工序），做到分工明确，程序清楚，工作内容及职责范围具体。

（三）作业分析

确定活动之间的相互顺序和衔接关系，实际上就是确定作业活动的展开顺序，汇编成作业明细表，以建立网络的逻辑关系。

（四）作业时间的估算

作业时间是指在一定的技术组织条件下，为完成一项工作或一道工序所需要的时间，也就是每项活动的延续时间。确定作业时间，有两种方法：

1.单一时间估计法。这种方法是指对各项活动的作业时间，只确定一个时间值。这个时间值是根据大多数人的经验估计的最大可能的一个作业时间。它适用于不可知因素较少、有经验可借鉴的情况，如零件装配等。

2.三种时间估计法。这种方法是根据概率论和数理统计的理论，先估计三个时间然后再求最可能平均时间的方法。这三个时间是最乐观时间（a）、最保守时间（b）和最可能时间（m）。其计算公式如下：

$$作业时间=\frac{a+4m+b}{6}$$

（五）绘制网络草图

网络计划技术的最显著的特点，就是以网络图代替传统的线条图（甘特图），网络图是工程项目及其内在逻辑关系的综合反映，它的形状如网，所以叫网络图。通过网络图可以把一项工作的各方面的关系，或一项工程的各项作业（工序）的前后衔接和联系反映出来，以便在统一目标的指导下，全面考虑、统筹安排。

网络图有两种基本类型：箭线式网络图和结点式网络图。箭线式网络图以结点表示工作的开始与结束，以箭线表示活动；结点式网络图以结点表示活动，以箭线把各项活动相连接，并表明其先后顺序和相互关系。

箭线式网络图是由事项、活动和线路三个要素组成的。

事项（或称事件、节点、结点），有始点、终点和中间事项。始点事项是网络图中左方第一个事项。终点事项是网络图右方最后一个事项。中间事项表示网络图中前面（一个或若干个）工作的结束，又是后面（一个或若干个）工作的开始，或者说是指两个或两个以上箭线的交点。事项用“○”表示。事项的特点是不消耗资源，也不占用时间，只是表示某项活动开始和结束的符号。事项在圆圈中要统一编号，顺序由小到大，从左到右，有时为了便于调整计划可以采用非连续编号。

活动（又称工作、作业、工序），是指在特定的时间内完成的一项工作、一道工序、一个过程。活动的特点是需要消耗时间和资源。活动用箭线“→”表示，箭线所指的方向表示活动前进的方向。每项活动都有相应名称，一般用代号标在箭线上方。完成这些活动所需要的作业时间一般用字母te或时间值标在箭线下方。虚活动是指作业时间为零的活动，是不消耗资源的一种活动，它用虚箭线“┈➤”表示。它说明一项工作的开始，取决于另外一些工作的结束。网络图中的活动，依先后关系有先行作业、后续作业、平行作业之称。线路是指从始点事项，沿箭线方向，到网络终点事项为止，中间的各条通道。一条线路上各工序的作业时间之和就是该线路所需要的作业时间或周期。其中时间最长的一条线路，就是关键路线，位于关键线路上的工作，称为关键工作。这些工作完成的快慢，直接影响整个工程的周期。关键线路通常用双线箭杆或粗线表示。

绘制网络图要根据一定的规则，按照其组成要素，用一定的方法来进行。一般有前进法、后退法、任意法三种。

（六）网络时间参数计算

其包括结点时间的计算、工序时间的计算、时差的计算，包括最早开始时间和最迟结束时间。

1.结点时间的计算

（1）结点最早开始时间的计算。结点最早开始时间是指按计划施工后，从该结点开始的各工序相对于施工开始时间，最早可能开始工作的时间。计算结点最早开始时间的规则是从网络的起始结点开始，起始结点的最早开始时间为零，顺箭线方向，自左向右，用加法逐个结点计算，取多条线路中最大值，直至终点事项。结点最早开始时间在图上用“□”表示。网络中间结点的最早开始时间的计算公式为：

某结点的最早开始时间=前一事项的最早开始时间+前一结点到该结点的作业时间

（2）结点的最迟结束时间的计算。结点最迟结束时间是指以该结点为结束的各工序最迟必须完工的时间，目的是为了保证后续工序按时开始，或整个工程按期完工。计算结点的最迟结束时间，是从网络的终点结点开始，逆箭线方向，自右向左，用减法逐个结点计算。多条线路中取最小值，直至网络终点结点。结点最迟结束时间在图上用△表示。由于网络终点结点没有后续工序，所以，网络终点结点的最迟结束时间也就是它的最早开始时间。网络中间结点的最迟结束时间的计算公式如下：

某结点的最迟结束时间=后一结点的最迟结束时间-该结点到后一结点的作业时间

2.工序时间的计算

工序时间有四个，即工序的最早开始时间、最早结束时间、最迟开始时间和最迟结束时间。有了结点的时间参数，工序时间的计算就比较简单了。因为工序最早开始时间等于箭尾结点的最早开始时间，工序最迟结束时间等于箭头结点最迟结束时间。这样只需要掌握计算工序最早结束时间和工序最迟开始时间即可。

（1）工序最早结束时间的计算。工序最早结束时间等于该工序最早开始时间加上该工序的作业时间。

（2）工序最迟开始时间的计算。工序最迟开始时间等于该工序最迟结束时间减去该工序的作业时间。

计算工序时间的目的是要了解各项活动在时间配合上是否合理，有无机动时间。

3.时差的计算

时差是指某道工序的机动时间或宽裕时间。如果某道工序可以在最早开始时间开工，又可以在最迟结束时间完工，这两个时间之差若大于该工序的作业时间，就会产生时差。时差越大机动时间越多，潜力就越大；时差越小，机动的余地就越小。时差可分为单时差、共用时差、总时差等。在实际工作中多采用工序的总时差，它是在不影响生产周期的前提下，各工序在最早开始与最迟结束这两个时间范围内可以灵活机动的时间。工序总时差的计算公式是：

工序总时差=工序最迟结束时间-工序最早开始时间-作业时间
=工序最迟开始时间-工序最早开始时间
=工序最迟结束时间-工序最早结束时间

4.关键线路

在网络图中，所有线路最长的线路即是关键线路，关键线路的长短决定了整个工期的长短。关键线路的确定方法有三种：

（1）最长路线法。这种方法是从网络的起始结点顺箭线方向到结束结点，有许多条线路，把其中需要时间最长的线路作为关键线路。

（2）时差法。先计算出各工序的总时差，将工序总时差为零的工序（即关键工序）用色线或粗线标出，即确定出该网络图的关键线路。

（3）破圈法。从网络图的起始结点开始，顺着箭线方向找出由几个结点围成的圈，即由两条不同的线路形成的环。如果形成圈的两条线路的作业时间不等，可将其中作业时间较短的一条线路删除（或划上剪除记号），保留下来的是作业时间较长的一条线路。这样依次破圈，直至结束结点，最后留下来的就是关键线路。

掌握和控制关键线路是网络计划技术的精华。在关键线路上各工序的作业时间如果提前或者延迟一天，整个工期就提前或延迟一天。因此，要缩短工期或生产周期，提高经济效益，就必须从缩短关键线路的延续时间入手。掌握住关键线路，就抓住了控制的重点，抓住了主要矛盾。

（七）网络图的综合平衡和选择最优方案

为了达到预定目标，需要对网络图进行改进和优化，使之更加科学，更加符合实际。可以通过召开会议，用征求意见和征集合理化建议的方法，集中群众和各部门意见，分析研究和修改网络图，使网络图在可以预见的静态条件下达到比较完善的程度。

有了初步的网络计划，找到了关键线路，求出了完成整个工作任务的总时间，还不是最优的网络计划。最优的网络计划应该是工期短、资源省和成本低的计划方案。为此，还要对网络计划进行优化处理。网络计划优化的内容，根据目标的不同，主要包括时间优化、时间-资源优化、时间-成本优化。

1.时间优化

时间优化是指在人力、材料、设备和资金基本上有保证的条件下，寻求最短的生产周期。具体可以采用：压缩关键线路上工序的作业时间；改变工序衔接关系，尽量组织平行作业；优先保证关键活动上的人力和物力，在非关键活动上挖掘潜力等方法。

2.时间-资源优化

时间-资源优化是指在一定的工期条件下通过平衡资源，求得工期与资源的最佳结合，达到既缩短时间，又节省资源的目的。这就必须从两个方面努力：一是在资源一定的条件下，尽量缩短生产周期；二是在工期一定的条件下，求得资源最省。在平衡资源时，要按每一工种、每一类物资、每一项设备进行具体的平衡，要求优先保证关键线路上的关键工序和时差较小的工序对资源的需要，做到合理地调配资源。必要时，适当调整完工期限和利用工序的时差，错开开工时间来平衡资源。

3.时间-成本优化

时间-成本优化是指所选择的方案不仅时间要短，而且成本要低，根据最低总成本寻求最佳周期。它分两种情况进行优化：一种是在工期一定的条件下，求得最低的成本；另一种是在成本既定的条件下寻求最短的工期。

网络计划的优化，一般工作量较大，每次优化都要重新计算网络时间，重新确定关键线路，因此最好借助于电子计算机进行运算。

（八）编制正式网络图，下达生产任务

完善后的网络图作为正式网络计划，明确分工，衔接责任和完工日期，同时对每一个作业活动的技术标准和规范，按图纸和文字的形式，下达给有关部门和操作者，作为行动的准则。

四、网络计划技术的优缺点

（一）网络计划技术的优点

1.它迫使主管人员去作计划，因为如果不编制计划，如果不了解怎样把各项工作有机地结合起来，就不可能进行时间网络事项分析。

2.它促使把计划工作交付下去逐级完成，因为，每一个下层主管人员都必须对其所负责的工作作出计划。

3.它把注意力集中于可能需要采取校正措施的那些关键问题上。

4.它使前馈控制有了可能，因为，如果主管人员不能缩短将来一些行动措施的时间作为弥补手段，则一次延误就要影响后续各个项目，以至整个工作。

5.具有子系统的整个网络系统可使主管人员在恰当的时间针对组织机构中适当的职位管理层次提出报告，并为采取行动施加压力。

（二）网络计划技术的缺点

网络计划技术也存在某些局限性。由于作业时间的长短对于网络计划技术的运用关系重大，所以，如果计划本身模糊不清，并对时间进度作出不合情理的“瞎估计”，这样的网络计划则可能没有用处。网络计划技术的主要缺点是它只强调时间因素而不强调费用因素，所以它只适用于注重时间因素的那些计划，或适用于那些时间因素与费用因素有密切的、直接关系的规划。

必须指出网络计划技术不是灵丹妙药，虽然它推动了计划工作，但它并不就是计划工作，虽然它建立了一种重视和利用正确的控制原理和原则的环境，但它并不能使控制自动化。

第三节　综合控制

管理控制工作采用了许多不同种类的控制方法和手段。由于组织结构的复杂性和组织活动的广泛性，决定了组织要控制的因素不是一个两个而是多个：人、财、物、时间、信息、环境等。控制的方法有些是适用于局部控制，还有一种控制方法能够控制整个组织工作绩效的方法，使主管人员对组织管理中的工作成效进行总的而不是部门衡量和评价，这种方法称为综合控制的方法。这里介绍的最常用的综合控制方法：损益控制法、投资回收率控制法、审计的方法。

一、损益控制法

损益控制法是根据一个组织的利润表，对其经营和管理成效进行综合控制的一种方法。由于利润表能够反映该组织在一定期间内收入和支出的具体情况，从而有助于从收支方面说明影响组织绩效的直接原因，并有利于从收入和支出方面进一步查明影响利润的原因。所以，损益控制法的实质，是对利润和直接影响利润的因素进行控制。损益控制是基于这样一个前提：如果企业的宗旨是争取利润的话，则企业的每个部门都应为实现这个宗旨作出贡献。这样，实行损益控制，每个主要部门或分公司都要列具收入和费用，并定期计算其损益状况。有些单位设有自己的会计小组，还有些单位是由总会计部门编制财务报表，但无论在哪种情况下，企业都希望这些单位能单独列出它们各自的营利活动记录，正如控股公司对其子公司实施控制那样。

实施损益控制法的前提，是要求企业有较高的管理水平；要划清各部门或各单位的责任，实行较严格的企业内部核算制（如建立企业内部的核算体系、建立企业内部银行、实行内部结算货币及支票，制定合理的企业内部价格等）；把企业内部生产的产品结算转账关系转变为“销售”关系。在多数情况下，损益控制法不适用于公司总部的职能部门和服务部门，虽然这些部门也可以出售他们的劳务，这些单位最好实行可变预算之类的控制方法。对损益控制法的评价：损益控制法有其局限性，即需进行大量的核算工作和公司内部转账的票据工作，会计记录的重复，各种费用的分摊，以及在公司内部所花的时间和精力等等，所有这一切都可能使实行损益控制法的代价太大，当不适当地或过分地应用这方法时尤其如此。同时，影响损益控制法实行的因素还有，最高层主管者不希望把更多的权力授予下属各部门的负责人，以使公司所属各部门完全一体化。损益控制法另一个局限性是部门之间可能会引起竞争，而过分的独立性无助于公司的协调一致。尽管损益控制法有上述局限性，但它为最高主管部门的经理提供了最佳的全面控制手段。

二、投资回收率控制法

投资回收率是指组织中所有的投资额和利润额的比，用这个相对数来衡量整个公司或公司某一部分的成效。这种方法用的量度是投资回收率，即公司或分公司所取得的利润与归它支配的资金额之比。它不把利润看成一个绝对数，而是使用资金回收率这个相对数。因此，企业的目标也就相应地不是最大限度的利润额，而是最大限度的资金回收率。投资回收率综合地反映了企业经营的成果，因此对投资回收率的分析必然涉及组织中各部门的财务状况，可以用它作为分析和对比各部门成效的共同标准，同时也容易据此追查出现偏差的原因。

对投资回收率控制方法的评价：应用投资回收率进行控制必须确定一个合理的回收率，还要搜集有关销售额、销售成本等方面的信息，当然，这项工作有一定难度。运用投资回收率进行全面控制的优点：第一，它可以把管理的注意力集中于企业经营的主要目标，即从现有的资本出发争取最大限度的利润。第二，在职权分散的情况下，它能起到控制作用，因为它不仅可以提供资金使用效率的绝对数字，同时还可以在组织内部各部门之间以及与其他组织之间进行投资效率的比较。第三，它能全面显示与投资回收率有关的所有因素，这就有可能帮助主管人员找出组织中存在的弱点。投资回收率控制方法的缺点是：一方面可能导致对新兴事业的风险资本投资缺乏灵活性，以致丧失了对一些有利事业的开发机会。另一方面，也是最大的危险，如同其他财务数字为依据的控制系统一样，有可能导致过分专注组织内部财务状况而忽视诸如人的作用和社会发展、技术发展等环境因素。

三、审计的方法

审计是常用的一种控制方法，包括财务审计和管理审计两大类。审计还有外部审计和内部审计之分，外部审计是指由组织外部人员对组织活动进行审计；内部审计是组织自身专门设有审计部门，进行审计本组织的各项活动。审计工作公认的原则有：

1.政策性原则：指审计必须符合国家方针政策；

2.独立性原则：审计监督部门应独立行使职权，不受任何干涉；

3.客观性原则：审计应实事求是，客观地作出评价和结论；

4.公正性原则：审计应站在公正立场，不偏不倚地进行判断；

5.群众性原则：审计应走群众路线，充分依靠群众开展审计；

6.经常性原则：审计工作应经常化、制度化。

（一）财务审计

财务审计是由专职机构和人员，依法对审计单位的财务、财政收入及有关经济活动的真实性、合法性、效益性进行审查，评价经济责任，达到维护财经法纪，改善经营管理，提高经济效益，促进宏观调控的独立性的经济监督活动。其主要方法有：

1.审计检查方法。它是指在审计项目实施过程中所采用的各种检验、查证方法。按检查的对象不同，又分为资料检查法和实物检查法。资料检查法亦称查账法，它是对会计凭证、账簿、报表以及其他有关资料进行检查的方法。实物检查法是指搜集书面以外的信息及其载体，证实书面资料及其反映的经济活动的真实性、合法性的方法。

2.审计调查法。它是指审计人员通过调查，对被审计单位的会计资料和有关事实进行查证的一种方法。运用这种方法，可以围绕党和国家的经济工作中心，针对一些重大问题，采用多种多样的具体方法，透过经济现象，发现带有倾向性的问题有针对性地提出建议和措施，为各级领导进行决策提供依据。其具体方法包括审计查询法、观察法和专题调查法等。

3.审计分析法。它是指审计人员利用各种分析技术对审计对象进行比较、分析和评价的一种方法。这种方法主要用来查找可疑事项的线索，验证和评价各种经济资料所反映经济活动的真实性、合法性和效益性。常用的审计分析方法有账户分析法、账龄分析法、逻辑推理分析法、经济活动分析法、经济技术分析法和数学分析法等。

4.抽样审计法，亦称抽查或试查法。它是先从被查总体中抽取一部分资料作为样本进行审查，然后根据审查结果来推断被查总体正确性和合法性的一种方法。常用的抽样审计方法有：任意抽样审计法、判断抽样审计法和统计抽样审计法。

（二）管理审计

管理审计是个工作过程，它以管理原理为评价准则，系统地考查、分析和评价一个组织的管理水平和管理成效，进而采取措施克服存在的缺点或问题。管理审计目标不是评价个别主管人员的工作质量和管理水平，而是从系统的观点出发去评价一个组织整个管理系统的管理质量。值得注意的是，要把管理审计和经营审计区别开来，两者的差别类似于评价主管人员的管理能力及评价主管人员在制定和实现目标方面的能力。管理审计的方法与财务审计的一般方法基本一致，其中查明事实真相是管理审计工作的最基本任务，它包括的内容：

1.熟悉被查单位或部门的组织、人事、业务性质、管理制度、业务操作程序及领导关系等。

2.确定需要取得的资料。

3.查明各种业务记录，如单据、合同、函电、规章制度、账册、会议记录、总结报告等。

4.向各级管理人和职工调查，完成书面记录。

5.核实所得材料并进行分析，形成清楚的调查记录。

思考题

1.传统的控制方法有哪些？

2.怎样运用网络计划技术编制计划？

3.综合控制方法有哪些？

参考文献

［1］石含英，王荣祯．世界管理经典著作精选［M］．北京：企业管理出版社，1995．

［2］孔茨，韦里克．管理学［M］．张晓君，等，译．10版．北京：经济科学出版社，1998．

［3］雷恩．管理思想的演变［M］．孙耀君，等，译．北京：中国社会科学出版社，1986．

［4］郭成纲．西方管理思想史［M］．2版．北京：经济管理出版社，2002．

［5］罗龙昌．管理学［M］．上海：立信会计出版社，2004．

［6］杨文士，李晓光．管理学原理［M］．北京：中国财政经济出版社，1998．

［7］罗宾斯，库尔特．管理学［M］．孙健敏，黄卫伟，王凤彬，等，译．7版．北京：中国人民大学出版社，2004．

［8］占部都美．现代管理理论［M］．蒋道鼎，译．北京：新华出版社，1984．

［9］汉普顿．当代管理学［M］．陈星，等，译．北京：新华出版社，1986．

［10］唐纳利，吉布森，伊凡赛维奇．管理学基础——职能、行为、模型［M］．李柱流，等，译．北京：中国人民大学出版社，1982．

［11］西蒙．管理行为——管理组织决策过程的研究［M］．杨砾，等，译．北京：北京经济学院出版社，1988．

［12］王凤彬，李东．管理学：管理者基础阅读［M］．北京：中国人民大学出版社，2003．

［13］圣吉．第五项修炼［M］．郭进隆，译．上海：上海三联书店，1998．

［14］王俊柳，邓二林．管理学教程［M］．北京：清华大学出版社，2003．

［15］麦迪．有效激励［M］．北京：中国商业出版社，2003．

［16］巫成功．目标管理［M］．北京：中国商业出版社，2002．

［17］奥伯伦斯基．公司再造［M］．谢作渺，译．北京：华夏出版社，2003．

［18］杜伯林．管理学精要［M］．胡左浩，陈莹，袁媛，译．6版．北京：电子工业出版社，2003．

［19］加文．高层管理：过程与行动［M］．邵冲，译．北京：人民邮电出版社，2004．

［20］罗宾斯．今日管理学［M］．贾毓玲，韩笑，冯丽君，译．北京：中国人民大学出版社，2010．

［21］高良谋．管理学［M］．4版．大连：东北财经大学出版社，2014．

［22］韩瑞．管理学原理——国际思考·本地行动·中国案例［M］．北京：中国市场出版社，2013．

［23］罗宾斯，库尔特．管理学［M］．李原，孙健敏，黄小勇，译．11版．北京：中国人民大学出版社，2012．